KB188313

초고령 사회,
노인 주거의
길을 묻다

초고령 사회, 노인 주거의 길을 묻다

하성규·박미선 지음

Housing Policy for Elderly in Super-aged Korean Society

한울
아카데미

차례

머리말

오늘날 한국 사회는 어떤 문제를 안고 있는가? 심각한 당면 과제는 주로 정치와 경제에 관련된 것으로 인식하는 사람이 많다. 정치와 경제 문제가 개별적이고 떨어져 있는 문제로 볼 수 있지만 자세히 관찰하면 상호 연관되고 결합되어 있음을 알게 된다. 그래서 어떤 문제를 풀기 위해서는 통합적으로 접근함이 합리적이고 과학적이다.

한국 사회의 당면 과제 중 하나는 노인 문제이다. 노인 인구가 급격히 증가하고 있고 노인 중 빈곤층이 많을 뿐만 아니라 혼자 살아가는 외로운 노인도 증가하고 있다. 그래서 노인 자살률도 전체 세대 중 가장 높은 비중을 차지한다.

혹자는 인생은 생로병사(生老病死)의 과정이라 한다. 생로병사란 사람이 반드시 겪어야 하는, 태어나고, 늙고, 병들고, 죽는 네 가지 큰 과정과 고통을 말한다. 노인은 늙고 병들고 죽는 과정에 있는 사람들이다.

이들 노인은 한국 사회 속의 한 계층이요 집단으로서 그들의 문제는 매우 다원적이어서 그 연구 영역과 범위가 다양하다. 노인 관련 문제를 살펴보면 노화 현상, 노인에 대한 사회 인식, 노인 주거, 경제적 상황, 건강·보건 등 사회 서비스 시설 및 사회 복지 정책, 노인 개체로서의 연구, 각종 노인 시설 계획·건설·운영 문제 등 여러 분야에 걸친 종합적인 접근이 요구되고 있다.

이 책은 이러한 노인 문제 중 노인 주거 문제에 관심을 가지고 출발했다. 한국의 고령화 속도는 전 세계에서 가장 빠른 것으로 알려져 있다. 이처럼 초고령화 시대에 접어든 시점에서 우리 사회의 노인 문제는 더 이상 머뭇거릴 수 없고 방치할 수 없는 상황에 이르렀다.

통계에 따르면 2010년부터 한국 노인 인구는 연평균 4.6%p, 노인 가구는 4.8%p씩 증가해 왔다. 2023년 말 현재 총인구의 27.2%인 1395만 명, 총가구의 35.6%인 775만 가구가 노인 가구다. 이처럼 노인 인구와 노인 가구가 증가하고 있음에도 불구하고 노인 전용 주택은 9000가구, 노인에 적합한 시설 기준을 적용해 건설된 주택은 2만 1000여 가구에 불과하다. 노인들을 위한 무장애 설계를 적용한 공공 임대 주택인 '고령자 복지 주택'은 2019년부터 매년 800여 가구를 공급하는 데 불과하다. 이러한 노인 주거 관련 자료를 분석해 보면 노인을 대상으로 한 주택 공급은 노인 가구의 0.3% 수준에 불과한 실정이다. 선진 외국과 비교해 보면 한국은 '노인 주택은 없다'라고 해도 과언이 아닐 정도이다.

고령화율의 급속한 증가는 노년 부양비라는 사회적 비용의 증대와 노인 요양과 관련된 보건 의료 및 노인 주거 복지 수요의 급증을 가져왔다. 아울러 사회 전체의 노동력 감소 및 노동 생산성 저하, 국가 경제적 손실 등이 초래되는 중대한 사회 문제이자 정책 과제로 부상했다.

1991년 유엔(UN) 총회에서는 크게 다섯 가지의 노인을 위한 주요 원칙(United Nations Principles for Older Persons)이 공표된 바 있다. 이 원칙은 자립(independence), 참여(participation), 보호(care), 자아실현(self-fulfillment), 존엄성(dignity)을 기본으로 삼고 있다. 모든 노인이 주거 안정을 누리지 못하면 유엔이 주장한 이 다섯 가지 주요 원칙을 견지할 수 없다.

노인은 사회의 구성원이자 후손의 양육과 국가 사회의 발전에 기여해 온 자로서 존경 받으며 건전하고 안정된 생활을 보장 받아야 한다. 노인은 다양한 사회적 참여 활동의 보장과 보건 의료·주거 서비스 및 사회적 보호 등을 제공받아야 할 존재이다.

노인 주거 복지 정책은 선진국의 경우 공공 주택 건설, 임대 보조금, 주택 담보 대출, 주택의 수리 및 리모델링(개조)을 위한 보조금, 역모기지 프로그램 등 다양한 형태로 발전되어 왔다. 그러나 최근의 동향을 보면 기대 수명의 증가, 베이비 부머(baby boomer) 세대의 노인 인구 증가, 정부의 재정적 부담 등을 고려해 시설 위주의 노인 주거 정책을 점차 줄이고 지역 사회 기반 서비스를 증가하는 방향으로 나아가고 있다. 고령 사회를 대비하는 방안 중 하나로 여러 국가의 주거 정책에서 관심을 받고 있는 것이 바로 이 '에이징 인 플레이스(Aging in Place: AIP)' 개념이다. 이 개념은 노인들이 살아온 집이나 지역 사회에서 노후를 보낼 수 있도록 주거 환경 개선과 돌봄 서비스를 제공하는 것을 말한다. 국토연구원(2024년)의 최근 실태 조사와 보건사회연구원(2017년) 조사에 따르면 60대 이상의 노인 80% 이상이 현재 살고 있는 집 또는 동네(지역 사회)에서 계속 살고 싶다고 대답했다. 고령자들이 원하는 대로 살던 집과 동네에서 계속 살기 위해서는 현재의 정책 프로그램으로 가능한 것인가?

필자 두 사람은 오랜 세월 동안 주택 관련 연구에 관심을 가져왔고 다양한 경로를 통해 토론과 저술 활동을 공유한 경험을 가졌다. 아울러 두 사람은 대학에서 관련 분야 강의와 연구, 정부 기관의 정책 자문을 지속해 왔다. 이러한 경험과 관심을 바탕으로 책을 공동으로 저술하기로 했다. 이 책은 노인 주거의 이론과 핵심 이슈를 체계적으로 정리했다. 필자 중 하성규가 전담한 장은 여섯 개장(제1, 2, 3, 6, 7, 10장)이며 박미선이 전담한 장 역시 여섯 개장(제4, 5, 6, 8, 9, 11, 12장)이다. 마지막 결론 장(제13장)은 두 사람이 공동으로 작성했다.

노인 관련 저서와 보고서는 많다. 그러나 노인 주거 문제를 깊이 있고 체계적으로 논의한 책은 보기 드물다. 이 책은 대학에서 사회 복지 및 사회 정책, 주택 정책, 주거학, 도시 계획, 지역 (사회) 개발, 부동산 등의 학문 영역에서 연구하는 학생과 연구자에게 지침서가 될 것으로 기대한다. 아울러 주거 정책, 특히 노인 문제를 다루는 정책 담당 부서에서 일하는 공직자에게도 유용한 참고자료로서 활용 가치를 지니고 있다고 판단된다. 그리고 노인 주거 문제에 관심을 가지고 있거나 실제 노인 주거 문제를 경험하고 있는 일반인에게도 참고가 될 것으로 생각한다.

최근 출판업계가 다양한 어려움이 있음에도 기꺼이 이 책의 출판을 수락한 한울엠플러스(주)(구도서출판한울) 관계자에게 깊은 감사를 드리는 바이다.

2025년 2월

공저자 하성규·박미선 씀

제1장

초고령 사회, 노인은 어떻게 살아가야 하나

1. 들어가며

올해(2024년) 104세인 연세대학교 김형석 명예 교수[1]는 신문 칼럼의 글에서 아래와 같이 기술한 바 있다.

> 100세가 넘어서면서 가장 많이 받는 인사가 있다. "120세까지 사시라"는 축하 말이다. …… 그런데 내 가족 안에서는 그런 인사가 없다. 불가능한 일이기도 하고, 104세인 지금도 힘들게 사는 모습을 보기 때문이다(김형석, 2023.9.1).

---

1 대한민국의 최고령 수필가 및 철학자이자 연세대학교 철학과 명예 교수이다. 김형석 교수는 1920년 4월 23일 평안북도 운산군에서 6남매의 장남으로 태어났다. 나무위키, '김형석(교육자)', https://namu.wiki/w/%EA%B9%80%ED%98%95%EC%84%9D(%EA%B5%90%EC%9C%A1%EC%9E%90)(검색일: 2023.10.15).

김 교수의 말 속에서는 크게 두 가지의 메시지가 담겨 있다. 첫째, 120세까지 오래 사는 것이 축복인가에 대한 의문이다. 신체적·정신적으로 노쇠해 정상적인 사회적 관계망을 유지할 수 없고 그저 연명하는 수준의 노인은 매일매일이 고통일 수밖에 없다는 생각이다. 둘째, 100세 이상 노인을 바라보는 가족의 시선과 태도에 관한 사항이다. 장수 자체가 문제 되기보다 너무 오래 사는 노인의 수발과 돌봄 등이 가족에게는 큰 부담이 아닐 수 없다. 다행히 김 교수는 매우 건강하게 104세까지 사회 활동을 잘하고 있다.

오늘날 선진 자본주의 국가와 한국에서 인구 고령화에 따른 다양한 문제가 제기되고 있다. 노인들의 비중이 점차 증대되는 사회에서 생산력이 저하된 노인의 역할 상실과 사회적 소외 문제는 지배적인 가치 규범인가를 의심하게 된다.

노인의 역할 상실은 크게 세 가지로 대별해서 논의할 수 있다. 하나는 가족 및 가정 내에서 노인의 위상이 붕괴되고 있다는 점이다. 이는 핵가족화 등 가족 관계 변화와 연관이 깊다. 두 번째로 생산력이 저하된 노인들의 사회 참여 제한 및 사회적 소외의 문제이다. 퇴직한 노인들은 사회 구성원으로서의 역할이 매우 제한적이며 때로는 냉대의 대상이기도 하다. 셋째, 노인들이 사회 참여 및 노동의 의지가 있다 해도 노인에게 활동에 많은 제약을 가져오는 물리적 인프라와 시설물 들이 노인 친화적이지 못하다.

이 장에서는 고령 사회 노인의 위상과 역할, 노인의 사회 참여 및 사회적 관계망에 관해 논의하고자 한다.

2. 초고령 사회와 노인

1) 고령 사회

세계보건기구(WHO)에 따르면 한 사회의 인구 중 65세 이상 노인이 차지하는 비율을 '고령화율'이라고 한다. 한 사회의 65세 이상 인구가 총인구를 차지하는 비율이 7% 이상이면 고령화 사회(aging society), 65세 이상 인구가 총인구를 차지하는 비율이 14% 이상이면 고령 사회(aged society)라고 하고, 65세 이상 인구가 총인구를 차지하는 비율이 20% 이상이면 후기 고령 사회(post-aged society) 혹은 초고령 사회(super-aged society)라고 한다.

유엔(UN)은 연령 구조에 따라 한 국가의 인구 유형을 세 가지로 분류하고 있는데 65세 이상 노인이 전체 인구에서 차지하는 비중이 4% 미만인 나라를 유년 인구국, 4~7% 미만인 나라를 성년 인구국, 7% 이상인 나라를 노년 인구국으로 각각 따로 부르고 있다. 한국은 노년 인구국으로 고령 사회에 속한다.[2]

전 세계적으로 65세 이상 인구는 다른 모든 연령층보다 빠르게 증가하고 있다. 유엔의 '세계 인구 전망'(2019년 개정판)에 따르면, 2050년까지 세계 인구 여섯 명 중 한 명(16%)이 65세 이상일 것이며, 유럽과 북미에 거주하는 사람 네 명 중 한 명이 65세 이상일 수 있다. 2018년에는 역사상 처음으로 전 세계적으로 65세 이상 인구가 5세 미만 어린이보다 많았다. 80세 이상 인구는 2019년 1억 4300만 명에서 2050년 4억 2600만 명으로 세 배 증가할 것으로 예상된다.[3]

통계청이 발표한 '2023 고령자 통계'에 따르면, 2023년 65세 이상 고령 인구

---

2 보건복지부 보건복지상담센터, https://www.129.go.kr/faq/faq03_view.jsp?n=1260(검색일: 2023.9.23).

3 UN, Global Issues: Ageing, https://www.un.org/en/global-issues/ageing(검색일: 2023.9.22).

는 전체 인구의 18.4%로 향후 계속 증가해 2025년에는 20.6%로 한국이 초고령 사회로 진입할 것으로 전망된다. 주목할 만한 사실은 한국이 고령화되는 속도가 다른 OECD 국가들에 비해 상대적으로 빠르다는 것이다. 해당 통계에서 비교하는 국가는 한국, 일본, 캐나다, 미국, 이탈리아, 호주, 스페인, 독일, 프랑스, 영국, 오스트리아 등 11개국이다. 한국은 65세 이상 고령 인구가 7%에서 14%에 도달하는 기간, 다시 14%에서 20%에 도달하는 기간이 각각 18년과 7년을 기록해 11개국 중 가장 빠르게 고령화가 진행되는 국가로 꼽혔다.

고령화는 결코 선진국에만 국한되지 않는다. 개발 도상국에서도 보건·의료 발전으로 인해 수명이 연장되면서 급속한 고령화가 진행되고 있는 추세이다. 예를 들어 아시아에서는 인도네시아의 고령화율이 5%, 베트남은 6%, 태국은 10%이다. 게다가 이들 국가의 고령화 증가 속도는 일본보다도 빠르다. 일본에서는 고령화율이 7%에서 14%로 두 배로 늘어나는 데 24년이 걸렸으며, 태국에서는 23년, 인도네시아에서는 17년 걸릴 것으로 추정된다. 이러한 급격한 인구 통계학적 변화가 일어나고 있음에도 불구하고 해당 국가는 인구 고령화와 관련된 문제를 해결하기 위한 정책적 준비와 경제적 자원도 부족한 상태이다.

2) 고령화 속도와 고령화 영향

한국의 고령화가 다른 나라에 비해 유독 빠른 이유는 무엇인가?

첫째, 저출생이 지속되고 있기 때문이다. 출생아 수가 꾸준히 감소하고 있다. 2000년대 들어 저출생 현상이 가속화되면서 합계 출생률은 2000년 1.48명, 2010년 1.23명, 2023년 0.72명으로 역대 최저를 기록했다. 혼인 자체가 줄고 있는 것도 문제다. 2010년 64.7%였던 '혼인 경험이 있는' 25~49세 남자는 2015년 59.8%, 2020년 52.9%로 감소 추세다. 혼인 적령기 남성 절반가량이 혼인을 하지 않은 셈이다. 혼인 경험이 있는 25~49세 여성도 2010년 77.4%에서, 2015년 72.9%, 2020년 67.1%로 줄어들고 있다. 2023년 평균 초혼 연령은 남자 34.0세, 여자 31.5세로 늘어났다.

둘째, 기대 수명의 증가와 인구 구조의 변화를 들 수 있다. 2021년 기준 한국의 기대 수명은 83.6년으로 OECD 평균 80.3년보다 높다. 그리고 전 세계적으로 거의 대부분의 국가가 전쟁 이후 베이비 붐(baby boom)은 3~10년을 경험하지만 한국의 경우 다른 나라와 달리 베이비 붐 기간이 길어 20년(1955년생부터 1974년생까지) 정도 지속되었다. 베이비 부머[4]의 규모가 큰 한국의 인구 구조는 다른 나라에서 경험하지 못했던 속도로 고령화를 경험하게 된 하나의 배경이라 할 수 있다.

결혼을 기피하면서 1인 가구도 증가하고 있으며, 고령화가 심화되면서 높은 수준의 고령층 빈곤율도 우려가 커지고 있다. 이러한 인구 구조 변화는 경제 성장과 노동 시장에서의 변화를 야기할 것으로 예상된다. 생산 인구 감소와 고령화는 경제 성장의 둔화를 가져오고 저성장 구조를 고착화시킬 것으로 예측되고 있다. 생산 인구 감소와 고령화는 인플레이션, 경상 수지, 재정 등 거시 경제 전반에 걸쳐 영향을 미치고 잠재 성장률을 떨어뜨리고 경제 성장의 하락을 가져올 것으로 예상되고 있다.

고령화 사회에 대한 사회 구성원들의 인식에 관한 연구 결과에 따르면[5] 고령화 사회 인식의 여덟 개 영역 중 응답자가 긍정적으로 생각하는 영역은 세 개 이하였고 부정적 인식의 영향을 미치는 것이 상대적으로 많았다. 노화에 대한 지식, 부양 인식, 노후 불안, 세대 갈등으로 측정된 인구 고령화와 관련된 변수

---

4 베이비 부머란 한국에서 6·25 전쟁 이후 1차 베이비 붐 세대(1955~1963년생)와 2차 베이비 붐 세대(1968~1974년생)로 나뉜다. 미국이나 외국에서는 제2차 세계대전 이후에 태어난 사람들을 칭하는 아이(baby)가 급격하게 증가(boom)한 세대를 의미한다.

5 전국을 대상으로 할당 표집을 통해 추출된 20세 이상 성인 남녀 1498명으로부터 수집한 자료를 분석했다(정순둘·정윤경, 2012).

들 중, 노후에 대한 불안이 모든 연령 집단에서 고령화 사회에 대한 부정적 인식에 영향을 미치는 것으로 드러났다. 65세 이상 연령 집단이 고령화 사회에 대한 인식이 20~44세, 45~64세 집단보다 긍정적인 것으로 나타났으며 이는 세대 갈등 변수의 영향을 받는 것으로 분석되었다(정순둘·정윤경, 2012).

노인 인구의 절대적인 수와 전체 인구에서 차지하는 비율의 증가에 따라 노인 부양에 대한 가족 내 부담의 증가와 국가 재정적 부담은 새로운 사회적 이슈로 부각되고 있다. EU 국가들의 경우 가장 중요한 사회적 압력은 기대 수명이 증가하고 출생률이 낮아 인구 고령화로 인한 것이다. 65세 이상의 EU 인구의 비율은 1980년에서 2000년 사이에 13%에서 17%로 증가했고 2040년에는 27%로 증가할 것으로 예상된다. 근로 연령(15~64세)의 비율은 빠른 속도로 감소할 것으로 예상된다. 특히 고령 인구에 대한 지출은 국가 재정의 상당한 압박을 가져오고 있으며 이는 주로 근로 연령 인구 집단의 세금과 사회 공헌에 의해 충당되고 있다(Taylor-Gooby, 2004).

이렇듯 고령 인구의 증가에 따른 부정적인 영향은 비단 서구 선진 사회만의 문제가 아니고 한국도 당면한 과제로 부상하고 있다. 예를 들어 노동력 상실 및 노후 대비 부족으로 인한 빈곤 문제 발생, 노인 부양에 따른 청장년층의 재정 부담 증가, 청장년 세대와 노인 세대 간 일자리 경쟁, 핵가족의 보편화에 따라 노인 소외 문제 발생 등을 들 수 있다.

특히 향후 고용률 및 노동 생산성 제고를 동시에 성취할 경우에만 향후 3%대 이상의 GDP 성장률을 유지하는 것으로 예상했다. 실증 분석 결과 급속한 인구 고령화에 대응해 향후 3~4%대의 견고한 경제 성장률을 유지하기 위해서는 노동 시장 퇴장이 임박한 베이비 붐 세대뿐만 아니라, 청년층·여성 등 유휴 노동력의 고용률 및 노동 생산성 제고 노력이 함께 이루어질 필요가 있음을 시사한다(손종칠·이동렬·정선영, 2016). 최근 한국의 경제 성장에 대한 우려의 목소리가 나오고 있다.[6] 2022년 한국의 경제 규모가 세계 13위로 떨어진 것으로 추정한 한국은행 자료가 나왔다. 2020, 2021년 2년 연속 10위에 올랐지만 3년 만에 10위권 밖으로 밀려나게 되었다. 2022년 환율 상승으로 달러 표시 가격이 하락한 데다 반도체 등 주요 품목의 수출이 줄어든 데 따른 것이다.

고령화 시대의 사회 통합과 빈곤을 예방, 노인 문제를 해결하고 만족한 삶을 위해 사회적 기회를 충족할 수 있는 중요한 요인으로 노인의 사회적 자본을 들 수 있다. 낮은 수준의 사회적 자본을 경험하고 있는 노년층은 정신 질환을 겪을 가능성이 더 높다. 이러한 위험 그룹은 소셜 네트워킹(social networking)과 좀 더 적극적인 사회생활을 유지할 수 있도록 하는 게 필요하다(Almedom, 2005; Gray, 2009; 신순희, 2019). 따라서 인구 고령화에 따른 노인의 심리 정서적·사회경제적·신체 기능적인 노인 문제를 극복하기 위해서는 정책적 차원의 사회적 자본 형성을 위한 지원 체계가 필요하다.

노인의 사회적 관계망은 점차 기존 가족 중심의 관계에서 벗어나 친구, 이웃, 친인척과의 관계망이 확대되거나 다각화되고 있다. 대부분의 노인들은 가능하다면 경제 활동과 친목 단체 참여 등을 유지하려고 한다. 이러한 태도를 감안해 노인의 사회적 자본 강화를 위해 개인 및 사회의 지속적인 노력과 관심이 강조되고 있다.

한국 사회가 경제적 가치에 지나치게 매몰되어 있어 사회적 이익만을 가지고 노인을 판단하는 추세이다. 우리는 누구나 노인이 되지만, 현재의 능력만을 보고 가치를 평가한다. '중고생과 대학생의 노인 인식' 연구(김동심·김주현·주경희, 2020)에 따르면, 대학생이 중고생보다 노인에 대한 부정적 인식이 큰 것으로 나타났다. 이는 청년 실업과 고령자 일자리를 연관 짓는 관점이 원인이라고

---

6 경제협력개발기구(OECD), 세계은행(WB) 자료에 따르면 2022년 한국의 1인당 GDP는 3만 2142달러였다. 2023년은 2022년 대비 8.2% 줄어들었다. 이 같은 감소율은 세계 경제 규모 30위권 국가와 OECD 회원국 총 51개국 중 세 번째로 컸다(≪프레시안≫, 2023.8.2).

할 수 있다. 청년 일자리와 고령자 일자리는 다른 영역임에도 불구하고 청년 실업이 고령자 때문이라는 분위기를 만들어 서로의 갈등을 증폭시키고 있다는 지적이다(≪부라보 마이 라이프≫, 2022.7.6. 김주현 교수 인터뷰 내용 참조).

3. 노인의 사회 참여와 관계망

1) 노인의 사회 참여

노인의 사회 참여의 중요성에도 불구하고 사회 참여 개념에 대한 관심이 적었으며, 고령화 분야에 대한 연구는 거의 이루어지지 않았다(Dahan-Oliel, Gelinas, and Mazer, 2008). 인구 고령화의 본질적인 문제는 노인의 상실된 사회적 지위 및 역할을 회복시키고, 이를 통해 노인의 사회 통합을 기하는 것이다. 노인의 사회 참여는 건강 증진, 생활 만족도 향상을 가져올 것으로 기대된다. 한편, 노인의 사회 참여는 자기 성장과 자아실현을 가져오는 것에서 더 나아가 지역 사회 발전에 기여하게 된다.

한국 노인들의 사회 참여는 활성화되어 있지 못하다. 지금까지 노인의 사회 참여에 대한 정책 방향은 구체적이지 못하고 노인 중심적인 시각을 견지하지 못했다. 노인의 사회 참여를 통한 사회적·경제적인 파급 효과가 우리 사회의 지속 가능성을 높여 줄 것이다. 따라서 노인의 사회 참여 유형 분석 및 노인의 사회 참여를 저해하는 사회 구조적 요인을 밝히는 것이 필요하다.

노인의 참여 방식은 크게 개인 단위 활동과 집단 단위 활동으로 구분된다. 개인 단위 활동의 목표는 개인별 욕구 충족 및 자아실현을 위한 것으로 직업 활동, 자원 봉사 활동, 평생 교육 프로그램 참여, 그리고 경로당 이용 등을 들 수 있다. 그리고 집단 단위 활동으로는 종교 단체, 사교 단체, 문화 활동 단체, 운

표 1-1 노인의 사회참여활동 분류

	단위	활동	목표
참여 방식	개인 단위 활동	· 직업 활동 · 자원 봉사 활동 · 평생 교육 프로그램 참여 · 경로당 이용	개인별 욕구 충족 및 자아실현
	집단 단위 활동	· 종교 단체 활동 · 사교 단체 활동 · 문화 활동 단체 활동 · 운동 단체 활동	사회 활동을 통한 변화 추구 및 욕구 충족

자료: 이소정 외(2007)에서 제시된 '노인의 사회참여활동' 내용을 재구성함.

동 단체 활동으로서 변화 추구와 욕구 충족을 위한 것이라 할 수 있다(〈표 1-1〉 참조).

한국 노인은 평균 1.5개 내외의 사회 참여 활동을 하고, 주로 경제 활동, 친목 단체 활동, 종교 활동과 같은 소득·친목 중심의 사회 참여 등 비교적 소극적인 수준의 사회 참여 활동을 하고 있는 것으로 나타났다, 그리고 사회적 관계망 측면에서는 혈연을 중심으로 한 관계망의 축소와 신뢰할 수 있는 동년배와의 관계망 확대라는 특징을 보이고 있다(김세진·이선희, 2022). 친구 및 이웃, 지인을 중심으로 한 관계가 다각화되는 것은 노인에게는 매우 중요한 사회 관계망 확대라고 할 수 있다. 노인들의 지역 사회 자조 모임 활성화를 위한 다양한 공간 지원과 관계망 강화 프로그램 등을 개발하고 확대하는 정책적 노력이 필요하다. 한국뿐 아니라 서구 사회에서도 노년기에 사회 참여는 매우 중요한 정책 과제이다. 최근 연구 결과, 노인의 사회 참여는 지역 사회 기반 활동과 대인관계가 핵심적 요소임을 밝히고 있다(Aroogh and Shahboulaghi, 2020).

2) 사회적 관계망

인구 고령화의 급속화로 노인의 자살률 증가라는 사회 문제가 대두되고 있다. 이러한 현상은 노인의 정서적 고립감이나 사회적 관계망의 약화가 원인으로 지적되고 있다. 아울러 오늘날 노인에 대한 사회적 고정 관념과 편견이 노인 문제를 야기시키고 있다. 예를 들어 노인은 고집이 세고, 무력하며, 행동이 굼뜨다 등으로 노인에 대한 낙인을 말한다. 이러한 관점은 소위 낙인 이론으로 설명된다. 미디어에서 노인 차별이 심하다고 느낄수록, 연령 유연성에 대한 인식이 높을수록 노인에 대해 더 높은 수준의 낙인을 보였다(박채리·정순둘·안순태, 2018).

노인에 대한 이러한 부정적 이미지는 노인의 개별성을 무시하고 노인 전체를 하나의 범주로 묶어 평가하는 데서 온다. 이러한 편향적 접근은 노인에 대한 소외 현상 심화와 노인의 사회 참여 및 관계망 약화를 가져온다. 노년 삶의 전반적인 소외 현상도 사회권[7]으로부터의 배제로 파악되는 것이 중요하다. 노인의 사회적 배제에 관해 좀 더 구체적인 논의가 필요하다. 사회적 배제란 사회적 주류로부터 격리하는 메커니즘이라 할 수 있다. 단순히 경제적 관점(노동 기회 등)뿐 아니라 정체성의 부정, 일상적 사회 참여로부터 배제되는 것을 의미한다. 그래서 노인의 삶의 문제를 사회적 배제로 파악해 접근하는 것도 필요하다.

노인은 가족과 사회에서 부담스러운 존재로 인식되고 있다. 경제적으로 취약하고, 돌봄이 필요한 상태에서 충분한 양질의 도움을 받지 못하는 노인이 많다. 일부 노인은 가족과 사회에 부담을 주지 않으려고 자살과 존엄사를 선택하기도 한다.

노인의 사회적 관계망은 기존 가족 중심의 관계에서 벗어나 친구, 이웃, 친인척 등 주변인과의 관계망이 확대되면서 다각화되고 있다. 사회 참여 활동은

---

7 김지혜·서효진·김은주·오세라, 『마인드맵으로 술술 풀어 가는 용어 사전: 사회편』(푸른길, 2012). 다음백과, '사회권'에서 재인용(https://100.daum.net/encyclopedia/view/39XXX8600099).

표 1-2 노인의 가족 및 사회적 관계망 시계열적 변화의 주요 특성

구분	시계열적 변화 주요 특성
구조적 측면	(가족 구조) 노인 단독 가구 증가, 자녀 동거 가구 감소 (관계망 규모) 자녀 수 감소(2008년 4.0명→2020년 3.0명)
기능적 측면	(접촉 실태) 연락 중심 교류로 변화, 전반적인 접촉 빈도 감소 (지원 교환) 배우자: 상호 호혜적, 지원 자녀: 노인과의 동거 여부에 따라 지원 방향성 상이
가치관 측면	(단독 가구) 노인의 자립적 요인에 따른 단독 가구 형성 가치관 증가 (자녀 동거 가구) 규범적 요인에 따른 동거 가구 형성 가치관 감소

자료: 김세진 외(2021: 140) 표 3-37에서 재인용.

경제 활동과 친목 단체 참여율에 집중되는 경향이 보였고, 향후에는 현재의 사회 참여 활동보다 적극적인 형태의 사회 참여를 희망하는 비율이 증가했다(김세진 외, 2021).

노인의 사회적 자본 강화를 위해 다양한 노력이 필요하다. 예를 들어 다양한 연령층과 대화 등 접촉 기회 증대, 노인 1인 가구의 자립적 생활 유지를 위한 지원, 욕구 수준을 반영한 프로그램 개발 등 사회적 자본 취약 집단으로 분류되는 노인에 대한 우선적 배려와 정책적 관심, 그리고 노인 개개인의 의지와 지속적인 노력이 요구되고 있다.

리트윈(Litwin, 2001)은 사회적 관계망 유형을 분석 결과 다섯 개의 사회 관계망 유형을 발견했다. 이는 다양형(diverse), 친구형(friends), 이웃형(neighbors), 가족형(family), 제한형(restricted)이다. 다양형이 30.2%로 가장 높은 비율을 차지했으며, 가족형이 9.2%로 가장 낮게 나타났다.

한국에서 노인 관계망 연구 중 임소영·강민아·조성일(2013) 연구에서 남성의 경우, 배우자+비동거 자녀 중심형(59.8%), 배우자 중심형(22.6%), 광범위형(11.42%), 동거 자녀 중심형(6.2%) 등 네 가지 유형으로 도출되었다. 이 중 배우자와 비동거 자녀와의 교류가 활발한 것으로 나타났다. 반면, 여성의 경우 광범위형(39.8%), 동거 자녀 중심형(28%), 친구·이웃 중심형(25.05%), 제한형(7.15

%)으로 나타나 남성에 비해 여성의 사회적 관계망이 보다 광범위하며 활성화되어 있는 것으로 확인되었다(임소영·강민아·조성일, 2013).

강은나·김혜진·정병오(2015) 연구에서는 한국 후기 노인의 사회적 관계망 유형은 친구형(9.0%), 가족·친교형(32.9%), 자녀형(23.2%), 자녀·친구형(34.9%)으로 도출되었다. 친구형은 유배우자 비율, 자녀와의 연락과 만남, 친목 모임 등 단체 활동 참여도 가능성이 매우 낮은 반면 친구와의 만남 가능성이 유일하게 높은 특성을 가진다. 가족·친교형은 유배우자일 확률이 가장 높고, 자녀와 친구, 그리고 친목 모임과의 관계 정도가 높으며, 자녀형은 사회적 관계의 범위가 자녀로 한정되어 있으며, 자녀·친구형은 각종 단체 활동 참여 가능성은 낮은 반면 자녀 및 친구와의 교류 가능성이 높은 특성을 보이고 있다.

사회적 관계의 범위가 가장 광범위한 가족·친교형을 기준으로 후기 노인의 사회적 관계망 유형이 우울 수준에 미치는 영향을 분석한 결과, 친구형과 자녀형의 우울 수준이 유의미하게 높은 것으로 나타나 사회적 관계망 유형이 노년기 정신 건강에 절대적인 영향을 미치는 것으로 분석되었다. 이러한 연구 결과를 토대로 후기 노인의 사회적 관계망 축소를 예방하고 긍정적인 가족, 친구, 지역 사회와의 관계를 형성 및 유지하기 위한 정책적 노력이 필요하다(강은나·김혜진·정병오, 2015).

노인들의 가족 관계망에 관한 연구(김영범·박준식, 2004)에 따르면 매우 다양한 모습을 보이고 있다. 가족 관계망 유형은 ① 자녀와 긴밀한 관계를 보이는 자녀 중심형, ② 자녀보다는 배우자와 긴밀한 관계를 맺고 있는 배우자 중심형, 그리고 ③ 자녀/배우자 모두와 긴밀한 관계를 맺지 못하는 무관계형 등 세 가지로 구분되었다. 이들 유형에 따라 삶의 만족도도 차이를 보이고 있는데, 만족도는 배우자 중심형에서 가장 높은 반면, 무관계형에서 가장 낮은 것으로 나타났다. 노인들의 사회 관계망은 가족 및 친구 공동체 등 다양한 구성 요소를 갖는다는 점을 확인하게 된다.

노인의 사회 참여와 사회적 관계망을 확대하기 위해서는 다양한 방안이 모색될 수 있지만 유엔이 발표한 '노인을 위한 원칙'을 참고할 필요가 있다.[8] 즉, 이 원칙에는 아래와 같이 자립, 참여, 돌봄, 자아실현, 존엄성이라는 5개 군 18개 항으로 이루어진 원칙이 제시되었다.

① 자립(independence): 가족과 지역 사회의 지원 및 자조적 노력을 통해 필요한 식량, 주택, 의복 및 건강을 유지할 수 있도록 하며, 일을 할 수 있는 기회를 제공받아 소득을 얻을 수 있어야 한다. 직장에서 언제 어떻게 그만둘 것인지에 대한 결정에 참여할 수 있어야 하며, 적절한 교육과 훈련 프로그램을 받을 수 있어야 한다. 개인의 선호와 능력에 상응하는 안전하고 적응할 수 있는 주거 환경에서 살 수 있어야 하며, 가능한 오랫동안 자기 집에서 거주할 수 있어야 한다. 이는 노인이 독립성을 누릴 수 있는 조건과 환경의 마련이 중요함을 제시하고 있다.

② 참여(participation): 노인 복지 정책 수립과 시행 과정에 적극적으로 참여하고, 노인들의 지식과 기술을 젊은 세대와 함께 공유해야 한다. 또한, 지역 사회 봉사를 위한 기회를 찾고 개발해야 하며, 그들의 흥미와 능력에 알맞은 자원 봉사자로서 봉사할 수 있어야 한다. 노인의 사회 참여는 단순한 임금 노동 이상의 것으로 일상생활의 영위, 지역 사회 참여 등을 포함하며, 노인 자신을 위한 사회 운동과 단체를 형성하고 참여하도록 원칙을 제시하고 있다.

③ 돌봄(care): 가족과 지역 사회의 보살핌과 보호를 받아야 하며, 신체적·정

---

8 '노인을 위한 원칙'은 1991년 12월 16일 세계 각국의 사회 문제로 대두되고 있는 노인 문제를 위해 유엔 총회에서 채택된 것이다. 국가기록원, '노인을 위한 UN원칙', https://www.archives.go.kr/next/newsearch/listSubjectDescription.do?id=000306&sitePage=; UN OHCHR, "United Nations Principles for Older Persons," https://www.ohchr.org/en/instruments-mechanisms/instruments/united-nations-principles-older-persons.

신적·정서적 안녕의 최적 수준을 유지하거나 되찾도록 도와주고, 질병을 예방할 수 있는 건강 보호를 받을 수 있어야 한다. 노인들의 자율과 보호를 확보하기 위해 사회적·법적 서비스를 받을 수 있어야 하며, 인간적이고 안전한 시설에 입소해서 적절한 보호, 재활, 사회적·정신적 서비스를 제공받아야 한다. 또한, 노인들이 보호 시설이나 치료 시설에서 거주할 때도 그들의 존엄, 신념, 욕구와 사생활을 존중받으며, 노후 생활에 필요한 보호와 삶의 질에 대한 사항을 스스로 결정할 수 있는 인권과 자유를 가지고 있음을 명시하고 있다.

④ 자아실현(self-fulfillment): 노인들이 가지고 있는 잠재 능력을 충분히 발휘할 수 있는 기회를 가지며, 지역 사회에서 제공하는 교육, 문화, 종교, 여가 프로그램을 이용할 수 있어야 한다.

⑤ 존엄성(dignity): 존엄과 안전 속에서 살 수 있어야 하며, 착취와 육체적·정신적 학대로부터 자유로워야 한다. 또한, 나이·성별·인종이나 민족적인 배경, 경제적 수준의 정도 등에 따라 차별받지 않고 항상 공정한 대우를 받아야 한다.

그리고 2002년 발표된 고령화에 관한 마드리드 국제행동계획(Madrid International Plan of Action on Ageing 2002: MIPAA)에서는 노인의 개발권(right to development)을 강조한 바 있다.[9] MIPAA은 21세기 인구 노령화 문제를 해결하기 위한 새로운 의제와 실행 계획을 제시함으로써 세계가 "모든 연령층을 위한 사회 구축"이라는 핵심 과제를 어떻게 해결하는지의 길잡이가 되었다. 2002년 총회에서 MIPAA가 채택된 이후 국제 사회는 노인의 상황에 점점 더 많은 관심을 기울여왔다. 이러한 국제기구의 제안과 권유인 노인의 자립, (사회) 참

---

9 UN, "Political Declaration and Madrid International Plan of Action on Ageing," https://www.un.org/esa/socdev/documents/ageing/MIPAA/political-declaration-en.pdf(검색일: 2023.10.21).

여, 돌봄, 자아실현과 존엄성에 대한 원칙은 국제 인권 장전에서 강조하고 있는 모든 인간의 생명권, 자기 결정권, 자유권, 사회 보장권, 차별 금지의 원칙과 맥을 같이하고 있다

이러한 국제적인 노력과는 달리 서울 어느 카페 출입문에 공지 문구인 "60세 이상은 출입 제한"은 충격을 주고 있다.

> 최근 동창생 4명이 함께 카페를 들어가려다 '노시니어존'에 맞닥뜨려 뒤돌아섰다는 사연을 전했다. "우리 넷은 금방 알아들었다." 등지고 나오는 노인 4명의 쓸쓸해 보이는 모습을 그림으로도 남겼다(김봄이, 2023.5.11).

노시니어존(no senior zone)[10]으로 온라인 커뮤니티에서는 논쟁이 벌어졌다. 전반적으로 업주의 지나친 차별이라는 비판의 목소리가 많았고, 노인 손님들로 인한 영업이 방해되기 때문에 자영업자들도 어쩔 수 없이 노시니어존을 선택한 것이라는 옹호 발언도 나왔다고 한다.

어린이들의 출입을 금지하는 '노키즈존(no kids zone)'에 이어 노인 출입을 제한하는 '노시니어존'이 등장한 것이다. 동네 작은 카페인데 노인들이 차 한잔 팔아주면서 '마담'이니, '예쁘다'느니 성희롱 수준의 말을 일삼는 진상 손님들을 막기 위해 붙인 팻말이라고 했다. 어떻든 노인에 대한 차별임에는 분명하다. 연령 차별주의(ageism)의 대표적인 한국 사례이다. 한편 노인 스스로도 품위를 지키고 상식에 반하는 언행은 삼가야 한다. 그래야 노인이 천대받고 차별받지 않을 것이다.

영업주도 손님도 모두 다 결국 늙게 되어 노인이 된다. 우리 사회의 노인 차

---

10 노시니어존은 노인들(60세 이상)의 입장을 거부하는 의미다. 노키즈존도 마찬가지로 아이들은 출입을 거부한다는 뜻이다.

별과 냉대 등 인격적인 모독은 노인 문제를 더 심각하게 만들 뿐 아니라 선진 사회를 지향하는 한국 사회의 풀어야 할 사회적 과제가 아닐 수 없다. 현재 살아 활동하는 모든 사람들은 저마다 자기에게 주어진 시간과 능력이 다하게 되면 언젠가는 늙고 이 지상에서 결국 덧없이 사라져 갈 것이다.

위에서 언급된 노시니어존은 연령 차별주의의 전형이다. 연령 차별주의는 사람들의 나이에 따라 고정 관념을 만들거나 차별하는 것을 포함하고 직장과 개인적인 삶에서 모두 발생할 수 있다. 연령 차별주의는 노인들과 젊은이들 모두 대상이 된다. 일반적으로 젊은이들을 미화하는 경향이 있으므로 노인들은 상대적으로 더 자주 연령에 따른 차별과 부정의 희생자가 되기도 한다(Reid, 2024.8.21). 에이지즘은 1969년 미국의 정신 의학자인 로버트 버틀러(Robert Butler)가 처음 사용한 용어이다.[11] 나이를 이유로 개인의 기회를 박탈하거나 배제하는 사회적 집단 사고와 행위를 에이지즘이라 한다.

WHO에 따르면 에이지즘은 남녀 차별이나 인종 차별보다 드러나지 않는 경우가 많다. 아울러 연령 차별주의를 예방하거나 제거하는 데는 ① 정책과 법, ② 교육 활동, ③ 세대 간 개입이라는 세 가지 전략이 요구된다고 제시했다(Weir, 2023.3.1; WHO, 2021.3.18).

첫째, 정책과 법은 연령을 기준으로 차별과 불평등을 해소하고 모든 사람의 인권을 어디서나 보호할 수 있도록 한다. 둘째, 교육 활동은 정확한 정보와 고정 관념에 반대되는 사례를 제공함으로써 공감 능력을 강화하고 다양한 연령층에 대한 오해를 불식시키며 편견을 줄일 수 있다. 셋째, 서로 다른 세대의 사

---

11 버틀러는 '연령(노인) 차별주의'(ageism 또는 age discrimination)이라는 용어를 처음 창안했으며, 1974년 미 국립노화연구소(National Institute on Aging) 창립, 1990년 뉴욕 국제장수센터(International Longevity Center)를 세워 회장을 역임하는 등 노인 문제 연구의 세계적인 노인학자다. 정신 의학자로서 1976년 저서 『왜 살아야 하는가: 미국에서 나이 먹기(Why Survive : Being Old in America)』로 퓰리처(Pulitzer) 상을 수상하기도 했다.

람들을 하나로 모으는 세대 간 개입〔intergenerational interventions(Whear et al., 2023)〕은 집단 간 편견과 고정 관념을 줄이는 데 도움이 될 수 있다. 세대 간 개입은 젊은이와 노년층 간의 더 큰 이해와 존중을 촉진하고 공동체 구축을 돕는 것을 목표로 한다. 세대 간 개입은 다양한 형태를 취할 수 있다. 예를 들어 중·고등학교 학생이 요양원을 방문해 그림, 음악, 체육 등의 활동을 공유하거나, 노인이 학교에서 학생을 위한 자원 봉사 활동하는 등을 예로 들 수 있다.

4. 맺는말

많은 사람들은 은퇴로 인한 역할 상실 및 사회적 관계 단절, 사회적 지지 체계 약화에 따른 사회적 고립을 경험하게 된다. 노년기는 생애 단계 진전에 따라 상대적으로 취약한 위치에 놓이기 쉬운 시기로 적절한 사회적 지원이 필요하다.

노인의 사회 참여를 확대하기 위해서는 먼저 노인들의 기본적 욕구가 충족될 수 있도록 해야 한다. 이를 위해서는 생활권 내의 활동을 가능하게 하는 복지관, 문화 센터, 여가 교육 기관, 자원 봉사 지원 기관, 취업 알선 기관 등의 다양한 사회 참여 인프라가 존재해야 할 것이다. 또한 오늘날 많은 노인은 경제적인 노후 보장이 이루어지지 않은 상태이다. 소득 보장에 대한 욕구가 기타 복지적 욕구에 비해 높은 노인이 많다. 따라서 노인 노동 참여에 관한 정책적 배려가 따라야 한다.

사회적 참여 측면에서는 아직까지 양적 확대 및 질적 다양화를 경험하지 못하는 것으로 나타났다. 노인의 사회 참여는 지역 사회를 중심으로 이루어지는 활동이 대부분이다. 이에 시설과의 접근성은 노인 사회 참여를 촉진시키기 위한 조건이라고 할 수 있다. 현재 노인의 사회 참여를 지역 사회에서 종합적으로 제공하고 있는 시설은 노인 복지관이라 할 수 있다.[12] 노인 복지관의 역할과 기능에 관한 재점검 및 노인 사회 참여 활성화 방안을 노인 복지관 중심으로 중장기 로드맵이 제시되어야 한다. 아울러 노인 복지관의 프로그램이 다양하지 못한 점도 개선해야 한다. 노인 사회 참여를 단순히 노인 개개인이 시간을 보내는 수단으로서 인식하는 것에 문제가 있으며 여러 사회 참여의 활동이 중복되는 문제점을 지니고 있다. 노인 사회 참여 인프라가 지역적으로 균형적이지 못하다. 아직 노인 복지관이 존재하지 않은 지자체도 있으며 복지관이 있다 해도 지역 간 격차가 발생하고 있다.[13]

현 공공 부문의 인프라만으로는 노인의 사회 참여 욕구를 충족시키기에는 양적·질적으로 한계가 있다. 이를 해결하기 위해서는 계속적인 공공 인프라의 확충과 함께 민간 인프라의 확충을 위한 지원 체계가 함께 이루어져야 할 것이다. 다양하고 질 높은 사회 참여 프로그램은 공공과 민간이 협력적이고 상생하는 방향으로 접근이 요구되고 있다.

사회적 관계망 측면에서는 혈연을 중심으로 한 사회적 관계망의 축소와 신뢰할 수 있는 동년배와의 관계망 확대라는 구조적 변화를 경험하는 것으로 나타났다. 이러한 점을 감안해 동년배와의 관계망을 확대·지속할 수 있는 다양한 프로그램 개발이 필요하다. 65세 이상의 노인 4013명을 대상으로 연구한 내용에 따르면 유배우자 집단과 무배우자 집단으로 구분해 분석한 결과 사회적 배제 문제는 매우 중요한 사회적 과제이며 사회적 관계망 형성을 통해 완충 효과

---

12 노인여가복지시설은 노인복지법에 따라 노인복지관, 경로당, 노인교실로 분류된다. 노인복지관은 전문 인력이 지역 사회 거주 노인에게 상담, 교양 강좌, 레크리에이션에서부터 식사 제공, 취업 알선, 건강 증진 프로그램에 이르기까지 다양한 서비스를 제공하는 곳을 말한다.

13 노인복지관이 없는 지자체는 38곳에 달하는 것으로 나타났다. 경남이 11곳(통영시·사천시·밀양시·거제시·의령군·함안군·창녕군·고성군·산청군·함양군·합천군)으로 가장 많았다. 이어 강원 8곳(횡성군·영월군·평창군·정선군·철원군·화천군·양구군·인제군), 경북 5곳(청송군·영양군·영덕군·고령군·성주군) 순으로 노인복지관이 설치되지 않았다(≪경향신문≫, 2021.9.21).

를 기대할 수 있다고 한다(전병주·최은영, 2015).

그리고 노인이 어떤 집에 살아가느냐에 따라 삶의 만족도에 매우 큰 영향을 미치고 있다. 구체적으로 노인이 거주하는 주택의 욕실, 화장실 형태, 주거비 부담, 주택 내 사고 경험, 집수리 경험, 주거 환경 등이 노인의 삶의 만족도에 유의미한 영향을 미치는 것으로 나타났다(배진희, 2012). 고령자의 생활의 질과 사회적 배제 등의 문제와 연관해 어떤 곳(커뮤니티)에서 어떤 집(점유 형태 및 주택 형태 등)에 살아가느냐는 매우 중요한 영향 요소라 할 수 있다. 다음 장에는 이러한 노인 주거 문제를 논의하도록 한다.

참고문헌

강은나·김혜진·정병오. 2015. 「후기 노년기 사회적 관계망 유형과 우울에 관한 연구」. ≪사회복지연구≫, 46(2), 229~255쪽

≪경향신문≫. 2021.9.21. "노인 복지관 없는 지자체 38곳, '지역 격차' 뚜렷". https://www.khan.co.kr/economy/economy-general/article/202109211717001(검색일: 2023.10.23).

국가기록원. '노인을 위한 UN원칙'. https://www.archives.go.kr/next/newsearch/listSubjectDescription.do?id=000306&sitePage=

김동심·김주현·주경희. 2020. 「중고생과 대학생의 노인 인식」. ≪청소년학연구≫, 27(5), 147~168쪽.

김봄이. 2023.5.11. "〔청라언덕〕 누구나 아이였고, 누구나 노인이 된다". ≪매일신문≫. https://www.imaeil.com/page/view/2023051109201513153(검색일: 2024.2.10).

김세진·이선희. 2022. "한국 노인의 사회적 관계 및 활동의 변화". 한국보건사회연구원 보건복지포럼. DOI: 10.23062/2022.09.6.

김세진·이선희·남궁은하·이윤경·백혜연·신혜리·이상우. 2021. "한국 노인의 삶과 인식의 변화: 노인실태조사 심층 분석". 한국보건사회연구원.

김영범·박준식. 2004. 「한국노인의 가족관계망과 삶의 만족도: 서울 지역 노인을 중심으로」.

≪한국노년학≫, 24(1), 169~185쪽.

김형석. 2023.9.1. “〔김형석의 100년 산책〕 120세도 바라보는 시대, 장수가 축복이 되려면 …”. ≪중앙일보≫, 23면.

나무위키. ‘김형석(교육자)’. https://namu.wiki/w/%EA%B9%80%ED%98%95%EC%84%9D(%EA%B5%90%EC%9C%A1%EC%9E%90)(검색일: 2023.10.15).

다음백과. ‘사회권’. https://100.daum.net/encyclopedia/view/39XXX8600099(검색일: 2023.10.5).

박채리·정순둘·안순태. 2018. 「노인에 대한 낙인에 영향을 미치는 요인」. ≪노인복지연구≫, 73(1), 385~416쪽.

배진희. 2012. 「주거 관련 요인이 농촌 지역 노인의 삶의 만족도에 미치는 영향」. ≪한국지역사회복지학≫, 42, 1~25쪽. DOI:10.15300/jcw.2012.09.42.1.

보건복지부 보건복지상담센터. https://www.129.go.kr/faq/faq03_view.jsp?n=1260(검색일: 2023.9.23).

≪부라보 마이 라이프≫. 2022.7.6. “〔노인혐오 기획〕 백발노인은 백해무익? “노인도 기회 받는 사회 돼야” ”. https://bravo.etoday.co.kr/view/atc_view/13708(검색일: 2023.10.15).

손종칠·이동렬·정선영. 2016. 「인구고령화의 경제적 영향 및 정책과제」. ≪한국경제연구≫, 34(2), 153~191쪽.

신순희. 2019. 「고령화시대 노인의 사회적 자본에 관한 고찰」. ≪한국복지실천학회지≫, 11(1), 132~167쪽.

이소정·정경희·이윤경·유삼현. 2007. 「우리나라 노인의 사회참여 유형 분석 및 정책적 함의」. 한국보건사회연구원 연구보고서(2007-19-8).

임소영·강민아·조성일. 2013. 「한국 노인의 사회관계망 유형과 건강상태의 관계: 남녀집단별분석」. ≪노인복지연구≫, 59, 281~308쪽.

전병주·최은영. 2015. 「노인의 사회적 배제 특성, 주거 점유형태가 생활만족도에 미치는 영향 및 사회적 관계망의 완충효과」. ≪사회과학연구≫, 26(1), 77~107쪽. DOI:10.16881/jss.2015.01.26.1.77.

정순둘·정윤경. 2012. 「고령화 사회에 대한 인식과 영향요인」. ≪한국노년학≫, 32(2), 541~557쪽.

≪프레시안≫. 2023.8.2. “한국 1인당 GDP 주요국 세 번째로 크게 줄어… “10년 전으로 회귀” ”. http://www.pressian.com/pages/articles/2023080211223574733(검색일: 2023.10.5).

Almedom, A. M. 2005. “Social capital and mental health. An interdisciplinary review of primary evidence.” *Social Science & Medicine*, 61, pp. 943~964.

Aroogh, M. D. and F. M. Shahboulaghi. 2020. “Social Participation of Older Adults: A Concept Analysis.” *International journal of community based nursing and midwifery*, 8(1), pp. 55~72. https://doi.org/10.30476/IJCBNM.2019.82222.1055.

Dahan-Oliel, N., I. Gelinas, and B. Mazer. 2008. “Social participation in the elderly: What does the literature tell us?” *Critical Reviews in Physical and Rehabilitation Medicine*, 20, pp. 159~176.

Gray, A. 2009. “The social capital of older people.” *Ageing and Society*, 29(1), pp. 5~31. doi:10.1017/S0144686X08007617.

Korea Herald. 2023.5.9. “No senior zone’ sparks controversy.” https://www.koreaherald.com/view.php?ud=20230509000607(검색일: 2024.2.11).

Litwin, H. 2001. “Social network type and morale in old age.” *The Gerontologist*, 41, pp. 516~524.

Reid, Sheldon. 2024.8.21. “What is ageism?” helpguide.org. https://www.helpguide.org/articles/aging-issues/ageism-and-age-discrimination.htm.

Taylor-Gooby, Peter. 2004. “New Risks and Social Change.” DOI:10.1093/019926726X.003.0001. https://www.researchgate.net/publication/242612618.

UN. “Global Issues: Ageing.” https://www.un.org/en/global-issues/ageing(검색일: 2023.9.22).

_____. “Political Declaration and Madrid International Plan of Action on Ageing,” https://www.un.org/esa/socdev/documents/ageing/MIPAA/political-declaration-en.pdf(검색일: 2023.10.21).

UN OHCHR. “United Nations Principles for Older Persons”, https://www.ohchr.org/en/instruments-mechanisms/instruments/united-nations-principles-older-persons.

Weir, Kirsten. 2023.3.1. “Ageism is one of the last socially acceptable prejudices. Psychologists are working to change that,” *APA monitor on psychology*, 54(2), https://www.apa.org/monitor/2023/03/cover-new-concept-of-aging(검색일: 2024.2.10).

Whear, R., F. Campbell, M. Rogers, A. Sutton, E. Robinson-Carter, R. Sharpe, S. Cohen, R. Fergy, R. Garside, D. Kneale, G. J. Melendez-Torres, and J. Thompson-Coon.

2023. "What is the effect of intergenerational activities on the wellbeing and mental health of older people?: A systematic review." *Campbell Systematic Reviews*, 19(e1355). https://doi.org/10.1002/cl2.1355.
WHO. 2021.3.18. "Ageing: Ageism." https://www.who.int/news-room/questions-and-answers/item/ageing-ageism(검색일: 2024.2.10).

제2장

노인과 노인 주거, 무엇이 문제인가

1. 들어가며

세계보건기구(WHO) 및 유엔의 보고서들은 세계 인구가 빠르게 고령화되고 있다는 것을 보여주고 있다. WHO는 전 세계 노인 수가 두 배 이상 증가해 2050년에는 15억 명 이상이 될 것으로 예상된다고 밝혔다. 그리고 유엔 보고서에 따르면 65세 이상 세계 인구 비율이 2022년 10%에서 2050년 16%로 증가할 것으로 예상하면서 고령화 인구가 많은 국가는 보편적 의료와 노인 주거 안정 시스템, 사회 보장 제도의 지속 가능성을 개선해야 한다고 전했다.[1]

기대 수명이 증가함에 따라, 누군가가 나이가 많다고 생각되는 시점도 달라진다. 예를 들어 북미에서는 사람들이 남성과 여성이 각각 70세와 73세로 나이

1 유엔(www.un.org) 및 인구보건복지협회의 2022년 「세계인구현황보고서」 참조.

가 들었다고 인식한다. 노인들은 정신적·신체적 건강의 약화, 사랑하는 사람들의 죽음, 그리고 줄어든 이동성과 사회적 기회 축소와 상실은 노인들에게는 큰 스트레스이다. 많은 노인들은 이러한 변화에 적응하는 것을 힘들어한다.

특정 국가나 지역에 전체 인구에 비해 노인이 많으면 고령화가 사회 문제로 대두되기도 한다. 오늘날 일반적으로 경험하는 '노인의 네 가지 고통'으로 첫째, 노인의 경제적 어려움, 둘째, 노인의 주거 빈곤, 셋째, 노인의 보건·의료 문제, 넷째, 노인의 무위(無爲)·무료(無聊), 그리고 사회적 소외 등을 들고 있으며 이를 어떻게 해결할 것인가의 관점에서 정책적·사회적 관심이 높아지고 있다(Chanarnupap and Reakphinij, 2019; Cowgill and Holmes, 1972).

한국은 유달리 빈곤층 노인의 비중이 증대하고 있다.[2] 국토연구원 조사 분석에 따르면 잠재적 주거 위기 가구는 최소 25만 9000에서 최대 51만 2000가구 규모일 것으로 분석했다(국토연구원, 2022). 이들 노인들이 현실적으로 직면한 문제점으로 가장 절실하게 요구되는 서비스는 주거 부문이라 할 수 있다. 주거 빈곤에 시달리는 가장 취약한 계층은 '노인'이다. 국토교통부가 2020년 여인숙, 고시원 등 비주택[3] 주민을 조사한 결과, 전체 가구 중 65세 이상 고령 가구가 42.8%(3796가구)에 달했다.

노인이 안전하게 살아갈 수 있는 주거 공간의 확보는 인간으로서 누려야 하

---

2 경제협력개발기구(OECD) 회원국 중 한국의 노인 빈곤율이 가장 높은 것으로 나타났다. 2020년 기준 66세 이상 노인 열 명 중 네 명이 빈곤 상태였고, 나이가 많을수록 빈곤율도 더 높았다. OECD, 2023,「한 눈에 보는 연금 2023(Pensions at a Glance 2023)」보고서.

3 통계청 국가통계포털(KOSIS)에 따르면 2022년 오피스텔을 제외한 '주택 이외의 거처' 가구원은 182만 9000명이다. 통계청은 가구의 거처를 '주택'과 '주택 이외의 거처'로 분류하고, '주택 이외의 거처'는 한 개 이상의 방과 부엌, 독립된 출입구 등 주택의 요건을 갖추지 못한 거주 공간을 의미한다. '주택 이외의 거처'를 구체적으로 살펴보면 오피스텔, 여관 등 숙박업소의 객실, 기숙사 및 특수 사회 시설, 판잣집, 비닐하우스 등이다. 오피스텔 거주자를 제외하면 대부분 주거 취약 계층에 속한다.

는 기초 수요(basic needs)이자 주거권(housing rights)의 보장이라는 관점에서 중요한 정책 이슈가 되고 있다. 이 장에서는 노인과 노인 주거 문제를 중심으로 논의하고자 한다.

2. 노인 문제의 속성

1) 누가 노인인가?

노인은 다양한 호칭을 가진다. 노인을 높여 부르는 말로 '어르신'이라고도 한다. 그러나 일반적으로 늙은이, 고령자, 시니어, 실버 등으로 상황에 따라 교체해서 다양하게 사용하기도 한다.[4] 한국은 현재 65세 이상이면 노인으로 분류된다. 국민연금, 기초연금, 노인장기요양보험(65세 이하 노인성 질환자 포함), 경로우대제도, 노인맞춤 돌봄서비스 등 사회 보장 제도는 대부분 만 65세 이상을 노인으로 보고 있다(김은표, 2021 참조).

프랑스에서는 노인을 인생의 두 번째 단계로서 자아실현을 추구한다는 의미로 '제3세대(third age)'라고 부른다. 스위스에서는 노인이 환갑을 맞으면, 가족들이 손수 짠 빨간색 양털 스웨터를 선물하면서 장수를 비는 관습으로 60세 이상의 노년을 '빨간 스웨터'로 부르기도 한다. 일본에서는 노인을 '고년자(高年者)'라 칭하고, 중국에서는 50대를 '숙년(熟年)', 60대를 '장년(長年)', 70대 이상을 '존년(尊年)'이라고 부른다(≪백세시대≫, 2012.10.19 참조). 각 국가마다 노인에 대

4 영어권 국가에서는 노인은 다음과 같이 다양하게 불리고 있다. old age, old people, the elderly, OAP(Old Age Pensioner), senior, senior citizen, older adult, the elders, golden age 등이다.

한 호칭은 다양하고, 노인의 연령 구분과 호칭은 사람들의 인식과 태도를 나타낸다는 점에서 매우 흥미롭다.

최근 일부 국가에서는 노인의 연령을 65세에서 상향 조정해야 한다는 주장이 나오고 있다. 일본에서는 비록 노인 개인차가 존재하지만 특히 75세 이하의 노인들이 여전히 건강하고 활동적이다. 많은 사람들이 노인으로 취급하는 것을 주저하고, 노인으로 취급받는 것을 불편하게 생각한다. 이러한 인식을 바탕으로 2013년 일본 노인학회와 일본 노인병학회는 노인의 정의를 재고하기 위한 공동 위원회(the Joint Committee of Japan Gerontological Society)를 발족하고, 3년간 다양한 측면에서 노인의 연령 구분과 관련 사항을 연구했다.

공동 위원회는 노인의 신체적·심리적 건강에 대한 다양한 데이터를 분석한 결과, 현재 노인들 사이에서 보행 속도와 악력 등 노화의 결과로 신체적 기능의 변화 출현이 10~20년 전에 비해 5~10년 늦어지는 '회춘' 현상이 나타나고 있음을 확인했다. 노인으로 여겨져온 65세 이상 노인들, 특히 65~74세의 젊은 노인 연령층에서도 정신적·신체적 건강이 잘 유지되고 있으며, 이들 대다수가 활발한 사회 활동에 참여할 수 있는 능력을 갖추고 있다. 나아가 다양한 인식 조사 결과에 따르면 대체로 65세 이상을 고령자로 인정하는 것에 반대하는 의견이 사회적으로도 힘을 얻고 있다. 일본 내각부(the Cabinet Office of the Japanese Government) 조사에 따르면 70세 이상 또는 75세 이상을 고령자로 인정해야 한다는 의견이 많다. 따라서 공동 위원회는 65세부터 74세까지의 연령대 사람들을 노령 이전의 나이(pre-old age) 그리고 75세 이상 연령대의 사람들은 고령자(old age), 즉 노인이라 제안했다(Ouchi et al., 2017 참조).

대부분의 나라에서 사람들은 18세에 법적인 성인이 되지만(18세에 투표, 결혼 또는 집을 살 수 있음), 사람들이 노인이 되는 나이에 대해 보편적으로 받아들여지는 기준은 없다. 그러나 대부분의 선진국에서 노령의 시작은 약 60세에서 65세로 여겨진다. 미국 등 서구 국가에서 일을 멈추고 나이에 근거한 지원 프로그램을 받을 자격이 생기기 때문이기도 하다. 일반적으로 많은 국가에서 노인은 65세 이상의 연령대 사람들로 정의되어 왔다. 최근 동향을 보면 65세에서 74세 사이의 사람들은 대개 '초기 노인'으로 간주되는 반면, 75세 이상의 사람들은 '후기 노인'으로 지칭된다(Orimo et al., 2006).

노화는 장애가 아니며 건강하고, 활동적이고, 독립적인 사람들은 자신을 노인이라고 생각하지 않고 다른 사람들이 노인으로 대할 때 불편함을 느낀다. 심신의 건강이 잘 유지되고 있는 65세 이상의 많은 사람들은 사회 활동에 적극적으로 참여할 수 있고 독립적인 생활을 할 수 있다. 한 연구는 젊은 노인(young old)층을 60세부터 69세까지, 중간 노인(mid old)의 사람들은 70세부터 79세까지, 그리고 매우 나이가 많은(very old) 노인들은 80세 이상으로 구별한다.[5]

만약 나이가 단지 숫자라면, 노년은 언제 시작되는가? 그리고 노령 혹은 노인을 정의할 필요가 있을까? 나이와 관련해 질병 패턴을 관찰하기 위한 역학 연구에서는 나이가 중요한 변수들 중 하나로 사용한다. 즉, 나이가 증상에 미치는 영향 등을 연구하기 위한 변수들 중 하나로 사용하는 것이다. 비록 그것이 은퇴 연령, 연금 및 노령과 연관된 다른 혜택들(무상 전철 및 버스 이용권 등)에 미치는 영향에 대한 우려가 있을지 모르지만, 역연령(chronological old age)을 75세 이상, 85세 이상 등 다양한 의견과 제안이 나오고 있다.

노인은 생리적 및 신체적 기능의 퇴화와 심리적 변화가 일어나서 개인의 자기 유지 기능과 사회적 역할 기능이 약화하고 있는 사람이다. 국제노년학회는 ① 환경 변화에 대한 적응력이 감소하고 있는 사람, ② 생체적인 자체 통합 능력이 감소 혹은 기능이 쇠퇴하고 있는 사람, ③ 일상생활에서 예비 능력과 적응 능력이 떨어지는 사람을 노인의 특징으로 정의했다.[6]

---

5 Devoted Guardians, "At What Point Is Someone Considered Elderly?" https://devotedguardians.com/at-what-point-is-someone-considered-elderly/(검색일: 2023.8.2).

2) 노인 문제

현대 사회는 고도의 발달된 보건·의료 및 의약 산업과 문명의 혜택으로 평균 수명이 늘어나고 생명 연장의 한계에까지 도전하고 있다. 이러한 현상은 후진국에 비해 선진국에서 더욱 뚜렷이 나타나고 있음은 부인할 수가 없다. 19세기 말까지만 해도 60세 또는 65세에 이를 정도로 오래 산 사람은 많지 않았다. 황상익 교수(서울의대)의 추측에 따르면 조선 시대 서민들의 평균 수명은 35세 혹은 그 이하였을 것이라고 한다(≪의사신문≫, 2019.3.11).

대부분의 국가에서 노인 문제가 사회 문제로 부상하고 정책적 관심을 갖게 된 것은 산업화 및 도시화 과정이 진행된 이후부터, 즉 현대화(modernization) 과정 속에서 발생되었다고 한다(Cowgill, 1986; Cowgill and Holmes, 1972). 소위 현대화 이론(modernization theory of aging)은 한 사회의 현대화 정도가 높으면 높을수록 노인의 지위는 더욱 낮아지게 된다는 것을 지적하고, 현대 사회 내부에서의 노인의 의미와 노인 문제를 비교적 함축적으로 해석한 이론으로 평가되고 있다.

현대화는 산업화와 밀접한 관련을 갖고 있으며 과학 기술의 발달로 인한 생활 수준의 향상 및 평균 수명의 연장, 도시화, 핵가족화를 수반하게 되었다. 이러한 현상들은 노년층의 경험과 지식이 현대 산업 사회에서는 그 가치를 발휘하지 못하게 되었다. 즉, 노인 계층은 사회로부터 소외당하는 결과를 초래하게 되었다(Watson and Maxwell, 1977).

현재 한국 노인들이 공통적으로 겪고 있는 문제는 무엇인가? 노인 문제의 양

---

6 British Geriatrics Society, "International Association of Gerontology and Geriatrics (IAGG)," https://www.bgs.org.uk/international-association-of-gerontology-and-geriatrics-iagg(검색일: 2023.8.5).

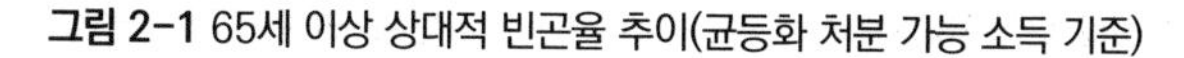
그림 2-1 65세 이상 상대적 빈곤율 추이(균등화 처분 가능 소득 기준)

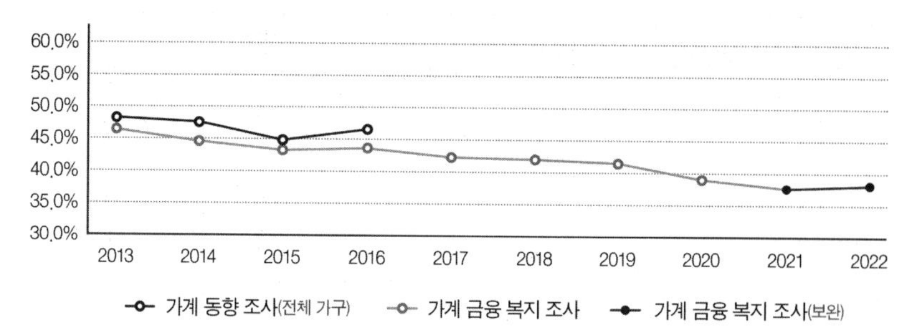

자료: 통계청 가계동향조사, 농가경제조사, 가계금융복지조사. 지표누리(https://www.index.go.kr/unity/potal/main/EachDtlPageDetail.do?idx_cd=1024)에서 재인용.

상은 크게 네 가지로 대별할 수 있다. 첫째, 수입의 급격한 감소에 따른 빈곤 문제이다. OECD「한눈에 보는 연금 2023」보고서에 따르면 2020년 기준으로 한국의 66세 이상 노인 인구의 소득 빈곤율은 40.4%에 달해 OECD 회원국 평균(14.2%)보다 세 배 가까이 높았다. 일본(20.2%)과 미국(22.8%)은 우리나라의 절반 수준에 불과한 것으로 나타났다.[7]

노인 빈곤율은 고령층 내에서도 출생 세대별로 큰 차이가 있다. 나이가 많을수록 노인 빈곤율이 더 높고, 저소득·저자산 비율도 뚜렷이 증가한다. 노인 빈곤 완화를 위해서는 저소득·고자산 노인에 대한 지원을 축소하고, 초고령 빈곤층 중심의 저소득·저자산 취약 계층에 정책 지원을 집중할 필요가 있다(이승희, 2023).

둘째, 건강 문제(질병과 장애)이다. 나이가 들면서 질병, 기능 이상 및 약물 부작용으로 더욱 고생하게 된다. 노인의 절반 이상 일상생활 동작 능력(ADL) 중 한 가지 이상의 능력에 어려움을 겪고 있으며 전체 노인의 35%가 일상생활

---

7 OECD, 2023, Pensions at a glance: OECD and G20 indicators, https://www.oecd.org/en/publications/pensions-at-a-glance-2023_678055dd-en.html.

표 2-1 연령별 치매 사망률 추이(2021~2022) (단위: 인구 10만 명당 명)

연령	2021년	2022년	치매		
			알츠하이머병	혈관성 치매	상세 불명의 치매
전체*	20.2	27.6	22.7	0.8	4.1
40~49세	0.0	0.0	0.0	0.0	0.0
50~59세	0.6	0.8	0.5	0.0	0.2
60~69세	4.0	6.0	4.3	0.5	1.1
70~79세	34.7	42.4	33.5	2.0	6.9
80~89세	288.4	359.6	295.6	10.7	53.4
90세 이상	1,424.4	1,899.3	1,599.9	34.2	265.3

주: * 연령 미상 포함.
자료: 통계청(2023.9.21).

을 유지하는 데 타인의 도움을 필요로 한다. 그리고 노인이 가지고 있는 주요 질환으로는 관절염, 고혈압, 백내장 등이며 한국 노인들의 3대 사망 원인 질환으로 암, 뇌졸중, 심장병으로 알려져 있다, 그리고 치매에 의한 사망자 수는 총 1만 4136명으로 2021년 대비 2022년은 36.6%p 증가했다. 치매 사망률(인구 10만 명당)은 27.6명(2022년)이며 치매 사망률은 여자(38.0명)가 남자(17.1명)보다 2.2배 높다(통계청, 2023.9.21).

신체적 및 정신적 노화로 인해 허약 노인 또는 장애 노인의 수가 급증하고 있다. 가족 부양 체계의 약화와 제도적·사회적 부양 체계의 미비 등으로 이들의 보호에 많은 문제가 제기되고 있다.

셋째, 역할 상실과 사회적·심리적 소외 문제이다. 한국은 조기 정년을 경험하는 사람들이 적지 않다.[8] 그들은 조기 정년으로 인한 사회적·경제적 역할의

8 65세 이상을 노인이라 규정하지만 한국에서의 정년은 공무원과 일부 공기업만 간신히 60세이며 대부분의 대기업은 55세이다. 그 외 다수의 작은 사업체들도 노동자 고용 나이 제한은 보통 55세를 마지노선으로 잡는 경우가 많다. 2022년 한 취업 포털에서 직장인 534명에 설문한 내용에 따르면, 직장인이 체감하는 정년퇴직 나이는 만 51.7세이었다.

상실을 경험하게 된다. 아울러 가정 내에서도 핵가족화에 따른 역할의 축소 내지 상실 그리고 은퇴 후 길어진 노후 생활에 나타나는 사회적·심리적 소외 문제이다. 사회적 소외는 노인들이 겪는 사회로부터 여러 가지 따돌림을 받는 현상, 즉 노인에 대한 거부, 천시·냉대, 무례함 등 다양한 형태로 나타나고 있다. 그리고 특히 70~80대 노인들은 배우자의 사별을 통한 슬픔과 고독감은 심리적으로 매우 큰 고통이다. 더욱이 질병 등으로 죽음에 대한 공포와 두려움, 인생의 허무함 등 많은 갈등을 맞이하기도 한다.

노인들의 고독사도 역할 상실과 소외 문제가 깊은 연관이 있다.[9] 보건복지부의 2021년 자살예방백서(2019년 통계 기준)에 따르면 한국의 자살률은 OECD 국가 중 가장 높으며, OECD 평균(11.2명)보다 2.1배 높다. 특히 65세 이상 노인의 자살률(2019년)은 1위이고 OECD 평균 기준보다 2.7배 높다. 연령대별로는, 50대가 2837명으로 가장 많았고, 자살률은 연령대가 높을수록 증가해 80세 이상(67.4명)이 가장 높았다.

노인 문제 중 간과해서는 안 될 문제는 노인 학대이다. 노인 학대란 노인에게 신체적·정신적·성적 폭력 및 경제적 착취, 가혹 행위, 유기 또는 방임을 저지르는 것을 말한다. 노인 학대가 주로 발생하는 공간은 가정(가족 구성원인 배우자, 성인 자녀, 부양 의무자 등) 학대 외에도 최근 복지 시설(요양원 및 양로원 등의 시설)에서 시설 관련 종사자 등에 의해 발생하는 시설 학대 및 시설 외의 공간에서 발생하는 학대로 분류된다.[10]

전국 34개소 노인 보호 전문 기관이 접수한 노인 학대 신고 건수는 1만 6973건(2020년)으로 2019년(1만 6071건) 대비 5.6%p 증가했다. 이 중 학대 사례로

---

9 고독사 예방 및 관리에 관한 법률 제2항에 따르면 '고독사'란 가족, 친척 등 주변 사람들과 단절된 채 홀로 사는 사람이 자살·병사 등으로 혼자 임종을 맞고, 시신이 일정한 시간이 흐른 뒤에 발견되는 죽음을 말한다.

10 중앙노인보호전문기관, '노인학대 알기: 정의 및 유형'(https://noinboho.or.kr) 참조

판정된 건수는 6259건으로, 2019년의 5243건보다 19.4%p 증가했다. 2020년 노인 학대 유형은 정서적(42.7%), 신체적(40.0%), 방임(7.8%), 경제적 학대(4.4%)순이었고, 발생 장소는 가정(88.0%), 생활 시설(8.3%), 이용 시설(1.5%), 병원(0.6%)순으로 나타났다(보건복지부, 2021).

노인복지법(제39조의9 금지 행위)에는 누구든지 65세 이상의 사람에 대해 다음 각 호의 어느 하나에 해당하는 행위를 해서는 아니 된다고 명시되어 있다.

① 노인의 신체에 폭행을 가하거나 상해를 입히는 행위
② 노인에게 성적 수치심을 주는 성폭행·성희롱 등의 행위
③ 자신의 보호·감독을 받는 노인을 유기하거나 의식주를 포함한 기본적 보호 및 치료를 소홀히 하는 방임행위
④ 노인에게 구걸을 하게 하거나 노인을 이용해 구걸하는 행위
⑤ 노인을 위해 증여 또는 급여된 금품을 그 목적 외의 용도에 사용하는 행위
⑥ 폭언, 협박, 위협 등으로 노인의 정신 건강에 해를 끼치는 정서적 학대 행위

유엔 총회(1991년)에서 채택된 '노인을 위한 유엔 원칙(노인 인권)'으로는 자립, 참여, 돌봄, 자아실현, 존엄성 등이 있다. 즉, 노인의 존엄, 신념, 욕구와 사생활을 존중받으며 보호되고, 노인 스스로 존엄성을 지킬 수 있고, 안전하게 살 수 있으며 착취와 학대의 대상이 되어서는 안 되는 것을 말한다(보건복지부, 2000).

넷째, 열악한 주거 환경과 주거 서비스의 부족 문제이다. 노인 문제의 핵심이 경제적 빈곤 문제와 연계되어 있지만 한국 노인 중에 특히 주거 빈곤을 경험하고 열악한 주거 환경 및 주거 시설에 거주하는 빈곤층 노인이 많다. 비거주용 주택에서 생활하거나 주거 환경이 열악한 거주 공간에서 전세나 월세로 생활하는 노인의 경우 주거 서비스의 지원이 미흡하고 아울러 주거권이 침해당

하는 경우가 허다하다. 보다 구체적인 노인 주거 빈곤 실태는 별도의 장(제4, 5장)에서 자세히 다루기로 한다.

3. 노인의 주거 조건과 주거 프로그램

1) 노인의 주거 조건

노인에게 있어 주거는 단순히 거주 공간 혹은 주택이라는 물리적 실체만을 의미하지 않으며 안전, 건강, 사회 보장, 사회적 관계, 커뮤니티(공동체) 등의 다양한 사회 경제적, 그리고 복지적인 정책들과 긴밀한 연관성을 지닌다. 노인에게 주거는 다른 인구 집단에 비해 더욱 중요하고 삶에 지대한 영향을 미치는 요인이다.

노인은 오랜 세월 동안 직장에서 일하다 은퇴와 더불어 생활이 가정 중심으로 변하기 때문에 편안한 노후의 생활을 위해 주거 환경의 안정을 확보하는 것이 매우 중요하다. 노인들은 대개 거주지를 바꾸지 않고 자신이 살던 공간 혹은 커뮤니티에서 지속적으로 살아가는 것을 선호한다(Pastalan, 1990). 이러한 경향은 오랜 거주 기간을 통해 이웃 사람들과 많은 유대 관계와 기억 들이 있기 때문이다.

노인의 주거 조건은 몇 가지로 분류해서 고려할 필요가 있다(Gaymu, 2003).

첫째, 안정성이다. 외부(타인)로부터의 위협과 자연적인 현상 들로 인해 건강을 위협하는 요소들로부터 보호받는 것을 의미한다.

둘째, 이동성으로 집 안에서뿐 아니라 집 주변을 이동하는 데에 불편함이 없도록 해야 한다. 특히 노인 이동에 있어 장애 요소가 될 수 있는 것들을 미리 건축(혹은 리모델링) 시에 고려해 무장애 주거 생활로 이동이 용이하도록 환경 조성이 필요하다.

셋째, 편리성으로 신체 기능의 저하에 따른 이동의 편리성, 간병 및 수발의 용이성 그리고 신체적 기능과 정신적 건강을 유지하기에 적합한 생활 공간과 환경을 조성해야 한다.

노년기에는 환경 적응 능력이 상대적으로 약화되어 일생 동안의 어느 시기보다 편리한 주거 조건과 환경이 요구된다. 노인이 되어서도 안전하고 안락한 주거에서 생활하고자 하는 욕구는 기본적이다. 부적합한 환경으로 인해 많은 스트레스를 받지 않도록 배려해야 한다. 노인의 신체적 능력과 사회 경제적인 수준에 맞지 않는 주거 환경은 노인의 독립적 생활과 사회 통합을 저해하고 일상생활 활동을 제한함을 인식하고 노인을 위한 주거 복지 프로그램을 계획하거나 실행함에 있어 노인의 주거 조건을 염두에 두어야 한다.

2) 노인 주거 프로그램 계획

모든 사람은 적절하고 안전하며 합리적인 가격의 주택을 원한다. 특히 노인들은 신체적 조건을 감안해 편안함을 원하고 건강하고 활동적인 라이프 스타일(life style)을 견지할 수 있는 주택이 필요하다. 그러나 많은 빈곤층 노인들은 접근성이 좋지 않고 열악한 주택에 거주하고 있다.

경제적 능력이 떨어지고 신체적·정신적으로 허약한 노인에게 있어서 주거와 주거 환경의 문제 해결은 당면 과제로 대두되고 있다. 한국은 산업화가 진행되면서 도시화의 급속한 진행, 토지 가격 및 주거 비용의 상승 등은 국민 경제 전체에 부담을 주고 있으며, 한정된 재정과 복지 환경 속에서 노인의 최저 주거 수준 충족과 주거권 보장 등 노년을 더욱 만족스럽게 살기 위한 주거 환경을 조성해야 한다는 목표 달성은 매우 힘든 정책 과제이다. 아울러 노인들을 위한 주거 프로그램 계획 수립을 위해 노인 주거의 기준을 마련함은 매우 중요

표 2-2 노인의 특성과 주거 프로그램 계획

구분	노인의 특성	주거 프로그램, 관련 시설 및 계획
사회적	- 사회 참여 제한 - 사회적 신분, 직위 상실 - 역할 상실감, 고립감	- 여가 선용, 취미 활동 공간 및 시설 계획 - 사회 참여 기회 확대 - 사회화 공간의 마련
경제적	- 소득 감소 - 경제 능력 한계 - 노인 빈곤율 - 주거 빈곤층	- 노동력이 있는 노인을 위한 일자리 마련 - 직주 근접형 노동 기회 제공 - 저렴 주택 공급(affordable housing) 및 최저 주거 기준 확보
심리적	- 가족 구성원의 상실 - 과거 집착 - 불안, 초조, 고독감 - 인생의 낙오감, 열등감	- 프라이버시 유지 - 다양한 사람들과의 접촉 기회 확대 - 영역성 확보 - 취미 생활 공간 및 프로그램
신체적	- 골격 및 운동 기관의 쇠퇴 - 감각 기관의 쇠퇴 - 안전사고의 발생 - 이동 보조 기구의 사용	- 안전사고를 줄이는 계획 - 무장애 주거 시설, 유니버설 디자인 - 피난 훈련 계획 및 공간 계획 - 간호 및 보호 공간의 계획 - 난방, 공조 방식. 온도, 습도 설비 고려

하다.

노인들은 생리적인 특성에 따라 시간이 경과하면서 신체의 기능은 점차 저하되고 신체 각 부위도 변화가 일어난다. 노인과 관련된 특성을 고려한 노인 주거 프로그램을 살펴보고자 한다. 노인의 특성과 주거 프로그램 계획은 다음(〈표 2-2〉)과 같이 요약된다.

노인의 사회적·경제적·심리적·신체적 특성은 주거 프로그램을 계획할 때 노인 복지 및 노인 주택 공급을 주도하는 주체들이 필수적으로 고려해야 할 사항이다. 노인의 사회적 특성을 고려한 주거 프로그램으로서 노인을 위한 사회화 공간의 마련은 더욱 중요한 프로그램이라 할 수 있다. 노인이 활기차고 건강한 노후 생활을 영위할 수 있도록 다양한 일자리·사회 활동을 지원해 노인 복지 향상에 기여하도록 한다.

노인을 위한 종합적이고 체계적인 복지 프로그램의 예를 들어 보면 아래와 같다.

- 다양한 평생 학습 프로그램 참여를 통한 배움(학력 취득 기회 제공 등) 및 사회 참여 활동 욕구 충족
- 서비스 대상자 욕구에 맞는 안전 지원, 사회 참여, 생활 교육, 일상생활 지원 등을 통해 돌봄 취약 노인에 대한 맞춤형 돌봄 서비스 제공
- 노인들의 다양한 욕구 및 문제점을 상담하고 관련된 정보를 제공함으로 노인들이 건강하고 행복한 노후 생활 지원
- 지역 사회의 다양한 자원을 활용해 지역 사회와 소통하고 노인 복지 욕구 충족과 지역 기관·단체 연계 활동으로 네트워크 강화
- 노년기의 고독감 해소와 사회 참여 기회를 확대해 지역 사회 내 구성원으로서 지역 사회 복지 발전에 긍정적인 역할 수행과 활기찬 노후 생활 영위
- 노인의 풍부한 경험과 재능을 지역 사회로 환원하는 봉사의 장을 마련하고 더불어 함께하는 나눔을 실천

위에서 언급한 프로그램 운영은 이미 노인복지관(노인복지회관 등)[11] 등에서 부분적으로 실행하는 곳도 있다. 그러나 일부에서는 노인복지관 역할과 기능에 대해 비판적 의견도 있다. 그 이유는 노인들끼리만 따로 모아놓고 프로그램을 운영한다는 것은 노인들을 사회에서 더욱 고립시키는 결과가 될 우려가 있다는 점이다. 젊은이들과 같은 장소에서 남녀노소 간 어울리도록 하는 것이 바람직하다는 점을 강조한다. 종합 사회 복지관에서 노인과 젊은이 들이 상호 교류의 장을 마련해 세대 간의 위화감을 해소시킬 수 있고, 젊은이들이 노인들로

---

11 노인복지법 제4장 제36조에 따른 개념은 노인복지관은 무료 또는 저렴한 요금으로 노인에 대해 각종 상담에 응하고, 건강의 증진·교양·오락 기타 노인의 복지 증진에 필요한 편의를 제공함을 목적으로 하는 시설이라고 정의되고 있다. 한국의 노인복지관에 대한 법적 근거는 1981년 노인복지법 제정과 함께 시작되었다고 하지만 처음으로 노인복지관이 운영된 것은 1989년이다.

표 2-3 노인 주거 형태 및 주거 시설 분류

주거 형태	① 단독 주거형, ② 공동 주거형, ③ 소셜 믹스형
주거 입지	① 도시형, ② 도시 근교형, ③ 전원 휴양형(농어촌 지역 등)
소유/계약 형태	① 분양/소유형, ② 임대형, ③ 회원형, ④ 기타(종신형, 헌납형 등)
개발 주체	① 공공 기관, ② 민간(개인, 기업체), ③ 공공·민간 통합형, ④ 제3섹터형(시민 단체, 종교 단체, 비영리 단체 등)
개발 및 운영 방식	① 소유형(일부 소유 포함), ② 서버 리스형, ③ 협동조합 방식, ④ 기타 방식(펀드, 연대 방식 등)
건강 상태에 따른 보호/의존 상태	① 자립형, ② 중간 보호형, ③ 완전 의존 보호형

자료: 미국 노인주거협회의 노인 주택 형태 분류(American Seniors Housing Association, "Classifications for Seniors Housing Property Type") 및 유선종(2020.10.28)의 '노인주택의 분류'를 일부 조정·수정함.

부터 전통문화와 그들의 풍부한 경험적 교훈을 전수받을 수 있다는 기대감에 근거를 두고 있다.

노인을 위한 주거 형태와 주거 시설의 종류는 매우 다양하다. 한국을 비롯한 해외 여러 나라의 사례를 중심으로 개발되고 지속해 온 노인 주거 형태는 (〈표 2-3〉)과 같이 정리된다.

크게 보아 노인 주거 형태는 단독 주거형, 공동 주거형, 그리고 소셜 믹스(social mix)형으로 나눌 수 있다. 일반적으로 정부 주도의 복지형 노인 주거는 공동 주거형이 많다. 그리고 주거 입지적 측면에서는 세 가지 유형으로 구분되는바 도시형, 도시 근교형, 전원 휴양형이다. 최근 노인들의 주거 입지 선호도를 조사한 자료들을 보면 도시형이 단연 우위를 차지한다. 그리고 소유형, 임대형, 회원형 등의 소유 내지 계약 형태 측면에서도 구분이 가능하다. 아울러 개발 주체가 누구인지, 운영 방식에 따라서도 구분할 수 있다.

노인의 주거 입지 선호에 관련해 튀비마·켐프(Tyvimaa and Kemp, 2011)는 핀란드 노인 주택이 공공 서비스 센터나 쇼핑센터 등의 시설과 가까이에 흔히 건설된다는 점에 주목하고, 노인 주택을 마련하는 데 있어 편의성이 주요 목표

중 하나임을 보여주었다. 예를 들어, 대중교통 이용이 편리한 위치 등 손쉬운 접근성은 도시 지역 노인 의료 이용의 중요한 변수이다. 노인을 위한 지역 사회 기반 교통 서비스가 가능한 해결책이 될 수 있으며 대중교통 접근성과 더불어 쇼핑센터 접근성은 노인 개인의 일상생활 활동을 용이하게 할 수 있다는 점을 강조했다(Rittner and Kirk, 1995; Roy et al., 2018).

3) 대안적 주거 형태

노인 주거 안정을 위한 대안적 주거 형태 사례를 살펴보고자 한다. 다양한 대안적 주거 형태가 개발되고 있지만 여기서는 소셜 믹스형 마을 공동체 마을, 코하우징(co-housing), 그리고 서포티브 주택(supportive housing)을 소개한다.

(1) 소셜 믹스형 마을 공동체 모델: 위스테이

사회 통합 및 균형 잡힌 커뮤니티 형성을 위해 흔히 소셜 믹스형 주거 단지 혹은 마을 만들기는 하나의 대안적 주거 형태로 부상하고 있다. 소셜 믹스란 다양한 세대가 같은 영역에서 함께 살아가는 사회 통합을 말한다. 고령 친화 커뮤니티형 주거 모델은 다양한 세대가 함께 사는 모델이라고 할 수 있다. 한국의 이러한 소셜 믹스형은 '아파트형 마을 공동체 모델'로서 협동조합형 공공지원민간임대주택 위스테이(WESTAY)가 하나의 대표적 사례이다. 더함[12]은 2016년 12월, 국토교통부 시범 사업 '협동조합형 공공지원민간임대주택 공모'를 통해 사업 주관사 자격을 획득해 경기도 남양주 별내 지구와 고양시 지축 지구에 각각 491세대, 539세대 아파트 위스테이를 건설했다.

---

12 '더함'은 도시와 공간의 개발 및 운영 구조를 혁신하는 소셜 디벨로퍼이다. http://deoham.co.kr/about-us-new/(검색일: 2023.8.8).

협동조합형 공공지원민간임대주택이란 입주자가 집의 부분을 소유하는 개념이다. 위스테이의 임차인은 단순한 임차인이 아니라 아파트 운영자이자, 공급자로서 아파트의 공동체를 이끌어 가는 주체이다. 입주자 대상은 소득 분위 10분위 기준으로 7분위부터 3분위까지인 중산 계층이며 중산층 중 무주택자를 대상으로 입주자 모집을 진행했다.

입주자들은 건물 설계 단계부터 위스테이 아파트 단지를 함께 계획하고 만든다. 휠체어가 필요한 입주민과 아파트 단지를 함께 계획한 결과 노인의 거동에도 불편함이 없고 유아차를 끄는 부모들에게도 환영받는 아파트 환경을 조성할 수 있었다. 어린이집, 시니어 센터, 도서관, 아이 돌봄 시설 등 아파트 내 부대시설도 입주자들의 뜻이 반영되도록 했다. 아파트 계획 단계부터 입주자들과 함께 만들어 간 위스테이에는 아이부터 노인까지 다양한 세대가 함께 어울려 살아간다. 한국에서 보기 드문 고령 친화 커뮤니티형 소셜 믹스 주거 모델이라 할 수 있다.[13] 위스테이 홈페이지의 '브랜드 스토리'에 아래와 같이 소개되어 있다.

> 위스테이는 주거공간은 물론 양육, 보건, 생활, 문화 등 삶을 둘러싼 다양한 요구와 문제를 함께 해결합니다. 그럼으로써 이전에는 누리지 못한 삶의 여백을 만들어갑니다.[14]

(2) 코하우징

노인을 위한 또 다른 주거 형태로서 코하우징을 들 수 있다. 이 코하우징은 함께 모여 거주하는 생활 방식에 초점을 맞춘 한국에서는 새로운 주거 형태이

13 입주자 중 주거 취약 계층인 청년, 신혼부부, 고령자를 위한 주택이 25%를 차지한다.

14 위스테이 브랜드 스토리, http://www.westay.kr/Intro(검색일: 2023. 1. 29).

다. 코하우징은 덴마크에서 1970년대 처음 시작되었다. 핵심 아이디어는 일상적인 가사를 이웃과 함께 협력해 생활할 수 있는 주거 형태를 착안한 것이다. 이후 덴마크와 스웨덴을 중심으로 서구 선진국에 확산되었다(Durrett, 2009; McCamant and Durrett, 1994). 코하우징은 건축물 위주의 단지 개발 혹은 도시 재개발이 아닌 거주하고 있는 사람에 초점을 둔 공동체 운동의 하나라 할 수 있다. 현재 덴마크를 비롯한 유럽, 미국, 일본 등지에서 코하우징에 대한 운동이 확대되고 있다.

유럽 내 코하우징은 덴마크에 약 40개 단지, 영국 44개 단지가 조성되었고, 지속적으로 증가하는 경향을 보였다. 덴마크의 코하우징은 다른 나라와 달리 주민 발의에 의한 대중 운동 차원에서 이루어지며 네덜란드도 코하우징이 증가하고 있다. 스웨덴의 경우 국가나 지방 정부가 주체가 되어 조합 형태로 운영되는 것이 특징이다(주거학연구회, 2000; 윤민석, 2015).

덴마크에 왜 코하우징이 인기가 있는가가 궁금하다. 인구 580만 명의 덴마크에서는 1980년대에서 2007년 사이에 노인 코하우징 사업이 전성기를 이루었다. 중앙 정부 주택부의 일부 지원을 받는 전용 기관인 주거 만족 센터(Boligtrivsel i Centrum)는 2005년에 활동이 중단되었다. 이후 노인 공동 주택 사업의 개발은 활발하지 못했다.

노년기의 사람들이 코하우징에 입주하게 된 데에는 여러 가지 이유가 있을 수 있다. 노인의 경우 자식들은 성장해 출가하게 되고 기존의 주택에 부부 둘만 남게 되어 예전과 달리 큰 규모(평수)의 집이 부담스럽기도 하다. 그래서 노인들은 코하우징에 입주해 많은 사람들과 접촉하게 되고 적정한 규모의 집에 거주하게 된다. 그리고 또 하나의 이유는 노인이 되면 자주 외로움을 느끼게 된다. 이 외로움은 때로 우울증 등 다양한 정신적·육체적인 문제를 야기시키기도 한다. 코하우징은 이러한 외로움을 예방하는 큰 도움이 된다고 한다(*Hear & Now*, 2020.5.21).

덴마크의 코하우징 프로젝트는 다양한 형태로 나타난다. 일부 코하우징은 2세대, 3세대 또는 심지어 4세대가 함께 살고 있는 곳도 있다. 상당수 코하우징 프로젝트들은 도시 지역이 아닌 시골에 입지해 아이들을 위한 공간 및 공유 공간을 많이 확보해 주민들의 쾌적성을 극대화하기도 한다. 아울러 도시 지역에 많은 코하우징을 건립해 노인들이 문화 활동 기회를 증대하며 쇼핑센터 등의 시설과 인접해 다양한 활동과 경험을 갖게 한다. 최근 약 8만 명이 향후 코하우징에 입주할 준비가 되어 있지만, 코하우징은 수요에 비해 공급이 턱없이 부족하다고 한다. 덴마크는 앞으로 더 많은 코하우징을 공급해야 하는 과제를 안고 있다.

코하우징의 전문가 앤 글래스(Anne P. Glass) 미국 노스캐롤라이나 대학교(UNC Wilmington) 교수 인터뷰에서 아래와 같이 코하우징의 장점을 강조했다.

> 많은 사람이 서로 알고 지내고 서로를 인식하고 있기 때문에, 안전에 있어서 매우 좋은 환경이 마련되는 셈이다. 물론 커뮤니티에 있는 사람들과 모두 공평하고 가깝게 친하게 지낼 수는 없겠지만, 단순히 서로를 알고 인식하고 있다는 것만으로도 굉장히 큰 변화가 있다. 요즘 점점 1인 가구가 늘어나고 '노인 고아(elder orphan)'라는 단어가 자주 사용되는 사회이기 때문에 코하우징 콘셉트는 대단히 아름답고 이상적인 것이다(*Shareable*, 2016.12.5).

미국의 경우 노인을 위한 주택 선택은 일반적으로 크게 두 가지 범주로 분류된다. 하나는 비교적 독립적으로 자기 집에 계속 거주하는 것, 둘째, 공식적인 서비스를 제공하는 지정된 노인 주택에 입주하는 것이다. 세 번째 옵션에 대한 관심이 커지고 있다. 혼자서 노화를 직면하는 것과 서비스 비용을 지불하는 것 사이의 격차를 해소하는 혁신적인 주택 모델로서 몇 가지 옵션은 노인 공동 주택, 노인 협동 주택, 그리고 주택 공유를 포함한다. 이 모델들은 노인들이 서로를 의지하고 의도적인 상호 의존을 통해 노화에 따른 문제점을 해결해 간다는 점에서 특징을 발견할 수 있다(Glass, 2020).

(3) 서포티브 주택

사회 취약 계층 특히 빈곤층 노인, 노숙자를 위한 주거 지원 방식인 종전의 공공 임대 주택 공급 방식과는 달리 서포티브 주택은 또 하나의 대안으로 주목받고 있다.

모든 사람은 안전하고 품위 있고 안정적인 주택이 필요하다. 정신 질환, 만성 질환, 트라우마 병력, 기타 어려움을 겪고 있는 사람들 등 미국에서 가장 취약한 사람들 중 일부가 집에서 적절한 치료를 받고 회복의 길을 시작할 수 있도록 돕는다. 그러나 일부 조건으로 인해 사람들은 추가적인 도움 없이는 안정된 가정을 유지하기가 어렵다. 서포티브 주택은 저렴한 주택 제공과 집중적으로 계획된 필요한 서비스를 결합한 매우 효과적인 전략이라 할 수 있다(Dohler et al., 2013.5.31).

서포티브 주택의 핵심적인 서비스 원칙은 다음과 같다.

① 서비스는 주거 안정 지향적이다. 주거 서비스는 임차인(취약 계층)이 주거 안정 상태를 유지할 수 있도록 돕는 것을 목표로 한다. 서비스 제공자는 임차인으로서의 권리와 책임을 이해할 수 있도록 돕고 동시에 부당한 퇴거를 막기 위해 개입한다.

② 서비스는 다양한 분야에 걸쳐 있다. 서비스 제공자들은 세입자들이 신체적·정신적 건강 등 문제를 해결하는 것을 돕고, 사회 보장 혜택을 신청하거나 일자리를 찾는 사람들을 지원한다. 이를 위해 전문가, 간호사 또는 의사 및 사례 관리자가 다양한 서비스를 제공한다.

③ 서비스는 자발적이고 적극적이다. 세입자들은 단순히 서비스에 참여하

지 않는다고 해서 주거지를 잃지는 않는다. 공급자들은 적극적으로 지원 서비스를 제공하는데, 이는 세입자들이 도움을 요청하지 않더라도 필요하다고 판단되면 지속적으로 지원을 계속한다(Dohler et al., 2016).

서포티브 주택은 취약 계층 사람들이 보다 안정적이고 생산적인 삶을 살 수 있도록 비용 효율적인 방법으로 주거 안정을 누릴 수 있는 주택 제공과 동시 다양한 사회·의료 서비스의 통합적 접근 방식이라 할 수 있다. 이러한 접근은 미국 정부 담당 부처에 의해 개발된 것으로 노숙에 직면한 개인과 가족, 극빈자, 알코올 중독자, 만성 질환자, 노인 취약 계층 등의 사람들을 위한 주거 지원 프로그램이다.

서포티브 주택은 직업 훈련, 생활 기술 훈련, 알코올 및 약물 사용 장애 치료, 지역 사회 지원 서비스(예: 아동 돌봄 프로그램 등) 및 지원이 필요한 사람들에 대한 사회 서비스와 결합되어 있는 것이 특징이라 할 수 있다(Fitton and Willson, 1995; 이지혜 외, 2014). 서포티브 주택은 일시적인 해결책(쉼터 등)이 아니라 문제에 대한 포괄적인 해결책을 제시한다. 서포티브 주택에 입주한 사람들은 반영구적으로 거주하게 된다. 이 아이디어는 주택을 먼저 제공하고 질병 및 중독 등에 대한 도움을 제공함으로써 만성 노숙자 등 취약 계층의 문제를 해결하기 위한 접근 방식인 '주택 우선 모델(housing first model)'이라고도 한다. 이 개념은 종전의 전통적 접근 방식과는 완전히 다른 접근이라 할 수 있다.

서포티브 주택은 다양한 형태로 공급되고 있다. 참여자가 임대료 보조금을 사용해 개인 주택에 임차인으로 살아가면서 전문가의 가정 방문을 통해 지원 서비스를 제공받을 수도 있다. 이러한 지원 주택의 서비스는 유연하며 핵심적으로 주거 안정에 초점을 맞추고 있다.

4. 맺는말

노인의 생활상 어려움을 해결하기 위해서는 도움이 필요하며, 그들의 여생이 자립적이고, 참여적이며, 존경받고 보호받으며, 즐겁고 보람찬 것이 되도록 지원해야 한다. 노인들의 사회적 소외, 건강 상태, 주거 환경 등 실태를 파악하고 주거 프로그램을 포함한 복지 정책을 점검해 보아야 한다.

대부분 노인들은 심신의 노쇠로 인해 사회 활동의 비효율성을 경험하게 된다. 이로 인해 현대 산업 사회의 생활에 대한 부적응이 따르게 된다. 때로는 노인은 비생산적이며 사회 발전에 불필요한 존재라고 인식되기도 한다. 경우에 따라서는 노인에 대한 사회 참여 기회가 봉쇄되기도 하고, 노인을 경시하는 풍조 및 노인 학대가 자행되기도 하고 동시 경로·효친 사상이 점진적으로 쇠퇴되어 가고 있다. 외롭고 소외된 노인이 많아져 고독사도 증가하고 있다.[15]

농경 사회에서 산업 사회로 전환되고 도시화가 급격하게 진행되면서 공동체 의식이 퇴조하고 가족의 부양 기능이 약화되고 있다. 고령 인구가 증가하다 보니 기능 장애 노인도 자연히 증가하게 되었다. 아울러 경제적 빈곤, 역할 상실, 질병, 고독의 문제 등이 있으나 이에 대한 대비가 미흡해 시설 보호가 취약하고 국가의 노인 복지 예산도 부족한 실정이다(최성재, 2003; 이희성·권순호. 2020). 향후에는 또 다른 새로운 유형의 다양한 노인 문제가 등장할 것으로 예상된다. 그리고 현재의 노인 문제 또한 해결되기보다는 심화될 가능성이 높다고 전망된다. 특히 빈곤층 노인의 경우 주거 안정이 매우 중요한 과제이며 다양한 대안적 노인 주거 안정 프로그램을 개발하고 맞춤형 주택 공급 및 관리 방식을 도입해야 할 것이다.

---

15 2021년 고독사 사망자 수는 총 3378명으로 최근 5년간 증가 추세다. 보건복지부 보도자료, 2022년 12월 14일 자.

노인들이 대안적인 주거 환경으로 찾게 되는 것이 노인주거복지시설이다. 노인 주거 시설에 대한 관심과 문의는 노인 스스로보다 가족이 더 많은 것으로 알려졌다. 한국의 현재 직면한 문제점들을 인식하면서, 향후 도래할 초고령 사회를 대비하는 지속 가능한 노인 주거 복지 체계 구축이 시급한 과제이다.

노인 복지 정책의 방향도 현재의 저소득층 중심의 정책에서 한 걸음 나아가서 노인들의 능력과 환경에 따라 최저 생활의 보장, 최저 주거 기준 보장, 일자리 마련, 여가 활동 및 자원 봉사 활동 등의 기회 제공, 재가 복지 서비스의 제공 등 모든 소득 계층 노인의 다양한 욕구 및 문제를 해결하는 방향으로 발전해 가야 할 것이다.

노인 주거 지원 정책은 저렴한 주거 비용과 노인이 필요로 하는 다양한 서비스를 결합해 만성적인 신체적·정신적 건강 문제로 어려움을 겪고 있는 노인들이 안정적인 주택을 유지하고 적절한 건강 관리를 받을 수 있도록 해야 한다. 향후 보다 더 체계적인 노인 주거 안정을 위한 한국형 노인 주거 복지 모형 개발이 필요하다.

참고문헌

국토연구원. 2022. "국토정책 브리프(Brief)", 871호.

김은표. 2021. 「노인 연령 기준의 현황과 쟁점」. 국회입법조사처. ≪이슈와 논점≫, 1894호.

더함. http://deoham.co.kr/about-us-new/(검색일: 2023.8.8).

≪백세시대≫. 2012.10.19. "어르신? 시니어? 좋은 호칭은 뭘까요?" https://www.100ssd.co.kr/news/articleView.html?idxno=21028(검색일: 2023.8.21).

보건복지부. 2021. 「2020 노인학대 현황 보고서」.

위스테이. '브랜드 스토리'. http://www.westay.kr/Intro(검색일: 2024.1.29).

유선종, 2020.10.28. "노인주거시장의 이해." 한국보건산업진흥원·(주)매경비즈/보건복지부·

매일경제 특강자료.
윤민석. 2015. 「Co-housing을 통한 도시활력 찾기」. ≪계간 세계와 도시≫, 1&2.
≪의사신문≫. 2019.3.11. "조선 임금님, 평균수명은 46세". http://www.doctorstimes.com/news/articleView.html?idxno=206853검색일: 2023.8.16).
이지혜·이연숙·치팅(Qi, Ting)·최경옥. 2014. 「고령자 공공임대주택 대안으로서 서포티브 주택사례 연구」. 한국주거학회 학술대회논문집.
이희성·권순호. 2020. 「초고령화사회의 노인복지제도의 문제점 및 개선방안」. ≪노동법논총≫, 50, 1~29쪽.
인구보건복지협회. 2022. 「세계인구현황보고서」.
주거학연구회. 2000. 『더불어 사는 이웃 세계의 코하우징』. 교문사.
최성재. 2003. 『노인복지학』. 서울대학교 출판부.
≪한국경제신문≫. 2011.10.16. "유럽주택 '3대 키워드' 소형·친환경·코하우징".
≪한국일보≫. 2013.5.3. "한 지붕 아래 이웃사촌 '코하우징' 새 트렌드로".
American Seniors Housing Association. "Classifications for Seniors Housing Property Type." https://maao.memberclicks.net/assets/CIAValuations/Classifications_for_Seniors_Housing_Property_Types.pdf.
Arise News. https://www.arise.tv/who-population-of-elderly-persons-to-hit-over-1-5-billion-by-2050/dma(검색일: 2023.9.2).
British Geriatrics Society. "International Association of Gerontology and Geriatrics (IAGG)." https://www.bgs.org.uk/international-association-of-gerontology-and-geriatrics-iagg(검색일: 2023.8.5).
Chanarnupap, S. and C. Reakphinij. 2019. "Social Paradigms on the Status and Role of the Elderly." *Parichart Journal*, 32(2), pp. 1~13. Thaksin University. https://so05.tci-thaijo.org/index.php/parichartjournal/article/view/149869.
Cowgill, D. O. 1986. "Aging Around the World." *Journal of Gerontology*, 41(3, May), p.424. https://doi.org/10.1093/geronj/41.3.424.
Cowgill, D. and L. Holmes. 1972. *Ageing and modernization*. New York: Appleton-Century-Crofts.
Devoted Guardians. "At What Point Is Someone Considered Elderly?" https://devotedguardians.com/at-what-point-is-someone-considered-elderly/(검색일: 2023.8.2).
Dohler, E., P. Bailey, D. Rice, and H. Katch. 2016.5.31. "Supportive Housing Helps

Vulnerable People Live and Thrive in the Community." https://www.cbpp.org/research/supportive-housing-helps-vulnerable-people-live-and-thrive-in-the-community#_ftn1(검색일: 2024 2.25).

Durrett, Charles. 2009. *The Senior Cohousing Handbook: A Community Approach to Independent Living*, 2nd ed. New Society Publishers.

Fitton, P. and J. Willson. 1995. "A home of their own: Achieving supported housing." In T. Philpot and L. Ward(eds.). *Values and Visions: Changing Ideas in Services for People with Learning Difficulties*. Oxford: Butterworth-Heinemann.

Gaymu, Joëlle. 2003. "The housing conditions of elderly people." *Genus, AGEING* (January-March), 59(1), pp. 201~226.

Glass, Anne P. and & Lauretta Lawlor. 2020. "Aging Better Together," *Intentionally Generations*, 44(2), pp. 1~11.

Here & Now. 2020.5.21. "Why co-housing is so popular in Denmark." https://journal.theaou.org/news-and-reviews/the-popularity-of-cohousing-in-demark/(검색일: 2024.2.29).

McCamant, Kathryn, Charles Durrett. 1994. *Cohousing: A Contemporary Approach to Housing Ourselves*. Berkeley, CA: Ten Speed Press.

OECD. 2023. Pensions at a Glance 2023: OECD and G20 Indicators. OECD Publishing: Paris. https://doi.org/10.1787/678055dd-en.

Orimo, H., H. Ito, T. Suzuki, and A. Araki. 2006. "Reviewing the definition of "elderly"." *Geriatrics and Gerontology International*, 6(3) pp. 149~158. DOI:10.1111/j.1447-0594.2006.00341.x.

Ouchi, Y., H. Rakugi, H. Arai, M. Akishita, H. Ito, K. Toba, and I. Kai. 2017. "Joint Committee of Japan Gerontological Society (JGLS) and Japan Geriatrics Society (JGS) on the definition and classification of the elderly: Redefining the elderly as aged 75 years and older: Proposal from the Joint Committee of Japan Gerontological Society and the Japan Geriatrics Society." *Geriatrics & Gerontology International*, 17(7), pp. 1045~1047. doi: 10.1111/ggi.13118. Epub 2017 Jul 2. PMID: 28670849.

Pastalan, L. A. 1990. *Aging in Place: the Role of Housing and Socal Supports*. London: Haworth Press.

Rittner, B. and A. B. Kirk. 1995. "Health care and public transportation use by poor and frail elderly people." *Social Work*, 40(3), pp. 365~373.

Roy, N., R. Dubé, C. Després, A. Freitas, and F. Légaré. 2018. "Choosing between staying at home or moving: A systematic review of factors influencing housing decisions among frail older adults." *PloS one*, 13(1). e0189266.

Seangthong, J. 2015. "The self-esteem of older people through volunteer roles." *Walailak Abode of Culture Journal*, 15(2), pp. 73~89.

The Cohousing Association of the United States. http://www.cohousing.org(검색일: 2023.8.3).

Tyvimaa, T. and C. L. Kemp. 2011. "Finnish seniors' move to a senior house: Examining the push and pull factors." *Journal of Housing for the Elderly*, 25(1), pp. 50~71.

Watson, W. H. and R. J. Maxwell(eds.). 1977. *Human aging and dying: A study in sociocultural gerontology*. New York: St. Martin's Press.

제3장

노인과 유니버설 디자인

1. 들어가며

노인 인구가 급격히 증가하고 고령화로 인해 노인 주거권 보장과 노인을 위한 주거 환경을 조성하고 양질의 주거 서비스를 확대해야 할 필요성이 커지고 있다. 특별히 노인에게는 경제적으로 충당 가능한 주거비(affordable), 접근성에 문제가 없으며(accessible), 편하고 안전한(safety) 주택 및 주거 환경 조성이 정책적 과제이다. 평소 신체적으로 취약한 노인이 일상생활에 있어 다양한 장애 요소 및 시설 들이 활동을 제약하는 경우가 허다하다. 정상인에게는 전혀 문제가 될 수 없는 시설물들이 노인에게는 힘든 장애물로 인식되기도 한다. 즉, 고령자의 입장에서는 무장애 혹은 유니버설 디자인(Universal Design)이 제대로 적용되지 못하는 불편하고 불안한 주거 및 사회 환경임을 발견할 수 있다.

노인의 상실된 사회적 지위 및 역할을 회복시키고 동시 활동을 용이하게 함으로써 노인의 사회 통합을 기하고 노인의 사회 참여를 활성화시키는 것은 매

표 3-1 주거 취약 노인 및 고령자를 위한 지원 방식과 내용

대상	지원 방식	내용
주거 취약 노인 및 고령자	하드웨어 주거 지원	- 고령 친화 주거 공간 확보(유니버설 디자인 등) - 노인 거주에 적합한 주택 개조를 위한 지원 - 노인을 위한 저렴 주택 공급 - 코하우징, 협동조합 주택 등 다양한 주택
	소프트웨어 주거 지원	- 무장애, 유니버설 디자인을 위한 제도적 정비(법, 조례 등) - 고령자 주거 환경 개선을 위한 유지, 관리 등 주거 서비스(생활 서비스 등) 제도화 - 정보 제공·상담 및 사례 관리 서비스 - 주거 지원 서비스를 위한 전담 조직과 인력
	휴먼웨어 주거 지원	- 노인을 위한 시설, 서비스 등 하드웨어나 소프트웨어를 제공할 때 노인의 욕구, 선호 등에 맞게 인간관계 기술까지 포함 - 노인 및 주민의 관계망과 역량을 기반으로 하는 네트워크 형성 및 공동체 활성화 - 노인 주거 지원 전문가 양성

우 중요한 정책 과제이다. 한국은 대부분 노인 문제 접근이 생리적 욕구, 안전의 욕구 등과 같은 생존의 욕구 충족에 초점을 두어왔다. 그럼에도 불구하고 기초 욕구로서 안전의 욕구 충족은 여전히 미흡한 실정이다. 이제 이러한 기초 욕구 충족은 물론 자존의 욕구, 자아실현의 욕구와 같은 삶의 질 향상을 위한 욕구 충족에 초점을 두는 정책 개발이 요구되고 있다.

이 장에서는 고령 사회에 있어서 노인을 위한 유니버설 디자인 중심으로 논의하고자 한다. 주거 취약 노인 및 고령자를 위한 지원 방식과 내용은 〈표 3-1〉과 같이 크게 하드웨어(hardware), 소프트웨어(software), 휴먼웨어(humanware)[1] 방

1 원래 휴먼웨어는 컴퓨터 프로그램 개발에 인간적인 면을 추가하는 방법이다. 휴먼웨어 개발의 주요 목표는 하드웨어와 소프트웨어를 최대한 사용자를 고려해 기능적으로 만드는 것이다. 예를 들어 하드웨어는 주방의 조리기구라고 생각하면 된다. 한편, 소프트웨어는 레시피(recipe)와 관련될 수 있다. 이 시나리오에서 휴먼웨어 구성 요소는 요리사다. 음식에 생명을 불어넣어줄 요리사가 없다면 세상의 모든 도구와 요리법은 쓸모가 없을 것이다. 월간 HRD 블로그, "사람중심경영을 실현하는 HRD의 본질 '휴먼웨어'"(2019.3.5), http://blog.naver.com/khrdcc/221480528910.

식 세 가지로 분류할 수 있다.[2] 이 장에서는 지원 방식 중 주로 하드웨어 방식, 특히 유니버설 디자인의 배경, 내용 및 적용 사례를 중심으로 논의하고자 한다.

2. 노인과 유니버설 디자인

1) 개념

유니버설 디자인은 '모든 사람을 위한 디자인(design for all)'이라는 뜻이다. 의미를 보다 구체적으로 정리해 보면 유니버설 디자인이란 연령, 성별, 국적, 장애 유무 등에 관계없이 누구나 편안하게 이용할 수 있도록 건축, 환경, 서비스 등을 계획하고 설계하는 것이다.

이러한 유니버설 디자인은 특히 신체 활동상 제약을 받고 있는 노인에게는 매우 중요한 삶의 질 향상과 웰빙(wellbeing)을 달성하고자 하는 수단이자 철학이라 할 수 있다. 유니버설 디자인은 배리어 프리 디자인(barrier-free design)의 개념을 포함하며, 보다 더 많은 이용자 계층을 고려하는 것으로 더 넓은 범위를 가진 이용자 중심의 디자인 개념으로 이해되기도 한다.

먼저 배리어 프리는 장애인 및 노인 등 사회적 약자 들이 편하게 살아갈 수 있게 물리적인 장애물, 심리적인 벽 등을 제거하자는 운동 및 정책을 말한다. 장벽(barrier) 혹은 장애물로부터 자유롭게 활동할 수 있는 환경을 조성하자는 의미이다. 배리어 프리 개념은 1974년 유엔 장애인 생활 환경 전문가 회의에서 「장벽 없는 건축 설계(barrier free design)」에 관한 보고서가 나오면서 건축학 분야에서 사용되기 시작했다. 이후 선진국을 중심으로 휠체어를 탄 고령자나

---

2 노인 주거 휴먼웨어, 하드웨어 관련 사례 연구는 이연숙 외(2019)를 참조.

표 3-2 무장애와 유니버설 디자인 비교

구분	무장애(배리어 프리)	유니버설 디자인(UD)
역사적 배경	- UN, 1974년 「장벽 없는 건축 설계」 보고서 - 1990년대 무장애(배리어 프리) 개념이 건축, 도시 설계, 교통 등의 분야에 적용 확대	- 1980년대 무장애(배리어 프리)라는 한정된 개념에서 확대된 유니버설 디자인의 보편적 개념 정립되기 시작함 - 미국 노스캐롤라이나 주립대학 유니버설 디자인센터에서 유니버설 디자인에 관한 연구(원칙 제시) - 누구에게도 이용하기 쉽고, 공평한 물리적·사회적 환경 조성
개념*	- 장애가 있는 사람(고령자, 장애인 등)이 안전하고 쉽게 사용하도록 장애물 없는 물리적 환경 조성	- 성별, 연령, 국적, 장애의 유무에 관계없이 누구나 공평하고 이용 가능한 환경조성
법적 근거	- 장애인·노인·임산부 등의 편의증진 보장에 관한 법률(1997) - 교통 약자 이용편의 증진법(2004) 등	- 각 지자체 유니버설 디자인 관련 조례

자료: Valerie(2014.11.17); 서울시(2017) 참조

주: * '유니버설 디자인'과 '배리어 프리 디자인'이라는 용어는 종종 같은 의미로 사용되며 때로는 'ADA(미국 장애인법) 준수'라는 용어와 함께 사용되기도 한다. 그러나 이러한 용어는 동의어가 아니며 각각 건물 건축에 있어 서로 다른 접근 방식을 보인다.

장애인 들도 비장애인과 다름없이 편하게 살 수 있게 하자는 뜻에서 주택이나 공공 시설물을 지을 때 문턱을 없애는 운동을 전개하면서 세계 곳곳으로 확산되었다(Heiss, Degenhart, and Ebe, 2010; ≪월간 국토≫, 2006.1; 이형복, 2010).

유니버설 디자인은 때로는 '보편적 디자인'으로 불리며, 이는 장애를 가진 이용자를 위해 문제 해결을 도모하는 배리어 프리 디자인과 구별되는 개념이라 할 수 있다. 이러한 개념은 노스캐롤라이나 주립대학(North Carolina State University) 유니버설디자인센터에서 유니버설 디자인에 관한 연구를 통해 발표한 '유니버설디자인 원칙'으로 널리 알려졌다. 유니버설 디자인의 개념을 쉽게 이해하기 위해 고안된 초기의 4원칙은 ① 기능적 지원성(supportive design), ② 수용성(adaptable design), ③ 접근성(accessible design), ④ 안정성(safety design)이었다. 이후 이를 보다 구체적으로 제시하고자 한 노력의 결과가 7원칙으로

표 3-3 유니버설 디자인 7원칙

동등한 사용(equitable use): 누구라도 사용할 수 있게	디자인은 서로 다른 능력을 갖고 있는 모든 사람들에게 유용하고 구매 가치가 있도록 해야 한다.
사용상의 유연성(flexibility in use): 사용법은 각자 고를 수 있게	디자인은 광범위한 각 개인의 선호도와 능력에 부합해야 한다.
단순하고 직관적인 이용법(simple and intuitive use): 사용법은 누구라도 알기 쉽게	디자인의 사용은 사용자들의 경험, 지식, 언어 기술, 집중력 등에 구애되지 않고 이해하기 쉬워야 한다.
정보 이용의 용이(perceptible information): 사용자가 사용법에 관한 정보를 금방 알 수 있게	디자인은 사용자들의 지각 능력이나 주위의 조건에 구애되지 않고 필요한 정보를 효과적으로 전달시켜 주어야 한다.
오류에 대한 포용력(tolerance for error): 사고나 위험 가능성이 적고 만일의 사태에 대비할 수 있게	고려하지 않았거나 우연히 한 행동에 의한 역효과와 위험을 최소화한다.
최소의 물리적 노력(low physical effort): 무리한 자세를 취하게 하지 않고 적은 힘으로 사용할 수 있게	디자인은 피로를 최소화하고, 좀 더 효과적이고 안전하게 사용될 수 있어야 한다.
접근과 사용을 위한 충분한 공간(size and space for approach and use): 누구라도 이용하기 쉬운 공간과 크기가 확보될 수 있게	디자인은 사용자들의 체형이나 자세 그리고 기동성(mobility)에 관계없이 접근하고, 조작하고, 사용할 수 있도록 적절한 사이즈와 공간이 제공되어야 한다.

자료: Centre for Excellence in University Design, "The 7 Principles"; 문화체육관광부(2014); 국립장애인도서관(https://www.nld.go.kr/ableFront/new_standard_guide/universal_design.jsp).

알려져 있다.[3]

유니버설 디자인의 일곱 가지 원칙은 1997년 미국 노스캐롤라이나 주립대학의 로널드 메이스(Ronald Mace, 1941~1998) 교수가 이끄는 건축가, 제품 디자이너, 엔지니어 및 환경 디자인 연구원으로 구성된 실무 그룹에 의해 개발되었다. 7원칙의 목적은 환경, 제품 및 통신 설계에 지침이 되도록 하는 것이다. NCSU의 유니버설디자인센터에 따르면 이 원칙은 기존 디자인을 평가하고 디자인 프로세스를 안내하며 디자이너와 소비자 모두에게 보다 더 유용한 제품

3 Centre for Excellence in University Design, "The 7 Principles," https://universaldesign.ie/what-is-universal-design/the-7-principles/(검색일: 2023.9.8).

및 환경의 특성을 교육하는 데 적용될 수 있다고 한다.

유니버설 디자인의 논리는 사회생활에서 모든 사람들이 접근성을 제공하는 데 중점을 둔다. 특히 고령으로 인한 장애를 겪는 사람들이 일상생활에서 겪는 문제(불편, 불공평 등으로 인한 정신적·육체적 어려움)를 인식할 필요가 있다. 에릭 에머슨(Eric Emerson, 2020)의 연구에는 장애가 있는 사람과 장애가 없는 사람들(16~64세)을 대상으로 세 가지 지표인 ① 외로움, ② 낮은 사회적 지원 인식, 그리고 ③ 사회적 고립에 관해 조사하고 연관성을 평가한 바 있다. 이 연구에 따르면 "노인을 포함한 장애인은 장애가 없는 사람보다 훨씬 더 높은 비율로 외로움, 낮은 사회적 지원 인식, 사회적 고립을 경험했다"고 한다(Emerson et al., 2021). 고령의 노인들의 외로움 및 사회적 고립의 인식은 노인 문제 접근의 매우 중요한 고려 요소라 판단된다.

2) 노인과 유니버설 디자인

인간의 삶에서 가장 기본적으로 보장되어야 할 영역이 의식주이다. 한국은 평균 수명이 80세가 넘는 사회를 맞이하면서 노년기의 의식주, 특히 주거에 대한 사회적 공감대나 정책 연구가 충분히 축적되지 못한 실정이다.

한국 노인 주거 정책은 신체적으로 건강한 노인, 그리고 경제적으로는 저소득 노인, 가구 유형에서는 독거노인에 집중되어 있다(강은나 외, 2019). 이러한 상황하에서 노인 주거 정책의 사각지대를 발견하고 이를 해결하기 위한 대안적 주거 지원 방안 모색이 필요하다. 그리고 인간다운 생활을 가능하게 하는 기본 요소 중의 하나인 '주거'도 연령대별 적합한 주거 형태와 주거 시설을 고려해야 한다. 즉, 청년이 요구하는 주거와 노인이 필요로 하는 주거 시설과 욕구가 다르다고 할 수 있다.

한국 노인 실태 조사에 따르면 건강을 유지하는 경우 현재 집에서 계속 살고 싶다는 응답이 88.6%에 이르렀으며, 건강이 악화되어 거동이 불편해지더라도 현재 집에서 계속 살고 싶다는 응답이 57.6%로 나타났다(정경희 외, 2017). 미국의 경우 절대 다수의 노인 응답자들이 가능한 현재 집에서 계속 거주를 선호하고 있다.[4]

노인들이 일상생활에서 불편과 불안을 해소하고 안전한 활동을 돕는 유니버설 디자인은 매우 다양하다. 노인들은 오감의 쇠퇴, 기억력 감퇴나 근력 감소, 민첩성 저하 등 노화로 인해 일상생활의 불편함을 겪는다. 특히 시력과 색상 인지력이 낮은 노인을 배려해 색상으로 벽과 바닥을 구분해 시야가 흐린 노인들도 안전하게 사용할 수 있도록 한다. 일상생활 속에서 접할 수 있는 유니버설 디자인 사례로는 이렇게 벽과 바닥, 위생 기기의 색을 다르게 적용한 화장실을 들 수 있다.

노인들이 거주하는 주택이나 노인 공동 시설물에서 노후화된 내외부 시설을 유니버설 디자인으로 교체하거나 수리가 요구되는 곳이 많다. 건물 입구에는 경사로와 안전 손잡이를 설치해 휠체어나 보행 보조기를 타고도 집이나 건물(경로당 등)을 쉽게 출입할 수 있도록 한다. 악천후를 대비해 현관에 덮개를 설치하고, 출입문을 자동문으로 교체해 큰 힘을 들이지 않고 출입할 수 있도록 한다.

복도와 계단에는 픽토그램(pictogram)[5]을 활용한 안내판을 부착하고 낙상 사고 예방을 위해 모든 계단에는 안전 손잡이와 미끄럼 방지 패드를 부착한다.

---

4 미국의 경우 최근 조사 보고서(2023년)에 따르면 55세 이상 성인의 93%가 AIP를 선호한다. 관련 자료는 *U.S. News*(2024.5.22); American Association for Retired People(2021).

5 픽토그램은 그림을 뜻하는 픽토(picto)와 전보를 뜻하는 텔레그램(telegram)의 합성어로 사물, 시설, 행위 등을 누가 보더라도 그 의미를 쉽게 알 수 있도록 만들어진 그림 문자이다. 언어가 통하지 않아도 그림 하나면 표현하고자 하는 의미를 파악할 수 있기 때문에 공항이나 관광지, 공공장소에서 많이 사용되고 있다.

일반적으로 노후화된 공간이던 화장실은 출입문, 세면대, 변기 등 내부 시설을 교체하고 위급 상황 발생을 대비해 비상벨을 설치한다. 다양한 생애 주기에 대응할 수 있는 환경에 대한 욕구가 커지면서 모두가 이용하기 편한 환경을 조성하는 유니버설 디자인 적용 요구가 증대하고 있다. 단순히 시각적인 아름다움만을 추구하는 디자인이 아닌 공존을 위한 유니버설 디자인이 더 널리 활용되고 적용되어야 하는 이유이다.

노인을 위한 배리어 프리 디자인 개념을 적용한 국내 관련 법령을 점검해 보자.

(1) 장애인·노인·임산부 등의 편의증진 보장에 관한 법률(장애인 등 편의법)

이 법은 장애인·노인·임산부 등이 일상생활에서 안전하고 편리하게 시설과 설비를 이용하고 정보에 접근할 수 있도록 보장함으로써 이들의 사회 활동 참여와 복지 증진에 이바지함을 목적으로 한다. 이 법의 제10조의5부터 제10조의9까지에서 노인, 장애인 등이 대상 시설을 안전하고 편리하게 이용할 수 있도록 편의 시설의 설치·운영을 유도하기 위해 대상 시설에 대해 장애물 없는 생활 환경 인증을 할 수 있도록 한다.

(2) 장애인·고령자 등 주거약자 지원에 관한 법률(주거약자법)

장애인·고령자 등 주거약자의 안전하고 편리한 주거 생활을 지원하기 위해 필요한 사항을 정함으로써 주거약자의 주거 안정과 주거 수준 향상에 이바지함을 목적으로 하는 법이다. 여기서 '주거약자'란 ① 65세 이상인 사람, ② 장애인복지법 제2조 제2항에 해당하는 장애인, ③ 그 밖에 대통령령으로 정하는 사람을 말한다. 그리고 '주거약자용 주택'이란 다음 각 목의 어느 하나에 해당하는 주택을 말한다. ① 주거 약자에게 임대할 목적으로 건설하는 민간임대주택에 관한 특별법 제2조 제2호의 민간건설임대주택, ② 주거 약자에게 임대할 목적으로 개조한 민간임대주택에 관한 특별법 제2조 제2호의 민간건설임대주택 또는 제2조 제3호의 민간매입임대주택, ③ 공공주택 특별법 제2조 제1호 가목의 공공임대주택으로서 가목과 나목에 준하는 주택, 그리고 ④ 주거약자가 거주하는 주택으로서 제15조의 주택개조비용을 지원받아 개조한 주택을 말한다.

이 법의 제3조(국가 등의 의무)에는 국가 및 지방 자치 단체는 주거약자의 주거 안정과 주거 수준 향상을 위해 다음 각 호의 사항을 노력해야 한다고 명시되어 있다. ① 주거약자의 주거 생활이 쾌적하고 안전하게 이루어지도록 할 것. ② 주거약자용 주택이 원활하게 공급되고 효율적으로 관리될 수 있도록 할 것, ③ 주거약자의 쾌적하고 안전한 주거 생활에 필요한 정보가 원활하게 제공되고, 편의 시설이 주거약자용 주택에 적정하게 설치될 수 있도록 할 것 등이다.

(3) 교통약자의 이동편의 증진법

1996년부터 시행 중인 이 법의 목적은 교통약자에게 이동권 보장을 통해 사회 참여와 복지 증진에 기여하는 것이며, 이 법의 대상은 교통수단, 여객 시설 및 도로로 한정하고 이동편의 시설을 확충하고 교통약자가 자유롭게 이동할 수 있는 보행 환경을 만들기 위해 제정한 법률이다. 교통약자 이동편의 증진계획에 따라 지방 자치 단체의 장은 관할 지역의 교통약자의 이동편의 증진을 촉진하기 위해 5년 단위의 지방교통약자 이동편의 증진계획을 수립해야 한다. 지방교통약자 이동편의 증진계획에는 관할 지방 자치 단체의 지역적 특성을 감안한 교통약자의 이동편의 증진에 관한 사항이 포함되어야 한다.

(4) 공공디자인의 진흥에 관한 법률(공공 디자인법)

공공디자인의 문화적 공공성과 심미성 향상에 필요한 사항을 정함으로써 국가 및 지역 정체성과 품격을 제고하고 국민의 문화 향유권을 증대하는 데 이바지함을 목적으로 한다. 이 법의 제10조(공공디자인사업 시행의 원칙)는 국가 기관 등의 장은 공공디자인 사업을 추진함에 있어 공공의 이익과 안전을 최우선으로 고려하며, 아름답고 쾌적한 환경을 조성해 연령, 성별, 장애 여부, 국적 등에 관계없이 모든 사람들이 안전하고 쾌적하게 환경을 이용할 수 있는 디자인을 지향하도록 한다.

(5) 각 시도의 유니버설 디자인 관련 조례

예를 들어 서울특별시 유니버설디자인 도시조성 기본 조례로, 이 조례는 시민이 보편적인 환경 속에서 보다 안전하고 편리하게 살아갈 수 있도록 공공시설을 비롯한 생활 환경에 유니버설 디자인이 적용된 도시 조성을 목적으로 한다. 이 조례 제10조 유니버설 디자인 적용 지침을 보면 ① 가로, 공원, 시설, 건축물, 그 밖에 일반 시민에게 이용되는 공간 또는 시설 등에 요구되는 실용적이고 통합적인 유니버설 디자인의 제시, ② 모든 시민의 접근성, 편리성, 안전성, 쾌적성, 선택 가능성을 높이는 도시 조성을 위한 지침의 제시, ③ 모든 시민이 지침을 쉽게 이해하고 이용할 수 있도록 접근성 높은 내용을 제시하도록 한다.

3) 서울시 유니버설 디자인 정책

서울시는 타 도시에 비해 선도적으로 유니버설 디자인을 도시 행정에 전면 도입해 확대해 왔다. 서울시는 성별, 나이, 국적, 장애 여부 등에 관계없이 누구나 차별받지 않는 환경을 만들기 위한 2016년 유니버설디자인 도시조성 기본 조례를 제정했다. 그리고 2020년 8월 모두가 존중받는 사람 중심 도시 서울로 나아가기 위한 발전 방향을 담은 서울 유니버설디자인 종합계획을 수립했다.

2020년 기준 서울시의 고령자 인구는 총 153만 4957명이다. 초고령 사회 진입을 눈앞에 두고 있기 때문에 고령자 인구는 점차 늘어날 전망이다. 이에 서울시는 조례 개정을 통해 2021년부터 건축 계획 단계부터 서울시 공공 건축물을 신축·증개축 시 유니버설 디자인 가이드라인 준수를 의무화했다. 이에 서울

표 3-4 서울시 유니버설 디자인 단계별 이행

단계	이행 내용
1단계(2020~2021년) 기반 조성	· UD 센터 설치·운영 · 공공 건축물 대상 UD 컨설팅 · 공공 부문 UD 적용 의무화를 위한 조례 개정 · 지역 단위 UD 테스트 베드 조성 · UD 시민 참여단 운영
2단계(2022~2023년) 보편적 확산	· 공공 건축물 등 UD 인증 체계 구축 및 시범 운영 · 민간 부문 UD 적용 지원 및 법적 근거 마련 · 유형별 UD 테스트 베드 확대 · UD 전문 인력 양성
3단계(2024년~) 디자인 복지 실현	· 민간 건축물 UD 컨설팅 지원 · UD 인증제 운영 · 서울시 UD 적용 성공 사례 전국적 확산 및 상위법 발의 제안

시 내 경로당이나 치매 전담 시설 등 최근 지어진 노인 복지 시설에는 노인을 위한 유니버설 디자인이 적용되고 있다. 서울시 유니버설 디자인 단계별 이행은 〈표 3-4〉와 같다.[6]

오늘날 유니버설 디자인이 확산되는 배경에는 개개인의 '가치'와 '삶의 질'이 중시되는 인간 중심적 접근의 시대정신을 반영한 것이라 할 수 있다. 과거에는 '대량 생산', '평균', '표준화'라는 사고방식으로 인한 신체 장애인·노인·임산부 등의 사용자에게 주는 불편함을 심각하게 고려하지 않고 수치상 평균적 기준을 근거로 건물을 짓고 주거 지역을 개발하고 도시를 디자인해왔다. 즉, 유니버설 디자인의 가치와 철학은 획일화된 도시 및 주거 환경은 평균의 범주에 속하지 않는 사람들에게 주는 소외감, 차별과 불평등을 해소하고 예방하기 위한 것에서 찾을 수 있다.

유니버설 디자인을 통한 인성·창의 교육의 중요성 인식이 필요하다. 시민

---

6 서울특별시, 유니버설디자인 종합계획, https://www.sudc.or.kr/main/intro/intro03.do(검색일: 2023.8.25) 참조.

대상 유니버설 디자인 인식 조사에서 응답자 1061명 중 '유니버설 디자인에 대해 알고 있다'는 의견이 28.6%로 유니버설 디자인 인지 및 확산 정도가 미흡함을 알 수 있다. 고령 인구의 증가에 대응하는 고령 친화 환경 조성은 물론 '연령에 상관없이 누구나 살기 좋은 세대 친화적 지역 사회(livable community for all ages)'를 만들어가야 한다(윤혜경, 2021; 고영준, 2011). 이런 의미에서 모든 시민을 대상으로 다양한 구성원에 대한 이해과 공감대를 형성할 수 있는 교육,[7] 즉 유니버설 디자인 인식 교육이 확대 운영이 필요하다

3. 유니버설 디자인 정책 외국 사례

유니버설 디자인의 적용 움직임은 전 세계 모든 국가에서 실현되고 있지는 않지만 유엔을 비롯한 국제기구와 서구 선진국에서 적극적으로 유니버설 디자인 정책을 오래전부터 추진해 오고 있다. 선도적으로 유니버설 디자인 정책을 수립하고 실천하고 있는 국가를 소개하고자 한다.

1) 노르웨이

노르웨이 유니버설 디자인 정책은 'Norway universally designed by 2025' (The Ministry of Children and Equality, 2009)를 통해 알 수 있다. 노르웨이 유니버설 디자인 정책의 가장 핵심적 목표는 '접근성 향상'이다. '소리아 모리아 선

---

7 서울시는 '모든 사람이 존중받는 차별 없는 도시'에 대한 인식 확산 및 공감대 형성을 위해 시교육청과 협력해 2017년 9월부터 초등 교육 과정에 '유니버설디자인을 통한 인성·창의 교육'을 정규 교육 과정으로 편성해 운영해 오고 있다.

언(Soria Moria Declaration)'[8]을 통해 접근성 향상을 목표로 유니버설 디자인의 정책을 수행하고자 하는 의지를 보인 것이다.

노르웨이는 2025년까지 누구에게나 접근 가능한(accessible) 환경을 마련하겠다고 선언했다. 누구나 사용 가능한, 최대로 확장 가능한, 그리고 적응하는 데 시간이 걸리거나 어려움이 없도록 하는 것을 목표로 유니버설 디자인 정책을 수행하고 있다. 이를 위해 노르웨이의 아동·평등부(The Ministry of Children and Equality)가 중심으로 단계별 준비 작업과 추진에 나섰다. 현재 차별이 없고 접근성이 향상되도록 하는 법령 개선, 계획, 건축, 교통, 통신, 교육, 입법 등을 통해 노르웨이는 유니버설 디자인의 국가로 매우 체계적이고 점진적으로 실행하고 있다.[9]

유니버설 실행 계획(action plan)은 새로운 차별 금지 및 접근성법(the new Anti-Discrimination and Accessibility Act), 새로운 계획 및 건축법(the new Planning and Building Act)에 담겨 있다. 유니버설 디자인을 다루는 기타 새로운 법안의 시행을 지원하기 위한 것이다. 또한 이 실행 계획은 노르웨이가 유엔 장애인 권리 협약(Convention on the Rights of Persons with Disabilities: CRPD)을 비준할 때 노르웨이의 의무를 이행하는 데 도움을 주기 위한 것이기도 하다.

노르웨이 도시 및 지역 연구소(NIBR)가 실시한 조사에 따르면 일반 대중이 이용하는 기존 건물, 시설 및 야외 공적 공간을 업그레이드하는 데 비용이 매우 많이 드는 것으로 나타났다. 유니버설 디자인으로 업그레이드하는 데 드는

---

8 소리아 모리아 선언은 옌스 스톨텐베르크(Jens Stoltenberg)의 두 번째이자 첫 번째 정부의 기초를 형성하는 노르웨이의 정치적 성명서다. 이 성명서는 노동당, 중도당, 사회 좌파당의 소위 적록 연립 정부의 초점과 우선순위를 개괄적으로 설명하고 있다.

9 '유니버설 디자인 노르웨이(Universal Design in Norway)'에 관한 발전 과정 소개 자료로는 장혜진(2023); WHO, "Timeline-Universal-Design-in-Norway," https://extranet.who.int/agefriendlyworld/wp-content/uploads/2015/06/Timeline-Universal-Design-in-Norway.pdf; E. Lund and O. R. Bringa(2016).

막대한 재정적 비용으로 인해 단계별 우선순위 접근 방식이 채택되었다. 그리고 모든 지방 자치 단체는 유니버설 디자인 지침이 포함된 도시 계획을 수립하고 채택하도록 되어 있다.

노르웨이 아동·평등부는 유니버설 디자인 정책의 중앙 부서로서 각 지방 자치 단체 및 민간 부문 영역에까지 유니버설 디자인이 실현될 수 있도록 지원한다. 정부의 유니버설 디자인과 접근성 증대를 위한 실행 계획은 16개 부처의 책임 분야에 대한 대책을 망라하고 있다. 장애인 및 노인을 위한 유니버설 디자인 설계와 평등을 달성하기 위한 주요 조치들이 포함되어 있다. 아울러 노르웨이 디자인 협의회는 노르웨이 공공 디자인을 위한 국가 전략 기관이며 '유니버설 디자인 노르웨이 2025' 정책을 지속적으로 확장시켜 나가고 있다.

노르웨이 정부는 유니버설 디자인과 접근성 향상을 위한 실천 계획에서 네 가지 영역에 우선권을 부여하고 있다. 네 가지 영역이란 ① 옥외 공간/기획(outdoor areas/planning), ② 건물(buildings), ③ 교통(transport), ④ ICT[10] 분야이다.

정부 주택·건축 정책의 주요 목표 중 하나는 적정한 입지에 더욱 환경 친화적이고 유니버설 디자인으로 설계된 주택과 건축물의 공급·관리를 실현하도록 지원한다. 작업 목표는 유니버설 디자인으로 설계된 주택, 건물 및 야외 공간(광장, 공원 등 공공장소)을 늘리고 더욱 철저하게 적용하는 것이다. 예를 들어 학교 건물, 교회, 병원, 스포츠 센터, 정부 청사, 법원, 문화재(cultural monuments) 심지어 군부대 건물(Norwegian Armed Forces' buildings)과 교도소 (prisons) 등 모든 공공건물에 유니버설 디자인 개념을 도입해 설계하고 리모델링을 추진하고 있다.

교통 분야에 있어 기본적으로 도로, 항만, 공항, 그리고 모든 버스 정류장, 기차역 등 대중교통 정류장, 여객선 부두 등을 유니버설 디자인으로 업그레이

---

10 ICT는 IT(Information Technology)에 '통신(Communication)'이 더해진 개념이다.

드하도록 한다. 이를 위해서는 장기간에 걸친 목표 지향적인 노력이 필요하고 정부 비전과 관련된 목표 달성으로 2025년까지 유니버설 디자인이 적용되도록 노력한다.

ICT 분야에서는 유니버설 디자인 적용 목표와 구체적 마감 기한을 정해 추진되었다. 일반 대중을 대상으로 하는 모든 새로운 ICT는 2011년부터 유니버설 디자인으로 전환된다. 그리고 시민을 대상으로 하는 모든 기존 ICT는 2021년까지 유니버설 디자인으로 설계되도록 한다.

노르웨이의 중앙 정부 부처와 주 정부 부서에서는 유니버설 디자인의 비용과 사회 경제적 이점을 점검 평가한다. 유니버설 디자인을 전 분야에 구현하기 위해서는 소요 비용과 추정은 물론 더 나은 구현 방법을 찾아야 한다는 과제를 안고 있다.

2) 일본

일본의 유니버설 디자인의 역사는 약 60여 년 전 도쿄(東京) 올림픽이 계기가 되었다. 1964년에 개최된 도쿄 올림픽은 당시 외국인들과 서로 언어가 통하지 않는 문제점을 해결하기 위해 픽토그램을 도입한 것으로부터 시작되었다. 1965년에는 점자 블록을 도입했고 수도가 아닌 지방 도시〔요코하마(横浜)〕에서부터 시작된 일본의 배리어 프리 적용의 역사이기도 하다(오가사와라 이즈미, 2017).

1970년대부터 공공시설을 중심으로 배리어 프리 마을 정비에 대한 정책이 구체화되기 시작했다. 후생성(厚生勞動省)의 장애인 복지(배리어 프리)와 관련한 도시 및 마을 정비 사업으로 '장애인 복지 모델도시'(1973~1975년)로서 53개 도시를 지정했고, '장애인 복지도시'(1979~1985년)로서, 인구 10만 명 이상의 도시 156개 시구를 지정했다. '장애인이 살기 좋은 거리 만들기 사업'(1986~1989년)으로서 인구 5만 명 이상의 도시 76개 시구를 지정했고, 장애인의 생활 환경(공공시설, 도로·교통 안전시설, 주택)의 개선, 장애인 복지 서비스의 체계적 실시, 심신 장애 아동의 조기 교육 추진 등 네 가지 사업을 종합적으로 실시하게 되었다.

① '살기 좋은 복지마을 만들기 사업'(1990년부터 실시)으로 인구 3만 명 이상의 도시를 대상으로 지정
② '고령자 보건 복지 추진 10개년 전략' 사업의 하나로서, 고령자도 그 대상에 포함
③ '장애인과 고령자에게 친화적인 마을 만들기 추진 사업'(1994년)
④ '배리어 프리 마을 만들기 활동 사업'이 2010년부터 실시

1992년에 도시계획법 개정을 통해 유니버설 디자인 개념이 확대되었고, 이후 1994년에는 고령자 및 신체 장애인이 원활하게 이용할 수 있는 특정 건축물의 건설 촉진에 관한 법률인 '하트 빌딩법(Heart Building Law)'이 제정되었다.[11] 노인 및 신체 장애인의 접근 및 사용이 가능한 건물에 관한 법률(Law for Buildings Accessible to and Usable by the Elderly and Physically Disabled Persons, 1994, 법률 제44호)은 장애인의 요구를 충족하는 공공건물을 건설하는 것을 목표로 한다. 이 법률은 '마음이 담긴 건축법(하트 빌딩법)'이라고도 한다. 병원, 극장, 집회소, 전시장, 백화점, 호텔 등 대중이 사용하는 건물의 소유자는 입구, 복도, 계단, 화장실 및 기타 시설의 디자인을 수정하도록 권장한다. 도도부현[12]

11 이 법은 병원, 극장, 집회소, 전시장, 백화점, 호텔 등 대중이 사용하는 특정 건물의 소유자는 출입구, 복도, 계단, 화장실 및 기타 시설의 디자인을 유니버설 디자인 개념을 적용해 수정하도록 권장하는 내용을 담고 있다. DINF, Laws on Disabilities "The 38 Selected Japanese Laws Related to Persons with Disabilities," https://www.dinf.ne.jp/doc/english/law/japan/selected38/chapter7.html(검색일: 2023.9.16).

12 일본의 최상위 행정 구역 체계로 산하에 시정촌(市町村)을 두고 있다. 한국의 광역 자치 단체에 해당하는 체계이다. 총 47개로, 1도(都), 1도(道), 2부(府), 43현(縣)으로 이루어져 있다. 사실

지사는 자문, 정보를 제공할 수 있을 뿐만 아니라 수정을 명령하거나 소유자 승인을 철회할 수도 있다. 접근 가능한 디자인이 승인되면 건축이나 리모델링에 대한 보조금이 제공된다.

2000년에는 교통 배리어 프리 법이 만들어져 역, 버스, 공항 등의 교통 기관에 배리어 프리를 적용했고, 2006년에는 하트 빌딩법의 개정, 2016년에는 장애인 차별 금지법이 제정되었다.[13]

일본의 유니버설 디자인 적용 사례를 보면 무장애 공간을 뜻하는 배리어 프리에서 발전되어 왔다. 아울러 생애 주기별 특성을 고려한 유니버설 디자인에 대한 정책이 추진되었다. 후쿠오카(福岡)에 위치한 나나쿠마(七隈)선(지하철)은 일본 내에서도 대표적 유니버설 디자인 적용 사례로 손꼽힌다. 공사 기간만 12년이 소요되었고 무장애 공간을 만들어보자는 취지였다. 국제적으로도 높은 평가를 받는 이유는 토목, 건축, 설비 등 다양한 분야에서 가장 편리한 디자인과 동선을 고려했다는 점이다. 특히 나나쿠마선은 개찰구에서 최단 거리 장소에 엘리베이터를 설치해 휠체어 이용자들의 편의성을 높였고, 점자 유도 블록에도 휠체어 통행이 편리하도록 절단선을 넣었다. 점자 블록 자체가 장애가 되는 일을 최소화한 것이다. 또 엘리베이터의 버튼은 왼손잡이와 오른손잡이에 관계없이 어느 쪽 손으로나 누를 수 있도록 양쪽에 배치했으며, 지하철역 발권기는 영어, 중국어, 한국어, 일본어 등 4개 국어를 표기해 외국인도 불편함이 없도록 했다. 화장실은 장애인 전용이 아닌 다기능 화장실을 조성했고, 몸이 불편한 장애인을 위한 접이식 베드도 마련했다. 노약자와 임산부가 어디서나

한국의 시나 군을 몇 개 단위로 합친 규모와 유사하다.

13 노약자와 장애인이 쉽게 접근할 수 있는 대중교통 기반 시설을 촉진하기 위한 법(2000년, 법률 제68호)은 노인과 장애인이 독립적으로 일상생활을 영위하고 지역 사회에서 생활할 수 있도록 보장한다는 관점에서 제정되었으며, 대중교통, 기타 공공시설, 도로, 역 광장 등의 이용을 개선하기 위한 시책을 마련하는 것을 목적으로 한다. '교통 장애물 없는 법'이라고도 불린다.

도움을 요청할 수 있는 SOS 버튼을 설치하기도 했다. 이러한 유니버설 디자인 개념의 적용은 1995년부터 시작된 이용자 조사였다. 휠체어 이용자, 아이와 동행하는 엄마, 임산부, 장애인, 노인을 중심으로 불편함을 조사했고 다양한 분야 전문가들이 논의하며 대책을 찾았고 그 대안이 유니버설 디자인의 적용이었다.

후쿠오카 박물관의 유니버설 디자인 적용도 또 하나의 사례이다(≪중부매일≫, 2014.7.7). 1990년 건립된 박물관은 2011년과 2013년 대규모 보수 공사를 진행하면서 무장애 공간을 창조했다. 박물관 상설 전시실이 오랜 기간 동안 별다른 변화와 발전 없이 전시되어 왔다. 그래서 새로운 아이디어와 발전적인 변화가 필요했다. 아이들을 동반하고 오는 가족 단위 관람객과 노인, 장애 특성에 맞는 디자인을 적용하는 데 초점을 맞춘 작업이 추진되었다. 당시에는 매우 큰 변화라 할 수 있는 관람객의 눈높이(키 높이, 신체 조건 등 고려)에 맞는 디자인을 적용했다. 이러한 작업 과정에는 인근 주민들과 함께 위원회를 구성해 개선 과정을 반복하면서 유니버설 디자인 개념을 적극적으로 적용했다.

3) 미국

미국 유니버설 디자인의 전개 과정과 발전은 인구, 법률, 경제 및 사회의 변화와 밀접한 관련이 있다. 제2차 세계대전과 다양한 전쟁(한국 전쟁, 베트남 전쟁 등)에서 많은 장병들이 장애인이 되어 귀국했고 그들에게 재활 훈련을 제공해 사회생활을 가능하도록 하는 시책이 필요했다. 특히 휠체어를 이용하는 사람들에 대한 장애물을 제거하는 것을 시초로 '배리어 프리' 개념이 적용되었고 사회적으로 주목받기 시작했다.[14]

---

14 유보현(2009); Office of Disability Employment Policy, "Universal Design," https://www.dol.

미국의 경우 1961년 미국표준협회(ANSI)에서 신체 장애인의 접근이 용이한 건축물과 시설을 만들기 위한 '접근이 가능하고 사용이 가능한(accessible & usable)'이라는 용어를 사용한 미국 표준을 공표했다. 1968년에는 건축 장벽법(Architectural Barriers Act: ABA)이 제정되었고 건축, 개보수, 임차되는 건물에 대한 접근성을 요구한 최초의 연방법이다.[15] 1970년에는 장애인 복지법(ADA), 1984년에는 건축에 관한 설계 기준인 접근성 통일 연방 기준(Uniform Federal Accessibility Standard) 등이 발표되면서 신체 장애인, 노인의 무장애 환경, 즉 기존의 환경에서 장애를 제거해 접근성을 개선하고자 하는 노력이 시작되었다.

1990년 '인종, 종교, 출신국, 성별 등을 기준으로 한 차별'과 더불어 '장애를 기초로 한 차별'에 대한 금지 규정이 정립되고 확산되었다. 미국 정부는 유니버설 디자인에 대해 교육청 내의 연구소(National Institute on Disability and Rehabilitation Research)를 통해 지속적으로 조사 연구를 진행해 왔다.

미국의 유니버설 디자인 사례는 많다. 그중 시카고(Chicago)에서 실현된 유니버설 디자인 사례를 소개하고자 한다. 1990년 시카고는 MOPD(Mayor's Office for People with Disabilities)를 통해 일상생활에서 다양한 연령대의 장애인들이 일반인들과 같은 동등한 권리 획득과 참여, 그리고 시설물에 대한 접근성의 보장 등을 추구하고 있다.[16] MOPD는 시카고를 세계적 수준의 접근성 높은 도시로 만들기 위한 것이 목적이다.[17] MOPD에서 제공되는 서비스와 프로그램은

---

gov/agencies/odep/program-areas/employment-supports/universal-design.

15 ABA는 미국 연방 정부가 자금을 지원하는 건물과 시설이 누구나 쉽게 접근할 수 있도록 설계 및 건설된 것을 보장하기 위한 최초의 법이다. 예를 들어 해당 건물에 고령자, 장애인 등 출입이 가능한 화장실 시설의 제공을 의무화하고 있다.

16 1990년 리처드 데일리(Richard M. Daley) 시장은 시카고에 거주하는 약 60만 명이 넘는 장애인의 다양한 욕구를 수렴하기 위한 시장 직속의 MOPD를 설립했다.

17 Mayor's Office for People with Disabilities, https://www.chicago.gov/city/en/depts/mopd.html; 유보현(2009).

다섯 개 산하 조직에서 수행되며 이를 통해 장애인을 위한 고용 창출 등 다양한 서비스를 제공한다.

홈모드 프로그램(The HomeMod Program)은 저소득층으로 장애를 가진 시카고 거주자들을 위해 접근성을 높이는 서비스를 제공한다.[18] 홈모드 프로그램의 주요 목표는 장애를 지닌 시민들의 독립성을 유지 강화하는 것이다. 접근 가능한 생활 환경은 장애인들이 삶의 모든 측면에 완전히 참여할 수 있도록 하고 사회적·경제적·교육적 발전을 위한 더 큰 기회를 창출할 수 있도록 한다.

임차인과 주택 소유자가 서비스를 신청할 수 있다. 임차인은 집주인 동의를 얻어 램프(ramps), 현관 및 계단 리프트, 롤인 샤워(roll-in showers), 출입문의 넓이, 접근 가능한 싱크대 및 캐비닛 등이 보완 수정될 수 있도록 서비스를 요청할 수 있다. 홈모드는 허가를 받은, 보험에 가입하고 경험이 있는 주택 개보수 전문 회사와 함께 수행하며 모든 서비스는 연방, 주 및 시의 접근성 법적 요건에 따라 수행된다. 자격을 갖춘 개인은 서비스를 받은 날로부터 1년을 기다린 후 추가 수정 서비스를 다시 신청할 수 있다.

그리고 독립생활 프로그램(The Independent Living Program)을 통해 시카고시에 거주하는 자격을 갖춘 장애인이 재택 서비스를 받을 수 있다. 그 내용으로 ① 위생, 몸단장 등 개인 건강 관리, ② 가사 업무(세탁, 설거지, 걸레질, 청소 등), ③ 자금 관리(예산, 청구서 지불 등), ④ 쇼핑, ⑤ 식사 준비 지원, ⑥ 독립성을 높이는 적응형 도구 및 기술, 그리고 독립적으로 생활할 수 있도록 기타 일상생활 업무를 지원한다.

MOPD의 접근성 준수 부서(Accessibility Compliance Unit)는 접근성 준수가 잘 이루어지고 있는가를 위한 현장 점검을 수행한다. 점검을 가장 많이 하는

---

18 MOPD, The HomeMod Program, https://www.chicago.gov/content/dam/city/depts/mopd/hous/general/2021-HomeMod-Brochure.pdf(검색일: 2023.9.9).

지구는 시카고 노인, 장애인 등 사회 취약 계층이 집중적으로 거주하는 저렴한 다가구 주택 및 아파트이다. MOPD는 무작위 현장 점검을 통해 신규 및 기존 공동 주택 건설에 접근성 및 무장애 원칙이 준수되고 있는지를 확인한다. 장애를 지닌 시민의 경우 주택, 공공 숙박 시설, 고용, 그리고 금융 서비스에서 차별을 겪고 있다면 일리노이(Illinois)주 검찰 해당 부서에 문의하거나 온라인으로 시정을 요구할 수 있는 장치를 마련했다.

MOPD에서는 장애를 지닌 모든 시민에게 구직을 위해 필요로 하는 개별화된 지원과 훈련을 제공하는 동시에 고용주들과 협력한다. MOPD 커리어 센터는 시카고의 77개 지역 사회에 구직을 위한 준비 자원으로 시카고시 관련 부서, 자매기관 및 지역 사회 단체와 협력하고 있다.

배리어 프리 아메리카 상(Barrier-Free America Award)은 매년 수여되며 유니버설 디자인 개념을 적극적으로 적용한 뛰어난 건물과 건축가에게 주어지는 상이다. 배리어 프리 아메리카 상은 모두를 위한 접근성의 중요성을 인식하는 것에서 출발했다. 유아차를 밀고 있는 부모, 보행기를 사용하는 노인, 휠체어를 탄 참전 용사에 이르기까지, 모든 사람들이 더 접근하기 쉽도록 하는 것을 목적으로 한다. 이 상은 2001년 이래로 미국의 장애 참전 용사 단체인 PVA(Paralyzed Veterans of America)에서 수여하며 수상 건물을 보면 2019년도는 세인트루이스(St. Louis)에 있는 군인 기념 군사 박물관(Soldier Memorial Military Museum), 그리고 2022년에는 존 F. 케네디 공연 예술 센터(John F. Kennedy Center for the Performing Arts) 등이다(Paralyzed Veterans of America, 2022.9.19).

4) 유엔

유엔은 1974년 무장애 디자인 보고서, 1975년에 장애인 권리 선언을 공표했고, 1994년 유네스코(UNESCO)에서는 살라망카 선언문(Salamanca Statement)

을 통해 '모두를 위한 포용적(inclusive) 교육'을 천명한 바 있다(International Society for Rehabilitation of the Disabled et al., 1975). 아동들도 일반 교육 내용에서 장애인 및 고령자를 위한 유니버설 디자인 관련 교육을 실시하도록 각국 정부에게 촉구하면서 장애인, 비장애인의 사회 통합을 실현할 수 있도록 제도 정비를 권장했다.

유엔은 배리어 프리 환경을 위한 도시 설계 매뉴얼을 제시했다.[19] 설계 고려 사항으로서 이동에 방해가 될 수 있는 장애물과 돌출 부분을 없애고 장애인은 물론 고령자 등 누구나 안전한 보행 공간과 통로를 설계하도록 한다. 구체적 설계 고려 사항 중 몇 가지를 소개한다.

① 도로의 교통 표지, 방향 표지, 거리 표지, 나무, 상점가 건물, 광고판 등이 방해물이 될 수 있음을 감안해야 한다.
② 장애물은 가능한 한 이동 경로 밖에 두어야 하며 돌출된 부분은 없도록 한다.
③ 접근 가능한 통로에 돌출된 표지판은 시력이 없는 사람 혹은 시력이 약한 노인이 안전하게 지나갈 수 있도록 최소 2.00m의 높이에 설치해야 한다(〈그림 3-1〉 왼쪽 그림 참조).
④ 가로등 기둥에 부착된 쓰레기통은 충돌을 막기 위해 보행자 동선을 마주보지 않아야 하며 시력이 제한된 사람들이 쉽게 식별할 수 있는 색상으로 칠해져야 한다(〈그림 3-1〉 가운데 그림 참조).
⑤ 경사로와 계단 아래의 공간은 보호 레일이나 돌출된 연석 또는 촉각 표면으로 표시해 완전히 차단해야 한다(〈그림 3-1〉 오른쪽 그림 참조).
⑥ 장애물이 없는 이동 경로(path)의 최소 너비는 0.90m이상이어야 한다.[20]

---

19 UN, "Accessibility for the Disabled - A Design Manual for a Barrier Free Environment," https://www.un.org/esa/socdev/enable/designm/AD1-01.htm(검색일: 2023.9.12).

그림 3-1 도시 설계 지침

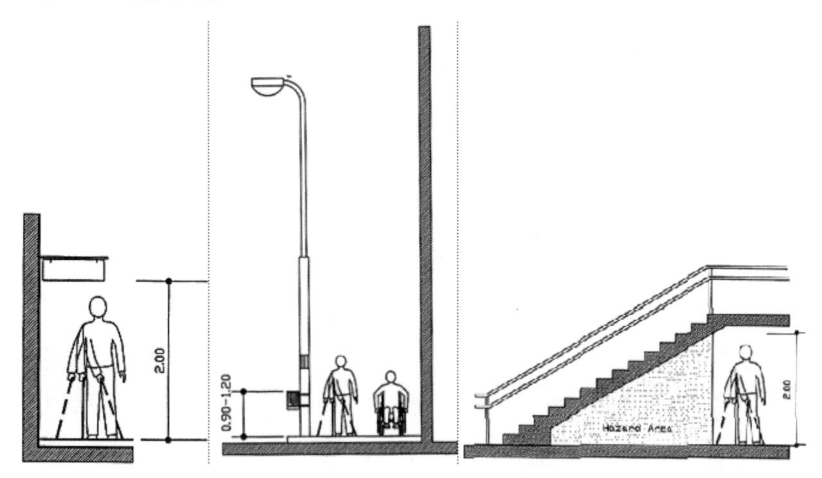

자료: UN, "Accessibility for the Disabled – A Design Manual for a Barrier Free Environment"(https://www.un.org/esa/socdev/enable/designm/AD1-01.htm).

⑦ 사람들의 이동 경로 내의 기존 장애물은 위에서 언급한 요구 사항을 준수하도록 재설계해야 한다.

이외에도 많은 사항을 구체적으로 제시한 무장애 및 유니버설 디자인 설계 지침을 제시하고 있다.

유엔에서는 21세기 최초의 국제 인권법에 따른 장애인 권리 협약 비준에 2007년 3월 30일 82개국이 서명했다.[21] 유엔 장애인 권리 협약은 신체장애, 정신 장애, 지적 장애를 포함한 모든 장애가 있는 이들의 존엄성과 권리를 보장

---

20 경로의 장애물은 쉽게 발견할 수 있어야 하며, 가능하다면 하나의 연속된 선을 따라 배치해야 한다.

21 OHCHR, "Convention on the Rights of Persons with Disabilities," https://www.ohchr.org/en/instruments-mechanisms/instruments/convention-rights-persons-disabilities(검색일: 2023.9.14). 2021년 12월 현재 비준 국가는 182개국이다.

하기 위해 평등, 비차별의 원칙하에 장애인의 권리를 보장하는 협약이다.

UN CRPD 제9조(접근성)에는 당사국은 장애를 지닌 사람들이 독립적으로 생활하고 삶의 모든 측면에 완전하게 참여할 수 있도록 일반인과 동등한 기반에서 물리적 환경, 교통, 정보 통신 기술 및 시스템 및 기타 공공에 개방되거나 제공되는 시설과 서비스에 접근할 수 있도록 적절한 조치를 취해야 한다고 천명했다. 접근성에 대한 장애 및 장벽의 식별 및 제거 등의 조치는 특히 학교, 주택, 의료 시설 및 사업장을 포함한 건축물, 도로, 교통 및 그 밖의 실내외 시설, 그리고 정보, 통신 및 기타 서비스(전자 서비스 및 응급 서비스 포함)에 적용된다.

UN CRPD는 미국 로널드 메이스 교수가 정의한 '유니버설 디자인' 개념이 적용되었으며 가능한 한 모든 사람들이 차별이나 불편을 느끼지 않고 이용하도록 처음부터 계획하고 철저히 실행하도록 촉구하고 있다.

4. 맺는말

유니버설 디자인 창시자인 메이스 교수와 더불어 또 다른 선구자가 있다. 미국의 산업 디자인 및 노인학 연구자인 팻 무어(Pat Moore, 1952~)이다. 그녀는 노인 여성으로 변장하고 미국과 캐나다 전역을 여행해 노인들이 일상생활에서 직면하는 다양한 상황을 직접 경험했다(*Wired*, 2023.8.3).

자신을 '올드 팻(Old Pat)'이라고 부르는 그녀는 특수 화장 도구와 할머니 의상 차림으로 관절염 및 청력 상실과 같은 일반적인 신체장애를 시뮬레이션하기 위해 귀에 왁스를 바르고 장갑 속 손가락을 테이프로 감아 뻣뻣하게 만들어 다녔다. 그녀는 사람들이 자신을 도와주는 등 긍정적인 경험도 많이 했지만 굳어진 손가락 등 노인의 신체 조건 등으로 고통과 좌절감도 많이 겪었다. 한번은 그녀가 올드 챗 변장을 하고 활동하는 동안 한 무리의 소년들에 의한 폭력적인 강도의 피해자가 되어 영구적인 부상을 입기도 했다. 무어는 유니버설 디자인 개념이 단순히 건축물과 공공시설뿐만 아니고 일상용품에까지 철저히 적용되어야 함을 주창한 창도자이다. 그녀의 노인 변장 경험의 일부를 소개한다.

올드 팻의 첫 나들이는 오하이오(Ohio)에서 열린 노화에 관한 컨퍼런스였다. 그녀가 그곳의 모든 사람들을 속였을 때, 그녀는 자신이 제대로 역할을 하고 있다는 것을 알았다. 3년 동안, 무어는 최소 일주일에 한 번은 올드 팻으로 비밀리에 활동했고, 여행할 때 의상을 여행 가방에 챙겼다. 올드 팻은 미국 14개 주와 캐나다 2개 지역에 있는 116개의 도시를 방문했다. 무어는 그녀가 단순히 캐릭터를 입히는 것이 아니라, 그녀가 노파로서 삶의 일부를 살고 있다고 느꼈다(Moore and Conn, 1985; *Wired*, 2023.8.3).

일반인은 장애인이나 신체적으로 노쇠한 노인의 일상생활에서의 고통과 불안을 잘 이해하지 못한다. 이러한 관점에서 팻 무어의 노인 변장 체험은 위대한 학습이라 할 수 있다. 유니버설 디자인에 대한 인식은 20세기 산업 혁명 이후 대량 생산의 경제성과 기능적 효율성에 기초한 기계론적 사고에 대한 반성이다. 21세기에 들어서 개인의 '가치'와 '삶의 질', '웰빙', 그리고 '포용성과 다양성(inclusion and diversity)'이 중시되는 인간 중심적 접근하에서는 유니버설 디자인은 시대정신을 반영하는 새로운 패러다임이다.

시대적 요구인 차별 해소 및 평등 개념을 실천하는 유니버설 디자인 패러다임은 연령, 성별, 장애 유무, 능력(이해력)의 차이를 두지 않는 평등하고 모두를 위한 핵심 가치이자 철학인 것이다. 주택, 공공건물, 도시 계획 등 모든 분야에서 유니버설 디자인 개념 적용 및 실행이 향후 고령자를 위한 한국의 중요한 복지 정책 과제 중의 하나이다. 그리고 유니버설 디자인 관련 교육(Universal Design for Learning: UDL)[22]은 더욱 확산되고 속히 정착되어야 할 것이다.

노인 주거 정책은 몇 가지 원칙을 따라야 한다. 노인의 주거는 첫째, 개인과 환경의 조화를 이루어야 하고(personal-environment), 둘째, 경제적으로 지불(충당) 가능해야 하며(affordable), 셋째, 접근 가능성이 높고(accessible), 넷째, 사회 참여(social participation)가 보장되어야 한다.

과거 시설 중심 보호가 일반적이었던 노인 주거 접근법은 최근 지역 사회 거주를 중시하는 방향으로 관점이 전환되어야 한다는 담론이 지배적이다(Hooyman and Kiyak, 2011; 송인주, 2018; 서유진, 2018). 이러한 논의는 자율성 훼손 및 과다한 의료 처방과 입원 등 시설 수용의 불합리성과 연관이 있다. 또한 사회적 약자로 인식되던 노인에 대한 인식 변화 및 급격하게 증가하는 노인에 대한 국가의 역할과 사회적 비용 부담의 증가 등을 고려해 심도 있게 접근해야 할 때다.

참고문헌

강은나·주보혜·이재춘·배혜원. 2019. "초고령사회 대응을 위한 노인주거정책 개편 방안". 한국보건사회연구원,

고영준. 2011. "사용자 중심의 유니버설디자인 방법과 사례". 국립장애인도서관. https://www.nld.go.kr/ableFront/new_standard_guide/universal_design.jsp).

국립장애인도서관. https://www.nld.go.kr/ableFront/new_standard_guide/universal_design.jsp(검색일: 2023.8.25).

문화체육관광부. 2014. "공공도서관 유니버설디자인 매뉴얼 개발연구".

서울특별시. "유니버설디자인 종합계획". https://www.sudc.or.kr/main/intro/intro03.do (검색일: 2023.8.25).

---

22 CAST, "About Universal Design for Learning," https://www.cast.org/impact/universal-design-for-learning-udl(검색일: 2023.9.11). 유니버설 디자인 학습(UDL)은 처음부터 모든 학생들의 요구를 충족시키기 위해 교과 과정을 설계함을 의미한다.

서유진. 2018. 「도시재생에 있어 Ageing in Place를 위한 고령자 서비스연구」. 서울대학교 박사학위논문.
송인주. 2018. "지역사회 기반 노인 주거복지서비스 모델 연구". 서울시복지재단.
오가사와라 이즈미. 2017. "요코하마시의 유니버설디자인 시책". 서울디자인국제포럼. https://www.sdif.org/html/ko/view.php?no=56(검색일: 2023.9.10).
월간 HRD 블로그(2019.3.5). "사람중심경영을 실현하는 HRD의 본질 '휴먼웨어'". https://blog.naver.com/khrdcc/221480528910.
≪월간 국토≫. 2006.1. "용어풀이". https://library.krihs.re.kr/bbs/content/2_538.
유보현. 2009. 「장애인지원정책의 사례를 통해 본 미국의 유니버설디자인」. ≪기초조형학연구≫, 10(3), 259~267쪽.
윤혜경. 2021. "공감·공존·공정사회를 위한 유니버설디자인 가치와 교육의 필요성". 서울특별시 유니버설디자인센터. ≪UD issue≫, 3. http://45.115.152.63/main/cts.do?ctsno=expert_vol3(검색일: 2023.8.28).
이연숙·전은정·파스마리아 빅토리아·안소미. 2019. 「일본 쉐어가나자와 마을내 고령자주택의 사회통합적 계획특성 연구」. ≪한국생태환경건축학회지≫, 19(2), 5~15쪽.
이형복. 2010. 「유니버설디자인 선도도시화를 위한 정책연구」. 정책연구보고서 2010-08, 대전발전연구원.
장혜진. 2023. 「유니버설디자인 정책의 국제적 비교」. ≪Archives of Design Research≫, 36(1), 137~163쪽.
정경희·오영희·강은나·김경래·이윤경·오미애·황남희·김세진·이선희·이석구·홍송이. 2017. "2017년도 노인실태조사". 보건복지부·한국보건사회연구원.
≪중부매일≫. 2014.7.7. "시민 주도, 차별없는 無장애 공간 만들었다". https://www.jbnews.com/news/articleView.html?idxno=594302.
American Association for Retired People. 2021. "Where we live, where we age: Trends in home and community preferences." https://livablecommunities.aarpinternational.org.
Centre for Excellence in University Design. "The 7 Principles," https://universaldesign.ie/what-is-universal-design/the-7-principles/(검색일: 2023.9.8).
DINF, Laws on Disabilities. "The 38 Selected Japanese Laws Related to Persons with Disabilities." https://www.dinf.ne.jp/doc/english/law/japan/selected38/chapter7.html

Emerson, E., N. Fortune, G. Llewellyn, and R. Stancliffe. 2021. "Loneliness, social support, social isolation and wellbeing among working age adults with and without disability: Cross-sectional study." *Disability and health journal*, 14(1). 100965. https://doi.org/10.1016/j.dhjo.2020.100965.

Heiss, O., C. Degenhart, and J. Ebe. 2010. *Barrier-Free Design: Principles, Planning, Examples*. Birkhäuser.

Hooyman, N. R., and H. A. Kiyak. 2011. *Social Gerontology: A Multidisciplinary Perspective*, 9th Edition. London: Pearson.

International Society for Rehabilitation of the Disabled, B. Duncan, S. Hammerman, and United Nations Expert Group Meeting on Barrier Free Design. 1975. "Barrier free design : report of the united nations expert group meeting on barrier free design held june 3-8 1974 at the united nations secretariat New York." Rehabilitation International. March 3 2024.

Jurik, Valerie J. 2014.11.17. https://www.linkedin.com/pulse/20141117194203-8083314-the-difference-between- universal-and-barrier-free-design.

Mayor's Office for People with Disabilities. "The HomeMod Program." https://www.chicago.gov/content/dam/city/depts/mopd/hous/general/2021-HomeMod-Brochure.pdf(검색일: 2023.9.9).

Moore, P and C. P. Conn. 1985. *Disguised: A True Story*. Chicago: World Books.

Office of Disability Employment Policy. "Universal Design." https://www.dol.gov/agencies/odep/program-areas/employment-supports/universal-design.

OHCHR. "Convention on the Rights of Persons with Disabilities." https://www.ohchr.org/en/instruments-mechanisms/instruments/convention-rights-persons-disabilities(검색일: 2023.9.14)

Paralyzed Veterans of America. 2022.9.19. "Paralyzed Veterans of America applauds the Kennedy Center for excellence in accessible design, awards them with 2022 Barrier-Free America Award," https://pva.org/news-and-media-center/recent-news/pva-awards-kennedy-center-barrier-free-america-award/(검색일: 2024.2.8).

The Ministry of Children and Equality. 2009. "Norway universally designed by 2025: The Norwegian government's action plan for universal design and increased accessibility 2009-2013. Action Plan." https://www.regjeringen.no/globalassets/

upload/bld/nedsatt-funksjonsevne/norway-universally-designed-by-2025-web.pdf.

The Ministry of Children and Equality. 2009. "Norway universally designed by 2025: The Norwegian government's action plan for universal design and increased accessibility 2009-2013. https://www.regjeringen.no/globalassets/upload/bld/nedsatt-funksjonsevne/norway-universally-designed-by-2025-web.pdf(검색일: 2023.9.2).

U.S. News. 2024.5.22. "U.S. News & World Report Aging in Place With Assistive Tech Survey 2023." https://www.usnews.com/360-reviews/services/senior-tech-aging-in-place-survey.

UN. Accessibility for the Disabled - A Design Manual for a Barrier Free Environment. https://www.un.org/esa/socdev/enable/designm/AD1-01.htm(검색일: 2023.9.12).

WHO. "Timeline-Universal-Design-in-Norway." https://extranet.who.int/agefriendlyworld/wp-content/uploads/2015/06/Timeline-Universal-Design-in-Norway.pdf.

Wired. 2023.8.31. "She Sacrificed Her Youth to Get the Tech Bros to Grow Up." https://www.wired.com/story/patricia-moore-sacrificed-youth-to-get-tech-bros-to-grow-up/(검색일: 2024.2.7).

제4장

노인 주거 실태와 과제

1. 들어가며

전쟁 이후 국가의 재건 과정에서 젊은 국가였던 한국은 이제 초고령 사회를 코앞에 두고 있을 정도로 인구 구조의 변화가 급격하다. 그 사이 노인이 거주하는 거처의 점유 형태나 주택의 종류, 주거비나 주거 소비 양상도 상당한 변화를 보이고 있다. 제4장에서는 노인 주거 실태의 장·단기적 변화를 살펴보고 이를 통한 시사점을 도출하고자 한다. 우선 노인 주거 여건의 역사적 변화를 통계청의 인구 주택 총조사 중심으로 최대한 긴 시계열을 살펴본다. 이는 노인 가구의 양적 증가와 함께 주거의 양태가 변화하는 모습을 이해하는 데 도움이 될 것이다. 전반적인 변화를 이해한 이후에는 국토교통부의 주거실태조사를 활용해 노인 가구의 주거 현황을 세밀하게 들여다보고자 한다. 이는 인구 주택 총조사에서 확인하기 어려운 주택 마련, 주거 소비, 주거비 수준과 부담 정도,

주거 소요 등을 파악하는 데 도움이 되기 때문이다. 이러한 장·단기적 노인 주거 실태 분석을 바탕으로 이슈와 당면 과제를 제시하는 것으로 마무리한다.

2. 노인 주거 여건의 역사적 변화

1) 고령화 진전 및 노인 가구 증가

노인 인구의 증가는 인구 구조 변화에 큰 영향을 미친다. 총인구가 감소할 것으로 예상되는 가운데, 노인 인구 비율은 지속 상승할 것으로 예상된다. 실제 65세 이상 노인 인구 비율은 1960년 2.9%에 불과하다가 2000년에 7%를 상회해 본격적인 고령화 사회로 진입했다. 노인 인구 14%가 넘어 고령 사회로 진입한 지 7년 만에 초고령 사회에 도달할 것으로 예상된다. 2025년에 초고령 사회로 진입하므로 고령 사회에서 초고령 사회 진입에 소요되는 기간이 그 어떤 선진국에 비해 빠를 것으로 예상된다. 해외 주요국 사례를 보면 고령화율이 7%에서 14%에 도달하는 데 오랜 기간이 소요되고 그 이후 14%에서 20%로 상승하는 데 상대적으로 짧은 기간이 소요된다. 예측치임에도 불구하고, 초고령 사회에 도달하는 데 소요되는 시간은 제일 짧은 국가가 일본(13년)이지만 최소한 20년에서 50년 정도가 소요될 것으로 예측되고 있다. 따라서 한국의 초고령화 역시 압축적으로 발생하고 있음을 알 수 있다.

노인 인구 증가는 인구의 구조상 중위 연령의 증가로도 확인 가능하다. 신생 국가 수준의 1960년대 중위 연령이 19세에 불과하던 나라가 2020년 기준 중위 연령은 43.7세로 중장년의 국가로 성장했다. 2070년에는 중위 연령이 62세로 예상되어 초고령 사회의 모습을 예측케 한다. 또한 생산 가능 연령 대비 노인 인구의 비율로 계산되는 노년 부양비 역시 급상승해 2020년 기준 21.8에서

그림 4-1 국가별 고령화 속도 비교

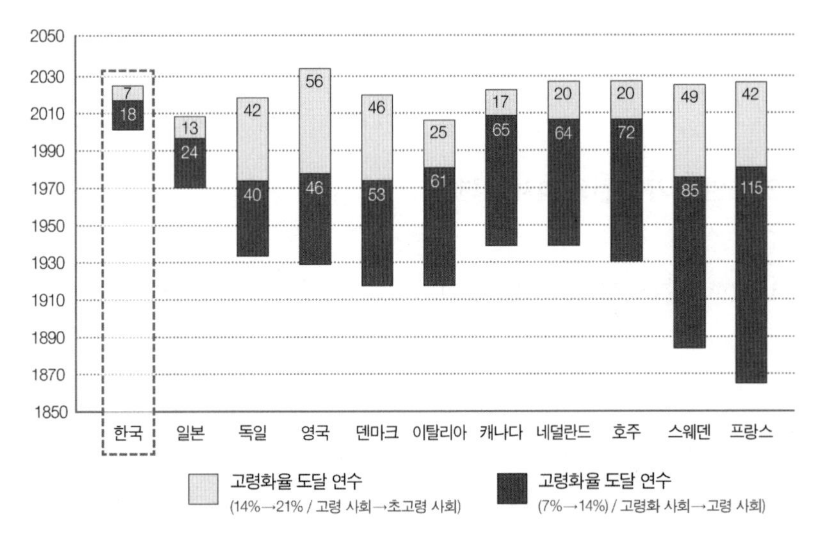

자료: 나미선(2023: 9) 그림 3을 바탕으로 한국을 추가함. 박미선(2024: 27) 그림 2에서 재인용.

2070년에는 100을 상회할 것으로 예상된다. 이는 2070년 노인 인구 비율이 거의 절반에 근접(46.6%)하는 인구 구조 변화의 결과이다.

노인 가구의 구성은 노인 부부로 구성된 경우와 노인 단독으로 거주하는 경우, 그리고 다른 자녀나 친척 등과 함께 거주하는 경우로 크게 구분된다. 그중 노인 부부와 노인 단독 가구의 비중이 증가하고 있으며 특히 노인 혼자 거주하는 1인 가구 비중이 증가하는 것이 특징이다. 노인 인구가 양적으로 증가하는 것뿐 아니라, 혼자 사는 노인이 누군가와 함께 거주하는 노인보다 증가하는 질적 변화를 동시에 겪을 것으로 예상된다.

65세 이상 노인 가구의 증가와 함께 그중 노인 부부 비중이 감소하고, 노인 1인 가구 비중이 증가해 2020년 기준 노인 부부와 노인 1인 가구가 거의 유사한 규모를 보이고 있으나, 향후 2052년까지 추계 결과는 노인 1인 가구 비중이 더 커질 것이 예상된다. 노인 부부 가구는 배우자가 건강이 안 좋아질 때 돌봄

표 4-1 주요 인구 지표와 노인 인구 지표 변화(1960~2070년) (단위: 만 명, %, 세)

	1960	1970	1980	1990	2000	2010	2020
총인구	2,501	3,224	3,812	4,287	4,701	4,955	5,184
노인 비율	2.9	3.3	3.9	5.0	7.3	10.8	15.7
노년 부양비	5.3	6.1	6.2	7.2	10.2	14.8	21.8
중위 연령	19.0	18.5	21.8	27.0	32.0	37.9	43.7
	2025	2030	2040	2050	2060	2070	
총인구	5,145	5,120	5,019	4,736	4,262	3,766	
노인 비율	20.6	25.5	34.4	40.1	43.8	46.4	
노년 부양비	29.7	38.6	60.5	78.6	90.4	100.6	
중위 연령	46.9	49.8	54.6	57.9	61.2	62.2	

주: ① 노인 비율=65세 이상 노인/총인구×100. ② 노년 부양비=65세 이상 인구/생산 연령(15~64세) 인구×100. ③ 1960~2020년까지는 확정 인구이며, 2021년 이후는 다음 인구 추계 시 변경될 수 있음.
자료: 통계청(2023).

표 4-2 노인 가구 수와 구성 변화(2000~2052년) (단위: 만 가구, %)

연도	65세 이상 가구	노인 부부 가구	노인 1인 가구	부부 가구 비율	1인 가구 비율	부부+1인 합
2000	173.4	57.3	54.4	33.1	31.4	64.4
2005	235.0	79.6	74.6	33.9	31.7	65.6
2010	292.3	98.5	99.1	33.7	33.9	67.6
2015	366.4	121.5	120.8	33.2	33.0	66.1
2020	464.0	161.0	161.8	34.7	34.9	69.6
2025	614.7	218.0	224.8	35.5	36.6	72.0
2030	765.4	274.6	286.1	35.9	37.4	73.3
2035	905.4	326.3	345.8	36.0	38.2	74.2
2040	1,029.0	368.8	402.3	35.8	39.1	74.9
2045	1,098.4	388.5	441.0	35.4	40.1	75.5
2050	1,137.5	395.8	467.1	34.8	41.1	75.9
2052	1,178.8	405.0	496.1	34.4	42.1	76.8

자료: 통계청 각 연도 인구 총조사; 통계청(2023, 2024).

의 문제가 발생하지만, 노인이 혼자 거주하는 경우는 돌봄뿐 아니라 일상생활 전반에 대한 위험도가 증가해 사회적 돌봄 요구가 높아질 수밖에 없다.

표 4-3 노인 가구 점유 형태 변화(1985~2020년)

(단위: 만 가구, %)

연도	1985		1990		1995		2000	
구분	가구 수	비중	가구 수	비중	가구 수	비중	가구 수	비중
계	121.7	100.0	160.6	100.0	210.9	100.0	269.5	100.0
자가	96.6	79.3	123.8	77.1	164.5	78.0	204.6	75.9
전세	12.2	10.1	18.9	11.7	25.9	12.3	37.2	13.8
보증부 월세	4.0	3.3	4.7	2.9	10.2	4.8	14.2	5.3
무보증 월세	5.2	4.3	8.7	5.4	2.2	1.0	3.2	1.2
사글세	-	0.0	-	0.0	3.5	1.6	3.6	1.3
무상	3.7	3.0	4.6	2.8	4.7	2.2	6.8	2.5
연도	2005		2010		2015		2020	
구분	가구 수	비중	가구 수	비중	가구 수	비중	가구 수	비중
계	337.1	100.0	407.4	100.0	506.4	100.0	577.6	100.0
자가	254.9	75.6	300.7	73.8	380.2	75.1	430.1	74.5
전세	41.0	12.2	53.6	13.2	46.9	9.3	49.0	8.5
보증부 월세	23.4	6.9	35.3	8.7	53.5	10.6	68.3	11.8
무보증 월세	4.2	1.2	5.2	1.3	8.4	1.7	8.1	1.4
사글세	4.1	1.2	4.1	1.0	3.0	0.6	2.5	0.4
무상	9.6	2.9	8.4	2.1	14.4	2.8	19.6	3.4

주: 1995년까지는 가구주 연령이 60세 이상인 경우, 2000년 이후는 65세 이상 고령자 거주 일반 가구이므로 노인 가구주 가구의 수와 일치하지 않음. 2000년 미상 40가구는 제외.

자료: 통계청 각 연도 인구 총조사.

2) 노인 가구 주거 여건

(1) 점유 형태

노인 가구는 주로 자가로 거주한다. 인구 주택 총조사 기준 1985년[1]에는 노

---

1 통계청의 인구 주택 총조사에서 1995년까지 가구주 연령을 60세 이상으로 구분하고 있어 노인 가구 연령 기준을 2000년 이후부터 65세를 기점으로 자료를 생성했음을 밝힌다. 또한 가구의 주거 여건을 파악하기 위한 가구 기준은 65세 이상 고령자 거주 일반 가구로, 65세 이상 노인 가구주 가구 수와는 차이가 있다.

표 4-4 노인 가구 거처의 종류 변화(1975~2020년) (단위: 만 가구)

연도	1975	1980	1985	1990	1995
계	74.7	97.4	121.7	160.6	210.9
주택	74.4	97.0	121.4	160.1	210.2
단독 주택	70.7	92.4	110.8	138.9	164.1
아파트	2.2	1.9	4.9	12.0	28.5
연립·다세대	0.5	1.2	2.9	6.0	11.0
영업용 건물 내 주택	1.0	1.5	2.8	3.1	6.6
주택 이외의 거처	0.3	0.4	0.3	0.5	0.6
연도	**2000**	**2005**	**2010**	**2015**	**2020**
계	269.5	337.1	407.4	506.4	577.6
주택	268.4	335.5	404.6	496.9	562.0
단독	181.5	208.1	224.2	252.7	243.2
아파트	60.2	94.2	139.9	184.9	247.2
연립·다세대	17.7	28.0	35.7	49.5	62.1
영업용 건물 내 주택	9.1	5.2	4.9	9.8	9.5
주택 이외의 거처	1.1	1.6	2.8	9.5	15.6

주: 1995년까지는 가구주 연령이 60세 이상인 경우, 2000년 이후는 65세 이상 고령자 거주 일반 가구.
자료: 통계청 각 연도 인구 총조사.

인 가구 79.3%가 자가로 거주하고 있었고 이 비율은 75% 수준으로 하락 중이나 대체로 여전히 자가 거주가 대세이다. 이는 오랜 삶의 여정을 반영하기도 하고 도시 이외 지역에서의 거주가 다른 연령대에 비해 높은 영향도 있다. 2020년 기준 노인 가구의 74.5%가 자가이다. 그러나 지난 35년간의 변화를 보면, 자가가 아닌 경우 전세를 중심으로 거주하던 경향이 점차 보증부 월세가 증가하는 현상을 확인할 수 있다. 임차로 거주하는 노인 가구의 주거 안정성이 하락하고 있음을 유추할 수 있다.

(2) 거처의 종류

노인 가구가 주로 거주하는 거처는 단독 주택이었으나 최근에는 아파트로

표 4-5 노인 가구 주거 시설 변화(1980~2020년) (단위: %)

연도	1980	1985	1990	1995	2000	2005	2010	2015	2020
입식 부엌	6.2	14.8	33.2	66.7	85.4	94.2	96.8	98.6	99.1
수세식 화장실	6.2	13.9	27.3	46.4	63.8	80.7	91.0	96.5	97.6
온수 목욕 시설*	3.2	8.2	19.8	52.3	69.6	88.0	94.2	94.7	98.2

주: 노인 가구는 가구주 연령이 65세 이상인 가구. * 2010년 이전은 목욕 시설이 온수인 가구 비율, 2015년 이후는 목욕 시설이 있고 온수 시설이 있는 가구.
자료: 1995년 이전은 인구 주택 총조사 2% 표본 자료; 2000년 이후는 인구 주택 총조사 10%·20% 표본 자료.

이동하고 있다. 1975년에는 노인 가구의 절대 다수(94.6%)가 단독 주택에 거주했고 2000년에도 67.3%를 유지했다. 그러나 2015년 단독 주택 거주 비중이 절반 이하로 하락(49.9%)하고 난 후 2020년 기준 단독 42.1%, 아파트 42.7%로 아파트 거주 비중이 단독을 추월했다. 이는 지속적인 아파트 중심의 대량 신규 주택 공급 현상의 결과가 전 연령대에 영향을 미친 것으로 이해할 수 있다.

읍면동 지역별로 구분해 살펴보면, 아파트로 주된 거처가 바뀌는 곳은 동지역으로 이미 2010년에 아파트 거주 비중이 단독 주택을 앞질렀다. 그러나 읍면 지역에서는 여전히 단독 주택이 대세이며, 특히 면 지역에서는 단독 주택이 대부분이고 읍 지역에서 점차 아파트 거주 비중이 상승하는 것을 확인할 수 있다.

(3) 주거 시설

노인 가구의 주거 시설 향상도 확연하게 드러난다. 1980년 입식 부엌을 사용하는 노인 가구가 6.2%에 불과했으나 2020년에는 99.1%로 전향적인 변화가 이루어졌다. 따라서 1980년에 입식 부엌이나 수세식 화장실을 사용하는 노인 가구를 보기 힘들었다면 2020년 현재는 그 반대가 보편화되었다. 이는 전반적인 경제 성장과 신규 주택 건설, 특히 아파트 건설에 힘입은 바가 크다.

그림 4-2 노인 가구 거주 지역별 거처의 종류 변화(1980~2020)

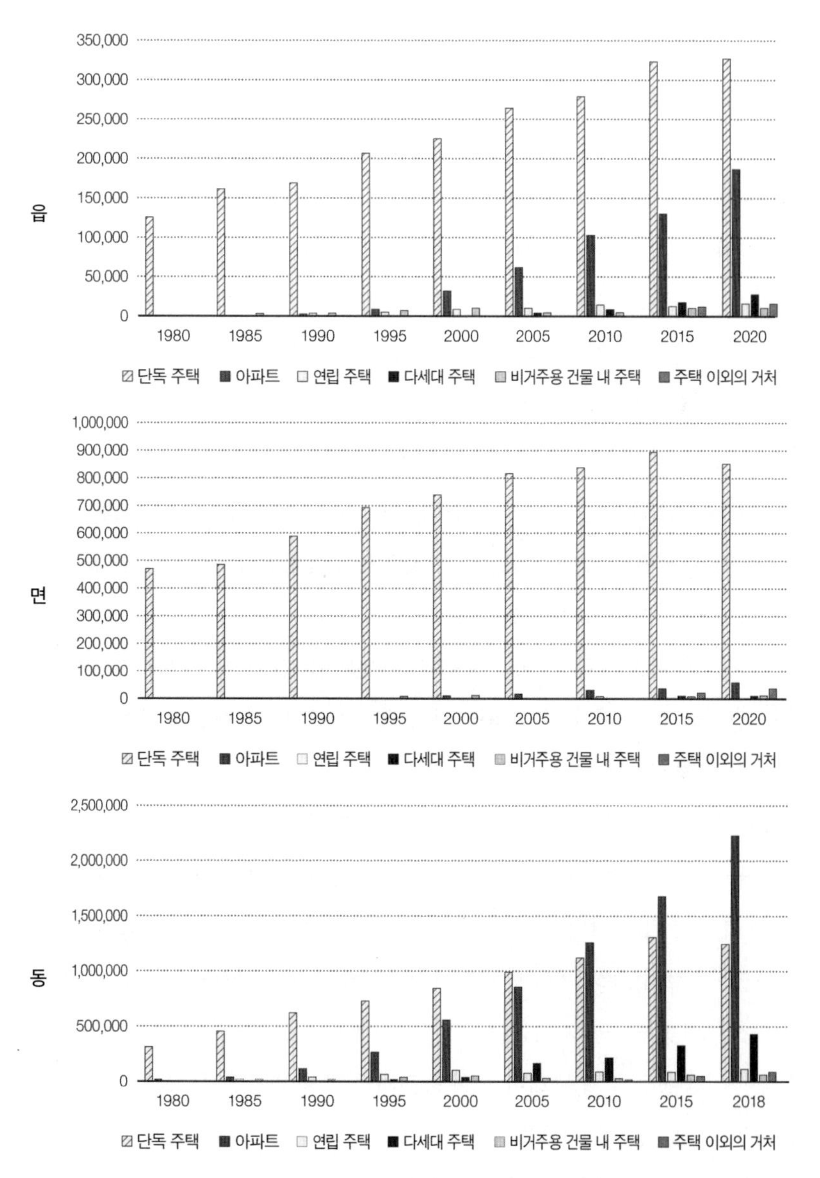

주: 노인 가구는 1995년까지는 가구주 연령이 60세 이상인 가구, 2000년 이후부터는 65세 이상 고령자 거주 가구 기준.

3. 최근 노인 주거 현황과 주거 소요

1) 점유 형태 및 거처의 종류

노인 가구의 주거 여건을 알아보기 위해서 주거실태조사를 분석하되, 이를 수도권과 비수도권으로 구분하고자 한다. 이는 노인 가구가 거주하는 지역에 따라 점유 형태와 주택 유형 등의 차이가 상당하기 때문이다. 분석 대상이 되는 노인 가구는 가구주 연령이 65세 이상인 노인 가구주 가구를 기준으로 하고, 가장 최근 연도인 2021년 기준 주거 실태를 분석하되, 필요시 최근 5년간의 시계열을 비교한다. 우선 소득과 지출을 포함한 가계 수지를 보면, 2021년 기준 월평균 소득은 가구당 204.6만 원, 생활비 지출은 139.9만 원으로 총소득의 68.4%를 생활비로 지출하고 있는 것으로 조사되었다. 이는 전체 가구 평균 소득(346.5만 원)에 비해 낮고, 생활비 지출 비중은 높은 수준이다. 이에 더해 주거 관리비 지출 수준을 보면 동절기 19.2만 원, 간절기 12.2만 원으로 일반 가구 전체와 큰 차이가 없다. 따라서 소득이 낮은 노인 가구가 상대적으로 주거 관리비 지출 비중이 높을 수밖에 없는 상황이다.

노인 가구의 거주 지역별에 따라서도 차이가 큰데, 비수도권 거주 노인 가구는 소득이 낮고 이에 상응해 생활비 지출도 낮지만, 그 비율은 수도권에 비해 높다. 특히 주거 관리비 측면에서는 지출액을 줄이기 어렵기도 하고 계절적 특성, 난방 연료의 특성 등이 반영되어 비수도권 노인의 동절기 주거 관리비 지출이 소득의 10%를 상회하는 것으로 나타난다. 노인 가구는 일반 가구에 비해 소득이 낮음에도 주거 관리비 특히 동절기는 더욱 비용을 줄이기 어려운 상황임을 알 수 있다.

노인 가구는 일반적으로 자가 보유 수준이 높다. 한국은 독특하게 자가를 보유하고 거주하지 않는 경우가 많아, 자가 보유율과 자가 점유율을 구분해 살펴

표 4-6 노인 가구 가계 수지(2022년)

(단위: 만 원, %)

	월평균 소득(A)	월평균 생활비(B)	비율 (B/A)	월평균 주거 관리비(C)			비율(C/A)		
				동절기	간절기	하절기	동절기	간절기	하절기
일반 가구	356.5	215.3	60.4	20.4	14.1	155	5.7	4.0	4.3
노인 가구	214.6	144.4	67.3	19.7	12.8	13.5	9.2	6.0	6.3
수도권	250.9	162.7	64.8	20.7	13.8	15.3	8.3	5.5	6.1
비수도권	188.7	131.1	69.5	19.0	12.0	12.2	10.1	6.4	6.5

주: 주거실태조사 소득은 세금 등을 제외한 실수령액으로 전년도 소득을 응답받음.
자료: 국토교통부, 2022년도 주거실태조사.

표 4-7 노인 가구 자가 점유율 및 자가 보유율(2017~2022년)

(단위: %)

	자가 점유율						자가 보유율					
	2017	2018	2019	2020	2021	2022	2017	2018	2019	2020	2021	2022
일반 가구	57.7	57.7	58.0	57.9	57.3	57.5	61.1	61.1	61.2	60.6	60.6	61.3
노인 가구	75.3	75.7	76.9	75.4	75.7	75.0	77.4	77.5	78.8	77.2	77.6	77.5
수도권	66.4	67.1	68.7	67.7	68.7	70.0	69.9	70.0	71.6	70.2	71.5	73.1
비수도권	81.2	81.5	82.6	81.0	80.7	78.6	82.4	82.6	83.7	82.2	82.0	80.6

자료: 국토교통부, 2022년도 주거실태조사.

보면, 전체 가구의 자가 보유율은 2022년 기준 61.3%이다. 노인 가구는 이보다 높은 77.5%를 보인다. 그러나 자기 집에 직접 거주하는 자가 점유율은 약간 낮아서 전체적으로 57.5%, 노인 가구 75.0%를 보인다. 지역에 따라서는 수도권보다 수도권 외 지역에서의 자가 보유율 및 자가 점유율이 모두 높아 80%를 상회하고 있다.

앞서 살펴본 바와 같이 노인 가구는 주로 자가로 거주하고 있다. 그러나 자가 점유 비율은 비수도권에서 높고 수도권에서는 여전히 68.7%로 낮은 편이다. 자가에 거주하지 않는 경우 노인 가구는 전세보다는 월세 비중이 높아 보증부 월세가 전국적으로 12.0% 수준이고, 무상 거주 가구 비율(4.7%)이 높은 편이다.

주택의 유형은 단독 주택 중심에서 아파트 거주가 보편화되고 있는 추세임

표 4-8 노인 가구 점유 형태(2021년) (단위: %)

	자가	전세	보증금 있는 월세	보증금 없는 월세	무상	계
일반 가구	57.3	15.5	21.0	2.5	3.9	100.0
노인 가구	75.7	6.1	12.0	1.5	4.7	100.0
수도권	68.7	9.9	16.4	1.2	3.9	100.0
비수도권	80.7	3.4	8.9	1.8	5.2	100.0

자료: 국토교통부, 2021년도 주거실태조사.

표 4-9 노인 가구 주택 유형(2022년) (단위: %)

	단독	아파트	연립	다세대	비거주용 건물 내 주택	주택 이외의 거처	계
일반 가구	29.6	51.9	2.1	9.3	1.5	5.5	100.0
노인 가구	41.7	44.7	2.4	7.8	1.7	1.8	100.0
수도권	26.0	54.4	2.5	13.3	1.4	2.5	100.0
비수도권	53.2	37.6	2.3	3.7	1.9	1.3	100.0

자료: 국토교통부, 2022년도 주거실태조사.

을 확인했다. 역시 지역별 차이가 커서, 수도권 거주 노인 가구는 단독 주택 거주의 두 배 이상이 아파트에서 거주하고 있다. 그러나 비수도권 지역에서는 여전히 단독 주택에 절반 이상의 노인 가구가 거주하고 있다.

2) 거주 기간, 주거 소비

노인 가구의 주거 이동 특성은 잦은 이동보다는 장기간 같은 곳에서 오래 거주하는 것으로 알려져 있다. 실제로 현재 주택 거주 기간을 분석해 보면 이런 특성이 드러나는데, 일반적으로 현재 주택에 거주한 기간이 평균 7.9년인 데 비해 노인 가구는 14.5년으로 두 배 정도, 특히 비수도권에 거주하는 노인은 16.2년으로 더 길다. 일반 가구에서 20년 이상 현 주택에 거주한 경우는 12.2%에 불과하지만 노인 가구는 32.0%로 거의 1/3 수준이고 비수도권 지역에서는 37.7%까지 상승한다. 노인들은 이미 자신의 거처에서 나이 들기(aging in

표 4-10 노인 가구 현재 주택 거주 기간(2022년) (단위: %, 년)

	5년 미만	5~10년	10~15년	15~20년	20~25년	25년 이상	계	평균
일반 가구	50.8	19.8	11.5	5.7	5.4	6.8	100.0	7.9
노인 가구	15.1	18.2	15.1	9.6	11.5	20.5	100.0	14.5
수도권	28.7	20.0	16.3	10.3	10.6	13.6	100.0	12.2
비수도권	22.2	16.8	14.1	9.1	12.2	25.5	100.0	16.2

자료: 국토교통부, 2022년도 주거실태조사.

표 4-11 노인 가구 거주 주택 건축 경과 연수(2022년) (단위: %)

	5년 미만	5~10년	10~15년	15~20년	20~25년	25년~30년	30년 초과	계
일반 가구	16.3	12.1	10.2	13.6	12.9	14.9	20.1	100.0
노인 가구	5.9	6.3	7.2	11.8	13.5	18.9	36.3	100.0
수도권	7.1	6.9	8.3	15.7	15.3	19.1	27.6	100.0
비수도권	5.1	5.9	6.3	8.8	12.1	18.8	42.8	100.0

자료: 국토교통부, 2022년도 주거실태조사.

place)를 실천하고 있는 셈이다.

노인은 현 주택 거주 기간이 길 뿐 아니라 오래된 주택에 거주하고 있다. 30년 초과 주택에 거주하는 경우는 전국적으로 20.1%이나 노인 가구는 1.5배 이상인 36.3%에 이른다. 특히 비수도권 지역에 거주하는 노인 가구의 42.8%는 건축 후 30년 초과된 주택에 거주하고 있어 주택 노후화에 따른 주택 개보수 필요성이 높을 것으로 예상된다.

노인 가구의 주거 소비는 상대적으로 큰 편이다. 가구당 평균 주거 면적과 1인당 평균 주거 면적으로 확인하는 주거 소비 수준은 전체 평균에 비해 높은 편이다. 2022년 기준 가구당 72.4m²의 주택에 거주하고 있고 1인당은 45.7m²로 가장 크다. 물론 비수도권 거주 노인이 더 큰 집에 거주하는 것을 확인할 수 있다.

표 4-12 노인 가구 주거 소비(2017~2022년) (단위: m^2)

	가구당 평균 주거 면적						1인당 평균 주거 면적					
	2017	2018	2019	2020	2021	2022	2017	2018	2019	2020	2021	2022
일반 가구	65.4	66.2	68.1	68.9	68.2	67.9	31.2	31.7	32.9	33.9	33.9	34.8
노인 가구	68.9	69.8	72.6	72.3	72.3	72.4	43.6	44.0	45.3	45.2	45.3	45.7
수도권	66.6	67.2	71.5	70.0	70.9	71.1	39.2	39.7	41.5	41.1	42.1	42.0
비수도권	70.4	71.6	73.4	73.9	73.3	73.5	46.6	47.0	47.9	48.1	47.6	48.3

자료: 국토교통부, 2022년도 주거실태조사.

표 4-13 노인 가구 거주 생애 최초 주택 마련 소요 연수(2022년) (단위: %)

	3년 미만	3~5년	5~10년	10~15년	15~20년	20년 이상	계	평균
일반 가구	40.3	8.1	19.5	14.5	7.4	10.1	100.0	7.4
노인 가구	40.0	4.5	13.9	15.1	9.0	17.4	100.0	9.5
수도권	32.1	5.2	14.7	16.3	10.9	20.8	100.0	11.0
비수도권	45.3	4.0	13.5	14.3	7.8	15.0	100.0	8.4

자료: 국토교통부, 2022년도 주거실태조사.

3) 주택 마련, 가격과 주거비 부담

생애 최초 주택 마련에 소요된 기간은 일반 가구의 7.4년에 비해 노인 가구는 9.5년, 특히 수도권 거주 노인 가구는 11년으로 가장 길게 나타난다. 대체로 생애 최초 주택 마련에 소요되는 기간은 3년 미만이 가장 많지만 노인 가구는 20년 이상 소요되는 경우가 다음으로 많아 자가 마련에 기간이 많이 소요되었음을 확인할 수 있다.

생애 최초 주택 마련 시 가구주 연령은 40세를 중심으로 형성되고 있다. 다만 노인 가구는 40대 중후반에 생애 최초 주택을 마련했던 것으로 나타난다. 무주택자 기간도 평균 11.4년에 비해 노인 가구는 23년이 소요되어 과거에 주택 마련이 현재보다 쉬웠던 것은 아님을 알 수 있다. 또한 2000년대 이전에는 수요자 금융 지원이 발달하지 않았기 때문에 자가 마련을 위한 자금 동원이 수

표 4-14 노인 가구 생애 최초 주택 마련 가구주 연령(2017~2022년) (단위: 세, 년)

	2017	2018	2019	2020	2021	2022	평균 무주택 기간
일반 가구	39.1	39.4	39.1	39.9	40.2	40.3	11.4
노인 가구	46.5	46.7	46.1	47.0	46.8	46.7	23.0
수도권	46.4	46.6	45.8	47.6	47.6	47.1	24.5
비수도권	46.5	46.8	46.2	46.5	46.3	46.5	21.5

자료: 국토교통부, 2022년도 주거실태조사.

표 4-15 노인 가구 주택 가격 및 임차료(2022년) (단위: 만 원)

	주택 가격	전세 가격	보증금 있는 월세		보증금 없는 월세
			보증금	월세	
일반 가구	43,804.8	20,650.1	2,600.1	34.5	28.8
노인 가구	38,162.7	15,657.6	2,336.3	24.1	22.8
수도권	66,647.1	19,507.2	3,072.5	25.4	29.7
비수도권	20,998.3	9,734.1	1,462.4	22.6	19.9

자료: 국토교통부, 2022년도 주거실태조사.

월하지 않았을 것임을 유추할 수 있다.

노인 가구의 주택 가격은 평균적으로 3억 후반대를 형성하고 전세로 거주하는 경우 1억 후반대 가격으로 일반 가구 전체 평균에 비해 낮은 수준이다. 다만 수도권 자가 거주 노인은 주택 가격이 6억을 상회하고 전세 가격도 높게 형성됨을 알 수 있다. 수도권 등 도시 지역에 거주하는 노인의 아파트 거주 비율이 높은 것과 연결된다. 그러나, 보증부 월세나 순수 월세로 거주하는 경우에는 보증금 규모나 월세 지불액에서 상대적으로 큰 차이를 발견하기 어렵다. 이는 월세 거주 노인 가구의 주거비 부담 능력이 높지 않음을 반영한다.

가구의 주거비 부담 가능성을 살펴보는 대표적인 지표는 연 소득 대비 주택 가격 배율(PIR)과 월 소득 대비 임대료 비율(RIR)이다. 노인 가구는 전반적으로 연 소득 대비 주택 가격 배율이 일반 가구에 비해 높고 특히 수도권에서 월등히 높게 나타난다. 주택 가격의 영향이 크다. 또한 임차 가구의 경우 월 소득에 비

표 4-16 노인 가구 연 소득 대비 주택 가격 배율 및 월 소득 대비 임대료 비율(2017~2022년)

(단위: 배, %)

	연 소득 대비 주택 가격 배율(PIR)						월 소득 대비 임대료 비율(RIR)					
	2017	2018	2019	2020	2021	2022	2017	2018	2019	2020	2021	2022
일반 가구	5.6	5.5	5.4	5.5	6.7	6.3	17.0	15.5	16.1	16.6	15.7	16.0
노인 가구	10.4	9.6	8.4	9.7	9.5	10.6	31.7	31.9	29.6	29.9	29.4	30.6
수도권	13.3	13.9	12.5	14.6	16.8	16.8	34.4	35.1	33.0	32.4	30.8	30.4
비수도권	8.3	7.9	6.9	8.3	8.7	8.3	28.3	28.6	26.3	25.9	26.3	27.6

주: PIR, RIR은 중위수 기준.

자료: 국토교통부 2022년도 주거실태조사.

해 지출하는 임대료 비율은 일반 가구(16.0%)의 두 배 가까운 수준이다. 특히 수도권은 30%를 상회하고 있어 주거비 과부담에 해당된다.

4) 주거 소요

주거 소요를 살펴보기 위해 주거 과밀과 주택의 위치, 기준 미달 여부를 검토한다. 우선 주거 과밀을 측정하는 국제적인 지표는 3인 이상 단칸방에서 거주하는 비율을 통해서이다. 노인 가구는 주거 과밀보다는 지하·반지하 등 주택의 위치 특성이 조금 다르다. 전체적으로 2022년 기준 3인 이상 단칸방 거주 비율은 0.1%, 지하·반지하·옥탑방 거주 비율은 1.2% 수준이다. 이에 비해 노인 가구는 단칸방 거주를 찾기는 어렵지만, 지하 등에 거주하는 비율이 평균을 상회하고 특히 이 문제는 수도권에서 두드러진다. 수도권에 지하·반지하 등이 많이 위치하고 있기 때문이기도 하고, 주택 가격이나 주거비가 높기 때문이기도 하다. 2022년 기준 수도권 거주 노인 가구의 3.1%가 지하·반지하 등 거주 공간의 위치 이슈가 있다. 다행인 점은 2017년 5.5%보다는 하락하고 있다는 점이다.

최저 주거 기준 미달은 가구 구성에 따른 방 수, 면적 기준, 시설 기준으로

표 4-17 노인 가구 주거 과밀, 반지하 거주(2017~2022년) (단위: %)

	3인 이상 단칸방 거주 비율						지하·반지하·옥탑방 거주 비율					
	2017	2018	2019	2020	2021	2022	2017	2018	2019	2020	2021	2022
일반 가구	0.2	0.2	0.1	0.1	0.1	0.1	2.3	1.9	1.3	1.6	1.1	1.2
노인 가구	0.0	0.0	0.0	0.0	0.0	0.0	2.3	1.8	1.3	1.8	1.2	1.4
수도권	0.0	0.1	0.0	-	0.0	0.0	5.5	4.3	3.2	4.0	2.7	3.1
비수도권	0.0	0.0	0.0	0.1	0.0	0.0	0.1	0.1	0.1	0.2	0.0	0.0

자료: 국토교통부, 2022년도 주거실태조사.

표 4-18 노인 가구 최저 주거 기준 미달 가구 변화(2017~2022년) (단위: %)

	최저 주거 기준 미달 가구						시설 기준 미달 가구					
	2017	2018	2019	2020	2021	2022	2017	2018	2019	2020	2021	2022
일반 가구	5.9	5.7	5.3	4.6	4.5	3.9	3.3	3.1	3.0	2.8	2.7	2.6
노인 가구	5.3	4.1	3.9	3.4	2.8	2.8	4.3	3.4	3.1	2.8	2.1	2.2
수도권	4.1	3.6	3.8	3.0	3.1	3.4	2.6	2.3	2.5	2.0	1.8	2.4
비수도권	6.1	4.4	4.0	3.8	2.6	2.4	5.5	4.1	3.5	3.4	2.3	2.1

자료: 국토교통부, 2022년도 주거실태조사.

표 4-19 노인 가구 거주 주거 지원 프로그램 1순위(2022년) (단위: %)

	월세 보조	전세 자금	구입 자금	장기 공공 임대	개량·개보수	분양 전환 공공 임대	공공 분양	주거 상담	계
일반 가구	11.5	24.6	34.6	11.6	7.1	5.0	4.3	1.3	100.0
노인 가구	10.0	12.6	**26.9**	17.1	**23.2**	4.2	3.4	2.5	100.0
수도권	9.5	15.0	**29.1**	**22.4**	12.0	5.6	3.8	2.5	100.0
비수도권	10.6	9.6	24.3	10.6	**36.9**	2.5	3.0	2.5	100.0

자료: 국토교통부, 2022년도 주거실태조사.

구분되는데, 전체적인 최저 주거 기준 미달 가구 비율은 지속적으로 하락 중이다. 2017년 5.9%에서 2022년 3.9% 수준으로 하락했고, 노인 가구는 2.8%까지 하락했다. 그중 시설 기준 미달은 전용 입식 부엌, 전용 수세식 화장실, 전용 목욕 시설 중 한 개라도 없는 경우에 해당하는데, 노인 가구의 최저 주거 기준 미달은 주로 시설 기준 미달에서 발생한다. 지난 5년간 지속 감소 중이나 지역별로는 수도권보다는 비수도권에서 여전히 더 높은 비율로 나타나고 있다.

노인 가구에서 희망하는 주거 지원 프로그램은 개량·개보수에 대한 수요가 월등히 높다. 이는 노인이 거주하는 주택이 상대적으로 단독 주택 비중이 높고 또 건축 경과 연수가 길어 노후한 것을 반영한다. 또한 구입 자금 지원에 대한 요구도 낮지 않으면서 장기 공공 임대 주택을 희망하는 비율도 상당히 높다. 점유 형태에 따라 자가 가구는 거주하는 주택의 성능 개선을 위한 개량·개보수 필요가 높은 반면, 임차 가구는 내 집 마련을 위한 구입 자금 지원이나 장기 공공 임대 주택으로의 거주를 희망하는 것으로 구분된다. 공공 임대 주택 거주는 수도권에서 희망이 높아 노인 가구의 거주 지역별 주거 지원 욕구가 상당한 차이가 있음을 확인할 수 있다.

노인 가구는 대부분이 이사 계획이 없다. 2022년 주거실태조사 기준, 92.5%가 이사 계획이 없음을 밝히고 있고, 수도권은 89.3%, 비수도권은 94.9%로 비수도권 지역에서는 더더욱 현재 주택에 지속 거주를 희망한다.

4. 노인 주거 실태의 시사점과 과제

노인 가구의 주거 실태는 노인 가구 증가에 따라 그 중요성이 높아지고 있다. 노인 인구의 절대적인 규모가 증가하면서 노인 가구의 거주 여건도 변화하고 있다. 앞서 살펴본 노인 주거 실태를 통해 몇 가지 시사점과 정책 과제를 도출할 수 있다.

첫째, 노인의 사회적 돌봄 필요성이 증가하는 것이다. 이제 노인 가구는 주로 혼자 살거나 부부로 거주하는데, 초고령 사회로 진입하는 2025년에는 노인 가구 중 노인 부부와 노인 1인 가구의 합이 70%를 넘어선다. 이는 건강상 문제가 생기거나 돌봄이 필요한 경우에 대처할 능력과 자원의 부족을 예상케 하는 대목이다.

둘째, 노인 가구의 주거 안정성이 하락하고 있다는 점이다. 노인 가구는 주로 자가로 거주하는 경향인데, 역사적으로는 자가율이 하락하고 있고 월세 비율이 증가하는 것이 두드러진다. 2010년까지만 해도 자가 다음으로는 전세로 거주하던 것이 이제는 자가율 하락과 함께 보증부 월세 거주가 더 큰 비중을 차지하고 있어 일반적으로 거주의 안정성이 높던 노인 가구도 점유 안정성이 하락하면서 내부적 상황이 변화하고 있음을 알 수 있다.

셋째, 노인 가구 내부의 주거 특성 분화와 함께 지역별 차이에 기반한 정책이 필요하다는 점이다. 거처의 형태에서는 좀 더 극적인 변화를 보였는데, 이는 도시화와 아파트 위주 주택 공급 흐름 속에 노인 가구도 예외가 아님을 보여주고 있다. 주로 단독 주택에 거주하던 노인 가구도 이제는 아파트 거주 비중이 더 높아질 정도로 변화했고, 이는 읍면동 거주 지역별로 상당한 차이를 보인다. 동 지역인 도시 지역에 거주하는 노인 가구는 아파트 거주가 두 배 정도로 높고, 읍이나 특히 면 지역인 비도시 지역 거주 노인은 단독 주택 거주가 대부분일 정도로 현격한 차이를 보인다. 이러한 지역별 차이는 노인 가구 주거 지원에 있어서도 반드시 고려할 지점이다.

넷째, 노인 가구 주거 지원은 노인의 거주 지속성, 건강 상태를 고려해 이루어져야 한다는 것이다. 노인은 대부분이 이사 계획이 없으면서, 현재 주택에 오래 거주하기도 하고 또 경과 연수가 오래된 주택에 거주하고 있기도 하다. 거주하는 이(사람)뿐 아니라 거주하는 곳도 같이 나이 들고 있다. 20여 년간 무주택 기간을 거친 후 40대 중후반에 최초 주택을 마련하고 현재 주택에 20년 가까이 거주하고 있다. 특히 1/3은 30년 이상 경과한 주택에 거주한다. 따라서 필요한 주거 지원 프로그램에서 개량·개보수나 장기 공공 임대 주택과 같이 다른 계층에서 두드러지게 드러나지 않는 정책에 대한 소요가 높다. 특히 단독 주택 거주가 두드러지는 비수도권 지역에서는 개량·개보수가 가장 필요한 정책 지원으로 꼽힐 정도이다. 개량·개보수는 사실 노인의 지역 사회 지속 거주를 지원하고 건강 상태 및 돌봄을 지원하는 데 필요한 전제 조건이 된다.

참고문헌

국토교통부. 각 연도. 주거실태조사.

나미선. 2023. “일본 들여다보기 초고령사회 일본(산업별 시니어 시프트 - 금융)”. 대신증권.

박미선. 2024. 「인구가구구조 변화와 초고령사회를 맞이하는 행정 협업」. 한국행정연구원. ≪행정포커스≫, 168, 24~29쪽.

보건복지부. 각 연도. 노인실태조사.

통계청. 2020. 장래가구추계.

_____. 2023. 장래인구추계.

_____. 2024. 장래가구 추계: 2022~2052년.

_____. 각 연도. 인구주택총조사.

제5장

가난한 노인의 주거 여건과 주거권

1. 들어가며

한국의 노인은 다른 나라와 비교할 때 월등히 가난하다. 급속한 경제 성장에 따라 전반적인 국가의 경제 규모와 1인당 평균 소득은 증가했으나 노인의 노후 보장까지 충분히 상승한 것은 아니다. OECD 주요국과 비교해 국내 노인의 빈곤율은 월등히 높다. 이런 상황은 공적 이전 소득의 불충분에 기인하고, 지속적인 소득 창출을 위한 경제 활동 참여라는 결과로 나타난다. 이러한 가난한 노인의 대거 등장 상황에서 노인의 주거 여건을 소득 분위에 따라 자세히 살펴볼 필요가 있다. 주거권을 보장받는 수준에서 노인의 주거가 안정되는 것인지 살펴보면 정책의 필요성과 정책 대상이 명확해질 것이다.

이번 장에서는 가난한 노인의 상황을 OECD 주요국 지표와 비교해 살펴본다. 그리고 노인 주거 여건을 소득 수준에 따라 구분해 각 소득 집단별 주거 여

표 5-1 주요국 노인 빈곤율 비교 (단위: %)

국가	노인 전체	연령대별		성별		전체 인구 빈곤율
		66~75세	75세 이상	남	여	
OECD 평균	13.1	11.4	15.3	10.1	15.1	11.3
영국	15.5	12.8	19.2	12.6	18.0	12.4
미국	23.1	19.7	28.3	19.6	25.9	17.8
일본	20.0	16.4	23.9	16.4	22.8	15.7
프랑스	4.4	4.0	4.9	3.3	5.2	8.4
독일	9.1	9.6	8.8	7.6	10.4	9.8
호주	23.7	21.6	27.1	21.0	26.2	12.4
한국	43.4	34.6	55.1	37.1	48.3	16.7

주: 빈곤율은 가구별 가처분 소득을 균등화한 중위 소득의 50% 이하인 인구 비율.
자료: OECD(2021: 187) 표 7-2에서 일부 발췌.

건을 상술하고 노인의 주거권에 대한 유엔의 논의를 통해 시사점을 도출하고자 한다.

2. 노인이 가난한 나라

노인 빈곤율은 한국의 노인이 압도적으로 높다. OECD 평균 65세 이상 노인 빈곤율은 13.1%이고, 전체 인구 빈곤율은 11.3%이다. 한국은 노인의 거의 절반인 43.4%가 빈곤으로 계산된다. 이는 전체 인구 빈곤율이 16.7%로 OECD 평균보다 조금 높은 것에 비해서 노인이 압도적으로 소득 빈곤 상태에 있음을 나타낸다. 다른 국가와 수치를 비교해 보면, 대체로 연령이 높아지면 빈곤율이 상승하고 남성보다 여성의 빈곤율이 높다. OECD에서 제공하는 국가 자료 중 한국은 가장 높은 빈곤율 수치를 보이는데, 75세 이상 노인은 55.1%, 여성 노인은 48.3%가 중위 소득의 50% 이하 소득인 것으로 나타난다. 당연히 전체 인

그림 5-1 OECD 주요국 노인 빈곤율 비교

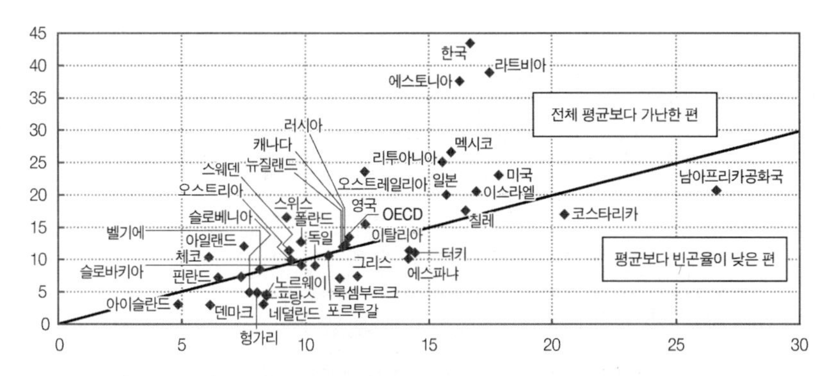

자료: OECD(2021: 187) 그림 7-2.

그림 5-2 출생 연도를 고려한 노인 빈곤율 비교

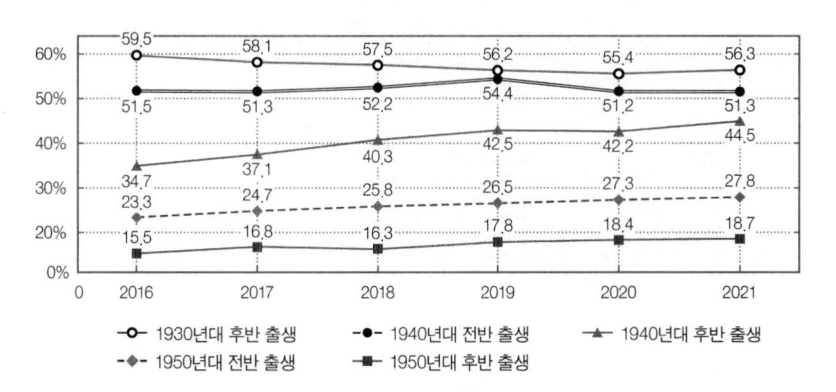

주: 통계청, 2017~2022년, 가계 금융 복지 조사를 이용해 계산.
자료: 이승희(2023: 3) 그림 2.

구의 빈곤율과 노인 인구의 빈곤율을 비교한 그래프에서 한국이 압도적으로 오른쪽 위에 위치하고 있음을 알 수 있다(〈그림 5-1〉 참조).

노인 인구 중에서도 연령대별 빈곤율에 차이가 있어 75세 이상 노인의 빈곤율이 월등히 높음이 확인된다. 이는 출생 시점을 기준으로 분석한 노인 빈곤율에서도 일관되게 나타난다. 즉, 1930년대 후반~1940년대 초반 출생 노인의 소

그림 5-3 OECD 주요국 노인 소득원 분포

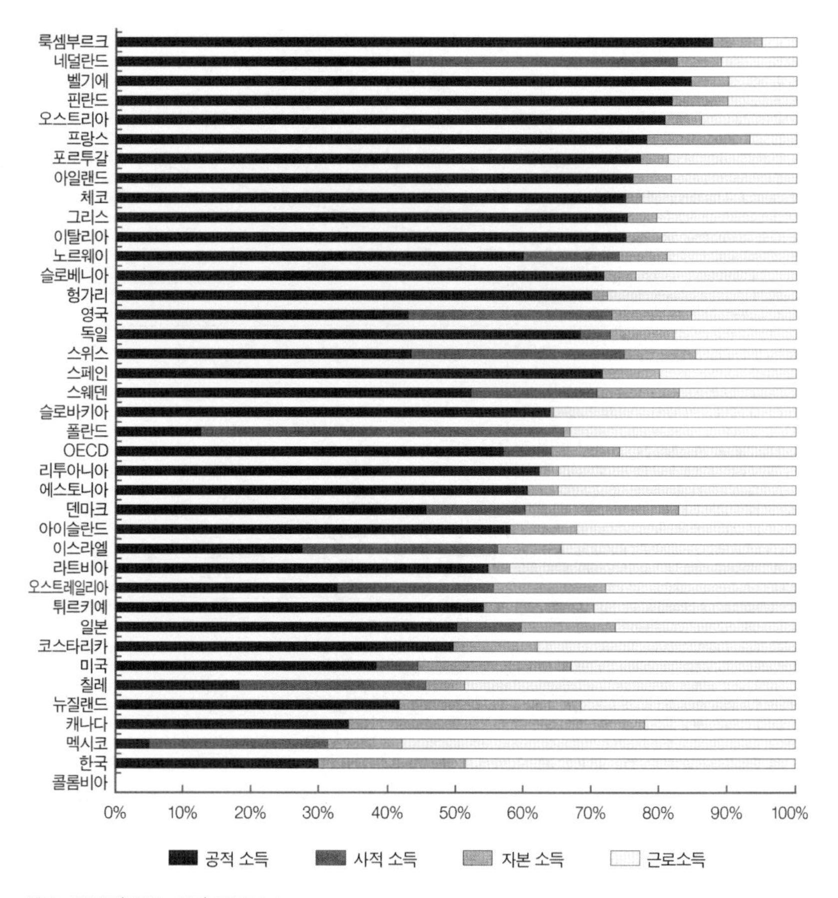

자료: OECD(2021: 185) 그림 7-1.

득 빈곤율은 50%를 상회하지만, 1950년대 후반 출생 노인의 경우에는 그 비율이 20%대 이하로 하락하기 때문이다(이승희, 2023).

노인의 빈곤율이 낮은 것은 소득원 분포를 보면 이해할 수 있다. 이른 은퇴와 사회 보장이 미흡한 결과인데, 노인 주요 소득원에서 한국은 공적 이전 소득 비중이 낮고, 근로 소득 비중이 제일 높다(〈그림 5-3〉 참조). 노인의 일자리가

표 5-2 주요국 노인 소득 비교 (단위: %)

국가	노인 전체	연령대별		국가	노인 전체	연령대별	
		66~75세	75세 이상			66~75세	75세 이상
OECD 평균	87.9	93.5	80.0	프랑스	99.8	103.9	94.5
영국	81.3	86.4	74.3	독일	88.8	92.5	85.5
미국	93.8	102.1	90.9	호주	75.2	82.7	63.5
일본	85.2	91.8	78.0	**한국**	**65.8**	**73.1**	**56.0**

주: 소득 비율은 전체 인구의 평균 소득 대비 노인 인구 집단별 평균 소득 비율.
자료: OECD(2021: 185) 표 7-1에서 일부 발췌.

표 5-3 노인층 인구 및 고용률 (단위: 천 명)

시기	65~79세 고령층 인구	경제 활동 인구	취업자	고용률(%)
2021.5	6,610	2,885	2,803	42.4
2022.5	6,856	3,067	3,010	43.9
2023.5	7,179	3,307	3,241	45.2

주: 평균 자산 및 부채 금액은 자산 및 부채가 결측인 가구를 제외한 값임.
자료: 통계청, 경제 활동 인구 조사(https://kosis.kr/statHtml/statHtml.do?orgId=101&tblId=DT_1DE8031S&conn_path=I3).

저임금 단순노동에 머무르거나 공적 이전을 대체하기 위한 공공 근로가 상당한 비중을 차지하고 있는 상황이지만, 그래도 노동 시장에 늦은 연령까지 참여할 수밖에 없는 상황에 놓이게 되는 것이다. 실제로 노인의 소득 수준은 전체 인구 평균 대비 65.8% 수준이고 이는 OECD 국가 중 가장 낮은 수준이다(OECD, 2021). 즉, 노인은 공적 이전 소득 비중이 낮은 상황에서 근로 소득이 중요한 소득원이 되나 이를 통한 소득 보전도 여전히 충분치 못함을 알 수 있다.

노인은 생계를 위해 경제 활동에 참여할 수밖에 없다. 따라서 노인 인구가 지속적으로 증가하고 있음에도 불구하고, 지속적으로 노인 고용률이 상승하고 있다. 2022년 5월 기준 노인 인구의 고용률은 45.2%를 기록해 지속적으로 증가하고 있다.

표 5-4 노인 가구 규모

구분		가구 수(만 가구)	비율(%)
노인 가구		530.4	24.7
지역	수도권	223.8	21.3
	광역시 등	107.6	25.1
	도 지역	199.0	30.0

자료: 국토교통부, 2022년도 일반 가구 주거실태조사 마이크로 데이터.

표 5-5 노인 가구 가구원 수 분포 (단위: %, 명)

구분	1인	2인	3인	4인	5인 이상	계	평균 가구원 수
전체 가구	33.4	28.3	19.4	15.3	3.5	100.0	2.28
노인 가구	39.1	47.3	10.1	2.3	1.2	100.0	1.80

자료: 국토교통부, 2022년도 일반 가구 주거실태조사 마이크로 데이터.

3. 노인 소득 수준별 주거 환경 특성

노인이 가구주인 가구를 중심(이하 노인 가구)으로 소득 수준별 주거 여건이 어떠한지 살펴보고자 한다. 이는 현재 노인 가구가 처한 주거 실태를 소득 수준에 따라 확인할 수 있게 되므로, 가난한 노인 가구가 어떤 여건에 처해 있는지 확인할 수 있고, 정책적 대상을 명확히 하는 데 도움이 될 것이다. 분석 자료는 주거 여건을 확인할 수 있는 주거실태조사 2021년 자료를 사용했고, 전체 일반 가구를 소득 수준에 따라 다섯 개 그룹으로 구분하고 노인 가구가 해당하는 분위의 집단별 특성을 살펴보는 방식을 취했다.

1) 노인 가구 규모 및 가구 특성

노인 가구는 총 530.4만 가구로 전체 가구의 24.7%를 차지한다(2022년 일반

표 5-6 노인 가구 소득 분포 (단위: 만 가구, %, 만 원)

구분	노인 가구 수	비율	평균 소득
소득 1분위	264.9	60.6	87.0
소득 2분위	116.7	27.3	214.8
소득 3분위	65.2	16.6	330.9
소득 4분위	37.0	8.6	447.0
소득 5분위	36.4	8.7	696.5

주 : 소득이 결측인 가구를 제외해 전체 가구 수 합계와 일치하지 않음.
자료: 국토교통부, 2022년도 일반 가구 주거실태조사 마이크로 데이터.

표 5-7 노인 가구 소득 및 자산 수준 (단위: 만 원)

구분	월평균 소득	평균 자산	평균 부채	평균 순자산
전체 가구	356.5	38,524.0	3,810.0	34,714.0
노인 가구	214.6	39,671.4	1,637.4	38,034.0

주: ① 월평균 소득액은 소득이 결측인 가구를 제외한 값임. ② 평균 자산 및 부채 금액은 자산 및 부채가 결측인 가구를 제외한 값임.
자료: 국토교통부, 2022년도 일반 가구 주거실태조사 마이크로 데이터.

가구 주거실태조사 기준). 이제 거의 전체 가구의 1/4 가까이가 노인 가구인 셈이다. 지역별로는 수도권에 거주하는 노인이 도 지역 거주보다 늘기 시작했다. 또한 노인 가구는 혼자 또는 2인이 함께 거주하는 경우가 월등히 많다. 가장 많은 가구원 수 분포는 2인 가구로 47.3%로 거의 절반에 이르고 있고 1인 가구 39.1%로 그 뒤를 따른다. 이에 따라 평균 가구원 수는 1.8인으로, 전체 가구 2.28인에 비해 적다. 전체 가구를 대상으로 하면 가구원 수 분포에서 1인 가구가 가장 많고 다음으로 2인, 3인, 4인 가구순이다. 이에 비하면 노인 가구는 2인 가구가 훨씬 비중이 높다. 그러나 3인 이상 함께 거주하는 경우가 극히 드물어 평균적으로 노인 가구의 모습은 노인 부부가 사는 경우가 절반에 가깝고 혼자 사는 경우가 열 가구 중 네 가구이며, 나머지는 셋이 사는 경우가 대부분이다. 추가적인 가구원이 있는 경우는 매우 드물다.

한국 모든 일반 가구를 소득 수준에 따라 다섯 개 그룹으로 나누고 노인 가

표 5-8 노인 가구 주택 유형 분포 (단위: %)

구분		단독	아파트	연립·다세대	비거주용 건물 내 주택	주택 이외의 거처	계
전체 가구		29.6	51.9	11.4	1.5	5.6	100.0
노인 가구		41.7	44.7	10.1	1.7	1.8	100.0
소득 수준별	1분위	**48.7**	38.2	9.9	1.1	2.0	100.0
	2분위	40.7	44.5	10.3	2.4	2.0	100.0
	3분위	34.9	51.4	11.3	1.1	1.3	100.0
	4분위	29.0	56.2	11.4	1.8	1.5	100.0
	5분위	21.1	**68.6**	8.1	1.7	0.6	100.0

자료: 국토교통부, 2022년도 일반 가구 주거실태조사 마이크로 데이터.

구가 어느 그룹에 속하는지 분포를 살펴보자. 노인 가구는 절반 이상인 60%가 하위 1분위에 해당함을 알 수 있다. 다음 2분위에 30% 가까이가 분포하고 있다. 따라서 월평균 소득이 87만 원 수준인 하위 1분위 그룹이 265만 가구이고, 117만 가구는 평균 소득이 215만 원 수준이다. 따라서 노인 가구 전체를 대상으로 하면 월평균 소득이 214.6만 원으로, 전체 가구 평균 소득인 356.5만 원의 60% 수준이다. 그러나 자산 규모를 고려하면 이야기가 달라진다. 평균 자산 규모는 전체 가구 평균과 그리 다르지 않으며 심지어 부채를 고려한 순자산 규모에서는 오히려 노인 가구가 더 높은 수준을 보이고 있다. 이는 노인이 거주하는 주택이라는 자산을 활용한 현금 흐름 창출 필요성을 보여주는 대목이다.

2) 점유 형태 및 거처의 종류와 주택 가격

노인 가구의 주택 특성을 위에서 구분한 소득 그룹에 따라 살펴본다. 이는 노인 가구의 규모가 확대되면서 노인 가구의 내부적 이질성이 증가하고 있기 때문이고, 이를 살펴볼 수 있는 단초 중 하나가 소득 수준에 따른 주거 여건의 차이이다.

표 5-9 노인 가구 점유 형태 분포

(단위: %)

구분		자가	전세	보증부 월세	순수 월세	무상	계
전체 가구		57.5	15.4	20.9	2.5	3.7	100.0
노인 가구		75.0	6.5	11.7	1.7	5.2	100.0
소득 수준별	1분위	66.3	6.7	15.9	2.7	8.4	100.0
	2분위	80.8	6.2	8.9	1.0	3.1	100.0
	3분위	84.0	6.1	7.6	0.5	1.7	100.0
	4분위	87.2	5.5	6.5	0.3	0.5	100.0
	5분위	88.0	7.4	3.5	0.3	0.8	100.0

자료: 국토교통부, 2022년도 일반 가구 주거실태조사 마이크로 데이터.

표 5-10 노인 가구 주택 가격 및 임차료 수준

(단위: 만 원)

구분		자가 주택 가격	전세 보증금	보증부 월세		순수 월세
				보증금	월세	
전체 가구		43,804.8	20,650.1	2,600.1	34.5	28.8
노인 가구		38,162.7	15,957.6	2,336.3	24.1	22.8
소득수준별	1분위	23,537.3	9,556.8	1,680.2	19.7	20.2
	2분위	37,199.9	15,704.7	2,749.1	27.3	34.7
	3분위	45,487.3	21,539.3	3,676.6	32.2	35.4
	4분위	55,528.8	19,031.7	6,635.5	52.7	31.2
	5분위	84,372.7	44,792.7	7,025.2	56.8	18.3

자료: 국토교통부, 2022년도 일반 가구 주거실태조사 마이크로 데이터.

우선 노인의 주거 여건 중 가장 대표적인 주택 유형에서, 노인 가구는 소득이 높을수록 아파트 거주 비중이 높아진다. 노인 가구는 상대적으로 단독 주택 거주 비중이 높아 아파트와 단독 주택 거주 비중이 유사하다. 그러나 소득 수준에 따라서는 두 배 정도 차이를 보이는데 하위 소득 1분위는 압도적으로 단독 주택에, 상위 5분위는 압도적으로 아파트 거주 비중이 높다.

점유 형태도 소득 수준에 따른 차이를 확인할 수 있는데, 소득이 낮은 노인 그룹에서는 자가율이 낮고(66.3%), 대신 보증부 월세(15.9%)가 다음으로 높다. 그러나 소득이 높은 노인 그룹은 자가 비율이 월등히 높다(88.0%). 따라서 소

표 5-11 노인 가구 현재 주택 거주 기간 (단위: %, 년)

구분		2년 미만	2~5년	6~10년	11~20년	20년 초과	계	평균 거주 기간
전체 가구		22.5	34.5	18.3	14.8	9.8	100.0	7.5
노인 가구		8.4	22.0	19.0	23.7	26.9	100.0	14.5
소득 수준별	1분위	9.6	23.1	19.3	21.3	26.6	100.0	14.5
	2분위	7.7	20.1	17.3	25.0	29.8	100.0	15.3
	3분위	7.0	21.3	19.1	25.6	27.1	100.0	14.0
	4분위	6.8	20.9	20.9	25.6	25.8	100.0	13.7
	5분위	6.1	23.6	20.3	29.0	21.0	100.0	13.6

자료: 국토교통부, 2022년도 일반 가구 주거실태조사 마이크로 데이터.

득이 높을수록 자가에 아파트 거주, 소득이 낮을수록 단독 주택에 거주하고 임차인 경우 전세보다는 보증부 월세로 거주하는 취약성을 확인할 수 있다. 즉, 자가가 아니면 목돈이라는 자산을 필요로 하는 전세로 거주하기보다 보증금 요구도가 낮은 보증부 월세로 거주하는 경향이 높은 것이다.

노인 가구의 주택 가격도 소득 수준에 따라 차이가 크게 나타난다. 자가로 거주하는 경우와 전세인 경우 보증부 월세인 경우의 차이도 크지만, 이 가격이 전체 가구 평균 가격보다 낮은 수준에서 형성되어 있다. 그러나 노인 가구 내에서도 소득 수준에 따라 자가 주택 가격이 세 배 이상, 전세 보증금도 보증부 월세 보증금이나 월세도 세 배 이상 차이가 나고 있다. 상당히 일관되게 소득 하위 1분위와 5분위가 세 배 이상 규모가 차이 난다. 하위 1분위 노인은 자가의 주택 가격 평균이 2.3억 원 수준인 데 비해 5분위 가구의 자가 주택 평균 가격은 8.4억 원이다. 전세금도 하위 1분위는 1억 원이 채 안 되는 정도인데, 5분위는 거의 4억 중반대이다. 대출이 없는 상태라면 5분위 자가 가구가 1분위 자가 가구보다 자산 상황이 더 여유로울 것임을 짐작할 수 있다.[1]

1 심지어 이러한 차이는 시간이 경과함에 따라 더 확대되고 있다. 2021년 기준 1분위 자가 주택

표 5-12 노인 가구 점유 형태별 현재 주택 거주 기간 (단위: 년)

구분	2년 미만	2~5년	6~10년	11~20년	20년 초과	계	평균 거주 기간
자가	6.6	16.0	16.8	26.9	33.7	100.0	16.7
전세	21.4	43.7	19.5	12.5	2.9	100.0	5.7
보증부 월세	22.8	34.6	19.8	15.2	7.7	100.0	7.1
순수 월세	19.9	32.6	21.9	18.8	6.8	100.0	7.8
무상	11.1	27.7	18.0	24.5	18.8	100.0	11.8

자료: 국토교통부, 2022년도 일반 가구 주거실태조사 마이크로 데이터.

표 5-13 노인 가구 거주 주택 유형별 노후도 (단위: %)

구분	5년 미만	5~10년	10~20년	20~30년	30년 초과	계
단독 주택	2.3	4.6	10.6	22.4	60.0	100.0
아파트	9.1	6.9	25.5	40.4	18.1	100.0
연립·다세대	5.8	11.3	20.2	36.5	26.2	100.0
비거주용 건물 내 주택	-	1.0	20.2	29.5	49.3	100.0
주택 이외의 거처	11.7	8.8	22.8	18.1	38.6	100.0

주: ① 건축 연도를 모름/무응답이라고 응답한 가구는 제외함. ② 비거주용 건물 내 주택과 주택 이외의 거처는 표본 수가 적어 해석에 주의를 요함.
자료: 국토교통부, 2022년도 일반 가구 주거실태조사 마이크로 데이터.

3) 거주 기간 및 거주 주택의 노후도

노인 가구의 현 주택 거주 기간은 대체로 길다. 절반 이상의 노인 가구가 거주 기간이 10년을 초과하고 있고, 이는 소득과 무관하게 일관되게 나타난다. 다만, 현 주택 거주 기간이 짧은 경우는 소득이 낮을수록 높다. 이는 낮은 소득 구간에서 자가율이 낮고 임차 가구 비율이 높은 것과 연관된다. 실제로 점유 형태로 거주 기간을 살펴보면, 자가의 거주 기간이 월등히 높고, 다른 임차 유

가격은 2.3억 원이었고 5분위는 7.5억 원이었다. 또한 전세 가격도 2021년 1분위는 9000만 원대로 차이가 없지만, 5분위 전세 보증금 평균 금액은 3.9억 원으로 4억 미만이었다.

형에서 거주 기간이 평균적으로 짧게 나타난다.

4) 주거 소요: 최저 주거 기준 미달, 주거비 과부담, 주거 정책 수요

노인 가구가 거주하는 주택은 대체로 경과 연수가 오래된 경향이 있다. 이는 노년이 되기까지의 경과 연수와 함께 자신의 주택에서 오래 거주한 과거의 경험이 축적되어 나타난 결과로 볼 수 있다. 노인 가구 전반적으로 20년을 초과한 주택에 거주하는 경우가 2/3 이상이고, 소득 수준이 낮을수록 이런 경향이 더욱 강하다. 하위 1분위는 76.7%, 5분위는 51.6%가 20년 이상 경과한 주택에 거주하고 있다.

흥미로운 점은 이런 경향이 주택의 유형에 따라서도 다르게 나타난다는 점이다. 단독 주택이나 비거주용 건물 내 주택에 거주할수록 30년 초과해 거주하는 비중이 높고, 아파트에 거주하는 경우에는 상대적으로 20~30년 거주 비중이 높다. 신규 주택으로 공급되는 주택의 유형에 아파트 비중이 높고, 아파트는 30년을 초과하는 경우에 상당수 재건축으로 멸실되기도 하므로 상대적으로 노후도가 낮기도 하다. 노인 가구 중 소득이 낮을수록 단독 주택에 거주하는 비중이 높았음을 감안하면, 노후된 단독 주택에 거주하는 경우의 특성을 소득과도 연결 지어 생각할 수 있다.

노인 가구 중 최저 주거 기준 미달인 경우도 저소득 노인에게 두드러지게 나타나고 있다. 2022년 기준 전국적으로 최저 주거 기준 미달은 3.9%, 총 83.4만 가구이다. 이 중 노인은 14.7만 가구이다. 그러나 대부분의 최저 주거 기준 미달 가구는 1분위에 집중되어 있다. 주택의 유형도 단독 주택 거주 가구에서 많이 나타난다. 결국 소득이 낮고, 단독 주택에 거주하는 저소득 노인 가구가 주거의 적정성(adequate housing)도 가장 위협받고 있는 것이다.

주거비 부담 측면에서도 저소득 노인은 부담이 높다. 노인 가구 소득 대비

표 5-14 노인 가구 최저 주거 기준 미달 규모 (단위: 만 가구, %)

구분		면적 미달		시설 미달		방수 미달		최저 주거 기준 미달	
		가구 수	비율	가구 수	비율	가구 수	비율	가구 수	비율
전체 가구		60.9	2.9	56.2	2.6	2.7	0.1	83.4	3.9
노인 가구		7.5	1.4	11.7	2.2	0.3	0.0	14.7	2.8
소득 수준별	1분위	3.6	1.4	8.0	3.0	0.0	0.0	8.9	3.4
	2분위	1.7	1.4	2.2	1.9	0.1	0.0	3.0	2.5
	3분위	0.9	1.4	0.6	0.9	0.1	0.1	1.3	2.0
	4분위	0.5	1.4	0.2	0.6	-	-	0.6	1.5
	5분위	0.6	1.6	0.4	1.2	0.1	0.3	0.7	1.8

주: ① 최저 주거 기준 미달 가구는 가구원 수가 6인 이하인 가구만을 대상으로 분석함. ② 소득이 결측인 가구를 제외해 전체 가구 수 합계와 일치하지 않음.
자료: 국토교통부, 2022년도 일반 가구 주거실태조사 마이크로 데이터.

표 5-15 노인 가구 주택 유형별 최저 주거 기준 미달 가구 규모 (단위: 만 가구)

구분	단독	아파트	연립·다세대	비거주용 건물 내 주택	주택 이외의 거처	계
최저 주거 기준 미달 가구	6.0	0.6	0.6	1.2	6.3	14.7

자료: 국토교통부, 2022년도 일반 가구 주거실태조사 마이크로 데이터.

임대료 비율(Rent Income Ratio)을 살펴보면, 소득이 낮은 노인은 월 소득의 33.1%(중위수 기준)에서 39.5%(평균 기준)를 주거비로 지출하는 셈이다. 월 소득의 30% 이상을 주거비로 지출하는 경우를 주거비 과부담으로 정의할 때 주거비 과부담인 노인 가구는 소득 1분위의 절반에 이른다.

상황이 이렇다 보니, 노인 가구 중 임차 가구나, 최저 주거 기준 미달 가구, 또는 주거비 과부담 가구에서 주거 지원 프로그램이 필요하다는 응답이 높게 나온다. 자가 가구는 17.4%인 데 비해 임차 가구는 49.3%, 최저 주거 기준 미달 가구는 40.0%, 주거비 과부담 가구는 49.2%가 주거 지원 프로그램이 필요하다고 응답했다.

이에 따라 희망하는 주거 지원 프로그램도 특성별 차이가 난다. 점유 형태별

표 5-16 노인 가구 소득 대비 임대료 비율 (단위: 만 원, %)

구분		중위수 기준			평균 기준		
		전환 임대료(A)	월 소득 (B)	RIR (A/B)	전환 임대료(A)	월 소득 (B)	RIR (A/B)
전체 가구		44.8	280.0	16.0	66.7	306.4	21.8
노인 가구		30.6	100.0	30.6	47.4	167.6	28.3
소득 수준별	1분위	24.8	75.0	33.1	31.8	80.5	39.5
	2분위	37.4	210.0	17.8	53.8	213.6	25.2
	3분위	48.3	330.0	14.6	72.9	330.5	22.0
	4분위	67.7	450.0	15.0	86.9	445.8	19.5
	5분위	116.0	600.0	19.3	171.2	700.0	24.5

주: 소득 및 임대료가 결측인 가구는 제외함.
자료: 국토교통부, 2022년도 일반 가구 주거실태조사 마이크로 데이터.

표 5-17 노인 가구 주거비 과부담 가구 비율 (단위: 만 가구, %)

구분		가구 수	비율
전체 가구		210.4	26.2
노인 가구		44.1	43.5
소득 수준별	1분위	36.4	55.6
	2분위	4.3	23.3
	3분위	1.6	17.8
	4분위	0.7	15.0
	5분위	1.1	27.1

자료: 국토교통부, 2022년도 일반 가구 주거실태조사 마이크로 데이터.

표 5-18 노인 가구의 점유 형태별·취약 가구 특성별 주거 지원 프로그램 필요성 (단위: %)

구분		필요하다	필요하지 않다	계
점유 형태별	자가	17.4	82.6	100.0
	임차	49.3	50.7	100.0
	무상	23.7	76.3	100.0
취약 가구 특성별	최저 주거 기준 미달	40.0	60.0	100.0
	주거비 과부담	49.2	50.8	100.0

자료: 국토교통부, 2022년도 일반 가구 주거실태조사 마이크로 데이터.

표 5-19 점유 형태별 노인 가구의 주거 지원 프로그램 필요성 (단위: %)

구분	월세 보조금 지원	전세 자금 대출	주택 구입 자금	주택 개량·개보수 지원	분양 전환 공임	장기 공공 임대	공공 분양	주거 상담과 정보	계
자가	0.7	7.7	40.2	36.9	2.8	6.6	2.5	2.7	100.0
임차	23.3	19.8	10.6	3.2	5.9	30.6	4.6	1.9	100.0
무상	3.5	7.2	16.6	37.8	5.0	20.9	3.8	5.1	100.0

자료: 국토교통부, 2022년도 일반 가구 주거실태조사 마이크로 데이터.

표 5-20 취약 가구 특성별 노인 가구의 주거 지원 프로그램 필요성 (단위: %)

구분	월세 보조금 지원	전세 자금 대출	주택 구입 자금	주택 개량·개보수 지원	분양 전환 공임	장기 공공 임대	공공 분양	주거 상담과 정보	계
최저 주거 기준 미달	27.0	8.2	6.0	16.2	5.2	26.6	5.7	5.1	100.0
주거비 과부담	23.4	18.5	9.6	2.9	6.2	33.0	4.5	1.7	100.0

자료: 국토교통부, 2022년도 일반 가구 주거실태조사 마이크로 데이터.

로는 임차 가구는 확실히 장기 공공 임대 주택에 대한 수요가 월등히 높게 나타나고 있다. 공공 임대 주택이 주거의 안정성을 담보하는 가장 효율적인 수단이기 때문일 것이다. 최저 주거 기준 미달이나 주거비 과부담인 취약 가구는 월세 보조나 공공 임대 주택에 대한 요구가 높다. 질적으로 열악한 주택으로부터 탈출하고 주거비 과부담을 완화하기 위해서는 추가적인 주거비 보조가 필요하기 때문이다.

4. 노인 주거권과 노인 주거 문제

주거권은 인권으로서 그 보장이 요구되는데, 최근에는 유엔에서 노인이 적정한 주택에 거주할 수 있는 주거권을 누릴 수 있어야 함을 명확히 재확인하고 있다(UN, 2022). 기존의 주거권 보장 필요성을 강조한 유엔 인권 보고서에는 여성이나 아동, 이주 노동자와 가족, 장애인에 대한 차별 금지 및 적정한 주거를 보장받을 권리가 언급되어 있으나 노인에 대해서는 명시적으로 언급되지 않고 있었다. 인권으로서 주거권은 연령이나 젠더, 장애나 기타 그 어떤 사유와 무관하게 보장받아야 하는 것이다.

국제 사회에서는 세계 인권 선언(1948년), 경제적·사회적·문화적 권리에 관한 국제 규약(1966년) 등을 기반으로 주거권 논의에서 일곱 가지 기준이 충족되어야 함을 명시하고 있다(하성규, 1996). 점유의 법적 안정성, 서비스나 기반 시설에 대한 이용 가능성, 비용 부담 가능성, 주택의 거주 적합성, 주택의 물리적 접근 가능성, 입지 적정성, 문화적 적정성이 그것이다. 그러나 노인의 주거권은 충분히 보장받지 못하고 있다고 지적된다(UN, 2022).

우선 점유의 법적 안정성 측면에서는 재개발이나 강제 퇴거의 위협에서 노인은 다른 인구 집단에 비해서도 더욱 취약하고 이런 강제 퇴거는 노인의 웰빙과 건강에 치명적 영향을 미친다고 본다. 자가를 소유한 경우라도 노인의 소득이 불충분함에 따라 모기지 상환 능력이 저하되어 점유 안정성을 저해받을 수 있고 특히 여성 노인은 자산의 취득이나 상속에서 남성과 동등한 권리를 보장받지 못하는 경우가 많이 보고되고 있다(World Bank, 2017). 또한 장애가 있는 노인은 특히 지적이나 정신적인 이슈가 있는 경우 정규 주택 임대차 계약 과정에서 불이익에 쉽게 노출되는 위험이 있다. 국내 노인의 주거 실태를 보면, 저소득 노인의 자가 점유율이 월등히 낮고, 임차 가구 노인의 보증금이 월등히 낮다. 저소득 가구는 자가일지라도 주택 가격이 낮아 이를 활용한 노후 생활비 마련도 여의치 않다.

두 번째 적정한 서비스와 인프라에 대한 접근성은 노인이 어디에서 누구와 어떻게 살 것인지에 대한 결정의 거처에 대한 결정의 독립성과 자율성과 연결되어 있다. 이런 결정을 저해하는 요인은 다양한 형태의 주택 옵션이 부족하다는 것이고, 이는 돌봄이 필요함에도 불구하고 제공되는 돌봄이 없거나 부족한 경우, 주택 또는 커뮤니티에서 사회적 지지나 서비스가 필요함에도 불구하고 충분치 않거나 없는 경우 등에서 흔히 확인할 수 있다. 사정이 이러하다 보니 노인이 지역 사회에서 독립적으로 거주할 권리를 행사할 수 없게 되고 종종 장기 요양 시설에서 생을 마감하게 되는 일이 비일비재하다. 이런 시설에서 거주한다는 것은 시설이 제공하기로 결정된 상황에 갇히게 됨을 의미하므로, 노인의 선호나 욕구가 반영되기 어렵다는 것이다. 장애나 치매 등과 연계해 시설에서 노후를 보내는 노인은 공간적 분리나 차별을 겪기 쉽고 이는 주거권 보장을 포함한 인간의 기본권 보장에 위배되는 일이다(UN, 2022: 9).

세 번째 비용 부담 적정성 측면에서 노인은 낮은 소득과 빈곤으로 인해 적정한 수준의 삶을 누리기 어려운 상황에 쉽게 노출된다. 주거비 과부담에 노출된 노인 대부분이 저소득층에서 발견되고 있다. 앞서 살펴본 바와 같이 한국의 노인 빈곤율은 OECD 주요국 최고 수준이고, 그 결과 낮은 소득 수준을 보완하기 위해 늦은 나이까지 경제 활동에 참여하고 있다. 특히 저소득 노인 임차 가구는 주거비 과부담에 노출되어 있다. 이외에도 노인은 은행 대출을 통한 주거 여건 개선을 희망해도 쉽게 접근하기 어려운 것이 사실이다. 도시화나 젠트리피케이션, 과도한 관광 수요로 인해 주거비가 상승하는 것도 노인들에게는 위협 요인이 된다. 저렴한 주택 옵션이 부족한 상황, 효율적 난방 시스템이 갖추어지지 않은 오래된 주택에 거주하는 노인은 소득 빈곤을 통해 주거 빈곤, 에너지 빈곤으로까지 이어질 수 있다.

물리적 거주 접합성과 관련해, 한국의 노인 가구는 저소득 노인일수록 오래된 주택에, 그리고 단독 주택에 거주하는 경향을 확인할 수 있었다. 또한 최저 주거 기준에도 미달하는 주택에 거주하는 노인의 비율도 상당하다. 이외에도 노인은 폭염, 혹서, 혹한에도 취약하다. 서울시의 반지하 참사에서도 확인한 것처럼 반지하 같은 홍수 위험 지역 노인은 극한의 기후 위기 상황에도 취약하다. 재해 위험 지역이나 주택에 거주, 과밀 주택 거주, 거주 적합성이 낮은 주택 거주 등은 홈리스 위험을 증가시킨다. 유럽홈리스연합(European Federation of National Organizations Working with Homeless)에서의 조사에 따르면 2016년에서 2018년 사이에 어느 유럽 국가에서 응급 쉼터에서 거주하는 노인이 40%나 증가한 것으로 나타났다.

그 외에도 장애나 이동에 제약이 있는 노인이 사회적으로 배제되어 독립적 거주가 낮아지는 것, 주택 자체에 대한 건축적 접근성이 낮은 점 등도 이슈로 남아 있다. 한편 노인이 주택의 개조를 통해 자택 거주 여건을 증진시키고자 해도 재정적 동원 능력이 낮기 때문에 이를 실행에 옮기지 못하는 경우도 많다. 따라서 주택 자체의 무장애화, 인근 지역 사회로의 접근성 증진 등이 요구된다. 그리고 주택이 지역 사회에서 교통, 돌봄, 다양한 서비스를 받을 수 있는 입지적 필요성을 달성하지 못하는 노인 거처도 문제로 남아 있다. 입지와 관련해서는 도심 재개발, 재건축, 젠트리피케이션 등과 같은 도시 주거 변화에 따라 부담 가능한 주택 옵션이 축소되면서 노인이 외곽으로 밀려날 가능성이 높아지는 문제가 있다. 또한 노인은 연령주의에 따른 차별 이외에, 여성 노인, 장애 노인 등이 다양한 차별에 노출되고 있다(UN, 2022).

노인의 가구 구성은 1인 가구가 상당한데, 독거노인의 경우 주택의 탐색과 계약 과정에서 차별에 노출된 것으로 보고되기도 한다. 임대인이 혼자 사는 노인에게 집을 임대하기를 꺼린다는 것인데 그 이유는 고독사에 대한 우려가 깔려 있다. 한국 헬프에이지에 따르면 실제로 80대 노인이 집주인과 전세 계약을 작성하는 과정에서 계약을 하지 못하는 사례가 보고되었는데 이는 독거노인에 대한 부정적 인식에 따른 것이다(조현세, 2023). 한국에서도 노인에 대한 연령주의적 차별을 확인할 수 있는 사례이다.

5. 향후 과제 및 시사점

가난한 노인이 대거 등장하고 있다. 국제적인 기준에서도 한국의 노인은 절대적으로 가난하다. 낮은 소득을 보전하기 위해 노동 시장에 지속적으로 참여하고 있다. 공적 이전이 자리 잡기 전에 노인이 된 세대는 소득이 대체로 낮다. 그러나 자산을 고려하는 경우 모든 노인이 가난한 노인이라고 보기는 어렵다. 또한 출생 시점에 따라 최근에 노인에 진입한 그룹일수록 빈곤율도 낮아진다. 그럼에도 불구하고 노인의 상당수는 낮은 소득 수준임이 분명하고 이러한 소득 수준은 점유 형태의 불안정성, 높은 주거비 부담, 물리적인 주택의 조건 미충족, 오래된 주택 등 주거권 보장을 저해하는 요인과도 밀접하게 연동되고 있다.

따라서 정책적으로도 저소득 노인 가구, 특히 임차인 노인 가구에 대한 지원은 지속되어야 한다. 분석에서도 드러나듯이 최저 주거 기준 미달이나 주거비 과부담과 같은 상황은 추가적인 소득원을 확보할 가능성이 낮은 노인에게는 생계의 위협으로 다가올 수 있다. 주거권 보장이 중요한 이유이다. 주거기본법을 보면 정부가 주거권을 보장할 것을 명시하고 있다. 모든 국민은 물리적·사회적 위험으로부터 벗어나 쾌적하고 안정적인 주거 환경에서 인간다운 주거생활을 할 권리를 갖는다(제2조)는 표현은 단순한 수사에 그쳐도 되는 표현이 아니다. 특히 노인은 주거 복지 수요에 따른 임대 주택 우선 공급 및 주거비 우선 지원에 해당하는 주거 지원 필요 계층으로 명시되어 있다(제3조 제2항). 노인 인구의 폭발적 증가가 예상된 상황에서 정부의 좀 더 적극적인 정책 개발이 필요한 이유이다.

노인은 낮은 소득 수준 이외에도 노쇠로 인한 일상생활 영위 능력 저하 가능성이 높고, 연령주의, 장애, 젠더까지 고려할 때 사회적 차별에 노출될 가능성이 높다. 따라서 유엔에서도 노인의 주거권 보장의 중요성을 논하고 있다. 흥미로운 점은 UN(2022)에서는 노인의 주거권 보장을 위한 방안으로 스마트 기술 접근의 활용을 논하고 있는 점이다. 스마트 홈 기술을 통해 노인의 독립성과 자율성이 증진될 수 있으며 이로 인해 의사소통이나 일상생활 수행 능력 향상을 도모할 수 있다는 것이다. 또한 지리적으로 이격된 곳에 거주하는 경우에도 오히려 온라인을 통한 연결과 기술 접목으로 서비스 이용 가능성이 향상됨으로써 노인의 삶의 질 향상에 도움이 된다는 것이다. 물론 기술 활용을 위해서는 기술적·경제적 능력을 전제로 하고 있고 또한 개인 정보 보호에도 취약할 수 있음은 한계로 남아 있다.

참고문헌

국토교통부. 2022. 일반가구 주거실태조사 마이크로데이터.

이승희. 2023.「소득과 자산으로 진단한 노인빈곤과 정책방향」. ≪KDI Focus≫, 126.

조현세. 2023. "저소득 노인의 주거환경 사례 토론문". 제10차 노인인권 포럼: 주거취약계층 노인의 실태와 적절한 주거에 대한 권리보장. 아셈노인인권포럼.

통계청. 경제활동인구조사. KOSIS 접속 자료.

하성규. 1996.「주거권보장과 서민주거안정: 유엔 Habitat II를 중심으로」. 한국사회정책학회. ≪한국사회정책≫, 3.

OECD. 2021. Pensions at a Glance.

United Nations. 2022. Older persons and the right to adequate housing. Report of the Independent Expert on the enjoyment of all human rights by older persons, Claudia Mahler (A/77/239)

World Bank. 2017. Land and conflict: Thematic guidance no. 03 - Protecting and strengthening the land tenure of vulnerable groups.

제6장

베이비 부머와 MZ 세대의 주거 생태계

1. 들어가며

주거는 인간 삶의 핵심 생태계이다. 생태계란 기본적으로 살아 있는 유기체 간의 상호 작용이 이뤄지는 체계를 말한다. 영국의 생태학자 탠슬리(Arthur George Tansley, 1871~1955)[1]에 의해 1935년 처음으로 제안된 용어이다. 생태계는 다양한 크기, 예를 들어 작은 '연못 생태계'에서 큰 '지구 생태계'가 존재함을 알 수 있다. 이를 주거 생태계에 적용하면 '집'이라는 작은 생태계에서 '주택단지', '마을', '커뮤니티'라는 중간 크기 생태계, 그리고 '도시'라는 큰 생태계로 구분할 수 있다. 주거 생태계란 "인간 삶의 기본적 필수 공간인 주택을 중심으로 주거 생활을 영위하는 데 필요로 하는 다양한 하드웨어, 소프트웨어, 그리

1 영국의 식물학자이자 생태학의 선구자.

고 휴먼웨어 요소들의 상호 작용이 일어나는 곳"으로 정의할 수 있다.

주거 생태계와 연관해 왜 베이비 부머와 MZ 세대[2]를 논의하는가?

한국 사회의 세대 갈등이 점차 두드러지고 있다. 갈등의 양상은 세대 간의 입장 차이로 벌어지는 것으로서 구시대적 사고관에서 신시대의 사고관으로 발전하는 과정이라 할 수 있다. 연령대가 다르면 현상을 바라보는 관점, 추구하는 가치, 목표 등이 달라 갈등이 발생하는 것으로 파악된다. 오늘날 한국 사회는 기술, 사회 규범, 경제 상황의 급격한 변화로 인해 갈등이 더욱 심화 추세이다.

한국 사회에서 베이비 부머 세대와 MZ 세대에서 주거 약자가 많다. 청년 1인 가구 중 특히 주거 빈곤 1인 가구가 증가하고 있다. 그리고 베이비 부머 가구에서도 1인 가구 및 주거 빈곤 가구(노령 주거 약자)가 증가하고 있다. MZ 세대는 기성 세대와는 다른 가치관과 생활 태도 및 주거 의식을 견지하고 있다. 주택 점유 형태, 주택의 사용 가치 등 인식에서 MZ 세대와 베이비 부머 세대 각각의 특성이 나타난다.

이 장에서는 베이비 부머와 MZ 세대의 주거 환경 및 주거 생태계를 살펴보고, 주거 복지 관점에서 이들 세대의 주거 의식 및 대안적 주거 형태를 논의하고자 한다.

---

2 한국에서 베이비 붐 세대는 1955~1963년 출생자로 전쟁이 끝난 후에 태어나고 자란 세대를 일컫는 말이다. MZ 세대란 1980년대 초부터 2000년대 초 출생한 '밀레니얼 세대'와 1990년대 중반부터 2000년대 초반 출생한 'Z세대'를 아우르는 신조어다.

2. 베이비 부머 세대와 MZ 세대

1) 세대 구분

왜 세대를 구분하며, 세대 구분의 기준은 무엇인가? 각 세대는 나름 자기들의 공통된 특성과 문화를 지니고 있다. 그들이 가진 공통의 경험은 이전 세대나 기존 세대와는 차이점을 가진다. 그래서 사람들은 세대 구분을 통해 각 세대의 특성과 문화 그리고 그들이 추구하는 가치가 무엇이며 이것이 나의(혹은 우리) 세대와는 어떤 차별성이 있는가가 관심의 대상이다.

그리고 세대 구분의 기준은 다양하게 고려해 볼 수 있다. 세대 기준은 세대별 영역 특성으로 구분하기도 한다. 예를 들어 다섯 가지 영역 특성으로 ① 동시 출생 그룹, ② 역사적 경험, ③ 생애 주기 단계, ④ 가족 특성(부모), 그리고 ⑤ 기술 영향을 들고 있다(임홍택, 2018).[3]

세대를 구분하는 기본적인 흐름은 공통된 경험을 통해 이전 세대와 차별화되는 고유한 특징을 가지느냐의 여부로 구분하기도 한다(송한나, 2022). 한국도 한국 전쟁 이전의 시니어 세대와 직후의 베이비 붐 세대, IMF 경제 위기와 디지털 환경을 접한 X세대, PC 등 디지털 문화를 적극적으로 받아들인 밀레니얼 세대, PC보다 스마트폰에 더 익숙한 Z세대로 구분하는 것이 일반적이다(경기연구원, 2021).

미국의 퓨 리서치 센터[4]는 2019년 미국과 유럽의 세대 구분에 대한 연구 결과를 공개하며 'Z세대'의 등장을 알렸다. 이 발표 자료에는 동시대 세대 구분

---

3 Trend M, "세대를 구분하는 기준은 무엇일까?", https://trend-m.com/insight/?idx=15043804&bmode=view.

4 퓨 리서치 센터(Pew Research Center)는 2004년 창립되었고 미국 워싱턴 D.C.에 본부를 둔 싱크 탱크이다. 미국과 세계의 사회 문제, 여론 및 인구 통계학적 추세에 대한 정보를 제공한다.

은 사일런트(silent) 세대(1945년생 이전), 베이비 붐 세대(1956~1964년생), X세대(1965~1980년생), 밀레니얼 세대(1981~1996년생), Z세대(1997년생 이후)로 구분했다(문화체육관광부, 2022).

유념할 것은 세대 구분은 제도적·법률적으로 명시되어 있는 개념이 아니다. 그래서 구분 기준은 구분 목적에 따라 저마다 조금씩 다르다는 것이다. 기성세대와 젊은 세대는 생각의 차이는 물론 가치관에도 차별성이 많다. 가치관이란 '인간이 삶이나 어떤 대상에 대해서 무엇이 좋고, 옳고, 바람직한 것인지를 판단하는 관점'이다. 이러한 가치관의 차이 때문에 세대 간 갈등이 존재한다고 볼 수 있다.

기성세대는 젊은 세대의 창조적 가치를 적극적으로 받아들이는 포용력이, 젊은 세대는 기성세대의 삶의 경험과 지혜를 이해하는 열린 자세가 필요하다. 왜냐하면 세대 갈등의 기본적인 원인이 대부분 상대 세대가 지닌 가치와 문화에 대한 편견 때문이다. 특히 기성세대는 젊은 세대에 대한 편향된 평가를 하기도 한다. 젊은 세대 문제는 더 이상 그들의 문제가 아닌, 하나의 사회적 현실이라는 인식을 갖는 것이 중요하다. 세대론은 세대 간의 포용력 있는 공감대를 형성하는 데 사용된다면 매우 가치 있는 사회 발전의 터전이 될 것이다.

2) 베이비 붐 세대

한국 인구 구조가 변화하고 있다. 통계청 자료에 따르면 이미 2017년 고령 인구는 유소년 인구 규모를 추월했다. 1700만 명에 해당하는 베이비 부머(1955~1974년생) 첫 세대인 1955년생이 2020년 고령층으로 진입했고, 전체 베이비 부머가 고령층으로 모두 진입할 향후 20년간 고령 인구는 급속도로 증가해 2040년 전체 인구의 34.4%에 이를 전망이다.

베이비 붐 세대는 1, 2차 합해서 1955년부터 1974년까지 출생아 수가 한 해

표 6-1 한국의 세대 구분

구분	출생 연도	나이	특징
1차 베이비 부머	1955~1964년	57~66세	노인 세대 진입 시작
2차 베이비 부머	1965~1974년	47~56세	단일 세대 최대 규모, 정년 연장 혜택
X세대	1975~1984년	37~46세	중간 관리자, 낀 세대
M(Y)세대	1985~1996년	25~36세	대학 진학률 최정점, 취업 경쟁 치열
Z세대	1997~2005년	16~24세	초저출생 시기, 다양성, 글로벌

주: 세대 구분은 정해진 기준이 없고, 목적이나 연구자에 따라 각 세대의 연령 기준이 상이하게 활용됨.
자료: 조영태(2021).

표 6-2 세대별 구분 및 주요 특성

	Z세대	M세대	X세대	베이비 붐 세대	시니어 세대
출생 연도 (2020년 기준)	1995~2005년 (14~25세)	1980~1994년 (25~40세)	1964~1979년 (40~56세)	1955~1963년 (56~65세)	1954년 이전 (65세 이상)
인구 규모 (전체 인구 대비)	5,969만 명 (11.9%)	10,330만 명 (20.6%)	13,071만 명 (26.1%)	7,022만 명 (14.0%)	7,645만 명 (15.2%)
평균 연령	20.3세	33.1세	48.5세	60.7세	74.9세
중위 연령	21.1세	33.7세	49.1세	61.0세	74.0세

주: ① 집계 기준은 일반 가구+집단(시설) 가구임. ② 세대 정의는 출생 연도로 구분함. ③ 세대 구분은 경기연구원, '2020 경기도민 삶의 질 조사'의 연구 결과를 따름.
자료: 통계청, 인구 주택 총조사 20% 표본 조사(2020년).

90만 명이 넘던 시기였다. 인구학적인 관점에서 전기 베이비 붐인 1955~1963년생, 중기 베이비 붐인 1964~1967년생, 후기 베이비 붐인 1968~1974년생으로 나눌 수 있다(≪연합뉴스≫, 2010.5.9).

베이비 붐 세대는 2020년부터 노년층으로 진입했고, 이는 한국 사회의 고령화를 양적으로 가속시킬 것으로 예상된다. 소비 정점 인구의 감소가 본격화되는 시점과 맞물려 인구 절벽이 현실화될 것이다. 베이비 붐 세대는 연령이 낮을수록 교육 수준이 높고 관리·전문·사무직 종사자의 비율도 높다. 베이비 붐 세대에서 중등 교육 기회의 남녀 차이는 과거에 비해 줄어들었으나 대학 교육 기회의 남녀 차이는 크게 개선되지 않았다(통계청, 2018.8.27). 한국의 세대 구

표 6-3 한국의 세대 구분

세대 구분	출생 연도	미디어 이용 특징	사회적 사건
시니어 세대	~1954년 이전	아날로그 중심	8·15 해방
베이비 붐 세대	1955~1964년생	아날로그 중심	6·25전쟁 직후
X세대	1965~1980년생	디지털 이주민	학력고사→수능, IMF 취업 위기
밀레니얼 세대(Y세대)	1981~1996년생	디지털 유목민	PC 등 디지털화 수용
Z세대	1997년생 이후	디지털 네이티브	PC보다 스마트폰에 익숙

주: 세대 구분은 경기연구원(2021); 송한나(2022) 등의 세대 구분 연구 자료를 바탕으로 필자가 작성함.

분은 연구 목적과 특성 구분에 따라 약간의 차이가 있음을 확인할 수 있다(〈표 6-1〉, 〈표 6-2〉, 〈표 6-3〉 참조).

서울의 경우 65세 이상 다섯 명 중 한 명은 베이비 붐 세대이다. 서울 노인은 평균 73.5세로, 65~69세가 35.1%로 가장 큰 비중을 차지하며, 70~74세 24.6%, 75~79세 18.7%, 80세 이상 21.5%이다. 2022년 서울시 노인 실태 조사에 따르면 65세 이상 시민 중 베이비 붐 세대(1955~1957년생) 22.8%, 80세 이상 21.5%이다. 한국은 2022년 현재 만 65세 이상에 진입한 베이비 붐 세대는 1955~1957년생이다. 2022년 11월 주민 등록 인구 통계 기준 1955~1957년생 서울 시민은 전체 서울 인구의 4.0%, 65세 이상 서울 인구의 22.8%이다.

베이비 붐 세대는 한국 사회의 발전 과정에서 특정한 사회 경제적 변화기에 출생한 인구 집단이다. 현재 베이비 붐 세대는 60대 중반에서 70대 초반의 나이대에 해당한다. 이들 대부분은 열심히 일하고 노력해 대한민국의 경제 성장에 큰 역할을 했다. 이제 이들은 노령화에 접어들었고 다양한 문제점을 직면하고 있다.

이들이 직면한 공통적 문제점으로는 첫째, 건강 문제이다. 기대 수명이 높아지고 이들의 건강 관리와 치료에 대한 보건 의료 분야 요구와 소비가 증대하게 된다. 둘째, 지속적인 베이비 부머들의 노령 인구 증가로 연금 수령자가 늘고 있다. 이에 따라 연금 제도상 경제적 부담이 증대하고 있다. 셋째, 베이비 부머의 노령화에 따른 사회적 고립 문제를 들 수 있다. 특히 1인 빈곤 노인 가구, 독거노인이 증가함으로써 이들 노인들은 정신적·사회적 고립을 경험하고 있다. 노인 자살률 자료가 이를 뒷받침하고 있다.[5] 2020년 한 해에만 국내 65세 이상 노인 3392명이 극단적 선택을 했다(보건복지부, 2021).[6] 자살률(10만 명당 극단적 선택 수) 역시 줄어들고는 있으나 다른 나라와 비교하면 여전히 높다(≪헬스조선≫, 2023.1.31).

넷째, 베이비 붐 세대 노인들 중 여전히 사회적·경제적 활동을 지속하거나 학습과 취미 생활, 봉사 활동에 참여하는 노인의 경우는 큰 문제가 아니다. 그러나 상당수 베이비 붐 세대 노인들은 경제적 문제로 자립이 힘들며 타인의 도움이 필요한 노인들이다. 이들 빈곤층 노인들은 주거 안정을 이루지 못해 일상생활 속에서 고통을 겪고 있다. 자기 집을 소유하지 못함은 물론 전세, 월세도 감당하기 어려운 주거 취약 노인들이 증가하고 있다.

3. 베이버 부머의 주거 의식과 주거 실태

MZ 세대와 기성세대(베이비 부머 세대 포함) 간 주거 의식에 차이를 보인다. MZ 세대는 자신만의 독립된 주거 공간을 좋아한다. 그러나 베이비 부머 세대 및 기성세대는 가족 중심 거주 공간을 선호한다. 대부분 베이비 부머와 기성세대는 가족 부양 책임 의식이 MZ 세대에 비해 강한 편이다.

통계청 자료에 따르면 2020년 1인 가구의 주거 점유 형태는 월세가 42.3%

---

5 노인 자살률은 48.6명으로 전체 연령 자살률 26.6명의 1.5배이며(중앙자살예방센터, 2020), OECD 국가 평균(18.4명)보다 약 2.9배 높다.

6 보건복지부, 우리나라 자살현황을 보여주는 『2021 자살예방백서』(2021.7.27), https://www.mohw.go.kr/gallery.es?mid=a10410020000&bid=0005&act=view&list_no=882.

로 가장 많았고, 자가 34.3%, 전세 17.5%순이다. 1인 가구는 전체 가구보다 월세 비중이 18.9%p 높은 반면, 자가 비중은 23.0%p 낮았다. 연령별로 보면 30대 이하는 월세, 전세 비중이 높고, 40대, 50대는 월세, 자가 비중이 높으며, 60대와 70세 이상은 자가 비중이 가장 높다. 60~70대가 다른 연령 집단에 비해 자가 비중이 높은 이유는 오랜 세월 동안 축적된 소득(수입)과 가족 중심 주거를 선호한다는 배경이 작용한 결과라 추정된다.

1955~1957년 출생한 베이비 부머들의 은퇴가 본격화되고 있다. 은퇴자 중 특히 민간 기업 종사자들이 주류를 형성하고 있다. 고령화가 확대되고 저성장이 지속될 경우 베이비 부머 은퇴자의 주거 특성 변화는 더욱 심화될 것으로 전망된다.

2차 베이비 부머 세대[7]의 은퇴 후 주거 선호 연구에 따르면, 이들 2차 베이비 부머 세대의 현재 주거 특성은 아파트(71.4%)가 가장 큰 비중을 차지한다. 주택 점유 형태는 자가(68.9%)가 가장 많았다. 주택의 규모는 25~32평 이하, 33~40평 이하가 60% 이상을 차지했다. 은퇴 후 주거 선호는 단독 주택 거주가 51.2%로 과반수가 넘었다(현재 주거 유형에서는 단독 주택이 10.1%). 선호하는 주택 크기(규모)는 19~24평과 25~33평이며, 점유 형태의 경우 90%가 넘게 자가의 형태를 원했다(김가람, 2019).

베이비 부머 은퇴자들은 현재 소유한 주택에서 계속 거주할 것인지 아니면 처분할 것인지에 관한 질문에 절반 이상의 응답자들이 은퇴 이후 주택을 처분할 계획이라고 한다. 이는 가구원 수가 축소되어 규모가 큰 주택을 유지할 필요가 없다는 것도 한 원인이지만 부동산 자산을 유동 자산으로 재배분하겠다는 의도이다(전인수, 2013; 고진수·최막중, 2012; 손은경, 2010).

외국 은퇴자의 경우 소위 주택 다운사이징(housing down-sizing)을 특징으로

7 2차 베이비 부머 세대는 1968년부터 1974년까지 총 7년간 태어난 세대를 뜻한다.

들 수 있다. 은퇴자들이 생활비를 충당하기 위해 가장 큰 자산인 주택의 규모를 줄이거나, 자가 점유에서 임차로 바꾸는 경향을 보이는 것으로 알려져 있다. 주택 다운사이징을 유발하는 배경으로는 경제적 이유뿐만 아니라 이혼과 재혼, 주택 관리의 어려움, 편의 시설의 접근성 등 은퇴 후 주거 이동과 주거 수요 및 선호를 반영한 것으로 이해된다(Faulkner 2007; Helderman, 2007).

노인 거주 형태를 전국, 경기도, 서울시를 비교한 자료(〈표 6-4〉)에 따르면 건강 유지 시 희망 거주 형태는 세 개 지역 모두 현재 살고 있는 집이 압도적으로 가장 큰 비중을 차지한다. 그리고 거동 불편 시 희망 거주 형태는 세 개 지역 모두 현재의 집이 상대적으로 큰 비중을 보이고 아울러 시설에 거주하겠다는 비중도 상당히 많았다.

베이비 부머들은 은퇴 후 주거 선호 지역은 어디일까? 이들은 지방보다는 수도권이다. 은퇴한 고령 인구가 농촌보다 도시를 선택하는 경향은 증가 추세이며 도시 생활 양식을 선호한다. 은퇴 후 도시를 떠나 농어촌 지역이나 산촌 지역의 쾌적한 주거 환경을 선호하는 사람들도 있지만 대형 병원이 가깝고 생활 편익 시설이 좋은 도시 지역에 거주하기를 희망하는 은퇴자들이 많다. 그리고 출가한 자식들이 대부분 도시 지역에 거주하고 있어 손 자녀 돌봄 및 가족들과의 만남을 위해서도 도시로부터 원거리의 농어촌 지역을 기피하는 경향이 뚜렷해지고 있다.

부동산 플랫폼 직방이 직방 앱 사용자 1323명을 대상으로 진행한 '은퇴 이후 희망하는 거주 공간과 은퇴에 대한 의견'에서 은퇴 이후 가장 필요한 주거 환경 요소로 '병원 등 보건 의료 시설'이라는 응답이 33.4%로 가장 많은 것으로 조사되었다. 그다음으로는 자연 친화적 환경(22.0%), 쇼핑센터·대형 마트 등 편의 시설(13.2%), 도로·교통 편의성(9.8%), 피트니스·헬스·스포츠 시설(6.0%) 등 순으로 나타났다. 그리고 은퇴 이후 희망하는 거주 지역을 조사한 결과 경기가 35.4%로 가장 높았다. 이어 지방(31.5%), 서울(17.0%), 5대 광역시(12.3%), 인

표 6-4 노인 거주 형태 지역별 비교 (단위: %)

건강 상태별	거주 형태	경기도(2021)	전국(2020)	서울시(2020)
건강 유지 시 희망 거주 형태	현재 집	67.0	84.8	70.0
	더 좋은 집	7.8	10.5	11.8
	시설	20.1	4.6	18.2
거동 불편 시 희망 거주 형태	현재 집	43.3	56.0	51.5
	가족과 거주	8.3	11.9	9.4
	시설	37.9	32.1	39.0

자료: 김춘남·한창근·이미영(2022) 표 2를 부분적으로 조정함.

천(3.8%)순이었다(황병우, 2021.11.8).

은퇴자 희망 거주 지역 및 주택 유형 조사에 따르면 서울 거주자 은퇴 후 대도시 거주 희망이 가장 많았다(46.5%). 그리고 생활 양식 면에서 서울 거주자 은퇴 후 도시적 생활 희망이 가장 많았고(44.7%), 주택 유형은 아파트 거주자는 은퇴 후 단독 주택 거주 희망 47.9%, 아파트 거주 희망 34.9%를 보였다(주택산업연구원, 2012). 이 조사를 통해 나타난 경향은 서울 지역에 거주하는 은퇴자들은 은퇴 후에도 도시 거주를 원하고 있음을 확인할 수 있다.

월평균 가구 소득 금액별 노후 주거 유형을 살펴보면 소득이 아주 낮은 계층과 소득이 높은 계층에서 아파트, 중간 소득 계층은 대부분 단독 주택을 선호하는 것으로 나타났다. 그리고 주택 점유 형태는 소득 및 재산 수준과 관계없이 전체적으로 자가를 선호하는 것으로 나타났다(박태진·조성기·김향숙, 2014).

수도권 거주 베이비 부머(1955~1974년생) 1000명을 대상으로 은퇴 후 거주 의향을 조사한 결과, 은퇴 후 거주 의향 지역으로 수도권 대도시(54.8%)와 수도권 중소 도시(21.3%)로서 절대 다수가 도시 지역을 선호한다. 농어촌 지역은 5.1%에 불과하다. 그리고 이주 저해 요인으로 가장 큰 비중을 차지하는 것은 의료 복지 서비스 시설 여건으로 나타났다(〈표 6-5〉, 〈표 6-6〉 참조).

향후 전망은 어떤가? 향후 베이비 부머의 은퇴 증가는 사회 경제적으로 영

표 6-5 MZ 세대와 베이비 부머 세대의 주거 의식 및 실태

주거 특성 및 선호	MZ 세대	베이비 부머 세대(기성세대 포함)
주거 공간	혼자만의 독립된 공간	가족 중심 거주 공간
공유/사유	주거 시설 및 공간의 공유(co-living)	사유(자가) 선호
소비문화	유행에 민감하고 소비문화를 SNS로 공유	디지털 미디어/SNS에 제한적
1인 가구	점유 형태: 월세 55.2%, 전세 26.1%, 자가 12.7%	전체 1인 가구(2020년): 월세 42.3%, 자가 34.3%, 전세 17.5%
	거처 유형(주택 형태): 단독 주택 45.8%, 아파트 22.8%, 주택 이외의 거처(오피스텔, 고시원 등) 14.5%	전체 1인 가구 (2020년): 단독 주택 42.2%, 아파트 33.1%, 연립·다세대 11.5%

표 6-6 1인 가구 연령대별 점유 형태(2020)

	계	자가	전세	월세*	무상
전체 가구	100.0	**57.3**	15.5	23.4	3.7
1인 가구	100.0	34.3	17.5	**42.3**	5.9
29세 이하	100.0	8.3	22.8	**64.1**	4.8
30~39세	100.0	20.2	28.8	**45.6**	5.6
40~49세	100.0	30.2	17.8	**45.4**	6.6
50~59세	100.0	36.9	13.1	**43.1**	7.0
60~69세	100.0	**49.3**	11.3	33.7	5.6
70세 이상	100.0	**64.5**	9.9	19.5	6.1

주: * 보증금 있는 월세와 보증금 없는 월세, 사글세를 합한 수치임.
자료: 통계청, 인구 주택 총조사, 20% 표본 집계 결과 통계표(61쪽) 참조.

향력이 클 것으로 전망된다. 베이비 부머의 은퇴가 본격적으로 진행될 경우 은퇴자의 소득이 축소, 자산 감소, 부채가 증가할 것으로 보인다. 특히 저소득 베이비 부머의 은퇴는 주거 불안을 가중시키게 될 것이다. 베이비 부머 은퇴 이후의 주거 이동과 주거 선택은 주택 시장에 상당한 영향을 미치게 될 것이다. 그리고 이들 베이비 부머 은퇴 이후 노후 빈곤, 특히 주거 빈곤 가구의 정책적 배려가 필요하다.

표 6-7 은퇴 여부에 따른 주택 유형 비율 변화(2018) (단위: %)

구분		단독/다가구	연립/다세대	아파트	기타
서울	은퇴	27.2	21.3	47.3	4.1
	비은퇴	28.7	27.5	40.3	3.5
수도권	은퇴	24.4	21.6	50.3	1.7
	비은퇴	24.5	24.0	47.5	4.1

자료: 김진수 외(2018),

표 6-8 은퇴 후 거주 의향 지역 (단위: %)

<table>
<tr><td rowspan="2">은퇴 후 거주 의향 지역</td><td>사례 수</td><td colspan="2">수도권 대도시</td><td colspan="2">수도권 중소 도시</td><td colspan="2">비수도권 중소 도시</td><td colspan="2">도심 근교 전원 지역</td><td colspan="2">농산어촌 지역</td></tr>
<tr><td>1,000</td><td colspan="2">54.8</td><td colspan="2">21.3</td><td colspan="2">4.2</td><td colspan="2">14.6</td><td colspan="2">5.1</td></tr>
<tr><td rowspan="2">은퇴 후 비수도권 지역 이주 의향</td><td>사례 수</td><td colspan="3">구체적으로 계획하고 있음</td><td colspan="4">의향 있으나 아직 계획 없음</td><td colspan="3">의향 없음</td></tr>
<tr><td>1,000</td><td colspan="3">12.5</td><td colspan="4">62.7</td><td colspan="3">24.8</td></tr>
</table>

자료: 김명식(2023).

표 6-9 이주 저해 요인 (단위: 건, %)

<table>
<tr><td>이주 저해 요인</td><td colspan="2">1순위</td><td colspan="2">1+2+3순위</td></tr>
<tr><td>사례 수</td><td colspan="2">248</td><td colspan="2">248</td></tr>
<tr><td>일자리 마련 및</td><td colspan="2">16.5</td><td colspan="2">25.0</td></tr>
<tr><td>지역 생활에 필요한 정보 기술 습득 여건</td><td colspan="2">1.6</td><td colspan="2">6.9</td></tr>
<tr><td>의료 복지 서비스 시설 여건</td><td colspan="2">39.9</td><td colspan="2">70.2</td></tr>
<tr><td>지역 사회 통합 돌봄 서비스 제공 여건</td><td colspan="2">2.4</td><td colspan="2">6.9</td></tr>
<tr><td>대중교통 접근성 여건</td><td colspan="2">15.3</td><td colspan="2">64.1</td></tr>
<tr><td>공원 등 자연 환경 여건</td><td colspan="2">2.0</td><td colspan="2">8.5</td></tr>
<tr><td>문화 체육 활동 여건</td><td colspan="2">2.0</td><td colspan="2">17.7</td></tr>
<tr><td>생활 편의 시설 여건</td><td colspan="2">13.7</td><td colspan="2">62.5</td></tr>
<tr><td>방범 안전시설 및 체계 여건</td><td colspan="2">2.0</td><td colspan="2">18.1</td></tr>
<tr><td>주차 시설 여건</td><td colspan="2">2.4</td><td colspan="2">4.8</td></tr>
<tr><td>공공 기관 접근성 여건</td><td colspan="2">2.0</td><td colspan="2">15.3</td></tr>
<tr><td rowspan="2">이주 저해 요인 개선 이후 이주 의향</td><td>사례 수</td><td colspan="2">예, 있다</td><td>아니오, 없다</td></tr>
<tr><td>248</td><td colspan="2">38.7</td><td>61.3</td></tr>
</table>

자료: 김명식(2023).

4. 베이비 부머 세대와 MZ 세대의 조화와 공존

1) 한국 주거 생태계의 특징

오늘날 한국 사회에서 나타나는 주거 생태계의 특징은 한마디로 '양극화 심화' 현상이라 할 수 있다. 주거의 양극화는 세대 간, 주거 점유 형태 간, 지역 간 등으로 구분이 가능하다.

고령 가구의 증가에 따른 현상으로 노인 빈곤 가구와 노인 1인 가구는 일반 가구에 비해 주거 불안정과 열악한 주거 환경에 거주하는 양극화가 심화되고 있다. 아울러 1인 가구 중 청년 1인 가구는 주거 취약 계층으로 주거 불안을 경험하는 사람들이 많다.

한국 주거 생태계의 또 하나의 특징은 주택의 양적 성장에서 질적 성장으로의 변화를 들 수 있다. 물론 서울 등 대도시는 여전히 주택 재고가 양적으로 충분하지 못한 상태이나 대부분의 지역에는 주택의 양적인 문제보다는 질적인 문제가 정책적 관심이라 할 수 있다. 이러한 현상은 빈집이 지속적으로 증가하고 있다는 것에서 잘 알 수 있다.[8] 2022년 기준 전국의 농어촌 지역 빈집은 8만 9696호이며 도시 지역 빈집은 4만 2356호로 농촌 지역이 도시 지역보다 두 배 이상 많은 것으로 집계되었다. 지역별로 전남이 2만 8019호(도시 3711호·농어촌 2만 4308호)로 가장 많았으며, 전북 1만 9104호로 전라도 지방이 전국 빈집의 35.2%를 차지했다. 경북 지역도 빈집이 2만 1963호에 달하는 등 농어촌 지역을 중심으로 빈집이 많다. 일부 지역에는 집이 부족해 문제가 있지만 농촌 지역을 포함한 많은 지역에서는 빈집이 증가해 문제가 발생하고 있다. 즉, 주택

---

8 빈집은 1년 이상 아무도 거주 또는 사용하지 않은 주택으로 정의되며, 빈집도 도시와 농어촌을 나누지 않고 상태 등에 따라 1~3등급으로 나눠 관리한다.

의 지역별 재고량의 양극화 현상이 심화되고 있다.

한국 주거 생태계의 또 하나의 특징은 1인 가구의 증가 및 핵가족화의 가속화로 생애 주기 및 라이프 스타일 맞춤형 주거 프로그램이 요구되고 있다는 점이다. 혼자 사는 사람들을 위한 주택은 3~4인 가족을 대상으로 한 주택과 면적 등이 달라야 한다. 특히 도시 지역의 경우 1인 가구를 위한 주택이 부족해 대학 캠퍼스 주변의 높은 전월세로 대학생 및 사회 초년생의 주거 불안이 가중되고 있다.

기존 낡은 주택은 리모델링이나 재건축을 필요로 한다. 현대적 편의 시설을 완비한 신축 주택과 오래되고 노후된 주택은 주택의 질적 측면에서 양극화를 대변하고 있다. 이러한 주택의 질적인 측면과 관련되어 주택 가격도 지역별로 양극화를 보이고 있다. 도시와 농촌 간의 주택 가격 격차는 말할 것도 없으며, 도시 내에서도 주거 입지적 관점에서 가격상 큰 차이를 보이고 있다. 예를 들어 서울의 강남과 강북의 아파트 가격 차이는 분명 도시 내 주택 가격 양극화를 나타내는 대표적인 예라 할 수 있다.

주거 생태계의 양극화 현상은 심화되는 추세다. 이러한 양극화를 해소하거나 예방할 수 있는 방안은 무엇인가? 한국 사회가 직면한 갈등과 분열의 문제, 특히 주거 분야에 있어 양극화를 한두 가지 방안으로 해결하기는 어렵다. 양극화는 서로 다른 이해관계를 추구하는 개인 및 집단의 대립이다. 주거 부문 갈등과 분열 심화는 특히 민간 임대 주택의 경우 집주인과 세입자 사이에서 많이 발생한다.

세입자의 보증금을 떼먹는 '전세 사기'가 요즘 기승을 부리고 있다. 그동안 세입자가 떼인 보증금이 무려 총 2조 원에 달하며, 날이 갈수록 피해 건수도 증가하고, 피해 금액도 커지는 추세다. 주택도시보증공사(HUG)에서 보증금 사기를 당한 사람 세 명 중 두 명이 청년층이라고 할 정도로, 대학생 등 청년층이 매우 높은 비중을 차지하고 있다.

한국 주거 생태계에서 발생하는 갈등 현상으로 일부 지역에서 나타나는 공공 임대 주택 건립 반대, 아파트 가격 담합, 층간 소음으로 인한 갈등 등을 예로 들 수 있다. 이러한 양극화와 갈등을 해소하는 조화와 공존을 위한 주거 환경 조성이 가능할까? 먼저 우리 모두는 역지사지(易地思之) 즉, 남의 입장에서 생각하고 행동하는 태도가 중요하다. 이를 위해 서로 소통하고 공감해야 하며 더불어 살아가는 공동체 역량을 키워 나가야 할 것이다. 아울러 주택의 공급과 수요 측면에서 갈등과 양극화를 유발하는 요소들을 미리 예방하고 치유하는 정책적 배려가 필요한 때이다.

2) 세대 공존형 주거

양극화와 갈등을 예방하거나 해소에 도움이 될 것으로 생각하는 세대 공존형 주거를 논의하고자 한다. 세대 공존형 주거의 특징으로는 첫째, 부모는 자녀와 가까이 살면서 외로움과 고립감을 덜고, 자녀는 아이를 맡기거나 부모의 도움을 받을 수 있도록 한다. 그래서 돌봄과 자녀 양육 문제를 동시에 해결하는 데 도움이 된다. 둘째, 세대 간 교류, 즉 시니어 그룹과 MZ 세대가 동일 단지 혹은 커뮤니티 내에서 모든 시설을 공유, 교류할 수 있도록 함이다. 이러한 철학과 목적을 위해 실행에 옮긴 몇 가지 사례를 소개한다.

세대 공존형과 관련해 다세대 주거(multigenerational living)에 대해 생각해 보자. 다세대 주거란 여러 세대가 함께 거주하는 형태를 말한다. 과거 한국은 3세대가 함께 거주하는 대가족제 전통을 지녔다. 전통사회의 가족 제도를 대가족제라고 할 때 의미하는 가족 유형은 일반적으로 부부와 장남 부부, 장손 부부 등으로 구성되는 직계 가족이다. 이러한 대가족제는 단순히 함께 동거하는 사람 수에만 국한하지 않고 가족의 가치와 가족 규범에 중대한 영향을 미치게 된다.

오늘날 현대 가족은 전통 가족과 달리 그 형태가 다양화되고 있고, 핵가족화와 개인주의 가치관의 영향으로 과거 유교적 가족 구성 및 가족 문화는 급속히 퇴색하고 있다. 인구 총조사에 따르면 친족 가구 중 직계 가족의 비율만을 연도별로 보면, 1970년 19.1%, 1980년 11.0%, 2000년 8.0%, 2010년 6.2%로 나타난다. 이는 조선 후기의 직계 가족이 23~40%로 나타난 것에 비교할 때 매우 낮은 수치이며, 또한 지난 반세기 동안 급격한 감소 경향을 보이고 있다.[9]

(1) 미국: 다세대 주거

대표적 자본주의 국가이며 국민 소득 수준이 높은 미국의 경우를 보자. 전 세계 일부 국가에서 볼 수 있는 다세대 주거 형태는 미국에서는 점진적으로 증가 추세를 보이고 있다.[10] 미국의 세대 공존형 가구(multigenerational households)의 정의는 두 명 이상의 성인 세대(25세 이상의 성인) 또는 조부모와 25세 미만의 손자, 손녀로 구성된 '스킵 세대(skipped generation)'[11]를 포함한다. 대부분은 부모와 함께 사는 젊은 성인, 성인 자녀의 집에 거주하는 부모, 또는 한 지붕 아래에 조부모, 성인 자녀 및 성인 손자, 성인 손자 등 적어도 두 명의 성인 세대로 구성된다. 세대 공존형 주거 가구의 약 5%는 조부모 및 25세 미만의 손주로 구성된다.

---

9 한국민족문화대백과사전, '대가족', https://encykorea.aks.ac.kr/Article/E0013971 참조.

10 EU 국가들도 다세대 주거를 택하는 가정이 점차 증가하는 추세이다. 특히 이탈리아, 스페인, 그리스는 전통적으로 다세대 주거가 많았고, 최근에는 영국, 독일 등도 다세대 주거가 증가하고 있다. *Hines*, 2024.1.4, "Multigenerational multifamily living spreads in Europe," https://www.hines.com/the-point/multigenerational-multifamily-living-spreads-in-europe(검색일: 2024.3.15).

11 스킵 세대는 조부모와 손주만으로 구성된 가족으로 부모가 없는 상황에서 조부모가 손주를 양육한다. 예를 들어 부모의 사망, 수감, 약물 및 알코올 중독 등으로 부모가 자식들과 함께 살지 못하는 경우이다.

그림 6-1 미국 다세대 주거 인구 추이 (단위: 100만 명, %)

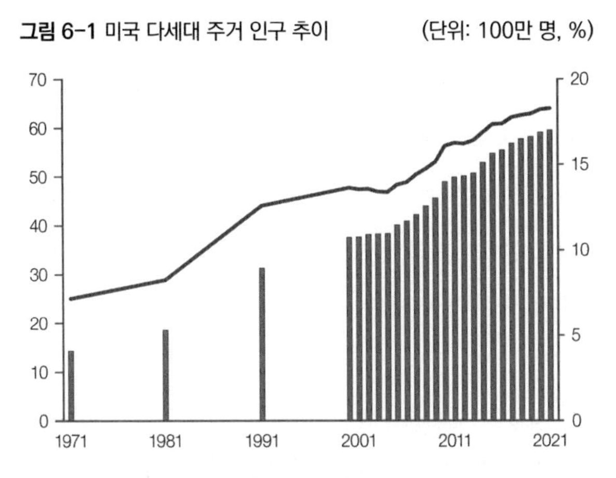

자료: Pew Research Center(2022.3.24).

미국 퓨 리서치 센터가 인구 조사 자료를 분석한 결과, 2021년 3월 한 지붕 아래 여러 세대가 거주하는 인구는 5970만 명으로 전체 인구에서 차지하는 비중은 18%였다(〈그림 6-1〉). 미국의 세대 공존형 주거는 초기 수십 년간 감소한 후 1970년대부터 꾸준히 성장해 왔다. 1971년부터 2021년까지 다세대 주거 형태로 살아가는 인구는 네 배 증가한 반면, 다른 유형의 주거 형태는 두 배도 되지 않는다(Cooks-Campbell, 2022.6.6; Pew Research Center, 2022.3.24).

물론 한국의 전통사회에서 경험했던 대가족제 형태와는 동일하다고는 볼 수 없다. 그러나 미국은 한 지붕 아래 여러 세대가 함께 거주하는 비율이 예상보다 매우 높다. 유교적 전통과 관습이 전혀 없는 미국 사회에서 왜 세대 공존형 주거 형태가 증가하고 있는가? 세대 공존형 주거에는 현실적인 이유가 있다. 대부분의 사람들은 경제적인 이유와 돌봄을 위해 함께 사는 것을 선택한다. 미국도 많은 직장인들이 높은 주거 비용과 안전하고 질 높은 돌봄을 위해, 즉 자녀와 나이 든 부모를 위해 이러한 세대 공존형 주거를 선택하는 것으로 알려져 있다. 세대 공존형 주거의 장점을 정리해 보면 아래와 같다(Pew Research Center, 2022.3.24).

첫째, 생활비 절감이다. 세대 공존형 주거에서 각 가족 구성원은 혼자 살 때보다 생활비(식료품비, 주거비 등)가 훨씬 저렴하다. 이것은 매우 현실적인 세대 공존형 주거의 이점으로 꼽힌다.

둘째, 저렴하고 신뢰할 수 있는 아이 돌봄 서비스이다. 세대 공존형 가족의 경우 주로 할머니 할아버지가 손자 손녀를 돌봄으로서 매우 저렴하고 신뢰할 수 있다는 점이다. 특히 유아원, 어린이집에 어르신들이 등하교시키는 등의 돌봄을 맡는다.

셋째, 노인의 입장에서는 외로움, 소외감을 예방하거나 제거하는 데 퍽 도움이 된다고 한다. 대가족 구성원들은 서로 협력적 관계를 유지함으로써 가정의 화목과 안정을 유지하게 된다.

넷째, 세대 공존형 주거에서는 집안일(청소, 요리 등)을 분담하게 되어 다양한 집안일을 쉽게 처리할 수 있다.

다섯째, 가족 중 건강상 문제가 있는 가족의 간병에 도움을 주기도 한다. 특히 노인이나 어린이에게는 가족의 간병이나 돌봄이 매우 중요한 다세대 주거의 가치이자 장점이다.

미국의 세대 공존형 주거의 경우 가족이 같은 지붕 아래 살아가지만 별도의 생활 공간을 갖는 경우가 대부분이다. 이러한 공간적 분리와 활용은 가족 상호간 프라이버시를 존중하고 서로를 배려하는 것이라 생각된다.

세대 공존형 주거의 한 가정을 소개한다. 라몬 오카시오스(Ramon Ocasios) 부부는 한 지붕 아래에 딸, 손주와 함께 살고 있지만 각자 분리 독립된 생활 공간이 있다. 라몬은 아내와 함께 위층에 살고 있다. 그들의 딸 모니카(Monica)는 그녀의 아이들과 함께 아래층에 거주한다. 그들은 두 개의 부엌과 별도의 출입구가 있다. 매일 직장에 나가는 모니카의 인터뷰 내용을 정리해서 소개한다.

부모님은 보육을 돕고, 어린아이들을 학교에서 데려옵니다. 아이들이 몸이 아파 가끔 의사 진료를 받으러 갈 때에도 부모님이 데리고 갑니다. 또한 큰아이는 할머니가 아플 때 병원에 모시고 갑니다. 주말에는 가족 모두가 분담해 요리를 합니다. 가족 모두가 맛있는 음식을 요리해서 먹고 담소를 나눌 때 큰 행복을 느낍니다. 우리는 언제나 대화할 사람이 있어 외롭지 않습니다. 아버지와 어머니는 가족과의 대화를 통해 외로움과 소외감이 사라진다고 합니다(Cooks-Campbell, 2022.6.6).

이러한 세대 공존형 주거는 경제적으로 그리고 정서적으로 장점이 많다. 그러나 모든 것을 해결해 주는 것은 아니다. 세대 공존형 주거 시 가족 구성원들은 상호 간 프라이버시를 존중해야 한다. 세대 공존형 주거에서 주목해야 할 점은 가족 모두의 공용 공간과 개인 공간의 구분이 매우 중요하다. 특히 연로한 할아버지와 할머니는 충분한 휴식과 개인적인 사용 공간이 필수적이다. 장점이 많은 다세대 주거는 가족 모두의 이해와 협력, 서로를 존중하는 정신과 태도가 매우 중요한 덕목이며 규범이라 할 수 있다.

(2) 일본

도쿄의 세대 공존형 타운으로 '시바우라 아일랜드'를 들 수 있다. 고령자 주택과 일반 아파트를 함께 지어 세대 간 교류를 촉진하는 세대 공존형 주거 단지이다. 일본의 도심 중심부 재개발 단지인 시바우라 아일랜드의 경우 분양 맨션과 임대 주택, 고령자 주택을 혼합해 개발함으로써 사업 전체의 시너지 효과를 창출한 대표적인 성공 사례이다.

단지 내 중앙에 시니어 주택과 간호가 필요한 노인 주택을, 주변에 자녀 세대가 거주할 수 있는 분양 주택과 임대 주택을 혼합해 시너지 효과를 창출한 단지도 있다. 일본 도시재생기구(UR)가 지바(千葉)현 가시와(柏)시에 조성한 '도요시키다이' 단지로서 고령자 주택과 젊은 세대용 주택으로 다양화해 이들이 자

그림 6-2 시바우라 아일랜드 단지 조감도

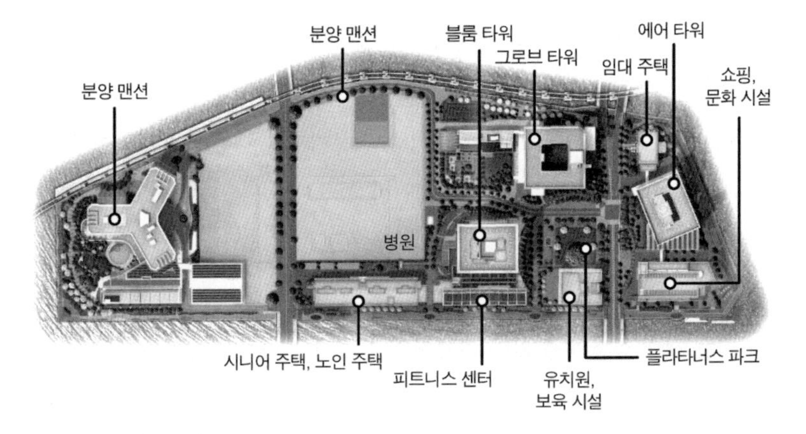

자료: ≪주택저널≫(2014.4).

주 만나고 소통할 수 있도록 한 사례이다. 단지 내 중앙에 건강한 노인이 거주하는 시니어 주택과 개호(介護: 노인 돌봄)가 필요한 노인 주택을 배치하고, 분양 주택 또는 임대 주택에 거주하는 자녀 세대가 근거리에서 거주함으로서 세대 공존형 타운을 만들었다(김찬호, 2014.10.15). 노인 주택 옆에는 유치원과 보육 시설을 배치해 노인 세대와 어린이의 교류 행사도 활발하게 이루어지고 있다.

일본 도쿄의 히노(日野)시에는 고령자 주택 '유이마루'가 있다. 이는 세대 공존형 하우스 콘셉트로 지어진 주택으로 고령자 주택 옆에는 20대 대학생의 셰어 하우스 두 동이 있다. 외로운 노인 세대와 실속형 청년 세대가 함께 주거를 공유하면서 서로에게 편익을 제공하고 있다.

노인 세대와 청년 세대가 가까이 생활함으로써 자연스러운 접촉이 이루어지고 고령자들이 젊은이들과 함께 즐길 수 있는 다양한 행사들도 마련되어 있다. 젊은이들과 교류하고 싶은 고령자와 어르신의 지혜와 현명함을 배우고 싶은 젊은 층에게 서로 좋은 경험과 추억을 만들 수 있다. 저렴한 주거를 원하는 실속형 청년 세대에게는 지자체가 임대료를 지원하기도 한다.

고령 가구는 월 임대료(전용 면적 45m² 기준 80만 원가량)에 더해 매달 35만 원 정도를 내면 교육, 상주 간호 등의 복지 서비스를 받을 수 있다. 이웃인 청년 가구는 경우에 따라 같은 크기 주택에 10% 이상 저렴한 임대료로 거주할 수 있다. 청년은 주거비 부담을 줄이고 고령자는 복지와 함께 활력을 얻는 것이다. 유이마루 같은 민간 기업은 기존 주택을 재임대해 세대 공존형 임대 주택이라는 아이디어를 실현했다. 입주민들은 이 단지는 노인만 사는 실버타운이 아니며 커뮤니티가 활기찬 것 자체가 축복이라 생각한다(유오상, 2023.8.28).

(3) 싱가포르

싱가포르 실버타운 '캄풍 애드미럴티(Kampung Admiralty)'로 노인들과 지역 주민이 함께 어울릴 수 있도록 설계되었다. 세대 간 유대를 장려하기 위해 노인 의료 시설과 보육 시설을 공동 배치하고 헬스장, 쇼핑몰, 푸드 코트 등을 단지 내에 구성해 다양한 세대가 자연스럽게 교류하도록 했다.

싱가포르는 '근접 주거 보조금 제도'를 시행하고 있다. 이 제도는 자녀와 왕래가 용이한 세대 융합 주택을 공급하거나 부모와 가까운 곳에 주택을 구매할 경우 보조금을 지급하는 제도이며 3세대가 모여 사는 것을 국가가 장려하는 정책이다.

캄풍 애드미럴티는 싱가포르에서 처음으로 개발된 사례로서 고령자를 위한 주거와 다양한 사회, 의료, 공동체, 상업, 소매 시설이 통합되어 있다. 주택개발위원회(HDB)가 보건부(MOH), 이순보건캠퍼스(YHC), 국립환경청(NEA), 국립공원위원회(NParks), 국토교통청(LTA), 유아개발청(ECDA)과 손잡고 개발한 다중 기관 프로젝트다.

캄풍 애드미럴티는 고밀도 교외 지역의 노인들을 위한 통합 커뮤니티 허브로, 전통적인 마을의 자급자족에서 영감을 얻어, 하나의 부지 내에 아파트와 사회적 공간이 있는 의료 센터와 소매 편의 시설을 제공하고 있다. 야외 레크

그림 6-3 싱가포르 실버타운 캄풍 애드미럴티

자료: HDB(https://www.hdb.gov.sg/residential/where2shop/explore/woodlands/kampung-admiralty).

리에이션 공간, 빗물 정원, 공동체 농장에 이르기까지 다양한 시설과 프로그램이 있다. 거주자들은 공동 농장에서 함께 일하거나, 울창한 옥상 정원에서 운동하거나, 공공 광장에서 행사를 위해 모일 수 있다. 주민들이 친구와 가족을 초대할 수 있는 공간이 마련되어 있다.

(4) 한국

고령자만 거주하는 기존의 실버타운과 달리 부모, 자녀, 손주 3대가 인근에 살면서 부모는 외로움과 고립감을 덜고, 자녀는 급하게 아이를 맡겨야 할 때 부모의 도움을 받을 수 있도록 한다. 서울시는 이러한 노인복지주택 단지 '골드빌리지'(가칭)를 은평구 서울혁신파크와 강동구 고덕동 일대에 건립 중에 있다.

서울시에 따르면 '시립 고덕양로원 부지 내 골드빌리지 조성 계획'을 수립했다. 연면적 약 4만 8329m²에 지하 2층~지상 13층 규모로 지어지며, 총 세대수는 299세대다. A동(노인복지주택·154세대), B동(공공 임대 주택·145세대) 크게 두 동으로 나뉘어 부모 가구 옆에 자녀 가구가 거주할 수 있도록 하는 방식이다. 고덕동 외에도 은평구 혁신파크 부지에 골드빌리지(220세대)를 건설할 예정이다. 독립된 공간에 조성될 예정인 고덕골드빌리지와는 달리 대규모 단지 안에 들어서며, 혁신파크 조성 계획에 맞춰 2025년 하반기에 착공해 2030년 준공을 목표로 하고 있다.

그리고 국내 최초의 민간 부문의 세대 공존형 주거 단지(경기도 의왕시, 백운호수 푸르지오 숲속의 아침)이다. 부모 세대를 위한 실버타운과 자녀 세대를 위한 공동 주택을 함께 조성해 생활을 공유할 수 있게 한 형태이다. 부모, 자녀, 손주까지 3대가 '따로 또 같이' 여유를 즐기는 삶이 실현 가능하게 구현할 예정이다. 이에 선착순 분양을 진행 중인 단지이다. 2개 단지로 조성하는데 1, 2단지를 합쳐 4만 246m²(1만 2714평)의 부지에 연면적 합계 30만 2800m²(9만 1597평)으로 지하 6층~지상 16층 13개동에 전체 1378세대 규모이다. 단지 내에는 24시간 토털 라이프 케어 프로그램인 '클럽 포시즌'이 계획되어 있다. 이를 통해 부모, 자녀와 손주까지 3대가 어우러져 다양한 활동을 즐길 수 있다.

세대 공존형 주거는 분명 장점이 많은 접근이다. 이는 젊은 층과 고령층이 함께 거주하며 노년 세대에게 필요한 도움과 젊은 세대의 자녀 양육 등 노년 세대의 도움을 서로 나눌 수 있기 때문이다. 그러나 이러한 장점을 극대화하기 위해서는 개인 생활이 보장되고 존중되도록 세대별로 독립적인 공간이 확보되어야 한다. 그리고 노인들에게는 의료 시설을 포함한 무장애 편익 시설 등이 요구되고, 육아 세대는 보육 시설, 놀이터 등 세대별로 필요한 생활 SOC가 충분히 제공되어야 한다. 아울러 성공적인 세대 공존형 주거의 전제 조건으로 3세대가 불편 없이 생활이 가능한 주택 평면 또는 부모, 자녀 세대 간 근거리 주거가 가능한 주거 단지 개발이 필요하다. 일본과 싱가포르의 경우 2000년대 초반부터 어린 자녀를 둔 맞벌이 부부와 부모 세대의 동거를 위한 주택 평면이 다양하게 개발되었고 서로의 독립적 생활이 가능하도록 하는 여건을 조성한 것이 성공적 요인이라 분석된다.

5. 맺는말

베이비 부머 세대와 MZ 세대는 주거 정책 관점에서 주거 지원의 사각지대에 놓여 있다고 할 수 있다. 아직 한국은 베이비 부머 세대가 향후 초고령 사회에서 핵심적 노령 가구를 형성하게 될 것에 대비해 적절한 주거 정책 로드맵을 제시하지 못하고 있다. 아울러 MZ 세대 중 특히 1인 가구의 경우 그들이 선호하는 주거 환경 조성 및 주택 공급 확대는 당면한 주거 정책의 우선순위에 속한다. 특히 MZ 세대 1인 가구는 다양한 라이프 스타일을 가진 개인들이 함께 모여 살며, 공간과 시설을 공유하는 경향이 지배적이다. 그래서 그들이 공유하는 커뮤니티 기반의 주거 서비스 요구가 증대될 것으로 전망된다.

노인과 MZ 세대에 대한 편견과 몰이해는 갈등과 양극화를 심화시키는 배경이다. 초고령 사회를 맞이해 노인은 비생산적이며 신체적으로 제한적인 활동으로 인해 젊은이들은 노인을 외면하거나 공경심이 사라지고 있다. 한편 기성세대는 MZ 세대의 그들만이 누리는 문화와 행태를 이해하지 못하고 있다. 젊은이들이 지닌 창의적 아이디어와 독특한 삶의 행태를 이해하고자 하는 노력과 포용력이 필요하다. 주거 정책의 사각지대에 놓인 이들 두 세대의 주거 안정을 위한 정책적 노력이 필요한 때이다.

미국과 유럽 국가들의 세대 공존형 주거 형태가 증가하고 있음은 시사하는 바가 크다. 특히 주거비 상승이 가장 큰 이유지만 이외에도 고령의 부모가 성인 자녀 및 손주와 가까이 살 수 있는 기회를 제공해 가족 관계를 강화하려는 욕구도 이 추세의 주요 원동력이다. 세대 공존 주거형 주택 공급 혹은 커뮤니티 조성(단지 등) 사업은 아직 경제적으로 집을 구입할 수 없는 젊은 세대 구성원들에게 부모, 조부모와 함께 거주하거나 부모 주택 근처에 저렴한 아파트 또는 타운 하우스 임대 주택에 거주하도록 정부가 임대료를 보조하는 정책 프로그램이 확산되고 있다.

베이비 붐 세대를 포함하는 고령 친화 주거 환경 조성을 위한 정책 추진을 위해 제도적인 기반이 구축되어야 한다. 국토교통부와 보건복지부는 고령자의 주거와 복지 서비스 연계를 노력 중이다. 그러나 현재 주거 시설·공간의 노후도에 집중하는 국토교통부 정책과 고령자의 건강 상태에 근거하는 보건복지부 정책은 조화롭고 협력적으로 추진되지 못하고 있다. 부처 간 고령 친화 주거 지원 사업의 통합 추진이 필요하다.

참고문헌

고진수·최막중. 2012.「노년가구의 주거소비 특성 - 연령, 건강, 독거효과를 중심으로」. ≪국토계획≫, 47(3), 235~247쪽

김가람. 2019.「2차 베이비부머 세대의 은퇴 후 주거 선호 연구 : 주거 인식과 은퇴준비 충분성을 중심으로」. 이화여자대학교 박사학위논문.

김명식. 2023. "K-CCRC 정책에 관한 수도권 베이비부머의 인식과 정책 방향. 베이비부머와 MZ세대를 위한 주거생태계조성". 주거복지미래포럼(2023.11.21) 발표 자료.

김준형·한정훈. 2012.「은퇴 이후의 주거입지: 서울거주 인구를 중심으로」. ≪국토계획≫, 47(3), 159~173쪽.

김찬호. 2014.10.15. "〔김찬호의 일본 인사이트〕 일본, 고령화문제 '세대공존주택'으로 답 찾았다". ≪이코노믹리뷰≫.

김춘남·한창근·이미영. 2022.「경기도 노인의 특성분석 연구: 전구 서울, 경기도 노인실태조사 비교중심으로」. 경기연구원 정책연구보고서 2022-12.

문화체육관광부. 2022.『여가백서』.

박태진·조성기·김향숙. 2014.「예비은퇴자의 경제적 준비정도에 따른 주거선호 특성에 관한 연구」. ≪Journal of The Korean Data Analysis Society≫, 16(1), 405~416쪽.

보건복지부. 2021.『자살예방백서』. https://www.mohw.go.kr/gallery.es?mid=a10410020000&bid=0005&act=view&list_no=882.

송한나. 2022. "〔기획〕, MZ세대를 통해 본 한국사회의 세대구분". 여론속의여론.

≪연합뉴스≫. 2010.5.9. "우리나라 베이비붐은 1955~1974년".

유오상. 2023.8.28. “아이 웃음소리 가득한 세대 공존형 실버타운…“동네가 활기 넘쳐요””. ≪한국경제≫. https://www.hankyung.com/article/2023081787931.
윤경혜·김신수. 2020. 「노인의 여가활동 참여가 심리적 안녕감에 미치는 영향: 사회적 지지의 매개효과」. ≪정책개발연구≫, 20(2), 153~198쪽.
윤성은. 2017. “은퇴자의 라이프스타일과 노후소득”. 삼성생명 은퇴연구소. ≪은퇴 리포트≫, 112, 1~20쪽.
임홍택. 2018. 『90년대 생이 온다』. 웨일북.
전인수. 2013. 「베이비붐 세대의 은퇴 후 주거 특성 분석」. ≪한국전자통신학회지≫, 6(1), 43~49쪽.
_____. 2014. 「베이비붐 세대의 은퇴 후 주거특성 분석 및 시사점」. ≪한국전자통신학회지≫, 7(1), 58~64쪽.
조영태. 2021. 『인구 미래 공존』. 북스톤.
주택산업연구원. 2012. 「베이비붐세대 주택수요 특성 분석」. 주산연 연구보고서.
≪주택저널≫. 2014.4. “세대 공존형 주거트랜드를 읽어라”. http://www.jutek.kr/user/selectBbsColumn.do?BBS_NUM=573&COD03_CODE=c0311&MEN02_NUM=38.
통계청. 2018.8.27. “베이비붐 세대와 인구절벽”. https://kostat.go.kr/board.es?mid=a90104010301&bid=12303&tag=&act=view&list_no=370190&ref_bid=.
황병우. 2021.11.8. “은퇴 이후 가장 필요한 주거환경 요소는 ‘병원 등 보건의료시설’”. ≪파이낸셜신문≫. https://www.efnews.co.kr/news/articleView.html?idxno=92758.
≪헬스조선≫. 2023.1.31. “노인 자살률 OECD 압도적 1위… 준비 안된 초고령 사회”. https://health.chosun.com/site/data/html_dir/2023/01/31/2023013101761.html(검색일: 2023.11.13).
Trend M. “세대를 구분하는 기준은 무엇일까?”. https://trend-m.com/insight/?idx=15043804&bmode=view.
Cooks-Campbell, Allaya. 2022.6.6. “One secret more working parents are discovering: Multigenerational living,” https://www.betterup.com/blog/multigenerational-home.
Faulkner, D. 2007. “The Older Population and Changing Housing Careers: Implications for Housing Provision.” *Australian Journal on Ageing*, 26(4), pp. 152~156.
Helderman, A. C. 2007. “Once a homeowner, always a homeowner? An analysis of moves out of owner-occupation.” *Journal of Housing and the Built Environment*, 22(3), pp. 239~261.

Hines. 2024.1.4. "Multigenerational multifamily living spreads in Europe," https://www.hines.com/the-point/multigenerational-multifamily-living-spreads-in-europe(검색일: 2024.3.15).

Pew Research Center. 2022.3.24. "Financial Issues Top the List of Reasons U.S. Adults Live in Multigenerational Homes," https://www.pewresearch.org/social-trends/2022/03/24/the-demographics-of-multigenerational-households/(검색일: 2024.3.10).

_____. "Current Population Survey Annual Social and Economic Supplement(ASEC)."

Tansley, A. G. 1947. "The Early History of Modern Plant Ecology in Britain." *Journal of Ecology*, 35(1), pp. 130~137. doi:10.2307/2256503. JSTOR 2256503.

제7장

노인 주거 복지 정책:

보건복지부를 중심으로

1. 들어가며

노인 인구의 급격한 증가로 노인 복지에 대한 국민의 관심과 요구가 증대되고 있다. 선진국의 경우 오래전부터 노인 복지 정책이 우선적 국가 정책 중 하나로서 노인 문제에 많은 관심을 갖고 정책적 대비를 점진적으로 시도해 왔다. 그러나 한국은 경제 발전 관련 정책에 우선적이었고 노인 문제에 대한 체계적인 대비가 미흡했던 것이 사실이다. 2023년 현재 실버타운·고령자 복지 주택 공급량은 각각 9606가구, 3956가구에 그치는 등 한국의 고령 인구(65세 이상) 대비 시니어 레지던스 세대 비중은 0.13% 수준에 불과하다.[1]

---

1 기준 고령 친화 주택에 거주하는 노인의 비율은 미국 4.8%, 일본 2.0%와 비교해도 턱없이 낮은 수준이다.

1970년대 이후 산업화와 공업화의 역군인 베이비 붐 세대의 인구는 큰 폭으로 증가했고 이들은 60대 나이에 접어들어 은퇴가 시작되었다. 그러나 대부분 베이비 붐 세대는 먹고사는 문제를 스스로 해결해야 했으며 부모 부양과 자녀 교육 등으로 자신의 노후를 준비할 여유도 없었고 재정적으로 어려운 상황이다. 의술의 발전과 소득 증가로 건강에 대한 관심이 증대되면서 평균 수명이 늘어나 오랜 노후 생활이 가능해졌다. 이들 노인들의 노후 문제는 한국 사회의 중요한 정책 과제이자 체계적이고 종합적인 접근이 필요한 분야이다.

한국의 노인 복지 정책은 노후 소득 보장 정책과 의료 보장 정책, 노인 주거 보장 정책, 재가 복지 시설 정책, 여가 복지 시설 정책 등이 있다. 이 장에서는 이들 정책 중 노인 주거 보장 정책을 중심으로 논의하고자 한다.

2. 노인 주거 복지 정책

2000년대 이후 노인 복지 정책의 확산과 다양화가 시도되었다(이재란·조계표, 2021). 2000년 노인복지법은 노인주거복지시설 조항을 신설했고 이후 개편으로 노인주거복지시설은 양로시설, 노인공동생활가정, 노인복지주택 등으로 세분화했다.

노인의료복지시설은 노인요양시설, 노인요양공동생활가정, 노인전문병원 등으로 구분했다. 재가노인복지시설은 방문요양서비스, 주야간보호서비스, 단기보호서비스, 방문목욕서비스 등으로 분류했다. 이와 같은 제도적 변화는 환경 변화에 따라 다양한 노인 복지 서비스 욕구를 충족하기 위함이다.

2000년대 한국이 빠른 속도로 고령화 사회에 접어들자 기존의 노인 복지 정책만으로는 노인의 욕구를 충족시키기 어렵게 되었다. 인구 고령화라는 문제에 대한 대응으로 저출산·고령사회기본법 제정이 이루어졌으며, 그에 기초해 저출산고령사회위원회를 구성해 5년마다 저출산고령사회기본계획이 마련되고 있다(저출산고령사회위원회, 2023).[2]

현재 한국 노인 주거 복지 정책은 보건복지부와 국토교통부가 각각 담당하고 있다(〈표 7-1〉). 보건복지부는 노인주거복지시설(양로시설, 노인공동생활가정, 노인복지주택), 노인의료복지시설(요양 시설, 노인요양공동생활가정), 주택 개조 사업(복지 용구 급여, 노인 맞춤 돌봄 서비스, 지역 사회 통합 돌봄)을 주로 맡고 있다. 그리고 국토교통부가 수행하는 사업은 고령자 복지 주택, 공공 임대 주택, 주택 개조 사업(수선 유지 급여, 농어촌 장애인 주택 개조 사업)이다. 그리고 보건복지부와 국토교통부가 공동으로 시행하고 있는 사업은 지역 사회 통합 돌봄(케어 안심 주택)이다.

〈표 7-1〉을 통해 알 수 있는 바와 같이 입주 대상 연령은 60세 혹은 65세 이상이다. 입주자 소득 수준을 통해 알 수 있는 것은 노인복지주택을 제외한 나머지 시설은 저소득층을 대상으로 한다.

노인복지주택의 경우 입소자가 전액 비용을 부담하는 조건으로 별도의 소득 기준은 없다. 대부분의 시설에서는 일상생활 지원을 중심으로 서비스를 제공하며 독립적인 생활이 어려운 고령자가 입주한 노인의료복지시설에서는 요양 서비스를 함께 제공한다. 운영 주체로는 보건복지부가 주관하는 시설의 경우 개인, 비영리 법인 등으로 다양하다. 그리고 국토교통부가 주관하는 정책은 한국토지주택공사(LH)가 주된 주체이다.

노인들을 위한 주택 개보수 지원 정책은 보다 안전하게 생활할 수 있도록 기존 주거 환경을 개선하는 사업이며, 자가 가구 노인이 대상이다. 주요 개선 사업

---

2 저출산고령사회위원회는 제1~제4차 저출산·고령사회 기본계획을 수립하고 저출생 완화 및 고령 사회에 대응해 왔다. 현재 제4차 저출산·고령사회 기본계획(2021~2025)을 시행 중에 있다. https://www.betterfuture.go.kr/front/policySpace/basicPlanDetail.do?articleId=3&listLen=5&searchKeyword=&position=E.

표 7-1 노인 주거 복지 및 서비스 제공

<table>
<tr><th colspan="2" rowspan="2">구분</th><th colspan="5">보건복지부</th><th>보건복지부+
국토교통부</th><th colspan="2">국토교통부</th></tr>
<tr><th>노인 요양 시설</th><th>노인 요양
공동생활 가정</th><th>양로 시설</th><th>노인 공동
생활 가정</th><th>노인 복지 주택</th><th>케어 안심 주택</th><th>고령자 복지 주택</th><th>공공 임대 주택</th></tr>
<tr><td rowspan="3">입주
대상</td><td>대상
연령</td><td>65세 이상 혹은 60세 이상</td><td>65세 이상 혹은 60세 이상</td><td>65세 이상</td><td>65세 이상 혹은 60세 이상</td><td>65세 이상 혹은 60세 이상</td><td>65세 이상 혹은 60세 이상</td><td>65세 이상</td><td>65세 이상</td></tr>
<tr><td>소득
수준</td><td colspan="2">장기 요양/생계/의료 급여 수급자 등 차상위층</td><td colspan="2">장기 요양/생계/의료 급여 수급자 등 차상위층, 1인당 월평균 소득액 이하 소득</td><td>제한 없음</td><td>지자체별 상이</td><td>생계/의료 급여 수급자</td><td>일정 수준 이하의 월평균 소득 수준 무주택자</td></tr>
<tr><td>건강
상태 및
ADL*</td><td colspan="2">노인성 질환으로 인한 장애로 독립적인 일상생활이 불가능해 요양을 필요로 하는 상태</td><td colspan="2">기본적으로 일상생활에 지장이 없는 노인을 대상으로 함, 약간의 도움이 필요한 경우 입소 가능</td><td>단독 취사 등 독립된 주거 생활에 지장이 없는 상태</td><td>입원 치료 후 요양, 방문 의료가 필요한 자립 생활이 어려워 돌봄 등의 도움이 필요한 경우</td><td>독립적인 일상생활이 불가능해 도움을 필요로 하는 경우에 우선순위</td><td>독립적인 주거 생활이 가능하며 일상생활에 지장이 없는 상태</td></tr>
<tr><td rowspan="3">시설 및
서비스</td><td>면적,
시설 등</td><td colspan="3">입소 정원 및 1인당 연면적, 건강 관리 및 급식 위생 관리 등 전문 인력 배치 기준을 충족한 시설</td><td colspan="2">입소 정원 및 1인당 연면적을 충족한 시설</td><td colspan="2">공동 주택</td><td>공동 주택</td></tr>
<tr><td>지원
서비스</td><td colspan="2">요양 등의 노인성 질환에 대한 서비스, 급식 등의 일상생활에 필요한 서비스</td><td>급식 등 일상 서비스</td><td>가정 같은 주거 환경 급식 등 일상생활에 필요한 서비스 제공</td><td>주거 편의 사항 생활 지도, 안전관리 등 일상생활에 필요한 서비스 지원</td><td>보건 및 의료, 일상생활 지원 등 서비스</td><td>건강, 일자리 서비스 및 주거 환경 + IT 스마트홈 서비스</td><td>주거 환경 + IT 스마트홈 서비스</td></tr>
<tr><td>운영 주체</td><td colspan="5">개인, 비영리 법인, 주식 회사 등이 지자체장에게 통보 후 설치 및 운영</td><td>지자체 중심(LH)</td><td>LH + 지자체</td><td>LH + 지자체</td></tr>
</table>

자료: 노인복지법 제31~33조; 박미선 외(2022); 강은나 외(2019).

주: ADL(activities of daily living)은 '식사, 배설, 목욕, 옷 갈아입기, 보행 등 일상생활의 기본적인 동작'을 의미함.

내용으로 안전 바 설치, 단차 제거, 미끄럼 방지 타일 설치, 경사로 설치(무장애 설계, 배리어 프리) 등을 지원한다. 주택 개보수 지원 사업의 대상은 주거 급 여, 노인장기요양보험 등의 저소득 노인이다.

보건복지부가 시행하는 노인주거복지시설의 종류로는 ① 양로시설, ② 노인공동생활가정, ③ 노인복지주택 세 가지로 분류된다. 입소 대상을 보면 양로시설·노인공동생활가정의 무료 입소 대상자는 기초 생활 보장 수급자(생계 급여 또는 의료 급여)로서 일상생활에 지장이 없는 65세 이상의 자, 부양 의무자로부터 적절한 부양을 받지 못하는 자로서 일상생활에 지장이 없는 65세 이상의 자(노인 보호 전문 기관에서 학대 피해 노인으로 입소 의뢰를 받은 노인 및 긴급 조치 대상자) 등이다. 그리고 양로시설 입소 대상자로는 대상자의 해당 연도 월평균 소득액이 도시 근로자 1인당 월평균 소득액 이하인 자로서 일상생활에 지장이 없는 65세 이상의 자이다.[3]

유료 입소 대상자는 입소자로부터 입소 비용의 전부를 수납해 운영하는 양로시설 또는 노인공동생활가정의 경우는 60세 이상의 자이다. 노인복지주택은 단독 취사 등 독립된 주거 생활을 하는 데 지장이 없는 60세 이상의 자이다.

노인주거복지시설은 노인복지법에 근거해 설치 및 운영되며, 노인에게 안전한 주거 공간과 일상생활에 필요한 서비스를 제공하는 것을 목적으로 하고 있다. 노인주거복지시설의 법적 기준을 보면 1997년 노인복지법이 개정됨에 따라 노인주거복지시설은 노인양로시설, 실비양로시설, 유료양로시설, 실비노인복지주택, 유료노인복지주택 등 다섯 개 유형으로 세분화되었다. 2008년 노

3 ① 월평균 소득액은 본인과 배우자 및 생계를 같이하는 부양 의무자의 월 소득 합산액을 가구원 수로 나눈 소득액이다. ② 도시 근로자 1인당 월평균 소득액은 통계청장이 통계법 시행령 제3조의 규정에 의해 고시하는 전년도(본인 등에 대한 소득 조사일이 속하는 해의 전년도를 말한다)의 도시 근로자 가구 월평균 소득을 전년도의 평균 가구원 수로 나누어 얻은 1인당 월평균 소득액이다.

인장기요양보험제도가 도입되어 장기 요양 기관이 새로운 노인 복지 시설에 편입되면서 노인주거복지시설, 노인의료복지시설, 그리고 재가노인복지시설 유형의 변경과 신설이 이루어졌다(강은나 외, 2014). 노인공동생활가정이 새로운 시설 유형으로 도입되면서 노인주거복지시설은 양로시설과 노인공동생활가정, 노인복지주택 등 세 가지 유형으로 변경되었다.

여기서는 노인주거복지시설인 양로시설, 노인공동생활가정, 노인복지주택의 현황을 살펴보고 당면 과제가 무엇인지를 논의하도록 한다.

흔히 요양원과 양로원을 같은 시설로 오해하고 있는 경우가 있다. 양로원은 노인복지법 제32조 '노인주거복지시설'이고, 요양원은 노인복지법 제34조 '노인의료복지시설'이다. 큰 차이점을 주거 시설과 의료 시설이라는 점이다. 좀 더 쉽게 이해하자면 일반적으로 요양원은 의료 복지 시설이기에 조금 더 돌봄이 필요한 고령자가 입소하고, 양로원은 주거 복지 시설이기에 조금 더 건강하고 일상생활이 가능한 고령자가 입소한다고 보면 된다.

노인장기요양보험에 근거해 차이점을 알 수 있다. 요양원은 노인장기요양보험의 혜택을 받을 수 있는 시설이기 때문에 등급을 받은 노인이라면 공단에서 80%를 지원받아 입소해 생활하는 곳이다. 양로원은 장기 요양 등급 여부와 상관없이 공동생활을 원하면 자비 부담으로 입소 가능한 주거 시설이다. 요양등급을 받은 노인은 양로원도 입소가 가능하지만 노인장기요양보험의 (80%지원) 시설 급여 혜택을 받지는 못한다.

아울러 유사한 용어로 혼돈을 가져올 수 있는 것으로는 '요양병원'이다. 요양병원은 국민건강보험에서 부담하고 의료법에 의해 설치된 의료 기관이다. 반면 요양원은 노인장기요양보험에서 부담하고 노인복지법에 의해 설치된 요양 시설이다. 따라서 요양병원은 의료 기관이므로 상근하는 의사와 간호사가 있어야 하고 입원 자격에도 제한이 없다. 요양 보호사를 직접 고용할 의무 또한 없다. 요양원은 장기 요양 등급 판정을 거쳐 입소 자격을 얻어야 한다.

양로시설을 '양로원'으로 생각해 무의탁 노인이 기거하는 곳으로 오해하기도 한다. 한국은 법적으로 양로시설에 속하지만 최고의 시설을 갖춘 곳도 있다. 시설과 서비스 수준의 관점에서 보면 최고급 호텔과 같이 수영장, 골프 연습장, 헬스장과 사우나를 비롯해 병원, 편의점, 은행 등이 입점해 있다. 물론 이러한 고급 시설과 서비스를 갖춘 곳이 소수이지만 양로시설도 다양한 형태가 있음을 잘 말해주고 있다.

'양로시설'과 '노인공동생활가정'은 어떤 차이점이 있는가. 〈표 7-2〉에서 알 수 있는 바와 같이 최대 입소 정원의 숫자가 큰 차이점이라 할 수 있다. 양로시설은 최대 입소 정원이 정해져 있지 않지만 노인공동생활가정은 최대 아홉 명까지 수용한다. 즉, 양로원이 기숙사 같은 분위기라면 노인공동생활가정은 하숙집 같은 분위기이다. 노인공동생활가정이 좀 더 가정적인 형태로 운영되고 있다고 볼 수 있다.

비용 면에서 양로시설과 노인공동생활가정은 무료, 실비, 유료로 구분되어 있다. 입소 대상자의 자격에 따라 비용이 달라질 수 있다. 고급 유료 양로시설의 경우 입소자 본인이 비용의 100%를 부담해야 한다. 실버타운 형태인 노인복지주택도 고급 유료 양로시설과 유사해 입소자가 비용의 100%를 부담한다. 그러나 양로시설의 무료 입소 대상자는 65세 이상의 기초 수급권자 혹은 부양의무자로부터 적절한 부양을 받지 못하는 자를 위해 마련된 시설이다. 정부나 지방 자치 단체가 양로시설 운영에 필요한 모든 비용을 전액 지원한다. 유료 양로시설이라 하더라도 본인 부담금 100%를 부담하는 입소자뿐만 아니라 기초 수급권자나 실비 보호 대상자도 함께 받는 곳도 있다. 입소를 원하는 사람들은 유료 양로시설에 직접 문의하고 정보를 확인하는 것이 필요하다.

노인주거복지시설의 문제점은 무엇인가?

첫째, 한국은 2025년 초고령화 사회(20.6%)에 진입할 전망이다. 반면 노인주거복지시설(양로시설· 노인공동생활가정·노인복지주택) 수는 줄어들고 있다.[4]

표 7-2 노인주거복지시설의 설치 목적 및 시설 규모(2023) (단위: 개소, 명)

구분	설치 목적, 지원 서비스	시설 규모	시설 수/입소 정원
양로시설	노인을 입소시켜 급식과 그 밖에 일상생활에 필요한 편의를 제공	입소 정원 10명 이상	175/9,653
노인공동생활가정	노인들에게 가정과 같은 주거 여건과 급식, 그 밖에 일상생활에 필요한 편의를 제공	입소 정원 5~9명	82/710
노인복지주택	노인에게 주거 시설을 임대해 주거의 편의, 생활 지도, 상담, 안전 관리 등 일상생활에 필요한 편의를 제공	30세대 이상	40/9,006

자료: 국가통계포털, '노인복지시설' 검색 결과, https://kosis.kr/search/search.do?query=%EB%85%B8%EC%9D%B8%EB%B3%B5%EC%A7%80%EC%8B%9C%EC%84%A4; 보건복지부, '노인주거복지시설의 종류', https://www.mohw.go.kr/menu.es?mid=a10712010500; 노인복지법 제31~33조.

노인 주거 안정을 위해 이러한 시설들이 축소되는 원인을 파악하고 향후 확충될 수 있도록 정책적 노력이 필요하다.

둘째, 기준의 모호성이다. 일반적으로 알려진 실버타운(시니어 주택)으로 '더 클래식 500'과 '유당마을'을 예로 들 수 있다.[5] 더 클래식 500은 유료 양로시설로 그리고 유당마을은 노인복지주택으로 알려져 있다. 양로시설이나 노인복지주택은 법에 따른 운영 인력 수나 규모가 다르지만, 사실상 같은 기능을 한다. 양로시설과 노인복지주택의 기능과 역할 등이 분명히 구분되고 설립취지에 적합한지 여부를 점검하고 시정할 필요가 있다.

셋째, 분양형 노인복지주택은 더 이상 존속하지 않는다. 정책 당국이 분양형 노인복지주택이 파행적으로 운영되었다고 판단한 결과이다.[6] 종전에는 분양형

4 노인주거복지시설 수는 2019년 382개에서 2022년 308개로 감소했다. 보건복지부, 2023 노인복지시설현황 참조.

5 실버타운은 일반적으로 많이 사용하는 용어이지만 최근에는 '시니어 주택'이라는 용어를 쓰기도 한다.

6 실제 서울 노원구에 위치한 중앙하이츠아쿠아의 경우 2008년부터 입주를 시작했으나 당시 분

과 임대형으로 구분되어 운영되었지만 불법적인 분양, 양도, 입소 등의 악용 사례가 빈번히 발생하자 2015년 1월 28일 노인복지법이 개정되었고 같은 해 7월 29일부터 노인복지주택은 분양형은 폐지되고 임대형으로만 운영되고 있다.

현재 전국적으로 10개소의 분양형 노인복지주택이 남아 있다. 용인 스프링카운티자이(1345가구), 수지 광교산 아이파크(537가구), 수원 광교 두산위브(547가구), 광교 아르데코(261가구) 등이 대표적인 분양형 노인복지주택이다. 각종 제도들로 인해 분양형 노인복지주택의 입주민들은 자신들의 재산권을 행사하지 못하는 상황에 놓였다.

보건복지부는 2008년 8월 4일부터 입주 자격을 위반한 자에 대한 처벌 규정을 마련했다. 그러나 이미 해당 주택을 분양받은 사람들의 피해를 우려해 2011년 부칙을 신설해 입소 자격 등에 관한 규제를 완화했다. 처벌 규정 시행 이전 건축 허가 또는 주택 사업 계획 승인을 받은 노인복지주택은 입소 자격자가 아닌 자에게 양도 또는 임대할 수 있고, 자격이 없더라도 입소할 수 있게 되었다. 다만 이는 2008년 8월 4일 이후 건축된 노인복지주택에는 오히려 역차별이 발생한다는 불만과 논란을 가져오며 또 다른 분란의 소지를 남겼다.

넷째, 고령 사회 노인 안전 문제가 주요한 사회 이슈로 대두되고 있다. 노인의 생활 공간 수요와 해당 공간의 안전성 확보에 대한 검토, 보완이 필요하다. 최근 정책 차원의 노인주거복지시설의 증가 및 고령자 시설의 안전 규제 강화 등이 직접적인 대응 전략이라 할 수 있다. 노인들의 시설 내 활동을 동선 행태 및 활동량에 따른 안전사고와의 관계를 검증하고 이에 예방적 노력이 필요하다(유종옥·박재승, 2011; 김은희·변나향, 2017).

정부는 2024년 7월 23일 정부 서울 청사에서 열린 경제 관계 장관 회의에서

양권 전매 등으로 60세 이하의 입소 자격이 없는 이들이 대다수 입소하며 논란이 되었다(≪중부일보≫, 2023.7.31).

'시니어 레지던스 활성화 방안'을 발표했다.[7] 민간 사업자의 시장 진출을 촉진하고자 실버타운 설립 시 사업자가 토지·건물을 소유하도록 한 규제를 없앴다. 앞으로 사업자는 토지·건물 사용권만 확보해도 실버타운을 짓고 운영할 수 있다. 행정안전부가 지정한 89곳 인구 감소 지역에는 '신(新)분양형 실버타운'이 들어선다. 매물의 일정 비율을 반드시 임대형으로 운영하도록 한 주택이다. 분양 완료 후에 주택이 제대로 관리되지 않는 등 문제를 예방하기 위해서다.

수요가 높은 도심지의 부지 공급이 어려운 점을 감안해 도심 내 유휴 시설과 유휴 국유지를 시니어 레지던스로 조성할 수 있도록 지원을 강화한다. 시니어 레지던스 조성을 위한 건설 자금에 주택도시기금 공공지원 민간임대 융자 지원을 검토하고, 지역활성화 투자 펀드 지원 대상에 분양형 실버타운을 포함할 예정이다. 중산층 고령자까지 고령자 복지 주택 공급을 확대하고 유주택 고령층도 입주가 가능한 실버 스테이 시범 사업을 추진한다. 입주자 보호와 선택권 보장을 위해 표준 계약서와 품질 인증제를 도입하고 시설 현황과 이용료 등에 대한 정보 공개 시스템을 구축한다. 입주 이후 이용료 확보 부담을 완화하기 위해 서울주택공사 등을 통해서 기준시가 12억 원 이하 주택을 매각하고 매각 대금을 연금형으로 수령할 수 있도록 제도를 개선한다.

3. 정책 과제와 전망

오늘날 전 세계는 기대 수명 증가와 출생률 감소로 인해 인구 구조에 지속적인 변화를 경험하고 있다. 사람들은 이전에 비해 더욱 오래 살고 있으며, 전체

---

7 시니어 레지던스는 법상 개념은 아니며 고령자복지주택(공공임대), 실버 스테이(민간임대), 실버타운(노인복지주택) 등 서비스가 제공되는 고령 친화적 주거 공간을 의미한다.

인구 중 노인이 차지하는 비중과 수 모두 빠르게 증가하고 있다. 노인은 단순한 신체적 노쇠 현상뿐만 아니라 정신적 건강 및 경제력의 약화를 수반하게 된다. 노인에게 이러한 경제적 능력의 악화는 주거 연관 다양한 문제를 야기하게 된다.

노인의 지불 능력이 제한된 환경 속에서 노인의 최저 주거 수준 확보뿐만 아니라 노년을 더욱 만족스럽게 살기 위한 노인 주거 환경 조성은 당면한 과제라 하겠다. 노인을 위한 주거와 환경 계획은 먼저 노인들의 주거실태조사와 노인의 주거 인식 조사가 이루어져야 한다. 아울러 노인에 대한 생리적·심리적·사회적 변화의 이해와 문제점을 살펴보고 주거 계획으로서 부문별로 대응 가능한 사항을 검토해야 한다.

주거 계획상 고려해야 할 사항으로는 노인의 활동 영역의 축소, 운동 및 감각 기관의 쇠퇴, 호흡 순환계의 쇠퇴를 감안해야 한다. 이를 위해 주거 계획에서는 노인에 적합한 공간 규모 및 시설 설치, 안전 사고를 줄일 수 있는 계획적 접근이 필수적이다.

심리적 변화와 연관해 주거 계획상 대응을 보면 생활상의 부적응, 지적 능력의 감퇴 등에 대한 생활 공간의 배려, 노인을 위한 교육 및 치매 노인을 위한 평면 계획이 요구된다. 그리고 사회·심리적으로 노인은 고립감, 허무감, 낙오감 등을 감안해 주거 계획으로서 여가 선용, 취미 활동을 위한 장소 계획과 함께 프라이버시 유지, 영역성 등의 확보가 필요하다.

입지에 따른 노인주거복지시설의 계획 기준 차별화가 요구된다. 예를 들어 도심형과 전원형의 시설 설치에 따른 비용 차이가 많다. 도심형의 경우 토지 가격 및 토지 이용 극대화를 위해 수직형(고층화)으로 건축한다. 이 경우 재난 발생 시 안전한 대피와 구조에 중점을 두어 계획해야 할 것이다. 아울러 노인주거복지시설이 노후화될 경우 시설 규모나 구조, 기존 건축물 용도 등 여건에 맞는 리모델링 계획 기준을 별도로 마련할 필요가 있다(김은희·변나향, 2017).

법적 체계와 연관된 분쟁의 해결과 예방에 관한 사항으로서 한국의 노인복지법은 공법적 체계를 가지고 노인 복지 시설 또는 노인의료복지시설 등에 관한 행정적인 측면에서만 규정하고 있다. 시설을 운영하는 사업자와 노인 소비자 간의 발생할 수 있는 사법적 계약 분쟁을 해결하기에는 미흡한 부분이 많다. 주거 요양 계약은 주거라는 임대차 관계와 서비스 제공이라는 위임 계약의 혼합 형태로 현행의 법률로는 발생하는 분쟁에 대응하기 어렵다. 운영 기준 역시 사업자가 시설을 설치할 당시에 신고 사항에 해당하고 그 이행 의무 또는 불이행 시 처벌에 관한 규정이나 주무관청의 관리·감독에 관한 규정이 미흡하다는 점에서 그 실효성에 의문이 제기된다.

독일과 같이 시설을 운영하는 사업자와 노인 소비자 간의 발생할 수 있는 사법적 계약 분쟁을 해결할 수 있는 법 개정이 요구된다. 노인들이 불공정한 계약에 피해를 받지 아니하도록[독일 주거요양계약법(WBVG) 제3조 참조][8] 사업자에게 계약 체결 전 정보 제공 의무를 부여해야 한다(김성미, 2022). 독일의 주거요양계약법은 법적으로 보호해야 할 계약의 유형, 계약 체결 전 설명 의무 및 해지에 관해 사회보장법(SBG XII)과 더불어 노인에게 적합한 서비스를 제공하는 자와 노인 간의 계약을 규율하는 규정을 두고 있다.

노인들이 임차인으로 거주하는 경우, 70세 이상의 고령자 임차인에게는 계약 갱신권을 행사할 수 있도록 하는 프랑스 제도를 참고할 만하다.[9] 임대인의 임대차 계약 해제권에도 불구하고 계약 갱신권을 행사할 수 있는 고령 임차인

---

8 주거 요양 사업자는 계약을 체결하기 전 계약의 전반적인 내용에 대해 정보를 제공하고 설명해야 한다. 사업자가 제공하는 '일반적인 서비스의 범위(allgemeines Leistungsangebot)'와 입소하는 특정 소비자에게 필요한 '중요한 내용(wesentlichen Inhalt)'을 서면으로 작성해 소비자가 쉽게 이해할 수 있는 언어로 알려야 한다.

9 세 개의 법(알뤼법, 마크롱법, ASV법)은 모두 1989년 법조문을 개정하는 내용을 포함하고 있고, 이 세 개의 법이 통과됨에 따라 '1989년 법'은 고령자를 더욱 강화해 보호하는 방향으로 개정되었다.

은 '1989년 법'에 따르면 70세 이상의 사람이다. 따라서 임대차 계약의 만기일에 임차인의 나이가 70세 이상이라면, 고령 임차인에 해당해 임대인의 계약 해지권과 관계없이 계약 갱신권을 주장할 수 있다(박준혁, 2022). 이러한 법 취지는 고령 임차자의 경우 경제적인 어려움과 이동의 불편함 등을 고려해 취해진 것이라 해석된다. 아울러 프랑스는 고령 주택 소유자에게는 세금의 감면이나 면제해 주는 혜택을 통해 본인이 오랜 시간 거주했던 장소를 유지할 수 있도록 해(aging in place) 주거 안정성을 높이고 있다.

한국의 경우 주택임대차보호법으로 임차인을 획일적으로 규율해 보호하고 있는 반면, 프랑스는 임대차 계약의 당사자가 고령자인 경우 그 임차인의 권리를 일반적인 임차인보다 강화해 보호한다. 아울러 고령자를 위한 주택 보조금(사회 보조금)의 도입 등은 사회적 약자인 고령자의 주거 안정을 도모하도록 정책적인 조치를 취하고 있다. 한국도 이러한 노인 주거 복지 제도가 다양한 방식으로 발전될 수 있도록 보다 더 구체적이고 체계적으로 접근할 필요가 있다.

노인의 주거 정책을 논의함에 있어 노인 그룹의 크게 두 집단으로 구분 가능하다. 한 그룹은 저소득층 노인이고 다른 그룹은 중산층 내지 고소득층이다. 일반적으로 저소득층 노인을 위한 주거 복지 정책 프로그램은 충분하지는 않지만 정부와 공공 부문에서 다양하게 시행되고 있다. 그러나 주택을 소유한 중산층 혹은 어느 정도 경제력이 주어진 노인에 대한 노후 주거 문제 논의와 정책적 배려는 미흡한 상태이다. 선진 외국의 경우를 살펴보도록 한다.

1) 미국

미국 통계국(U.S. Census Bureau)에 따르면, 65세 이상 노인의 비중이 1960년 9% 수준에서 2015년 15%를 넘어 '고령 사회'에 들어섰으며, 2030년에 '초고령 사회'로 진입할 것으로 예상하고 있다. 대부분의 미국 노인들은 집을 소유하고 있다. 1989년 이래로 주택 소유자가 주택 담보 대출에 부채를 지고 있는 비율은 65세에서 74세 사이에서는 거의 두 배가 되었고 75세 이상에서는 거의 세 배가 되었다. 주택 담보 대출을 상환한 주택 소유자들은 지속적인 유지 비용과 세금을 지불하기에 경제적 부담을 가지고 있다. 비록 집을 소유한 경우라도 은퇴 후 소득은 일반적으로 감소하거나 고정되며, 인플레이션과 특히 의료 및 주거 비용 증가로 인해 노후의 주거 생활은 어려움을 겪고 있다.[10] 많은 노인들이 노후에 가장 편안하고 건강하게 살아갈 수 있는 주거지를 찾고 있다(Bland, 2001).

미국은 노인 주택 소유자의 경우 재산세 경감으로 경제적 압박을 완화할 수 있도록 하고 있다. 노령 주택 소유자는 본인 소유 주택에서 떠나지 않고도 거주를 계속하면서 역모기지(reverse mortgage)를 통해 도움을 받을 수 있다. 역모기지는 HECM(Home Equity Conversion Mortgage) 프로그램을 통해 연방 정부에 의해 보장된다. 주택 소유자는 지속적인 유지 관리, 세금 및 보험 비용을 지불할 수 있도록 지원하고 있다.

고령자의 주거 생활 안전을 위해서는 신규 건축과 기존 주택의 개조(리모델링 등)를 통해 가능하다. 그리고 새롭게 건축하는 주택은 처음부터 접근성을 고려해 설계하거나 향후 접근성 수정을 쉽게 할 수 있도록 한다. 접근성을 높이는 한 가지 방법은 유니버설 디자인 원칙을 보다 광범위하게 채택하는 것이다. 유니버설 디자인에는 넓은 출입구, 계단 없는 출입구, 레버 수도꼭지 등 고령자 및 신체 장애자에게 안전과 편익을 주기 위한 것이다.

예를 들어 의료 수혜 노인들은 집에서 안전하게 노년을 보낼 수 있도록 주거

10 Board of Governors of the Federal Reserve System, 2014, "2013 Survey of Consumer Finances Chartbook"; Joint Center for Housing Studies of Harvard University, 2016, "Projections & Implications for Housing a Growing Population: Older Households 2015-2035," pp. 4~5.

개조 자금을 제공받으며, HUD의 타이틀 I 주택 및 부동산 개선 대출 프로그램은 주택 수리 및 개선을 위한 민간 대출 기관을 활용할 수 있도록 한다. 보장 금액은 단독 주택의 경우 최대 2만 5000달러이다. 이 프로그램은 저소득층 노인들이 샤워실에 손잡이를 설치하고 휠체어로 접근할 수 있는 입구를 만드는 등 노인의 생활 편익을 크게 향상시킬 수 있는 개조 비용이다.

노인의 주거 문제를 해결하는 지역 사회 수준 모델에는 ① 공동 주택(co-housing), ② 마을(villages), ③ 살기 좋은 지역 사회(liveable community) 단위로 구분된다. 대부분의 경우 이러한 모델은 중산층 노인에게 적용되며 사회적 교류를 강조한다. 첫째, 코하우징은 개인 주택뿐만 아니라 사회 활동을 위한 계획된 공용 공간을 갖춘 의도적인 주거 커뮤니티를 의미한다. 대부분의 공동 주거 공동체는 다세대로 구성되어 있지만 노인 가구에 유용한 옵션을 제공한다. 둘째, 마을은 노인을 위한 교통, 사교 모임, 나들이, 식료품 쇼핑 등의 서비스를 조정하는 회원 조직에 기반하고 있다. 셋째, 살기 좋은 지역 사회는 노인을 위한 안전하고 편안한 인프라, 서비스 및 주택 옵션을 갖춘 고령 친화적 계획을 위해 미국계획가협회(APA)가 제안한 지침에 따라 설계된 지역 사회이다. 미국퇴직자협회(American Association of Retired Persons: AARP)는 'Smart Growth America'와 같은 접근 방식에 따라 지역 사회를 노인 친화적으로 꾸미고 있다.[11]

2) 영국

2022년 현재 영국의 65세 이상 고령 인구는 총인구의 19%이다. 〈표 7-3〉과

---

11 스마트 성장(smart growth)은 건물 유형과 용도, 다양한 주거 및 교통수단, 기존 지역 내 개발, 강력한 지역 사회 참여를 촉진하는 개발에 대한 전반적인 새로운 접근 방식이다. 스마트 성장 접근 방식의 기반은 수십 년 전에 개발되었고 미국 환경보호국(EPA)은 열 가지 원칙을 제시했다.

같이 영국은 65세 이상 고령자 비중이 점차 증가하고 있는 추세이다. 잉글랜드 사우스웨스트(South West) 지방은 65세 인구가 전체 인구의 23.8%를 차지할 것으로 예상하고 있다. 영국 사회는 고령화되고 있으며 점점 더 많은 사람들이 나이가 들수록 자신의 요구를 충족하는 주택을 필요로 한다. 2014년부터 2039년 사이에 예상되는 가구 성장의 70% 이상이 60세 이상의 가구로 구성될 것으로 추정한다. 주택은 개인의 건강에 매우 중요하며 공공 지출, 특히 사회 복지 및 NHS에 영향을 미친다.

영국의 노인 주택 부문은 은퇴 주택(independent living for older people)과 돌봄이 포함된 주택(with increased provision of communal facilities and on-site care)으로 구분된다. 점차 공동 시설 및 현장 돌봄 제공이 필요한 수요가 증대되고 있다. 그리고 이 분야 시장이 점점 더 확대되리라 예상되지만 현재는 규모가 매우 미미한 상태이다(Heybridge, 2021; Lowe, 2024).

은퇴자 주택(돌봄 주택 포함)은 영국 전역 주택의 약 2.6%만을 차지한다. 노인 숙박 상담소(EAC)는 영국에 약 62만 가구의 은퇴 주택('노인을 위한 독립생활' 제도와 추가 요양 주택 제도 포함)이 있는 것으로 추산하고 있다.

최근 몇 년 동안 노인 친화적인 주택 디자인이 개발되고 있다. 고령 인구 주택 혁신(Housing our Ageing Population Panel for Innovation: HAPPI) 보고서는 '은퇴자 주택'을 노인들이 원하는 상품으로 만들 수 있는 매력적인 디자인 가이드라인[12]을 제시하고 있다. 이러한 가이드라인을 준수할 경우 주택 기금을 활용할 수 있도록 하고 있다.

노인 주거 태스크 포스(Older People's Housing Task force)가 2023년 4월에 출범했다. 이들은 공공과 민간의 특화된 노인 주거와 지원되는 노인 주거가 더

---

12 노인의 삶의 질 향상을 위한 공간 활용성, 공유 공간의 채광·발코니 및 실외 공간 등 인간의 건강과 쾌적성을 위한 원칙을 내세운 지속 가능한 가이드라인.

표 7-3 영국 지역별 65세 이상 노인 인구 비중 (단위: %)

지역	65세 이상 비중(2014)	65세 이상 비중(2024)
잉글랜드	17.6	19.7
사우스웨스트	21.1	23.8
노스웨스트	18.8	21.7
이스트 미들랜드	18.5	21.2
이스트	19	21.2
사우스이스트	18.6	21
노스웨스트	18	20.3
요크셔와 험버	17.9	20.2
웨스트 미들랜드	18	20
런던	11.5	12.5

자료: UK Office for National Statistics.

다양한 선택, 주거 질 향상, 안정성을 제공하기 위한 목적으로 설립되었다.[13] 이 태스크 포스의 목적은 노년기에 고령자들을 위한 주거 시설 공급을 늘리고 주거 옵션을 개선할 수 있도록 지원하며, 노인들이 주거 생활상 장애물을 제거할 수 있는 방법을 모색하는 것이다. 이 태스크 포스의 업무 범위는 고령자들의 주거, 특히 중산층을 위한 민간 시장에 초점을 맞추고 있다. 이 범위에는 돌봄 시설은 포함되지 않는다. 이 태스크 포스는 구체적인 활동 내용을 보면 ① 노인 주택의 적정 수준 모색, ② 주거 시설 공급과 공급의 증가 촉진 및 장애 요소 확인, ③ 노인들이 이용할 수 있는 특화된 주택의 범위와 선택의 폭을 넓히는 옵션 마련 등이다.

영국의 은퇴자 주택(retirement housing)은 노인들이 대상이며 고령자 주거 안전을 목표로 한다. 거주자들은 55세 또는 60세 이상이어야 하고 대부분의 은

13 UK Government, "Older People's Housing Taskforce," https://www.gov.uk/government/groups/older-peoples-housing-taskforce.

퇴 주택은 기본적으로 리스 홀드(leasehold)로 판매된다. 리스 홀드는 땅 소유권 없이 주택 자체에 대한 소유권만 가지며, 프리 홀드(freehold)는 주택은 물론 주택이 지어진 땅까지 모두 소유하는 개념이다. 예를 들어, 99년 또는 125년간 장기간 리스 홀드 형태이고 경우에 따라서는 999년 리스 홀드도 있다고 한다(Age UK, 2023.11). 리스 이용자는 통상적으로 정기적인 서비스 요금을 지불해야 하며, 부가 서비스가 제공되는 은퇴 주택에서 상당한 비용을 부담해야 한다. 은퇴자 주택은 공유 소유(shared ownership) 방식을 통해 살 수 있는데, 이는 부동산의 지분을 사는 것이다.

대부분의 은퇴자 주택은 집주인이 관리하거나 집주인이 의뢰한 제3의 관리자(관리 대리인)가 관리한다. 일부 주택의 경우 주민이 직접 관리하기도 한다. 은퇴 주택에서는 어떤 서비스가 제공되는가? 모든 은퇴자 주택이 동일하지 않지만 일반적으로 아래 서비스를 제공받는다. 이러한 서비스의 수혜가 노인 개인 단독 주택을 소유한 경우와는 많은 차이점을 발견할 수 있다.

- 공동 이용 구역 및 공용 공간 청소 및 유지 관리
- 공동 시설, 구조물 수리 및 유지 보수
- 은퇴자 주택 관련 행정 관리 서비스
- 긴급 경보 제공 및 유지 관리

관리비에 관련해 방 하나 아파트의 경우, 연간 1500파운드에서 3000파운드 사이의 비용을 지불하게 된다. 만일 24시간 직원을 배치하고, 대규모 공동 시설과 현장 돌봄 시설을 갖춘 경우 연간 최대 1만 파운드의 비용을 부과한다. 서비스 비용뿐만 아니라 다른 비용도 있다(6절 참조).

은퇴자 주택 거주자는 서비스 비용 및 임대료에 부담이 있다면 펜션 크레디트(Pension Credit: PC), 개런티 크레디트(Guaranty Credit), 주거 급여(housing benefits) 또는 유니버설 크레디트(Universal Credit)를 청구해 서비스 비용의 일부를 지원받을 수 있다. 그리고 지방 정부는 PC를 통해 경제적인 지원이 가능하다. 잉글랜드 지방의 경우 '서포팅 피플(supporting people)' 프로그램[14]에서 지원이 가능하고 적용 범위는 매우 다양하다.

3) 독일

독일 연방 통계청에 따르면 최근 몇 년간 독일의 노인 인구는 꾸준히 증가하고 있다. 독일은 현재 세계에서 상위 다섯 개의 '초고령' 국가 중 하나이며 2019년 기준 65세 이상 인구는 약 1700만 명으로 독일 전체 인구의 약 20%를 차지한다. 독일의 65세 이상 인구는 2050년까지 41% 증가해 2400만 명이 될 것으로 예상되며, 이는 전체 인구의 1/3을 차지한다. 동시에 15세에서 64세까지의 인구는 23% 감소할 것으로 전망하고 있다(〈그림 7-1〉).

베이비 붐 세대의 고령화와 함께 노인의 삶의 질에 직접 영향을 줄 수 있는 주택과 주거 환경에 대한 정책적 관심이 높다. 노인을 대상으로 한 조사에 따르면 독립적인 일상생활이 불가능해 타인의 도움에 의존할 수밖에 없는 상태여도 현재 살고 있는 주택에서 재가 돌봄 지원을 받는 형태를 가장 선호한다고 응답한 비율이 59%로 나타났다(Generali Zukunftsfond, 2013). 노인 인구의 증대는 장기적으로 수발 수요자 규모의 지속적인 증가로 이어져 시설 요양으로 인한 사회적 부담이 증폭될 것으로 예상되어, 자택 기반 수발을 확대하는 것이 수발 보험과 사회 부조 재정 안정화에 기여할 수 있는 중요한 정책 프로그램이기 때문이다(주보혜, 2019).

---

14 취약 계층(노인 등)이 자립적으로 생활할 수 있도록 서비스 자금을 지원하기 위한 목적으로 지방 정부에 18억 파운드 보조금으로 2003년에 시작되었다.

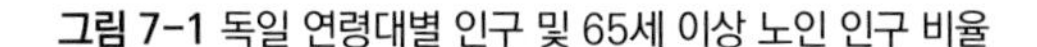

그림 7-1 독일 연령대별 인구 및 65세 이상 노인 인구 비율 (단위: 100만 명)

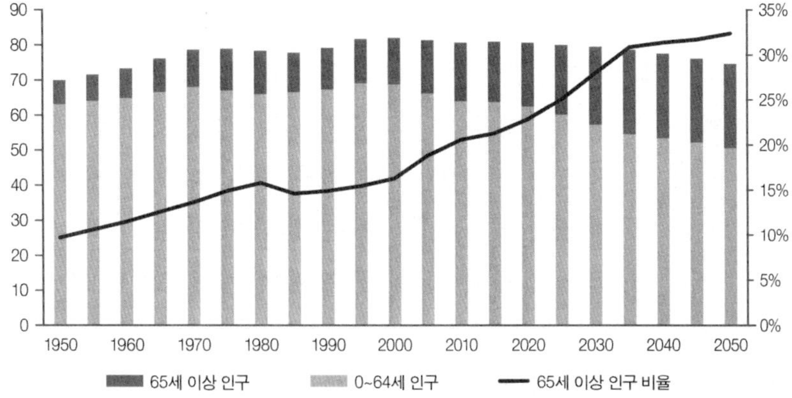

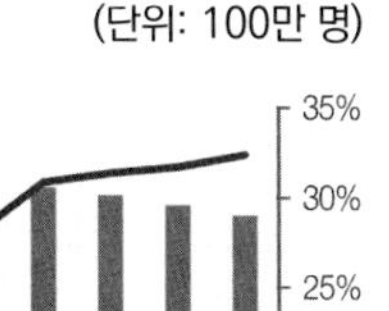

자료: AARP International(https://www.aarpinternational.org/initiatives/aging-readiness-competitiveness-arc/germany).

전체 노인과 정부 지원이 필요한 대부분의 노인들이 30년 이상 된 노후 주택에 거주하고 있다. 이는 노인 친화적이지 못하고 노인들이 거주하기에 불편한 집들이다. 즉, 무장애 환경을 갖추지 못한 주택이다. 상당수의 노후 건물이 출입구나 건물 내부의 단차로 인해 휠체어로 진입하기 어렵고 구조상 엘리베이터 설치가 불가능한 집들이 많았다. 화재 발생 시 대피 통로가 제대로 확보되지 않아 노인들이 계속 거주하는 데는 많은 문제점이 있다. 이러한 점을 감안해 독일 정부와 민간 부문에서 노인의 욕구에 적합한 구조·설비 요소를 갖춘 주택을 공급하고 노인이 자택에서 계속 거주하도록 지원하기 위한 주택 정책 프로그램과 노인 지원 시스템을 강화하기 시작했다.

이러한 정책 실현을 위해 2019년에는 노인 적합 주택 개조 보조금에 6750만 유로, 대출 지원을 위한 이자 보조에는 1025만 유로의 연방 예산을 배정했다(Bundesministerium des Innern, für Bau und Heimat, 2019). 연방재건은행의 노인 친화 주택 개조 관련 지원 항목으로 ① 건물 진입 통로 확장, ② 현관 출입구 개조, ③ 계단과 단차를 줄이는 개조, ④ 거주 공간의 재조정과 문턱 제거, ⑤

욕실 개조, ⑥ 일상생활 지원 ⑦ 공동생활 공간과 멀티제너레이션하우스(Mehrgenerationshaus)가 있다(KfW, 2019).

독일의 65세 이상의 사람들 중 3/4이 그들이 여전히 건강하다고 느낀다고 보고되었고 높은 건강 수명을 유지하고 있다. 그러나 만성 질환과 치매와 같은 심리적인 질환의 유병률은 증가하고 있다. 독일은 또한 의무적인 장기 치료(LTC) 보험을 보유한 몇 안 되는 국가 중 하나이다. 증가하는 치료 수요를 충족하기 위해 정부는 LTC 시스템 활용을 정착하기 위해 노력해 왔으며, 독일은 특히 치매가 있는 사람들에 중점을 두고 가정 기반 치료를 강화하고 수혜자의 범위를 넓히기 위해 노력하고 있다.

정부는 또한 전자 건강 기술을 활용해 서비스가 부족한 농촌 지역의 노인들이 도시 지역에서와 같은 품질의 치료에 접근할 수 있도록 보장하는 데 집중하고 있다. 독일은 노인 인구가 증가하고 있음을 감안해 노인 돌봄을 위한 체계가 잘 구축되어 있다. 독일 정부는 노인 인구 지원을 목적으로 연금, 건강 보험, 사회 서비스, 주거 안정 등을 포함하는 포괄적인 사회 보장 제도를 제공하고 있다. 주거 복지 관련 내용을 살펴보면 아래와 같다.[15]

(1) 주거용 주택의 이용 가능성과 기준으로 레지던스 홈(residential homes)은 독일에서 노인 돌봄에 이용 가능한 선택지 중 하나이다. 이들은 '노인 주택(Seniorenwohnungen)'이라고 불리며 독립형 생활 아파트와 유사하지만 식사, 가사와 같은 부가적인 서비스를 제공한다. 이러한 시설은 정부의 보조를 받으며 독립적으로 거주하기를 원하는 노인들에게 저렴한 주거 유형 선택이 될 수 있다.

---

15 Expat Focus, https://www.expatfocus.com/germany/guide/germany-elderly-care(검색일: 2024.3.25).

독일의 레지던스 홈의 한 예는 베를린(Berlin)에 있는 '빌헬름스루르 노인 주택 단지(Seniorenwohnpark Wilhelmsruh)'이다. 이 시설은 노인들에게 편안하고 안전한 환경을 제공하며, 전담 직원이 필요한 경우 연중무휴로 지원을 제공한다.

(2) 케어 홈(care homes)의 이용 가능성과 기준을 보면 독일에서 노인 돌봄을 위한 또 다른 선택이 가능한 유형으로는 케어 홈인데, 이 케어 홈은 레지던스 홈과 유사하지만 보다 광범위한 의료와 연관 서비스를 제공한다. 케어 홈은 정부의 보조금을 받으며 저소득이나 장애와 같은 특정 기준을 충족하는 사람들이 이용할 수 있다.

독일에서 가장 잘 알려진 케어 홈 중 하나는 뮌헨(München)에 있는 아우구스티눔(Augustinum)이다. 이 시설은 도움이 필요한 노인들을 위해 돌봄, 의료, 사회 활동을 제공한다. 이 케어 홈은 비영리 단체에 의해 운영되며 우수한 돌봄을 제공하는 것으로 높은 평판을 받고 있다. 독일의 케어 홈은 일반적으로 양질의 돌봄을 제공하지만, 자격 기준을 충족하지 못하는 사람들에게는 비용이 많이 들 수 있다. 또한 일부 시설의 돌봄의 질에 대한 우려와 방치와 학대의 가능성에 대한 우려도 제기 되기도 한다.

(3) 너싱 홈(nursing homes)의 이용 가능성과 기준으로 너싱 홈은 독일에서 노인 돌봄을 위한 가장 광범위한 선택지로 연중무휴 의료와 돌봄 서비스를 제공한다. 이러한 시설은 전문적인 돌봄이 필요한 사람들만을 위한 것이다.

너싱 홈은 더 이상 자신의 집이나 다른 시설에서 돌봄을 받을 수 없는 사람들을 위한 시설이다. 입소자들은 하루 종일 다양한 돌봄을 받는다. 이곳에는 1인실이나 공유실이 있다. 치매를 앓고 있는 사람들을 돌보거나 혼수상태의 환자들을 돌보는 데 특별히 초점을 맞춘 곳도 있다. 이곳에 입소하기 위한 조건은 건강 보험의 의료 서비스에서 돌봄의 필요성과 입원 필요성이 인정되어야 한다.

독일에서 가장 잘 알려진 너싱 홈 중 하나는 베를린에 있는 '하우스 보겔상(Haus Vogelsang)'이다. 이곳은 도움이 필요한 노인들을 위한 의료 등 우수한 돌봄을 제공하는 것으로 평판이 높다. 하우스 보겔상과 같은 너싱 홈은 생활비가 매우 비싸 독일의 많은 노인들이 접근할 수 없다.

위에서 언급한 것 이외의 다른 형태의 노인들을 위한 보조를 받으면서 생활이 가능한 시설로는 치료 목적의 주거 공동체, 단기간 주거 등 여러 종류의 주거 시설이 있다. 예를 들어, 정신 질환자, 약물 중독자, 노숙자 및 장애인을 위한 주거 시설이다. 이러한 시설에 누구나 노인이면 쉽게 입소할 수 있으나 공중 보건 의사(정신과 의사 등)의 진단 결과에 따라 입소 여부가 결정된다.

독일의 노인 돌봄은 노인 인구에 포괄적인 지원을 제공하는 체계가 잘 구축되어 있다. 레지던스 홈, 케어 홈, 너싱 홈과 같은 선택지가 있지만 여전히 자금 부족, 입주 자격 문제 등 양질의 돌봄을 제공하는 데 어려움을 겪고 있다.

4. 맺는말

노인주거복지시설에서 제공되는 서비스는 확대되어야 한다. 대부분의 노인들이 신체적으로 기능이 저하된 상태임을 고려해 물리 치료, 심리 치료, 그리고 건강 교육 프로그램을 확대할 필요가 있다. 이러한 치료와 건강 교육 서비스를 확대 시행함으로써 노인요양시설이나 요양병원에 입원을 지연하거나 예방하는 효과를 기대할 수 있다.

외국의 사례를 보면 노인을 위한 다양한 형태의 주거 서비스가 제공되고 주거 형태도 종전과 다른 모습을 보이고 있다. 독일은 개인의 연금 수준에 근거한 다양한 주거 서비스의 제공, 영국은 기존의 임대 주택 중심에서 주거 환경 개선 보조금 지원 제도의 도입, 그리고 스웨덴은 탈시설화를 접목시켜 개인의 거주 지속성 제고로 정책의 전환을 보이고 있다(박정훈·박근영·심경수, 2017). 그리고 아시아 국가 중에서는 싱가포르와 일본이 노인 주거 보장 정책이 다양한 대표적인 국가이다.

고령자들만이 사는 노인주거복지시설이 아니라, 중·고등학교 및 대학과 연계해 평생 학습과 봉사 활동을 통해 학생들과의 지속적인 교류도 추진하기도 한다. 노인을 위한 주택, 일반인 주택, 대학생을 위한 주거 시설(기숙사 등) 등이 동일 주거 단지에 입지하거나 인접하게 해 네트워크를 형성하도록 한다(이선형, 2022). 젊은 사람들에게는 아르바이트 등의 고용 기회도 창출하고, 고령자에게는 정신적·육체적인 활성화에 큰 도움을 주기도 한다.

이러한 발상의 전환과 제도적 지원으로 고령자 주택이 실버타운이나 양로시설과 같은 고령자들만의 전유물이 아니라 다양한 세대가 상호 교류하며 살아가는 소셜 믹스형 노인주거복지시설 형태의 접근이 필요하다.[16]

노인 인구의 증가로 거의 모든 아파트 단지는 노인들의 비중이 점차 증대되고 있다. 특히 공공 임대 주택은 노인들의 비중이 더욱 크다.[17] 그래서 노인 거주 비중이 높은 아파트 단지의 경우는 노인 주거 서비스 제공이라는 차원에서 실버타운, 요양 시설 등과 같이 노인을 위한 무장애 시설과 관련 서비스를 확대하는 방안이 필요하다. 특히 새로 건설되는 민간 아파트 단지나 주거 시설의

---

16 한국도 소셜 믹스형 접근이 일부 시도되었다. 이는 아파트형 마을 공동체 모델인 협동조합형 공공 지원 민간 임대 주택 위스테이 사례이다. 더함은 2016년 12월, 국토교통부 시범 사업 '협동조합형 공공지원민간임대주택 공모'를 통해 사업 주관사 자격을 획득해 남양주 별내 지구와 고양시 지축 지구에 각각 491세대, 539세대의 아파트 위스테이를 만들었다. 입주 대상은 소득 분위 10분위 기준으로 7분위부터 3분위까지인 중산 계층 중 무주택자를 대상으로 한다. 별내는 2020년, 지축은 2022년 초 입주를 마쳤다.

17 2021년 말 기준 영구 임대 주택 임차인의 65세 이상 고령자 비율은 52.2%, 국민 임대 주택은 26.9%이며, 60세 이상의 예비 고령자까지 포함하면 각각 67.7%, 39.1%에 해당한다.

경우 노인 친화적 시설과 서비스를 제공할 수 있도록 다양한 지원책 및 가이드라인이 제시될 필요가 있다.

노인 인구의 증가와 생산 인구의 감소는 국가 복지 재원의 부담이 증대될 것으로 예상된다. 이러한 상황하에서는 노인 복지 시설을 지속적으로 확대하기에는 한계가 있을 것으로 판단되어 재가 복지 서비스를 확대하는 방향으로 나아갈 것으로 보인다. 이러한 추세는 이미 주요 선진국들이 노인 주거 복지의 기조를 재가 복지 방식으로 전환하고 있다. 즉, 현재 거주하는 자기 집에서 계속 살아갈 수 있도록 하며 노인들이 필요로 하는 다양한 재가 복지 서비스를 확대하는 형태를 적극적으로 고려해야 한다.

다양한 노인 복지 시설은 장기 요양 급여 수급자 등 그 요건이 까다롭기 때문에 소위 중산층이면서 어느 정도 독립된 생활이 가능한 고령자들이나 연금 생활자들은 이러한 시설의 혜택을 받지 못하는 사각지대로 남아 있다. 일본은 이러한 문제를 고령자주거법 제정을 통해 서비스 주택 사업을 활성화해 해결한 바 있다(윤태영·송성민, 2022). 일본의 고령자주거법을 참고해 노인주거복지시설의 다양화와 동시 운영에 있어 부당한 계약이나 파행적 운영의 부작용을 막을 수 있는 방안이 필요하다.[18]

한국 주거 법제의 핵심적 목적은 임차인의 보호 등에 집중되어 있다. 아울러 주택 문제는 특히 공급으로 해결을 하고자 하는 정책적 특징을 발견할 수 있다. 그리고 임대차 계약에서 고령 임차자를 특별히 보호하는 법 제도는 미흡한

---

18 2001년 일본은 '고령자의 주거안정 확보에 관한 법률'을 제정하며 고령자 대상 우량 임대 주택, 고령자 전용 임대 주택, 고령자 원활 입주 임대 주택 등을 운영하고 있다. 고령자 대상 우량 임대 주택은 국가와 지방 자치 단체에서 각각 임대료 보조금이 1/3씩 나오며, 나머지 1/3은 본인이 부담하는 제도다. 고령자 전용 임대 주택은 보조금은 나오지 않지만, 고령자들에게만 임대해 주는 것이며, 고령자 원활 입주 임대 주택은 고령자의 입주를 거부하지 않는 임대 주택으로 이들의 임대료는 시장 임대료와 동일하다.

실정이다. 특히 기초 생활 수급자를 제외한 고령자에게 직접적인 재정 지원 제도는 더욱 찾아보기 힘들다. 앞으로 베이비 부머들이 퇴직해 노인으로 여생을 살아가야 하는 인구는 급속히 증가하는 추세이다. 정부의 노인복지주택 관련 공급 위주의 정책으로는 한계가 있을 수밖에 없다. 그래서 독일, 프랑스 등의 선진국에서 채택하고 있는 다양한 수요자 및 임차자를 위한 노인 주거 복지 정책을 참고해 한국형 모델을 개발해야 하며 동시 새로운 로드맵 구축이 필요한 때이다.

2024년 7월에 정부가 발표한 '시니어 레지던스 활성화 방안'에 따르면 중산층 노인들에게도 주거 선택권이 다양화될 것으로 전망된다. 중산층 시니어를 위해서는 실버 스테이(민간임대주택)를 새로 공급한다. 고소득층이 주로 이용하는 실버타운과 저소득층 대상의 고령자 복지 주택에 이어 중산층을 위한 실버 스테이를 만들어 고령층의 다양한 주거 수요를 맞추겠다는 의도다. 원래 공공 지원 민간 임대는 무주택자만 입주할 수 있지만, 실버 스테이의 경우 60세 이상 유주택 고령자도 입주 가능하다. 국토교통부와 한국토지주택공사는 구리 갈매 역세권 사업 지구에 실버 스테이 시범 사업을 위한 첫 번째 사업자 공모를 2024년 12월 19일(목)부터 실시한다고 밝혔다. 이는 새로운 임대주택 도입 방안의 후속 조치이다. 이 책의 10장 실버타운에서 더 구체적인 내용을 다룬다.

참고문헌

강은나. 2021. 「노인주거복지시설의 현황과 과제」. 한국보건사회연구원. ≪보건복지포럼≫, 293(2021.3), 88~101쪽.

강은나·박세경·배혜원·이민홍·박은정·오세웅·홍이진. 2014. 「초저출산·초고령사회의 위험과 대응전략: 초고령사회와 노인복지 서비스」. 한국보건사회연구원.

강은나·주보혜·이재춘·배혜원. 2019. 「초고령사회 대응을 위한 노인주거정책 개편 방안」.

한국보건사회연구원.
김성미. 2022.「노인의 주거복지를 위한 독일의 ‘주거요양계약법(WBVG)’에 관한 법제 연구」. ≪토지법학≫, 38(2), 315~351쪽.
김은희·변나향. 2017.「고령사회 노인주거복지시설의 안전성 확보를 위한 제도 개선연구」. 건축도시공간연구소.
박미선·윤성진·조윤지·전혜란. 2022. “초고령사회 대응을 위한 주거정책분석 및 제언”. 저출산고령사회위원회.
박준혁. 2022.「고령사회에 따른 프랑스의 주거 법제」. ≪토지법학≫, 38(2), 231~260쪽. DOI: 10.22868/koland.2022.38.2.007
박정훈·박근영·심경수. 2017.「노인주거보장정책에 관한 비교연구: 독일, 영국, 스웨덴 사례를 중심으로」. ≪인문사회 21≫, 8(4), 1175~1192쪽.
주보혜. 2019.「독일의 노인 주거 정책 동향: ‘지역사회 연속적 거주’ 정책을 중심으로」. ≪국제사회보장리뷰≫, 여름호(9), 68~77쪽.
이선형. 2022.「세대교류형 주거실태와 정책과제, 노인-청년을 중심으로」. 서울시 여성가족재단.
이재란·조계표. 2021.「노인복지정책의 시대적 변화와 발전 방안에 관한 연구」. ≪한국행정사학지≫, 52, 1~28쪽.
유종옥·박재승. 2011.「노인주거 복지시설 안전사고 실태조사에 의한 시설기준 제안에 관한 연구」. ≪한국실내디자인학회 논문집≫, 17(2), 7~16쪽.
윤태영·송성민. 2022.「우리나라 노인주거복지사설의 문제점과 일본 ‘서비스 지원형 고령자 주택’의 정책 및 계약 분석」. ≪토지법학≫, 38(2), 285~313쪽.
보건복지부. “노인주거복지시설의 종류, 입소대상 및 절차”. https://www.mohw.go.kr/menu.es?mid=a10712010500(검색일: 2024.3.26).
≪중부일보≫. 2023.7.31. “〔분양형 노인복지주택 문제〕 편법 분양에 골병든 노인 아파트… 이젠 역차별 논란”.
Age UK. 2023.11. “Facksheet 2 Buying retirement housing.” https://www.ageuk.org.uk/globalassets/age-uk/documents/factsheets/fs2_buying_retirement_housing_fcs.pdf.
Bland, W. R. 2001. *Retire in Style: 50 Affordable Places Across America*. New York, Next Decade.
Bundesministerium des Innern, für Bau und Heimat. 2019. Bundeshaushaltsplan 2019.

https://www.bundeshaushalt.de/fileadmin/de.bundeshaushalt/content_de/dokumente/2019/soll/epl06.pdf.

Heybridge, T. 2021, *The Retirement Handbook: A Guide to Making the Most of Your Newfound Freedom*. London, Summersdale.

KfW. 2019. Technische Mindestanforderungen und förderfähige Maßnahmen. https://www.kfw.de/PDF/Download-Center/F%C3%B6rderprogramme-(Inlandsf%C3%B6rderung)/PDF-Dokumente/6000004451_M_455_B_TMA.pdf.

Lowe, J. 2024. *The Good Retirement Guide 2024: Everything you need to Know about Health, Property, Investment, Leisure, Work, Pensions and Tax*. London, Kogan Page.

UK Government. "Older People's Housing Taskforce." https://www.gov.uk/government/groups/older-peoples-housing-taskforce.

제8장

노인 주거 선호와 에이징 인 플레이스(AIP)

1. 들어가며

노인이 나이 들어 어디에 살 것인가와 관련해 가장 흔히 사용되는 용어가 에이징 인 플레이스(AIP)이다. 미국 질병관리청(Center for Disease Control: CDC)에서는 AIP를 개인이 연령, 소득, 자신의 능력과 무관하게 자기 집과 커뮤니티에서 안전하고, 독립적이며, 편안하게 살 수 있는 능력이라고 정의하고 있다(CDC, 2009). 정부 부처에서도 AIP를 논의할 정도로 노년의 거처는 그 중요성이 높다. AIP라는 용어가 사용되기 시작한 배경과 이론적 근거, 그리고 AIP의 장소(place)는 어떤 장소를 의미하는지, 그리고 장소의 개념이 이제 커뮤니티로 확장되고 있기에 AIC(Aging in Community)는 어떤 차이가 있는지 등에 대해 살펴보고자 한다. 그리고, 국내의 조사와 연구에서 확인되는 노인들이 생각하는 어느 장소에서 거주하고 싶은지에 대한 주거 선호를 검토하고 이를 통한 시사점과 국내 연구 과제를 도출하면서 이 장을 마무리한다.

2. AIP, AIC의 이해

1) AIP의 도입과 이론적 배경

(1) AIP의 대두

인간 수명 연장에 따라 노년기에 어디에서 살 것인가에 대한 문제의 중요성이 높아지고 있다. 시대적인 변화를 보면, 노년학에서 AIP가 지난 30여 년간 큰 관심을 받아왔다. 1980년대 말에 수면 위로 올라와 1990년대에 분기점을 맞고, 2000년대에 들어 학문적 관심이 크게 증가했다(Bigonnesse and Chaudhury, 2020). 한편 AIP가 문헌에 처음 등장한 것은 1961년이고, 미국 농촌 지역에서 노인들이 지역에 남아 있으려는 상황을 언급하면서 시작되었다고 한다. 그리고 1970년대 이후 저널이나 도서, 컨퍼런스 발표 등에서 AIP가 좀 더 광범위하게 사용된 것으로 이해된다(Forsyth and Molinsky, 2021).

AIP의 각광은 정책적 환경, 인구 구조 변화, 노인의 선호 등이 결합되어 확대되고 있다. 우선 제2차 세계대전 이후 북미를 중심으로 자가 소유를 지향하는 가치가 높이 평가받으면서 자기 집에서 나이 드는 것이 상당히 매력적으로 다가왔다. 이와 함께 노인 인구 증가로 헬스 케어 서비스 요구가 증가하는데 이를 시설에서 해결하기에는 고비용 구조이므로, 이를 저렴하게 해결할 수 있는 방법에 대한 고민이 탈시설화 경향과 함께 공공 정책의 후퇴와 결합하면서 선진국에서 AIP가 큰 지지를 받아왔다(Greenfield, 2012; Guo and Castillo, 2012; Milligan, 2009 등).

인구 구조의 변화로 인해 가구원 수가 축소되고 그동안 가정 내에서 무급으로 제공되던 돌봄 노동 인력과 커뮤니티 지원이 감소하고, 공식적인 돌봄 노동자가 부족한 환경도 AIP의 확대와 연결된다(Bookman, 2008; McCallion, 2014).

노인 스스로는 최대한 자기가 살던 공간인 집과 커뮤니티에서 오랫동안 거주하고자 하는 욕구가 증대한 것도 AIP 관련된 프로그램과 정책 개발, 연구 확대에 기여했다(Cutchin, 2003).

(2) AIP를 바라보는 접근 방식: 이론

AIP를 지지하고 설명하는 이론은 다양한데, 이 때문에 AIP를 정의하는 방식도 다양하다고 할 수 있다. 우선 기능주의적 접근에서는 노인이 나이가 들어가면서 기능이 저하되는 개인으로 바라본다. 따라서 나이가 들어 능력이 제한되는 노인의 물리적 환경 요인을 고쳐주는 것 때문에 AIP를 지지하게 되고 이에 주안점을 둔다. 따라서 건강하고 성공적인 나이 듦과 같은 규범적인 고령화와 연결된다. 기능주의적 접근을 취하는 경우 주택에 거주하면서 일상생활을 유지하기 위한 지원, 주택 개조, 기술적 지원과 같은 연구로 이어진다(Freeman et al., 2008).

두 번째 구조주의적 비판적 접근법이 있다. 구조주의적 접근에서는 사회의 구조에 관심이 많다. 따라서 노인의 삶을 형성하는 구조로써 사회를 바라보기 때문에 사회 안에서 노인의 불평등, 계층적 분화 등에 관심을 둔다. 이런 접근법을 취하는 경우 노인의 역량 강화, 사회적 포용, 사회 참여 등이 AIP 실현에 중요한 메커니즘으로 인식된다(Burns, 2016).

세 번째는 현상학적 접근법이다. 현상학적 접근에서는 개인의 시각에서 겪은 삶의 경험에 관심을 둔다. 따라서 소속감이나 정체성, 시간과 장소 애착, 집의 의미와 같이 집이라는 장소에서 노인들이 겪은 경험을 중요하게 바라본다(Larger, Van Hoven, and Huigen, 2016; Penney, 2013; Rosel, 2003).

마지막으로 생태학적 접근법이 있다. 이는 로턴과 나헤모(Lawton and Nahemow, 1973)의 이론에 크게 영향을 받았고 AIP 연구에 가장 중요하게 활용되고 있다. 여기에서 노인은 환경과 지속적으로 교류하는 존재로 자리 잡고 있다(Wahl, 2015; Wahl et al., 2012). 환경의 요구 또는 압력에 대한 개인의 대응 사이의 균형이 AIP 달성에 중요한 것으로 인식된다(Greenfield, 2012). 이런 노년 생태학적 접근을 기반으로 여러 하부 이론이 발전해 왔는데, 인간과 환경이 조화를 이루느냐 부조화하느냐에 따라 크게 두 가지로 구분되고 각각에서 여러 이론이 발전했다.

2) AIP의 개념과 종류

AIP는 주택, 건조 환경, 커뮤니티, 사회 서비스, 보조 용구, 기술, 건강, 기능 등 여러 분야에 걸쳐 다루어지는 주제이다(Vasunilashorn et al., 2012). 그럼에도 불구하고 이 개념에 대해 연구자나 실행가, 정책 결정자 들 사이에 전반적인 합의가 이루어지지 않았다는 주장도 많다. 노년학 분야에서는 기존 연구 문헌들에서 다루어진 AIP의 개념, 영향 요인, 이론적 접근, 장소나 커뮤니티에 대한 이해 등을 광범위하게 수집 분석해 정리하는 논문들이 많이 발표되고 있다. 기존 문헌에서 AIP는 상당히 다양하게 정의되고 있으므로 그 의미와 이슈를 살펴본다. AIP라는 용어가 맥락과 사용자에 따라 다르게 사용되면서 정책적인 의미와 추구하는 목표가 달라지는 결과가 나타나므로 다양한 개념을 살펴보는 것이 중요하다.

포사이스와 멀린스키(Forsyth and Molinsky, 2021)는 기존의 문헌을 광범위하게 분석해 노년학 관련 분야에서 AIP의 개념을 정의하는 방식을 정리하는데, 크게 장소 기반, 서비스 기반, 자기 결정권 기반 정의로 세 가지로 나누고, 세부적으로는 크게 일곱 가지로 구분했다. 우선 장소 기반 AIP에는 세 가지가 있는데, 전혀 움직이지 않는 것, 가능한 한 최대한 오래 머무르는 것, 인근에 거주하는 것으로 구분된다. 즉, AIP를 장소에 기반해 정의할 때에도 절대 이동하지 않는 것으로부터 인근 가까운 곳으로 이동하는 것까지 포함하는 방식으로 차이가 있음을 보여준다. 두 번째인 서비스 중심적 정의로는 요양원에서 벗어나는 것과 노인 돌봄 시설 사이를 이동하지 않는 것을 AIP로 정의하기도 한다. 마지막으로 자기 결정권 관련해서는 자신의 선택으로 정하는 것과 다양한 정책을 선택하는 것이 있다.

첫 번째 정의인 절대 움직이지 않는 방식은 상당히 간명하고 이해하기 쉽다. 이사에 따른 비용 지출을 줄일 수 있고, 이미 친숙한 환경 속에 살 수 있다는 점에서 정당화된다. 이 개념을 AIP로 채택하게 되면 기존 주택의 개조와 서비스가 정책적 대응 방식이 된다. 그러나 단점으로는 노인들의 필요에 비해 넓은 주택을 소비하는 문제, 주택 개조의 문제, 서비스 제공의 어려움, 생애 말기에 재택 서비스 제공의 비용, 주택에 갇히는 문제 등이 제기된다.

두 번째 최대한 오래 머무는 것은 절대로 움직이지 않는 것을 AIP로 정의하는 것에 비해 현실적인 대안이 될 수 있다. 심각한 일상생활 능력 저하나 건강상의 문제 등이 발생할 때, 어느 시기에 도달하면 이동을 선택하는 것이다. 따라서 가능한 한 오래 머무는 것의 정책적 시사점은 기존에 거주하던 집에서 충분한 서비스를 제공할 수 없는 상황에 처할 때 지원 서비스(supportive service)를 제공하는 목적에 맞게 지어진 노인 주택(purpose-built senior housing)으로 이주하는 것이 정책적 고려 사항이 될 것이다. 상대적으로 주택의 리모델링이나 개조, 재택 서비스 제공의 중요도는 조금 낮아지고 생애 말기에 고강도 돌봄 서비스를 제공하는 정책을 고려할 수 있다. 그러나 가능한 한 오래라는 것에 대한 합의가 부족하다는 문제가 있다. 자신의 집에서 임종 전 해까지 또는 임종 전 달까지 머무는 것을 의미하는지, 아니면 다른 가족들이 생각하기에 이 단어의 의미는 무엇인지, 두 명이 함께 살 때 가능한 한 오래가 의미하는 것은 무엇인지, 노인 부부에게 이것은 무슨 의미인지 등 모두가 수긍할 만한 답을 찾기는 어렵다.

세 번째는 인근 지역에 거주하는 것을 AIP로 정의하는 것인데, 자신의 주택에 머무는 것으로 국한하지 않고, 일반적으로 지역을 중심으로 사회적 유대 및 연계를 유지하는 것에 초점을 두고 AIP를 정의하는 것이다. 노인이 자신의 욕구에 맞추어 주택의 크기를 줄이거나 적정한 크기의 주택으로 이동하면서 지역적 친밀감을 유지할 수 있다는 장점이 있다. 이를 위해서 정책적으로는 인근에 다양한 주택 옵션이 제공되어야 함을 의미한다. 다만, 다양한 주택이 접근 가능하지 않거나 비용적으로 부담 가능하지 않을 수 있다는 한계가 존재한다.

네 번째 서비스와 관련해 AIP를 정의할 때는 요양원에 입소하지 않는 것을 의미하기도 한다. 요양원이나 노인 돌봄 시설에 입소하지 않는다면 노인용 주거 단지나 가족의 주거지에서 나이 들어갈 수 있고, 이동 거리와 무관하게 커뮤니티에 머물게 된다. 또한 노인의 일상생활 유지를 위한 지원 서비스를 확대하는 것을 넓은 의미의 AIP로 보기도 한다. 이때는 노인의 욕구에 맞는 전용 지원 주택이 필요하고 미국에서 흔히 발견되는 생활 보조 시설(assisted living)이나 CCRC(continuing care retirement community)에서 거주하는 것도 포함된다.

다섯 번째, 자기 결정권과 관련해 AIP를 정의하는 경우는 거주할 곳에 대한 선택권이 있는 것을 AIP라고 보는 경우와 다양한 이상적 정책 프로그램 안에서 살아가는 것을 AIP로 보는 관점이 있다. 노인이 어디에 사느냐보다 어디에 살지 선택할 수 있느냐가 더 중요하므로(Golant, 2015) AIP를 정의하는 데 자기 결정권이 중요하다. 문제는 소득 수준, 건강 상태, 가족 구성원 등의 요인에 따라 자기 결정권을 행사할 수 있는 여지가 다르다는 것이다. 즉, 경제적으로 여유가 있는 노인, 여러 가족 구성원의 지지를 받는 노인에게는 더 많은 주거지 선택이 가능하다. 심지어 기후 여건이 좋은 곳에 여러 채의 집을 소유하고 있어 시간과 환경에 따라 선택해 거주할 수도 있다. 배우자가 사망한 이들은 선택권이 축소되었다고 볼 수도 있지만, 반대로 다른 이의 욕구를 고려하지 않아

표 8-1 AIP에 대한 정의와 주요 쟁점 요약

정의	정당성	정책적 함의	한계
① 장소 기반 정의			
절대 이동하지 않음	가장 명확함, 주변 환경 친밀성, 이사 비용 절감	기존 주택 개조	노인 주택 과소비, 주택 개조의 어려움, 생애 말기 재택 서비스 제공의 어려움, 주택에 갇힘
가능한 한 오래 거주	명확함, 생애 말기 옵션 포함	생애 말기 고강도 서비스 제공	요양원 등에서 건강이 많이 안 좋다면 시설에 병자 집중, 가능한 한의 개념에 대한 차이
같은 동네에 거주	지역의 친밀성을 유지하면서 주택 축소, 적정 규모화	인근에 주택 옵션 제공 필요	다양한 옵션이 가능하지 않거나 비용이 부담 가능하지 않을 수 있음
② 서비스 기반 정의			
요양원에서 벗어나기	멀리 있는 가족 포함 어느 곳에서도 가능	시설 밖에 다양한 돌봄 옵션 제공 필요	비효율적, 저품질 돌봄 가능성
노인 요양 시설 사이를 이동하지 않는 것	돌봄 시설 내의 이동을 막음	시설 안에 여러 돌봄 옵션을 유연하게 제공	제도적 제약, 인력 교육 가능성
③ 자기 결정권 기반 정의			
선택권을 갖는 것	자기 결정권	개별적 주택 옵션 제공	이동이 더 나은 선택지일 수도 있음
여러 정책 대안을 활용해 거주	사용자의 선택, 정부 비용 감축	주택 성능 향상, 연령 통합 커뮤니티 등 포함한 다양한 옵션 제공	이동하는 게 더 나은 선택지가 될 수 있음

자료: Forsyth and Molinsky(2021: 186) 표 1을 바탕으로 정리.

도 되므로 더 많은 선택지가 있다고도 볼 수 있다. 이러한 자기 결정권을 AIP로 정의하는 경우 자기 집 오래 거주 옵션이나 조기 은퇴 후 이사 옵션 등 다양한 주거지 옵션을 제공해야 한다는 정책적 시사점을 얻을 수 있다.

위의 정의와 유사하지만 약간 다른 방식으로도 AIP를 정의할 수 있는데, 거주 공간의 종류에 따라 구분하는 것이다. 즉, 자기 자신의 집 또는 노인 지원 주택과 같은 특수 목적 거주 공간이냐에 따라 AIP를 구분하는 것이다(Bigonnesse and Chaudhury, 2020). 자신의 집에서 수십 년간 머무는 경우에는 주택 개조나

표 8-2 거주 환경에 따른 AIP 형태와 지지 및 자원의 종류

	개인 주택		노인 지원 주택	
AIP 환경의 종류	수십 년간 자기 집에 거주	같은 동네에서 작은 집으로 이사	독립생활	생활 보조, CCRC
AIP를 위한 지지와 자원의 종류	주택 개조, 지원 기술, 주택 지원 서비스	접근 가능한 주택 환경, 지원 기술, 주택 지원 서비스	접근 가능한 주택 환경, 지원 기술, 주택 지원 서비스	일상생활 지원, 사회 및 오락 서비스, 헬스 케어

자료: Bigonnesse and Chaudhury(2020: 236) 표 1을 바탕으로 정리.

지원 기술 등의 지지가 필요하고, 같은 동네에서 이사하는 경우, 노인용 특수 목적 주택에 거주하는 경우 등에 따라 대표적인 주거 형태와 이를 위한 지원 서비스 종류가 다르다.

3) AIP 영향 요인

AIP를 가능하게 하거나 어렵게 하는 영향 요인도 중요하다. 기존의 노인 주거와 관련한 문헌에서는 AIP에 영향을 미치는 요인을 크게 다섯 가지로 구분하고 있는데, 개인적 특성, 건조 환경, 사회적 지지, 커뮤니티 서비스, 이동 능력이 그것이다(Bigonnesee and Chaudhury, 2020). 우선, 개인적 경험과 특성이 중요하다. 노인에게 AIP는 독립성을 상징하는 것이기 때문이다. AIP를 한다는 것은 일상생활, 독립성, 프라이버시에 대한 통제력을 의미한다. 익숙함, 일상적 생활 루틴이 모두 장소의 경험에 연결되어 있기 때문에 이러한 주거 공간과 동네는 노인의 자아 정체성 형성에 중요하다. 친밀한 공간에 대한 경험과 이 공간에 있다는 감각이 형성되면 이것이 감정적 애착으로 이어지고 노년기 웰빙에 밀접하게 연결된다는 것이다(Leith, 2006).

두 번째는 건조 환경이 영향을 미친다. 노년기의 욕구가 변화함에 적응하기 위해서는 여러 다양한 부담 가능한 주택 선택 가능성이 있어야 한다. 이것이

노인의 독립성을 강화하는 데 영향을 미치므로 AIP 영향 요인으로 건조 환경이 꼽힌다. 주거 환경이 일상생활 영위 능력에 적정하게 맞추어지지 않으면 주택 개조가 AIP에 가장 중요한 요인이 된다. 근린 차원의 건조 환경도 노년기 독립성에 영향을 미친다. 도로 연결성이나 다양한 토지 용도가 혼합된 정도, 근린의 주거지 밀도 등이 걷기에 적합하고 편의 시설 접근성이 좋은 경우 AIP에 영향을 미치게 된다(Andersson, 2011; Golant, 2008).

세 번째는 사회적 요인인데, 사회적 지지와 상호 작용이 대표적이다. 커뮤니티 기반의 지원 서비스나 사회적 지지가 있으면 노년기 건강 문제와 장애에 대한 대처가 용이하고 결과적으로 자신의 공간에서 나이 들어갈 능력이 높아진다(Golant, 2011). 동료의 지지나 동네 사람과의 정기적 만남을 통해 신체적 활동성을 높이고 안전하다는 느낌을 가지며, 필요시 도움을 받을 수 있다는 느낌과 웰빙에 영향을 미친다. 이렇게 노인을 사회적으로 포용하는 것과 노인의 사회적 참여는 노년기 삶의 질, 삶의 만족도에 영향을 미치는 중요한 요인이다.

네 번째는 커뮤니티 기반 서비스이다. 커뮤니티에서 제공하는 서비스가 얼마나 접근 가능하냐에 따라 일상적 욕구 해결에 중요한 역할을 한다. 이러한 커뮤니티 자원에는 슈퍼, 은행, 우체국, 약국, 병원, 노인 센터, 대중교통 등이 모두 포함된다. AIP와 독립적 생활을 지원하는 데 이런 자원과 서비스가 도보권(반경 약 400~500m)에 위치해야 한다는 연구도 이를 지지한다(Aherntzen, 2010 등).

다섯 번째는 위의 다른 요인들과 모두 연결되는 이동 가능성이다. 이동성은 노년기 AIP에 중요한데, 어떻게 우리가 세상을 이해하는지에 이동 가능함이 영향을 미치기 때문이다. 노년기의 이동성은 커뮤니티 기반 서비스와 사회적 건조 환경에 대한 접근성에 영향을 미친다. 서비스와 편의 시설이 집 근처에 있고 동네에 다양한 갈 곳이 있고, 대중교통에 접근성이 좋으면 걷기와 독립성 이동에 영향을 미친다는 연구 결과가 많다(Annear et al., 등).

4) AIC로의 확대

AIP 논의에서는 장소(place)가 무엇이냐에 대한 연구가 많다. 당연히 한쪽 끝은 자기 집이고 반대쪽 끝에는 시설이 있다. 집과 시설 사이의 이분법적 사고를 넘어서는 제3의 대안을 모색하는 과정에서 커뮤니티에서 나이 들기(Aging in Community: AIC) 개념이 제안된다(Thomas and Blanchard, 2009). 노년학자 블랜차드(Blanchard, 2013)는 미국 사회에서 고령화에 따라 노인이 시설에서 나이 드는 것에 대한 두려움이 높아가면서 기존의 AIP에서 장소를 집에 한정하면서 생기는 한계를 지적했다. 집을 이상향으로 정의하면 노인 선택의 폭이 좁아지게 된다. 역사적으로 미국의 문화적 가치는 독립, 자립, 개인 책임이고 이것이 노년에 자기 집에서 나이 드는 방식을 지지해 왔다. 그렇지만 이분법적 사고에 대응한 대안으로 코하우징으로부터 상호 협동적인 도시 빌리지(cooperative urban villages)까지 새로운 경향이 나타나고 있음에 주목한다. 사람들은 같이 모여서 자기 집에서 커뮤니티의 멤버로서 나이 들어갈 때 삶의 질과 웰빙을 향상시키기 위해 서로 상호 지지하는 근린을 형성하는 것, 바로 이것이 커뮤니티에서 나이 들기의 핵심이다. 이때 커뮤니티는 장기간 서로 의지하며 자발적으로 서로 지지하기로 선택한 소규모 모임을 지칭한다.

블랜차드에 따르면 AIC는 비슷한 생각을 갖고 있는 시민들이 같이 모여서 상호 지지의 시스템을 만들어 서로의 웰빙을 강화하고 삶의 질을 향상시키면서 나이가 들어도 자신의 집과 커뮤니티에서 머무를 수 있는 능력을 극대화하는 풀뿌리 움직임이라고 정의하고 있다(Blanchard, 2013.7). 여기에서 AIC의 가장 중요한 임무는 건강한 나이 들기를 촉진하기 위한 상호 지지와 상호 의존성을 형성하는 것이다. 이런 AIC를 위해서는 커뮤니티가 중요한데 그 커뮤니티는 다음의 여섯 가지 조건을 갖추어야 한다. 포용성, 지속 가능성, 건강함, 접근 가능성, 상호 의존성, 참여가 그것이다(각각의 주요 내용은 〈표 8-3〉 참조).

표 8-3 AIC 커뮤니티의 구성 요소와 주요 내용

구성 요소	주요 내용
포용성(inclusive)	모든 연령, 인종, 능력(특히 노인)을 갖고 있는 사람을 대환영한다.
지속 가능성 (sustainable)	주민들은 환경적으로 경제적으로 사회적으로 지속 가능한 라이프 스타일을 추구할 것을 약속한다. 주민들은 서로 알고 있고 작은 규모의 모임이 인간 상호 작용의 속성을 결정한다.
건강함 (healthy)	커뮤니티는 마음, 신체, 정신의 건강을 동일한 정도로 지지하고 격려하며 질병, 장애, 죽음을 다루는 이들을 지지하고 이를 대비하기 위한 시스템과 프로그램을 만들어 준비한다.
접근 가능성 (accessible)	집과 커뮤니티에 쉽게 접근할 수 있는 환경을 제공한다. 예를 들면 모든 집, 사무실, 공공 공간에 휠체어 접근이 가능하고 유니버설 디자인 요소를 갖춘다. 다양한 교통수단을 장려한다.
상호 의존성 (interdependence)	커뮤니티는 가족, 친구, 이웃 간, 그리고 세대를 넘어선 상호 호혜와 상호 지지를 장려하고 배양한다.
참여(engaged)	커뮤니티 참여와 사회적 연계, 교육, 창의적 표현 기회를 장려한다.

자료: Thomas and Blanchard(2009: 14) 글상자를 바탕으로 정리.

AIC를 위해서는 모든 연령대의 사람들이 참여하고 능력을 나누며 공동의 선을 위해 지속적으로 노력하는 활기찬 커뮤니티를 만드는 것이 초점이다. 이를 집을 지을 때 사용하는 벽돌과 회반죽에 비유하면 커뮤니티는 벽돌이라는 재료, 배경이 되고, 벽돌과 벽돌을 흡착시키는 접착제 역할을 하는 것이 사람들 사이의 관계이다. 이 둘이 만나서 형성되는 것이 바로 사회적 자본이다. 특히 토머스와 블랜차드(Thomas and Blanchard, 2009)는 이를 금융 자본에만 관심이 많은 현 세태를 비판하면서, 도움이 필요한 노인을 시설로 보내는 관행이 바로 금융 자본에 과도하게 매몰된 소비 행태이고, 이것이 사회적 자본의 저수지를 파괴한다고 지적하다. 또한 집에만 집착하는 AIP 역시도, 돈의 셈법에 따른 전문가나 전문 서비스에 과도하게 의존하게 하면서, 노인의 사회적 자본 형성을 파괴하는 것이라면서 AIC가 시설과 집 사이에 실행 가능한 괜찮은 대안이라고 제안한다. 이러한 커뮤니티는 자연 발생적 커뮤니티와 의도적으로 만들어진 커뮤니티로 구분될 수 있는데 이는 후속 장에서 논의하도록 한다.

3. 노년기 나이 들고 싶은 주거 선호

한국의 노인은 나이 들어 어디에서 거주하고 싶어 하는가? 노인의 주거 의식은 시간이 지나면서 변화하고 있다. 집과 시설이라는 이분법적 틀에 매몰된 국내의 노인 주거 선택지 여건 속에 새로운 대안적 주거 형태에 대한 갈망을 확인할 수 있다.

1) 노인 부양 의식 변화

일반적으로 노인이 노후에 누구와 살고 싶어 하는지에 대한 노인 부양 의식은 점차 자녀 의존형에서 독립형으로 변화하고 있다. 노인이 노후에 자녀와 동거해야 한다고 생각하는 규범적 인식은 2011년 27.6%에서 2020년 12.8%로 지속적으로 하락하고 있다. 또한 과거의 장남 중심, 아들 중심의 사고 역시도 변화하고 있음을 엿볼 수 있다. 노후에 자녀와 동거해야 한다면 장남과 동거하고 싶다는 비중이 절반 이상이었던 2011년 조사에 비해 2020년에는 그 비중이 1/3 이하로 하락하고 있기 때문이다.

건강을 유지할 경우와 거동이 불편해졌을 때 거주를 희망하는 장소는 집이 압도적이다. 건강이 유지되는 경우는 80% 이상이 항상 집을 선호하고 있으며, 거동이 불편해져도 서비스를 받으며 현재 집에서 거주하기를 희망하는 경우가 과반이 넘는다. 그러나 시설로 이동하고 싶다는 경우가 30%를 넘게 유지되고 있는데, 이는 집 이외에는 시설이라는 대안밖에 없는 국내 현실을 반영한다고 해석하는 것이 적절하다고 본다. 왜냐하면 서비스가 제공되는 집과 시설 사이의 대안이 국내에 충분히 존재하지 않기 때문에 건강이 나빠져 일상생활 영위가 힘들어질 때 시설로 가는 것을 당연하게 받아들이기 때문이다.

노인 복지 시설의 입소 정원은 지속적으로 증가하고 있다. 주택이 아닌 복지

표 8-4 노인의 노후 자녀와의 동거 규범 동의율 및 희망 자녀(2011~2020) (단위: %)

연도		2011	2014	2017	2020
동의율		27.6	19.1	15.2	12.8
노후 동거 희망 자녀	장남	57.6	51.6	45.7	32.1
	아들	11.5	9.9	15.5	10.3
	장녀	0.8	5.0	4.0	3.3
	딸	2.4	1.8	3.4	0.8
	형편이 되는 자녀	14.1	14.7	17.2	29.9
	마음이 맞는 자녀	13.5	16.8	14.2	23.5
	기타	0.1	0.2	0.1	-

자료: 보건복지부 각 연도 노인 실태 조사.

표 8-5 노인 건강 유지 시, 거동 불편 시 거주 희망 장소(2017~2020) (단위: %)

구분		2017	2020
건강 유지 시	현재 집에서	88.6	83.8
	거주 환경이 더 좋은 곳으로 이사	11.2	11.2
	식사, 생활 편의 서비스가 제공되는 주택에 입소	0.2	4.9
	기타	0.0	0.0
거동 불편 시	재가 서비스를 받으며 현재 집에서 계속 거주	57.6	56.5
	배우자, 자녀, 형제자매와 같이 산다	10.3	7.2
	자녀 또는 형제자매 근거리로 이사해 산다	-	4.9
	돌봄, 식사, 생활 편의 서비스가 제공되는 노인요양시설에 산다	31.9	31.3
	기타	0.1	0.0

자료: 보건복지부 각 연도 노인 실태 조사.

시설에서 생활하는 노인의 수도 고령화에 따라 증가하고 있음을 확인할 수 있다. 노인 주거 복지 지설은 시설 수가 감소 추세이지만, 다른 시설의 수가 지속 증가 추세이다. 2022년 기준 약 8만 9000개 이상의 시설에서 35만 명 이상의 노인이 입소 가능한 것으로 조사된다. 물론 가장 많은 시설인 여가 복지 시설은 경로당이나 노인 교실, 노인복지관 등이므로 실제 거주 공간으로 사용되는 곳은 아니다. 주거나 노인주거복지시설에 포함되는 양로시설, 노인공동생활가

표 8-6 노인복지시설별 입소 정원(2008~2023) (단위: 개, 명)

구분		2008	2010	2015	2020	2022	2023
총계	시설 수	63,919	69,237	75,029	82,544	89,698	93,056
	정원	112,064	163,136	201,648	297,167	358,447	387,391
노인주거 복지시설	시설 수	347	397	427	352	308	297
	정원	17,342	17,270	19,909	20,497	19,355	19,369
노인의료 복지시설	시설 수	1,832	3,852	5,063	5,725	6,069	6,139
	정원	81,262	131,074	160,115	203,075	232,235	242,974
노인 여가 복지 시설	시설 수	59,422	62,469	66,292	69,005	69,786	70,455
	정원	-	-	-	-	-	-
재가노인 복지시설	시설 수	2,298	2,496	3,089	7,212	13,272	15,896
	정원	13,460	14,792	21,624	73,595	106,857	125,048
노인보호 전문기관	시설 수	20	23	29	35	37	38
	정원	-	-	-	-	-	-
노인 일자리 지원	시설 수	-	-	129	196	206	211
	정원	-	-	-	-	-	-
학대피해 노인쉼터	시설 수	-	-	-	19	20	20
	정원	-	-	-	-	-	-

자료: 보건복지부 각 연도 노인 복지 시설 현황.

주: 노인 복지 시설 현황 통계는 2008년 시작되어 매년 발표되고 있음. 본문에서는 2010년 이후 5년 간격으로 변화를 확인하고 가장 최근 연도인 2023년도까지 추가함.

정, 노인 복지 지설에 약 1만 9000명의 입소 정원을 보인다. 대신 재가노인복지시설이 급격하게 증가하고 있다.

2) 주택 연금 조사에 나타난 AIP

역모기지로 알려져 있는 주택 연금 가입자와 일반 주택 소유자에 대한 주택 연금 수요 실태 조사를 실시하는 주택금융공사 조사에 따르면, 노인의 AIP 의향은 상당히 높은 것으로 나타난다. 자가로 거주하고 있는 만 60~84세 일반 노년 가구 중 90.0%는 자발적으로 현재 거주 중인 주택 또는 지역 사회에서 노후

표 8-7 AIP 의향에 따른 가구 및 주택 특성 (단위: %)

		현재 주택 계속 거주 의향자	현재 지역 계속 거주 의향자
거주 지역	서울	17.1	7.0
	경기	20.0	42.1
	광역시	25.0	22.8
	지방 도시	37.9	28.1
거주 주택 유형	아파트	49.8	66.7
	단독·다가구	33.0	19.3
	연립·다세대	12.8	7.0
	그 외	4.2	7.0
거주 주택 가격 평균		3억 9562만 원	4억 7605만 원

자료: 한국주택금융공사. 2022년도 주택 연금 수요 실태 조사(2023) 보고서를 토대로 작성.
주: 현재 주택 계속 거주 의향자 N=2,048, 현재 지역 계속 거주 의향자 N=57을 감안해 해석에 주의 필요.

를 보내고자 하는 지역 사회 기반 AIP 의향자로 분석되었다(한국주택금융공사, 2023). 그중 앞으로도 현재 거주하고 있는 주택에 본인의 자발적인 의사에 의해 계속 거주할 의향이 있는 경우가 대부분(87.5%)이고, 앞으로도 현재 거주하는 주택에서 이사를 하겠지만 자발적인 의사에 의해 현재 거주 지역 내(같은 읍면동)의 주택에서 독립적으로 거주할 의사(2.4%)가 있는 것으로 나타났다.

AIP 의향자의 거주 지역이나 현재 거주하는 주택의 특성은 현재 주택에 계속 거주를 희망하는 경우와 지역 사회에 거주를 희망하는 경우에 차이를 보인다. 예를 들면, 거주 지역에서 현재 주택 거주 희망자는 지방도 비중이 높은데 현재 지역을 희망하는 경우는 경기 거주자 비중이 월등히 높다. 거주 주택 유형은 모두 아파트 비중이 가장 높지만 주택 거주를 희망하는 경우는 단독·다가주 주택 비중도 33.0%를 보이고 있어 상당히 높게 나타난다. 이에 따라 거주하고 있는 주택의 평균 가격도 지역 거주 희망자가 높은 편이다.

3) 대안을 제시하는 경우의 AIP 선호 변화

노인의 AIP 관련 문헌에서도 나타나듯, 현재 국내의 노인 주거 선호에 대한 조사는 대체로 집과 시설의 이분법을 벗어나지 못하고 있는 것이 현실이다. 그러나 노인에게 집과 시설 이외에 중간 지대적 성격을 갖는 대안적 주거 형태가 존재할 때에도 시설을 선호한다고 볼 것인지는 면밀한 검토가 필요하다. 노인 지원 주택 수요 파악을 위해 실시한 조사에서 노인의 주거 선호는 변화하는데, 집과 시설 사이의 대안적 주거가 존재할 경우 선택을 희망하는 비율이 상당히 높게 나타나고 있음을 확인할 수 있다.[1] 노인 전용 임대 주택이면서 무장애 설비를 갖추고 있고, 공공이 공급하는 장기 거주가 가능하면서 필요시 지원 서비스가 제공되는 주택에 대한 입주 의향을 조사했다. 대신 주거 이동의 요인이 되는 노령(만 65세 이상 도달), 건강 악화(독립생활이 어려움), 단신(배우자 이별, 사별), 건강 악화와 단신 중첩 발생 등 시간에 따른 이주 고려 요인을 제시해 상황별 주거 수요를 파악했다.

결과는 유주택자보다는 무주택자가 서비스 결합 노인 전용 임대 주택에 대한 수요가 높은 것으로 나타났다. 그러나 노령에 배우자가 있으면서 자기 집이 있음에도 불구하고 서비스가 결합된 노인 전용 임대 주택에 입주하고 싶다는 응답도 15.7%나 존재하고, 이런 비율은 건강 악화 또는 홀로 거주하게 될 때 지속적으로 상승하는 것으로 나타났다. 배우자가 없는 경우에는 그 비율이 전반적으로 모두 높게 나타난다. 노령이 될 때, 건강이 악화될 때 노인 전용 서비스가 제공되는 임대 주택에 거주하고자 하는 의향은 지속적으로 높아진다. 대

---

1 조사는 2020년을 기준으로 베이비 붐 세대를 기준으로 65세 이상인 현재 노인(1940~1954년생), 예비 노인(1955~1963년생), 미래 노인(1964~1974년생)으로 구분해 시간에 따른 지원주택 수요를 파악하기 위해 실시되었다. 미래 노인은 베이비 붐 이후에 태어난 세대로 2030년에 고령자로 진입 예정이다. 세대별 인구수에 따라 할당해 총 1800부를 조사했다.

그림 8-1 지원 서비스 결합 주택에 대한 수요

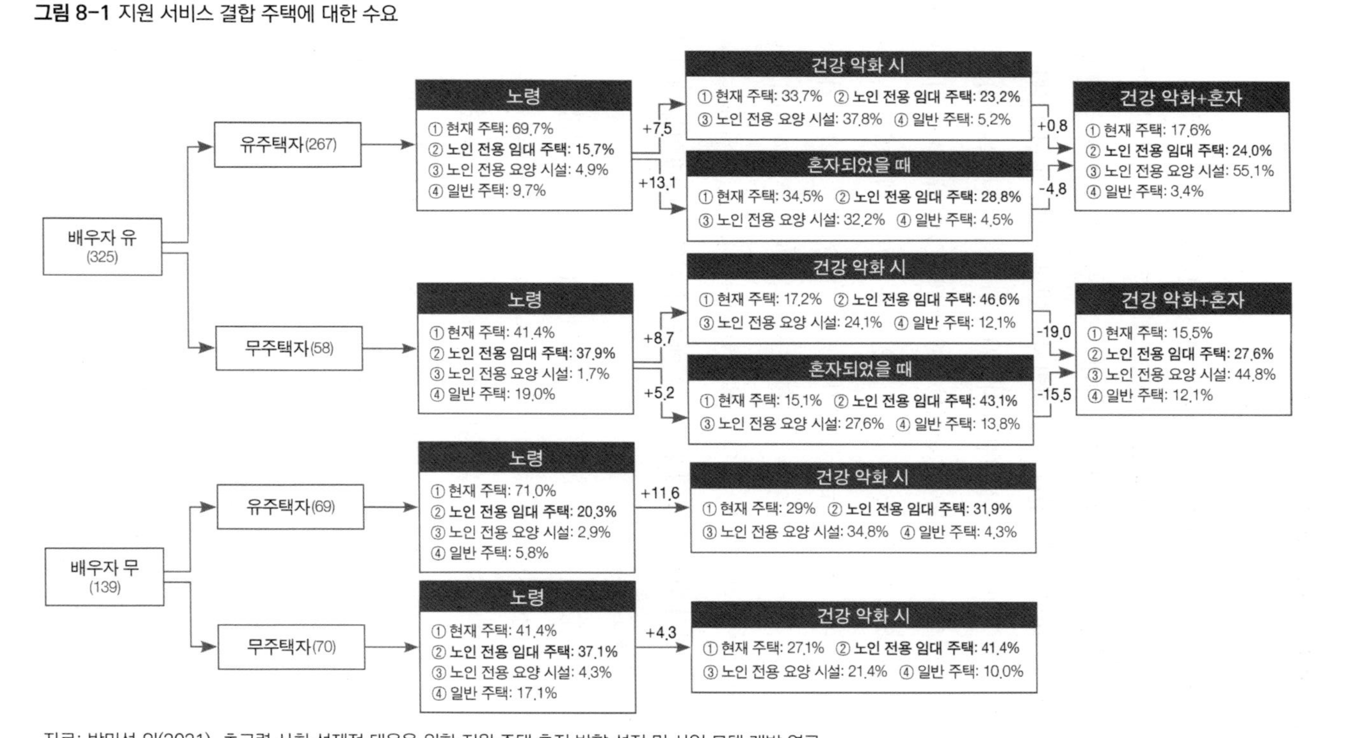

자료: 박미선 외(2021). 초고령 사회 선제적 대응을 위한 지원 주택 추진 방향 설정 및 사업 모델 개발 연구.

주: ① 노인 전용 임대 주택은 노인 전용 지원 주택을 의미함. ② 그림 내 화살표와 함께 표기된 숫자는 노인 전용 임대 주택 수요 비중 변화를 의미함.

신, 앞선 다른 조사에서 높게 나타난 노인 전용 요양 시설에 가겠다는 비중은 상대적으로 낮음을 알 수 있다. 이러한 차이가 의미하는 바는 현재 한국에서 노인을 위한 다양한 주거 옵션이 부족함에 따라 노인의 선택권이 상당히 제약받고 있다는 것이다. 시설 중심의 노인 주거 대응은 고령화 초기에 정부에서 손쉽게 행하는 정책 수단이나 고령화가 진전되면서 서구의 많은 국가에서 지역사회 지속 거주를 위한 서비스 결합에 관심을 쏟고 있다. 또한 다양한 형태의 공동 주거와 커뮤니티, 빌리지 등이 형성되고 지원되는 데 비해 아직 그런 옵션이 쉽게 발견되지 않는 국내의 여건에서 노인의 선택지는 이분법적 사고에서 크게 벗어나지 못하고 있는 것이다.

4. 향후 과제 및 시사점

고령화 진전에 따라 노년기의 주거지 선택에 대한 논의가 많다. 경우에 따라서는 AIP를 만병통치약처럼 모든 이에게 적용되는 대안으로 여기는 경우도 발견된다. AIP가 삶의 질과 안녕(웰빙)에 긍정적인 영향을 미친다는 가정은 경우에 따라 맞는 말이지만, 자신의 주택이나 동네가 욕구에 부합하지 못하는 경우에는 웰빙과 독립성에 부정적인 영향을 미칠 수 있다. 앞서 살펴본 바와 같이 가족이나 친구로부터의 지지, 사회적 연결 속에서 노인의 AIP가 효과를 발휘한다. 오히려 노인이 자신의 욕구에 부합하지 못하는 환경인데 집이라는 이유로 나이 들어가야 한다면, 일상생활 제약과 이동성 제한 속에서 살아야 한다면 이때 집은 감옥이 된다(Byrnes et al., 2006; Sixsmith and Sixsmith, 2008). 따라서 노인 주거 정책에 관여하는 이들은 AIP가 만병통치약이 아님을 인지하고 노인의 삶의 질 향상을 위한 환경과 욕구에 관심을 갖는 것이 필요하다.

AIP를 정의하는 방식이 다양하다. 이렇게 개념적으로 복잡한 AIP에 비해 이론적 발전이 상대적으로 부족했다는 비판도 있다. 대부분의 노년기 주거와 관련해 인간-환경 정합(person-environment fit) 이론이 적용되고 있다. 노인과 주변 환경의 상호 작용에 따른 소속감과 주체의 상호 관계에 관한 것이다. 그러나 AIP의 정의와 범위, 이에 따른 정책적 시사점이 다르게 도출될 수 있기 때문에 AIP와 관련한 이론적 발전도 중요하다. 한국에서는 장소(place)의 개념에 대해 서구에서 도출된 개념 이외에 한국적 상황에 맞는 재해석이 필요할 것이다. 특히 급격한 도시화와 주거 형태의 변화를 경험한 나라라는 특징 속에 고령화 속도 역시 전 세계적으로 가장 빠르게 진행되고 있으므로, 노인의 연령대별 지역별 주거 형태별 AIP에 대한 인식이 서구의 것과 동일선상에서 이해되어서는 현실에 적실한 대안이 도출되기 어려울 것이다. 또한 기존 연구에서는 AIP에 대해 논의할 때 노인의 시각이 충분히 반영되지 못했다는 비판도 존재한다(Bigonnesse and Chaudhury, 2020). AIP의 장소가 이제는 집과 시설이라는 이분법을 넘어서서 커뮤니티로까지 확장되고 있다. 국내에서도 커뮤니티케어와 관련한 정책도 AIC를 염두에 두고 있다. 향후 연구가 지속적으로 필요한 부분이다.

AIP는 노인 돌봄과 고령화에 대한 대응으로 각광받고 있는 개념이다. 그러나 이에 대한 책임이 개인이냐 공공 부문이냐에 대해서는 좀 더 진지한 논의가 필요하다. 개인의 책임에 집중하게 되면 공공 부문이 일반 주택 시장이나 특수한 주택 시장에서 양질의 주택을 공급할 책임이 축소되는 위험성을 인지해야 한다. 그러나, 역으로 개인의 선택을 가능케 하는 정책을 펼치지 않는다면, 돌봄 서비스 수요 증가로 고비용 구조가 될 수 있다. 따라서 AIP를 통해 비용을 절감하려던 잠재적 정책 효과에 반하는 역효과를 불러올 수도 있는 것이다. 따라서 AIP를 지지하기 위해서는 주택 정책이 좀 더 큰 범위의 복지 정책 안에서 중심적 역할을 담당하는 것이 필요하다(Hillcoat-Nalletamby et al., 2010). 정부가 AIP를 정책 목표로 추구한다면, 복지 국가 서비스의 중심에 노인의 주거 소요 파악과 지원이 강력하게 자리 잡아야 하고 이는 주거 정책과 복지 정책의 유기적인 결합을 요구한다. 다른 어느 분야보다 노인 주거 정책 분야에서 각 부처의 칸막이를 넘어서는 두 정책 부처의 협업이 필요한 때이다.

참고문헌

박미선·윤성진·조윤지·전혜란. 2021. 「초고령사회 선제적 대응을 위한 지원주택 추진방향 설정 및 사업모델 개발 연구」. 한국토지주택공사.

보건복지부. 각 연도. 노인복지시설 현황.

_____. 각 연도. 노인실태조사

한국주택금융공사. 2023. 「2022년도 주택연금 수요실태조사 보고서」.

Ahrentzen, S. 2010. "On their own turf: Community design and active aging in a naturally occurring retirement community." *Journal of Housing for the Elderly*, 24(3-4), pp. 267~290. doi:10.1080/02763893.2010.522453.

Andersson, J. E. 2011. "Architecture for the silver generation: Exploring the meaning of appropriate space for ageing in a Swedish municipality." *Health & Place*, 17(2), pp. 572~587. doi:10.1016/j.healthplace.2010.12.015.

Aneshensel, C. S., F. Harig, and R. G. Wight. 2016. "Aging, neighborhoods, and the built environment." In L. George and K. F. Ferraro(eds.), *Handbook of aging and the social sciences*, 8th ed. San Diego: Academic Press. pp. 315~335. Retrieved from http://www.sciencedirect.com/science/article/pii/B9780124172357000159.

Annear, M., S. Keeling, T. Wilkinson, G. Cushman, B. Gidlow, and H. Hopkins. 2014. "Environmental influences on healthy and active ageing: A systematic review." *Ageing and Society*, 34(4), pp. 590~622. doi:10.1017/S0144686X1200116X.

Bigonnesse, Catherine and Habib Chaudhury. 2020. "The Landscape of "Aging in Place" in Gerontology Literature: Emergence, Theoretical Perspectives, and Influencing Factors." *Journal of Aging and Environment*, 34(3), pp. 233~251.

DOI: 10.1080/02763893.2019.1638875.

Blanchard, Janice M. 2013. "Aging in Community: The Communitarian Alternative to Aging in Place, Alone." *Generations. Journal of American Society on Aging*, 37 (4), pp. 6~13.

Bookman, A. 2008. "Innovative models of aging in place: Transforming our communities for an aging population." *Community, Work & Family*, 11(4), pp. 419~438. https://doi.org/10.1080/13668800802362334.

Burns, V. F. 2016. "Oscillating in and out of place: Experiences of older adults residing in homeless shelters in Montreal, Quebec." *Journal of Aging Studies*, 39, pp. 11~20. doi:10.1016/j.jaging.2016.08.001.

Centers for Disease Control and Prevention. 2009. Healthy places terminology. https://www.cdc.gov/healthyplaces/terminology.htm.

Cutchin, M. P. 2003. "The process of mediated aging-in-place: A theoretically and empirically based model." *Social Science & Medicine*, 57(6), pp. 1077~1090. doi: 10.1016/S0277-9536(02)00486-0.

Forsyth, A. and J. Molinsky. 2021. "What Is Aging in Place? Confusions and Contradictions," *Housing Policy Debate*, 31(2), pp. 181~196. DOI: 10.1080/10511482.2020.1793795.

Freedman, V. A., I. B. Grafova, R. F. Schoeni, and J. Rogowski. 2008. "Neighborhoods and disability in later life." *Social Science & Medicine*, 66(11), pp. 2253~2267. doi: 10.1016/j.socscimed.2008.01.013.

Golant, S. M. 2008. "Affordable Clustered Housing-Care: A Category of Long-Term Care Options for the Elderly Poor." *Journal of Housing for the Elderly*, 22(1-2). doi: 10.1080/02763890802096906.

_____. 2011. "The changing residential environments of older people." *Handbook of Aging and the Social Sciences*. London: Elsevier. pp. 207~220. Retrieved from http://linkinghub.elsevier.com/retrieve/pii/B9780123808806000150.

Greenfield, E. A. 2012. "Using Ecological Frameworks to Advance a Field of Research, Practice, and Policy on Aging-in-Place Initiatives." *The Gerontologist*, 52(1), pp. 1~12. doi: 10.1093/geront/gnr108

Greenfield, E. A., A. E. Scharlach, A. J. Lehning, J. K. Davitt, and C. L. Graham.

(2013). "A Tale of Two Community Initiatives for Promoting Aging in Place: Similarities and Differences in the National Implementation of NORC Programs and Villages." *The Gerontologist*, 53(6), pp. 928~938. doi: 10.1093/geront/gnt035.

Guo, K. and R. Castillo. 2012. "The U.S. Long Term Care System: Development and Expansion of Naturally Occurring Retirement Communities as an Innovative Model for Aging in Place." *Ageing International*, 37(2), pp. 210~227. doi: 10.1007/s12126-010-9105-9.

Hillcoat-Nalletamby, S., J. Ogg, S. Renaut, and C. Bonvalet. 2010. "Ageing populations and housing needs: Comparing strategic policy discourses in France and England." *Social Policy & Administration*, 44(7), pp. 808~826. doi: 10.1111/j.1467-9515.2010.00745.x.

Lager, D., B. Van Hoven, and P. P. P. Huigen. 2016. "Rhythms, ageing and neighbourhoods." *Environment and Planning A: Economy and Space*, 48(8), pp. 1565~1580. doi: 10.1177/0308518X16643962.

Lawton, M. P. and L. Nahemow. 1973. "Ecology and the aging process." In C. Eisdorfer and M. P. Lawton(eds.). *The psychology of adult development and aging*. Washington: American Psychological Association. pp. 619~674. Retrieved from http://proxy.lib.sfu.ca/login?url=http://search.ebscohost.com/login.aspx?direct=true&db=pzh&AN=2004-15428-020&site=ehost-live.

Leith, K. H. 2006. ""Home is where the heart is …… or is it?" A phenomenological exploration of the meaning of home for older women in congregate housing." *Journal of Aging Studies*, 20(4), pp. 317~333. doi: 10.1016/j.jaging.2005.12.002.

McCallion, P. 2014. "Aging in Place." In T. A. Baker. and K. E. Whitfield(eds.). *Handbook of minority aging*. New York, NY: Springer. pp. 277~290.

Milligan, C. 2009. *There's No Place Like Home: Place and Care in an Ageing Society*. Farnham: Ashgate Publishing Company

Penney, L. 2013. "The Uncertain Bodies and Spaces of Aging in Place." *Anthropology & Aging*, 34(3), pp. 113~125. doi: 10.5195/aa.2013.12.

Rosel, N. 2003. "Aging in place: Knowing where you are." *The International Journal of Aging and Human Development*, 57(1), pp. 77~90. doi:10.2190/AMUD-8XVX-

9FPK-MR8G.

Thomas, W. H. and J. M. Blanchard. 2009. “Moving beyond place: Aging in community.” *Generations*, 33(2), pp. 12~17.

Wahl H.-W. 2015. “Ecology of Aging” in Wright(eds). *International Encyclopedia of the Social and Behavioral Sciences*. Oxford, Elsevier. pp. 884~889.

Wahl, H.-W., S. Iwarsson, and F. Oswald. 2012. “Aging Well and the Environment: Toward and Integrative Model and Research Agenda for the Future.” *The Gerontologist*, 52(3), pp. 305~316.

제9장

노인 주거 지원 정책:

국토교통부를 중심으로

1. 들어가며

취약한 노인에게 주거 지원을 하는 대표적인 사업은 공공 임대 주택과 같은 거처를 건설해 공급하는 것이다. 그리고 임대 주택에 입주하지 못한 취약한 노인의 경제적 주거비 부담을 완화하기 위해 주거비를 지원하는 사업이 있다. 또한 기존에 거주하는 주택이 노인의 신체적 노쇠에 대응하지 못하거나 신체 능력에 맞추기 위한 주택 개조를 지원하는 것 등으로 크게 구분될 수 있다. 이런 사업은 주로 물리적인 영역에 주안점이 있어 국토교통부 중심으로 지원 체계가 구축되어 있다는 특징이 있다. 이하에서는 노인 주거 지원 정책의 발전 과정과 대표적인 정책 프로그램의 내용 및 특징을 살펴본다. 그리고 실제 정책 수혜가 필요한 대상자와 정책이 지원하는 대상자 사이의 차이인 정책 공백을 확인한 후 향후 초고령화 진전에 따른 노인 주거 정책 대상 규모가 정책 프로그램별로 얼마나 요구되는지 규모의 확대 정도를 살펴본다. 이를 토대로 정책 강화 필요성과 향후 과제를 정리하는 것으로 마무리하고자 한다.

2. 노인 주거 지원 정책의 근거와 발전

1) 주거 정책의 발전 과정

노인 주거 지원과 관련한 정책은 고령자를 전통적 취약 계층으로 인식해 소득 자산이 취약한 공공 임대 주택 입주 대상으로 하는 정책을 중심으로 시작되었다. 신규 주택 공급에서 거주하는 주택의 질적 수준 향상을 개선하고, 주거비를 지원하는 방식으로 확대되고, 최근에는 복지 서비스를 연계하는 방식으로 확대되는 중이다.

고령화율이 7%에 이른 2000년까지 고령자는 주택 공급 시 주요한 가점 부여 대상으로 여겨졌다. 고령자용 전용 주택을 공급한 것은 아니지만, 신규 주택 분양 시 또는 공공 임대 주택 입주 시 고령자의 연령이나 무주택 기간, 노부모 부양 등에서 고령자를 배려하는 방식으로 주거 지원이 이루어졌다. 고령화가 급격히 진행된 2010년대부터는 장애인·고령자 등 주거약자에 관한 법률(이하 주거약자법)과 같이 고령자 대상 주거 지원을 강조하게 된다.

노인은 주거 지원이 필요한 대표적인 계층이거나 주거 약자로 인식된다. 주거 정책의 상위 법률인 주거기본법에서는 국가의 주거권 보장을 명시하고 주거 지원 대상을 적시하고 있다. 주거 정책의 기본 원칙에 따라 주거 지원이 필요한 계층에는 장애인, 고령자, 저소득층, 신혼부부, 청년층, 지원 대상 아동 등으로 명시되어 있는 것이다(주거기본법 제3조). 노인은 전통적인 취약 계층으로 인식되어 왔기에 소득 보장을 포함한 사회 보장에서도 주된 보호 대상이 되고

표 9-1 노인 주거 지원 정책 제도 변화

구분			저출산·고령사회기본계획										저출산·고령사회로드맵									
			1차 기본계획					2차 기본계획					3차 기본계획					4차 기본계획				
	2000	…	2006	2007	2008	2009	2010	2011	2012	2013	2014	2015	2016	2017	2018	2019	2020	2021	2022	2023	2024	2025
고령화율	(2000) 7.4% 고령화 사회														(2018) 14.3% 고령 사회							(2025) 20.6% 초고령 사회
주요 제도 변화									(2012) 장애인·고령자 등 주거약자 지원에 관한 법률 제정													
	(2003~2012) 1차 장기주거종합계획									(2013~2022) 2차 장기주거종합계획												
											(2014) 주거급여법 제정											
												(2015)주거기본법 제정										
														(2017) 주거복지로드맵								
															(2018) 지역사회통합돌봄, 취약 계층, 고령자 주거 지원 방안							
																	(2020) 주거복지로드맵2.0					
																			(2022) 통합 돌봄법 제정			

자료: 박미선 외(2022)를 바탕으로 추가 작성 .

표 9-2 주거 관련법에서 노인의 위치

법률	주거 지원 대상인 노인
주거기본법	주거 지원 필요 계층인 노인
제3조	국가 및 지방자치단체는 제2조의 주거권을 보장하기 위하여 다음 각 호의 기본원칙에 따라 주거정책을 수립·시행하여야 한다. 1. 소득수준·생애주기 등에 따른 주택공급 및 주거비 지원을 통하여 국민의 주거비가 부담 가능한 수준으로 유지되도록 할 것 2. 주거복지 수요에 따른 임대주택의 우선 공급 및 우선지원을 통하여 장애인·고령자·저소득층·신혼부부·청년층·지원대상아동(아동복지법 제3조제5호에 따른 지원대상아동을 말한다) 등 주거지원이 필요한 계층(이하 '주거지원필요계층'이라 한다)의 주거수준이 향상되도록 할 것
주거약자법	주거약자인 노인
제2조	이 법에서 사용하는 용어의 뜻은 다음과 같다. 1. '주거약자'란 다음 각목의 어느 하나에 해당하는 사람을 말한다. 가. 65세 이상인 사람 나. 장애인복지법 제2조제2항에 해당하는 장애인 다. 그 밖에 대통령령으로 정하는 사람
공공주택특별법	공공주택의 지원 대상
제3조	② 국가 및 지방자치단체는 청년층·장애인·고령자·신혼부부 및 저소득층 등 주거지원이 필요한 계층(이하 '주거지원필요계층'이라 한다)의 주거안정을 위하여 공공주택의 건설·취득 또는 관리와 관련한 국세 또는 지방세를 조세특례제한법, 지방세특례제한법, 그 밖에 조세 관계 법률 및 조례로 정하는 바에 따라 감면할 수 있다. 〈개정 2018.12.31.〉

자료: 주거기본법, 주거약자법, 공공주택특별법.

있고 이는 주거 부문에서도 예외가 아니다. 또한 주거약자법에서는 주거 약자에 대해 정의하면서 고령자를 가장 우선적으로 주거 약자에 포함하고 있다(주거약자법 제2조 제1항). 노인을 일반적인 약자보다 더 구체적으로 주거 약자로 규정하는 것은 노인에 대한 주거 지원이 다른 일반 계층과 다름을 인지한 결과이다. 특히 장애인과 유사한 수준으로 노인을 주거 약자로 정의하므로, 노인을 위한 정부의 주거 지원 근거가 상당히 명확한 것임을 알 수 있다. 따라서 공공임대 주택을 건설 공급하거나, 배분할 때 노인을 포함한 주거 지원 필요 계층이 우선적인 고려 대상이 되고, 이를 공급하는 사업 주체에게도 법 제도, 금융, 조세 측면의 지원을 보장하는 것이다.

2) 노인 주거정책의 구현을 위한 주요 계획

주거 지원을 위한 중앙 정부의 가장 기본이 되는 계획은 주거기본법에서 정하고 있는 '장기주거종합계획'이다. 이는 주거 복지 등 주거 정책의 수립과 추진 등에 관한 사항을 정하고 주거권을 보장함으로써 국민 주거 안정과 주거 수준 향상에 이바지하고자 수립하는 법정 계획으로 10년 장기 계획이다. 이를 바탕으로 연차별 주거 종합 계획이 수립된다. 제1차 장기주거종합계획(2003~2012)에서는 고령화에 대응하기 위해 처음으로 중앙 정부가 노인을 주요한 정책 대상자로 명시한 계획으로 평가된다. 고령화 시대 대응을 위해 노인 가구의 자립생활을 지원하는 노인 공동생활 주택 공급, 배리어 프리 관련 건축 기준 정비와 이를 적용한 공공 임대 주택 공급 등의 노인 거주 주택에 대한 무장애화 정책 추진, 복지·의료 시설과 노인용 주거 시설 연계 강화, 주택 자산을 활용한 주거 지원 방식의 도입을 계획 내용에 포함했다.

이후 제2차 장기주거종합계획(2013~2022)에서는 지속되는 인구 고령화로 1차 장기주거종합계획과 비슷한 고령화 대응 방안과 더불어 베이비 붐 세대의 은퇴 본격화에 대비해 보다 적극적이고 포용적인 방안을 제시하고 있다. 고령화로 인한 주택 수요 변화에 대응하기 위해 지역 사회 계속 거주(aging in place)가 가능한 고령자 맞춤형 주거 복지 강화 방안 제시하고, 고령화 도래에 따라 다양한 연령의 사람들이 어울릴 수 있는 사회 통합적 주거 환경 조성을 강조하고 있다. 이에 따라 배리어 프리 설계 지속 확대, 유니버설 디자인 확대를 위한 인센티브 부여, 고령 1~2인 가구가 많은 읍면 지역에 대한 무장애 주택 개보수 지원 확대, 자립 생활을 영위할 수 있도록 주거 서비스가 지원되는 서포티브 하우징 도입 검토가 필요한 것으로 나타난다. 이와 함께 일반 주거지 등에 고령 가구 대상의 주택을 분포시키는 주거 혼합 정책과 공공 주택 단지의 경우 일정 비율을 젊은 세대에 공급하는 등의 방안이 제시되고 있다. 이렇게 장기주거

종합계획을 통한 급속한 고령화에 대한 대응이 필요함을 인지하면서, 고령자 거주 주택 내부의 편의성 증진과 거주 지역의 고령 친화성 확대를 위한 정책 확대라는 두 가지 측면에서의 접근을 제언한 것이다. 특히 공공 부문은 고령자 맞춤형 공공 임대 주택 공급을 지속적으로 추진하고, 주변 기반 시설이나 사회 서비스와의 연계를 통한 공공 임대 주택의 주거 플랫폼화와 같이 진일보한 고령 친화적 주거 환경 조성 방안을 고민하고 있다.

정부에서는 주거복지로드맵을 통해 주거 복지 정책 대상을 정의하고 지원방식을 구체화하고 있다. 2017년 처음 발표된 주거복지로드맵(2017.11.29)에서는 생애 주기별 주거 지원을 중요한 차별점으로 제시하면서 노인에 대한 주거 지원을 발표했다. 이는 크게 세 가지로 구성되었는데 먼저 무장애 설계 적용, 복지 서비스를 연계한 노인 맞춤형 임대 주택 공급과 같은 임대 주택 공급부문이 첫째이다.[1] 둘째는 기존 보유 주택을 활용한 생활 자금 마련을 지원하는 방안이다. 세 번째는 기존 주택의 개보수 지원 강화이다. 고령자 주거 급여 수급 가구에게 수선 유지 급여 외에 문턱 제거, 욕실 안전 손잡이 설치 등 편의시설 설치 지원 금액을 50만 원 추가 지원하는 것이 포함되었다.

이후 3년이 채 경과하지 않은 시점에서 정부는 주거복지로드맵2.0을 발표하면서 기존에 계획한 주거복지로드맵의 실행력 강화와 고령화 대응 지원 프로그램 확대를 제시했다. 로드맵2.0에서는 지역사회통합돌봄과 같은 타 부처 연계 사업 가능성과 기술적 접목 등이 추가되었다. 구체적으로는 문턱 제거와 안심 센서 등 무장애 설계를 적용한 고령자 맞춤형 임대 주택 공급을 지속 확대

---

1 그 내용으로는, 문턱 제거, 높낮이 조절 세면대 등 배리어 프리 설계를 적용한 노인 맞춤형 임대 주택 5만 호 공급 계획(건설 임대 3만 호, 매입·임차형 2만 호)과 함께, 영구 임대 및 매입 임대의 1순위 입주자(생계·의료 급여 수급자, 한부모 가정, 평균 소득 70% 이하 장애인)에 저소득 고령자를 추가하는 것, 그리고 장애인·고령자 등이 입주한 공공 임대 주택에 고령자가 입주한 경우 안심 센서 설치와 주기적인 안부 전화 등의 생활 지원 서비스 실시하는 것이 포함된다.

표 9-3 주요 주거 분야 계획 및 고령자 관련 정책

계획	목표	노인 주거 관련 내용
1차 장기주거종합계획 (2003~2012)	고령 사회, 가구 구성 변화에 대응한 주택 공급	노인 공동생활 주택, 노인용 주택에 대한 배리어 프리 정책 추진, 복지·의료 시설과 노인용 주거 시설 연계 강화 등
2차 장기주거종합계획 (2013~2022)	고령자, 장애인 등을 위한 맞춤형 주거 복지 강화	주거 약자용 주택 공급 및 개량 확대, 맞춤형 주거 서비스 지원을 포함한 주택 도입, AIP 가능한 맞춤형 주거 복지 강화
주거복지로드맵 (2017.11)	고령 가구 주거 지원	주거 약자용 임대 주택 5만 호 공급(건설 임대 3만 호, 매입·임차 2만 호, 고령자 복지 주택 4000호), 독거노인 보호 설비 및 생활 지원 서비스, 주택 개보수 지원, 수선 유지 급여 추가 지원
수정 주거종합계획 (2013~2022)	수요자 맞춤형 지원 사회 통합형 주거 사다리	맞춤형 임대 주택 5만 호, 주거 내 안전 관리 및 돌봄 기능 강화, 연금형 매입 임대 도입
주거복지로드맵2.0 (2020.3)	저소득 고령 가구 주거 지원 강화	고령자 복지 주택 4000호→1만 호, 공공 임대 주택 및 매입 전세 임대 주택 5만 호→7만 호, 맞춤형 특화 설계 및 리모델링 추진, 기존 공공 임대 주택 서비스 강화 및 집수리 확대

자료: 조승연 외(2022: 20) 그림 2-6을 바탕으로 작성.

하는 것으로 기존 주택을 매입해 무장애 설계와 안심 센서, 커뮤니티 시설 등을 갖추도록 리모델링한 고령자 리모델링 주택은 7만 호, 고령자 복지 주택은 1만 호로 각각 확대 공급하겠다는 것이다. 또한 타 부처와의 협업은 지역 사회 통합 돌봄을 통한 돌봄 및 사례 관리 서비스 제공을 위해 보건복지부와의 협력을 강화하겠다는 내용이다. 이는 이미 보건복지부, 국토교통부, 행정안정부가 함께 진행하는 지역사회통합돌봄 선도사업과 관련한 것이다. 세 개 부처가 연계해 2018년 지역사회통합돌봄 기본계획과 로드맵 등을 발표하고, 2019년부터 총 2차에 걸쳐 16개 지자체에서 선도 사업 추진 중에 있었기 때문이다. 마지막으로 기술적 접목은 거주자의 건강 정보를 측정해 건강 관리 서비스와 연계하는 주거 공간 기반 스마트 헬스 케어 실증 사업을 추진하는 내용이다.

이렇게 주거종합계획에서 강조되었던 고령자 맞춤형 공공 임대 주택 공급의

구체적인 정책화가 이루어지고 있으며, 특히, 주거복지로드맵2.0을 통해 지역사회 계속 거주(AIP)를 실현하는 정책적 기반과 사업 모델 개발까지 진행되는 것으로 보인다. 다만, 기존 공공 임대 주택의 배리어 프리 설계 적용과 신규 공급량의 배리어 프리화 그리고 공공 임대 주택과 기존 사회 서비스를 연계하는 지역사회통합돌봄을 통해 고령 친화적 주거를 완성해 가고 있으나 저소득 고령자를 주된 정책적 대상으로 해 다양한 소득과 건강 상태에 있는 고령자를 포괄하지 못하고 있다는 한계도 존재한다.

주거 지원과 관련된 또 다른 주요한 계획은 저출산·고령사회기본계획이 있다. 이것은 저출산·고령사회기본법에 근거해 범국가적 차원에서 급격한 인구 변동을 파악하고, 이러한 인구 변동이 사회 전반에 미치는 파급 효과를 분석하고, 앞으로의 정책적 대응을 계획하는 것이다. 제1차 저출산·고령사회기본계획(2006~2010)에서는 '모든 세대가 함께 하는 지속 발전 가능 사회'이라는 기본 방향에 따라 저출생·고령 사회에 대한 적응 기반 구축을 중심으로 하고 있다. 따라서 고령 사회 대응을 위한 목표도 고령 사회 삶의 질 향상 기반 구축이라는 목표하에 소득, 건강, 사회 참여 등 주요 영역에 대한 대응 체계 마련과 과제 중심으로 구성되어 있다. 그중 노인 주거는 고령 친화적 주거 기반 조성을 위한 관련 법 제정의 추진, 고령자 특성을 반영한 고령자용 최저 주거 기준 및 최소 안전 기준 설정 등의 법적 기반 마련과 같이 최소한의 기반 구축을 중심으로 구성되어 있다. 이후 마련된 제2차 저출산·고령사회기본계획(2011~2015)에서는 제도의 양적 확충과 질적 내실화를 통해 국민 체감도 증진을 추구하고 있다. 이에 따라 마련된 노인 주거 부문의 주요 내용은 주거약자법 제정을 통해 고령자 주거 안정에 대한 종합적인 법률 체계를 구축하고, 고령 친화적 주거 기반 조성을 위한 고령자용 임대 주택의 지속적인 공급 등의 관련 정책의 확대 및 활성화를 위한 정책 과제가 제시되었다.

제3차 기본계획(2016~2020)은 생산적이고 활기찬 고령 사회를 목표로 하면

표 9-4 저출산·고령화기본계획 중 노인 주거 관련 영역 및 과제

구분	중영역	소영역	추진 과제
1차 계획 (2006~2010)	고령 친화적인 생활 환경 조성	고령자 가구 주거 지원을 위한 법적 기반 마련	고령자 가구 주거 지원을 위한 법적 기반 마련
		저소득 고령자를 위한 주택 공급 확대	저소득 고령자를 위한 주택 공급 확대
	고령 친화적인 지역 사회 개발	지역 특성에 적합한 차별화된 노인 복지 정책 추진	지역별 차별화된 복지 정책 모델 개발, 고령 취약 농가를 위한 가사 지원 등 재가 서비스 지속 추진, 지역 자원, 마을 특성 등을 활용한 노인 사회 활동 참여 증진 유도
2차 계획 (2011~2015)	고령 친화적 주거 환경 조성	고령 친화적 주거 환경 조성	고령자 주거 안정을 위한 제도적 기반 마련, 고령자용 임대 주택 지속 공급, 농촌 건강 장수 마을 육성
3차 계획 (2016~2020)	고령자 친화적 주거 환경 조성	-	고령자 임대 주택 공급 확대, 고령자가 안전하고 편리하게 살기 위한 주거 여건 마련, 원스톱 주거 지원 안내 시스템 구축
저출산·고령 사회로드맵 (2018~2022)	지역 사회 중심의 건강, 돌봄 환경 조성	-	안전하고 편안하게 노후를 보낼 수 있는 주거 환경 조성, 사회적 약자를 포용하는 지역 사회 물리적 여건 조성
4차 계획 (2021~2025)	건강하고 능동적인 고령 사회 구축	지역 사회 계속 거주를 위한 통합적 돌봄	살던 지역에서 계속 거주할 수 있는 지역 사회 통합 돌봄 체계 구축, 장기 요양 보험 수급 대상자 범위 확대 및 통합 재가 급여 도입 등 장기 요양의 재가 서비스 활성화, 공공 요양 시설 확충 등 장기 요양 시설 서비스 질 제고
		지역 사회 전반의 고령 친화적 주거·도시 환경 구축	고령자 복지 주택 및 리모델링 공급, 돌봄·요양 등 서비스 연계·제공되는 다양한 주거 대안 마련

자료: 유애정 외(2020) 바탕으로 작성.

서 전 세대의 삶의 질 제고를 중요하게 다루었다. 노인 주거 부문에서는 고령자 친화적 주거 환경 조성 영역에서 고령자 임대 주택 공급 확대, 안전하고 편리한 주거 여건 강화를 통한 고령자 친화적 주거 환경을 조성하는 것을 정책 추진 방향으로 설정했다. 가장 최근에 이루어진 제4차 저출산·고령사회기본계획

(2021~2025)에서는 노인의 역할을 좀 더 주체적으로 정의하는 방향 전환이 감지된다. 건강하고 능동적인 고령 사회 구축을 위해 고령자가 살던 곳에서 편안한 노후를 보낼 수 있도록 기본 생활에 대한 국가 책임을 강화함과 동시에 부양 대상이 아닌 삶의 주체로 고령자를 정의해 신중년의 능동적 역할과 선택을 지원하기 위한 소득, 고용 등의 사회적 기반 마련을 정책 주요 내용으로 하고 있다. 노인 주거 대응도 다부처 협력형으로 질적 변화가 엿보인다. 이와 같이 제1~4차 기본계획과 3차 기본계획을 기반한 정책 로드맵에 걸쳐 노인 주거 정책은 지역 사회에서의 연속적 돌봄이 가능한 환경 구축을 목표로 관련 정책들이 지속·확대되어 추진되었으며, '지역사회통합돌봄체계'를 통해 구체화되는 것이 확인된다. 제1~3차 기본계획까지는 추진 정책 간 연계성 및 통합성 미흡 등의 한계를 보였으나 제4차 기본계획에서 지역사회통합돌봄체계 구축을 통해 돌봄과 주거 영역의 정책 간 연계가 이루어지고 있다는 점에서는 고무적이라고 평가되고 있다(유애정 외, 2020). 다만 여전히 노인 주거 지원은 저소득층과 취약 계층 중심으로 제도와 정책이 편성되어 있어 경제적 수준 이외의 노인 특성을 반영한 정책의 부재는 여전히 지속되고 있는 실정이다.

3. 노인 주거 지원 수단과 특징

노인 주거 지원 수단은 일반적인 주거 지원 수단과 마찬가지로, 직접 주택을 공급하는 것과 주거비를 보조하는 것, 그리고 기존 주택을 개량하는 것으로 크게 구분된다. 여기에 더해 노인이라는 인구 집단의 특성상 건강 상태 변화에 따른 일상생활 영위의 어려움, 홀로 거주하는 경우의 위험에 대응한 서비스가 연계된다. 또한 노년기 경제적 취약성과 추가적인 소득 향상의 제약으로 인해 기존에 소유한 주택을 활용한 현금 확보 방안도 포함된다. 이하에서는 이런 정책 수단별 특징을 살펴본다.

1) 저소득 노인 주거 안정을 위한 공공 임대 주택 지원

저소득 노인의 주거 안정에 가장 효과적인 주거 지원 방식은 공공 임대 주택 공급이다. 현재 법상 공공 임대 주택의 종류는 일곱 개가 있다. 영구임대주택, 국민임대주택, 행복주택, 통합공공임대주택, 장기전세주택, 분양전환공공임대주택, 기존주택등 매입임대주택, 기존주택전세임대주택이다(공공주택 특별법 시행령 제2조). 임대 주택 유형 통합에 따라 향후 건설되는 임대 주택은 영구임대, 국민임대, 행복주택의 구분 없이 통합공공임대주택으로 공급되므로 여덟 종류의 공공 임대 주택이 공존한다. 그중 저소득 노인은 대부분의 임대 주택에 입주 가능한데, 특히 영구임대주택 거주가 많다. 이는 영구임대주택 초기에 입주한 노인이 해당 주택에 장기간 거주했기 때문인데, 영구임대주택에 거주하지 못한 노인이 국민임대주택에 거주하는 경우도 상당하다. 다만, 최근에 건설된 행복주택이 청년층을 주 대상으로 하지만, 주거 급여 수급자·고령자를 20% 할당해 일정 물량을 노인이 입주할 수 있도록 배려하고 있다.

특히 영구임대주택의 한 유형으로 공급되는 고령자 복지 주택은 특별히 저소득 노인을 위한 맞춤형 주택이다. 이는 정부 재정과 민간 기부금을 공동 활용해 2016년 공공 실버 주택으로 시작되었고, 2016년 10개 단지(1186호), 2017년 10개 단지(1154호)를 선정해 복지 시설 건설과 서비스 제공을 시작했다. 그러나 이후 민간 기부금 소진에 따라 복지 시설 건설비를 재정으로 확보하고, 지자체 제안을 받는 방식으로 사업을 조정해 2019년부터 고령자복지주택으로 사업명을 변경하며 40개 단지(총 4221호)를 선정했다. 연간 10개 단지 1000호 이상 공급을 예상하고 있다(국토교통부, 2022). 다만, 최근 고령화 속도가 가속화되고 노인의 주거 대안 부족에 대한 문제 제기가 높아지면서, 연간 3000호

그림 9-1 고령자 복지 주택 개념도

자료: 국토교통부(2022: 252)를 바탕으로 재구성.

수준으로 공급량을 확대하고, 저소득 중심이던 대상자를 중산층(중위 소득 150%)까지 확대하기로 했다.

고령자 복지 주택이 일반 공공 임대 주택과 차별화되는 지점은 저소득층을 위한 주거 공간만을 제공하는 것이 아닌 복지 시설을 함께 공급하고, 노인을 위한 특화 설계가 적용된다는 점이다. 그리고 입주자인 고령자를 위한 서비스가 제공되는데 의료, 돌봄, 여가 등이 대표적인 사례이다. 따라서 기존에 영구 임대 주택이 공급되면서 저소득 밀집 지역이라는 비선호 시설 이미지에서 탈피해, 고령자 특화 설계와 편의 시설 및 서비스가 갖추어진 주거+서비스 공급지라는 선호 시설의 이미지로 변화하려는 의도도 깔려 있다. 따라서 정부의 재정 지원도 있다 사회 복지 시설 건설비의 50%를 정부 기금으로 지원하고, 주택(통합 공공 임대) 건설비 중 일부를 재정(39%)과 기금 융자(41%)로 지원한다(김경철, 2024).

표 9-5 고령자 복지 주택 관련 사업

구분	주거 복지 동	공공 실버 주택		고령자 복지 주택
		기존 단지 내 증축	신축	
물리적 구조	저층부에 복지 시설 설치하고 중상층부에 임대 주택 설치			
사업 방식	기존 공공 임대 주택 단지 내 유휴 부지 또는 복지관 등을 활용한 증축		지자체 부지를 활용한 제안 공모 방식	증축 및 신축 제안 공모 방식
사업 추진 지역	장기 공공 임대 단지	영구 임대 단지	-	-
주택 유형	공공 임대 주택	영구 임대 주택		공공 임대 주택
입주 자격	단지 내 고령자, 장애인 우선 선정		65세 이상 단독 세대주	
재원	재정 (영구 임대 기준)	민간 사회 공헌 자금 + 재정 (영구 임대 기준)		재정(규모에 따라 차등)
근거법	장기공공임대주택 입주자 삶의질 향상지원법	공공주택특별법		공공주택특별법

자료: 남원석 외(2018: 62).

표 9-6 주거 급여 수급자 선정 기준(2024년 기준) (단위: 원/월)

구분	1분위	2분위	3분위	4분위	5분위	6인 가구	7인 가구
소득 인정액	1,069,654	1,767,652	2,263,035	2,750,358	3,213,953	3,656,817	4,087,197

자료: LH 마이홈(https://www.lh.or.kr/menu.es?mid=a10401050100).
주: 소득 수준은 5분위를 기준으로 작성.

고령자 복지 주택 사업은 이전에 기존 영구 임대 주택 단지 내에 별개의 동을 신축하는 주거 복지동 사업이 시행되다가, 공공 실버 주택 사업이 동시에 병존하다가, 2019년부터 고령자 복지 주택으로 통합된 것이다.

2) 주거비 지원

저소득층 주거비 지원은 기초 보장 급여 체계 도입 이후 2015년부터 맞춤형 급여 체계로 개편되면서 주거 급여로 분리되었다. 주거급여법(2014년)에 기준

표 9-7 주거 급여 기준 임대료(2024년 기준) (단위: 원/월)

	1급지 (서울)	2급지 (경기·인천)	3급지 (광역시, 세종시, 수도권 외 특례시)	4급지 (그 외 지역)
1인	341,000	268,000	216,000	178,000
2인	382,000	300,000	240,000	201,000
3인	455,000	358,000	287,000	239,000
4인	527,000	414,000	333,000	278,000
5인	545,000	428,000	344,000	287,000
6~7인	646,000	507,000	406,000	340,000
8~9인	710,000	557,000	446,000	374,000
10~11인	781,000	613,000	491,000	411,000

자료: LH 마이홈(https://www.lh.or.kr/menu.es?mid=a10401050100).

해 급여 수준, 운영 주체, 지급 방법 등을 규정하고 있다. 가구원 수별 지역별 주거비 부담을 고려해 임차료를 지원하는 것이 골자이다. 부양 의무자의 소득·재산 유무와 상관없이, 신청 가구의 소득과 재산만을 종합적으로 반영한 소득 인정액[2]이 기준 중위 소득의 48%(4인 기준 약 275만 원) 이하 가구일 경우 주거 급여 신청이 가능하다.

전국을 네 개의 급지로 구분하고 가구원 수별 기준 임대료를 책정해 가구별 소득 수준에 따라 전액 또는 일정한 자기 부담을 통해 주거비를 보조받고 있다.

3) 노인 주택 개량: 수선 유지

자가 주택을 소유한 저소득 노인의 경우에는 주거비 보조를 받을 수 없는 대

2 이때 소득 인정액이란 '소득 평가액'과 '재산의 소득 환산액'을 합산한 금액으로 소득뿐 아니라 자산도 일정한 기준에 따라 환산해 판정한다. 수급(권)자 명의의 자동차는 평가 기준 가액을 소득 인정액 월 100% 반영하나, 장애인이 사용하는 자동차는 제외된다.

표 9-8 노인 가구의 주택 내부 시설 설치 및 개조율 (단위: %)

구분	2017	2018	2019	2020	2021	2022
복도나 계단 안전 손잡이	18.1	25.4	26.8	26.8	33.4	35.5
화장실이나 욕실 지지대 손잡이	7.3	8.6	9.8	9.4	13.4	10.9
열고 닫기 쉬운 화장실(욕실) 손잡이	25.4	35.0	38.9	40.8	49.7	49.4
문턱, 주택 내 계단 등 단차 제거	12.6	16.1	20.7	22.1	26.4	29.8
미끄럼 방지 등 안전한 바닥재	9.2	11.5	15.1	17.3	20.4	22.1
휠체어 통행 가능한 출입문과 복도	13.6	21.7	25.2	25.5	30.2	32.0
주택 내 응급 비상벨	4.0	3.8	4.6	4.4	5.8	4.4
적절한 높이의 부엌 작업대	31.9	43.9	46.9	45.9	49.9	52.7
레버형 수도꼭지	38.1	49.2	50.6	52.0	58.6	59.3
현관에 보조 의자 설치	2.7	3.3	4.2	4.7	5.8	4.8

자료: 국토교통부, 각 연도 주거실태조사.

신 수선 유지 급여를 지급받을 수 있다. 타인의 주택 등에 거주하는 임차 가구에게는 기준 임대료를 상한으로 수급자의 실제 임차료를 지원하고, 주택 등을 소유하고 그 집에 거주하는 자가 가구에게는 구조 안전·설비·마감 등 주택의 노후도를 평가해 종합적인 주택 개량을 지원하는 방식이다. 구조적인 안전이나 설비 등 주택 노후도에 따라 보수 범위가 정해지고 이에 따른 수선 비용이 지원된다. 경보수 457만 원, 중보수 849만 원, 대보수 1241만 원 등이다. 장애인은 무장애 관련 시설(단차 제거, 문 폭 확대) 설치를 추가 지원(380만 원)하고, 고령자는 수선 유지 급여 이외에도 편의 시설 설치 비용 50만 원 한도 내 지원이 가능하다.

주거실태조사를 보면, 노인 가구에서 주택 내부 시설을 설치하거나 개조한 경우가 점차 증가하고 있음을 확인할 수 있다. 그러나 주택 개조가 필요함에도 불구하고 하지 않는 이유로는 생활에 불편이 없다는 것이 가장 많이 지적된다. 그리고 다음으로 경제적인 부담이 크다. 다만, 생활에 불편이 없다고 응답한 것을 평면적으로 이해해 정말 불편이 없어서 개조가 필요하다고 볼 것이 아니

표 9-9 노인 가구의 주택 개조를 못하거나 하지 않고 있는 이유 (단위: %)

구분	2017	2018	2019	2020	2021	2022
생활에 큰 불편이 없어서	52.0	53.0	51.4	52.1	49.8	53.7
경제적인 부담으로	33.5	31.3	30.2	29.3	27.9	27.6
주택 개조에 대한 정보와 방법을 몰라서	3.8	4.1	6.5	5.8	7.7	6.9
주택 개조 과정이 번거롭고 엄두가 안 나서	6.3	6.8	9.3	9.6	11.5	9.3
주택을 개조하면 집값이 하락할까 봐	0.1	0.2	0.1	0.3	0.4	0.2
신경 쓸 여유가 없어서	3.3	4.1	2.4	2.4	2.3	2.0
기타	1.0	0.5	0.1	0.5	0.3	0.3
합계	100.0	100.0	100.0	100.0	100.0	100.0

자료: 국토교통부, 각 연도 주거실태조사.

라, 오랜 삶 속에서 불편함에 익숙해진 상황으로 이해하는 것이 적절할 것이다. 결국, 주택 개조를 하지 못하는 주된 이유는 경제적인 부담, 그리고 번거롭고 엄두가 안 나는 심리적 장벽, 그리고 정보와 방법을 모르는 제도 접근성 등에 있음을 주목해야 할 것이다(국토교통부, 각 연도 주거실태조사).

4) 주택 연금

주택 연금은 자가 소유 노인이 자신의 집을 담보로 제공하고, 본인의 집에서 계속 거주하면서 매월 연금을 받을 수 있도록 국가가 보증하는 제도이다. 가입 연령은 부부 중 한 명이라도 만 55세 이상이면 되고, 공시 가격 12억 원 이하의 주택 또는 주거용 오피스텔 소유한 경우에 이용 가능하도록 자격 기준이 완화되었다.

연금을 수령하는 방식은 주택 가격 평가액을 기준으로 평생 생활 자금을 수령하는 일반 주택 연금 방식 이외에, 일정한 금액(연금 대출 한도의 50~90%)을 목돈으로 인출해 사용하고, 나머지를 평생 매월 연금으로 수령하는 방식도 있

표 9-10 주택 연금 가입 연령별 주택 금액별 수령액 예시 (단위: 1000원/월)

	1억	3억	5억	7억	10억	12억
55세	145	436	728	1,019	1,456	1,747
60세	198	594	989	1,385	1,979	2,375
70세	295	886	1,478	2,069	2,956	3,278
80세	474	1,424	2,373	3,322	3,939	3,939

자료: 한국주택금융공사 홈페이지 일부 발췌(https://www.hf.go.kr/ko/sub03/sub03_01_01_02.do).
주: 종신 지급 방식, 정액형의 경우, 일반 주택 기준(2024.3.1. 기준).

다. 또한 부부 중 1인 이상이 기초 연금 수급권자인 경우에는 일반 주택 연금 대비 최대 20%를 더 수령하는 우대형 주택 연금 제도도 고안되었다. 연금 수령 방식도 정액형, 초기 증액형, 정기 증가형 등 옵션을 두고 있다. 정액형은 매월 동일한 금액을 수령하지만, 초기 증액형은 가입 초기 일정 기간(3년, 5년, 7년, 10년 중 선택)은 정액형보다 많이, 이후에는 정책형보다 덜 수령하는 방식이다. 마지막으로 정기증가형은 초기에는 정액형보다 적게 받지만, 3년마다 4.5%씩 일정하게 증가한 금액을 수령하는 방식이다. 특히 주택 연금 월 지급금 중 최저 생계비에 해당하는 금액(월 185만 원)까지는 압류가 금지되는 주택 연금 전용 계좌를 사용하도록 해 노후 생활 안정을 보호하고 있다(한국주택금융공사 홈페이지).

현재 주택 연금 가입자 이용 현황은 평균적으로 연령 72세에, 월평균 119만 원을 지급받고 있으며, 평균적인 주택 가격은 3.78억 원으로 확인된다(2023년 11월 기준). 가입자 수는 총 11만 5687명으로, 지급 방식은 대부분 종신 지급 방식을 채택하고 있고(63.0%), 지급 유형별로는 정액형이 70%로 대부분을 차지하고 있다. 매년 가입자가 증가하는 추세를 보이고 있다.

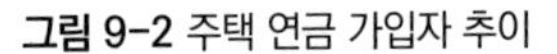

그림 9-2 주택 연금 가입자 추이 (단위: 명)

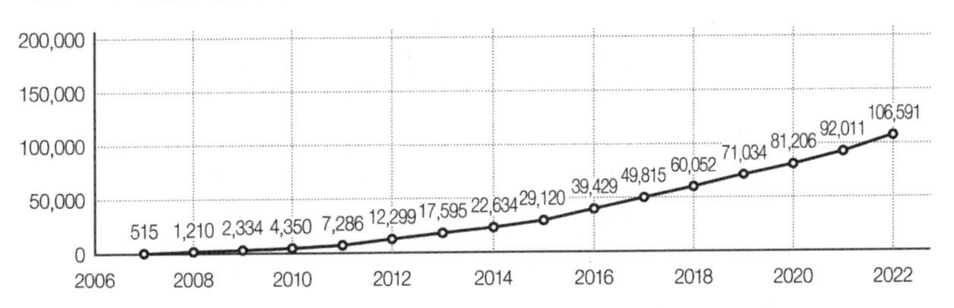

자료: 한국주택금융공사 홈페이지(https://www.hf.go.kr/ko/sub03/sub03_01_04.do).

5) 서울시 어르신 안심주택

중앙 정부의 사업은 아니지만 서울시에서도 고령자 주거 지원을 위한 자체 사업을 시작하기로 발표했다. 청년 주택으로 공급되는 청년안심주택과 유사하게 고령자를 위한 '어르신 안심주택'을 공급하는 것이다. 기존에 노인용으로 공급되는 실버타운이나 요양 시설은 도시 외곽에 조성되어 고립과 우울 등의 이슈가 제기되었다. 어르신 안심주택은 유동 인구가 많고 병원, 소매점 등 생활 편의 시설이 충분한 역세권에 조성하는 것이 가장 큰 차이점이다. 따라서 역세권 350m 이내, 간설 도로변 50m 이내, 보건 기관, 2·3차 종합 병원 인근 350m 이내를 기준으로 하고 있다. 대상자는 65세 이상 노인 1인 또는 부부 가구 중심이고, 민간과 공공이 나누어 유형을 공급하되, 주체에 따라 임대료가 30~85%로 공급하고자 한다. 즉, 공공 임대 주택은 주변 시세의 30~50%, 민간 임대 주택은 75~85%로 최대 6000만 원까지 보증금 무이자 융자 지원 예정이다. 특히 공용 공간에 마련되는 주차장 등에서 나오는 수익으로 관리비 부담을 경감하는 등 방안을 추가하고 있다. 당연히 고령자 특화 설계와 맞춤형 주거 공간이 도입될 예정이다.[3] 민간 사업자 참여를 독려하기 위해 분양형도 도입하고, 용적률, 건폐율 완화와 세금 감면, 인허가 기간 단축 등을 제공할 예정이다.

그림 9-3 소득 및 독립생활 수준에 따른 정책 커버리지

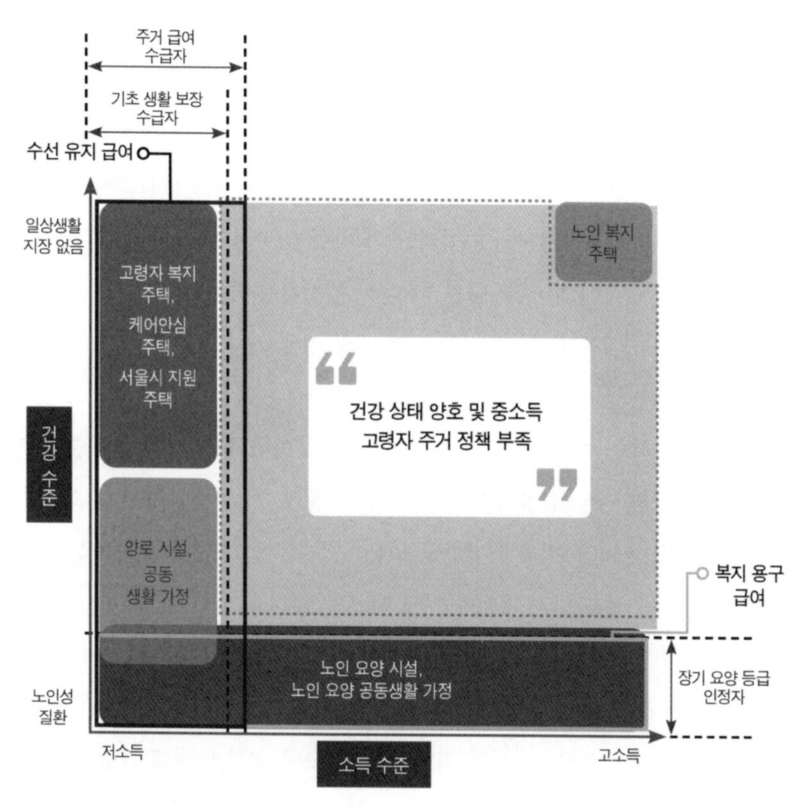

자료: 박미선 외(2022: 83) 그림 4-3 재인용 .

2024년 2월부터 대상자를 모집해 2027년 입주 예정이다(서울특별시, 2024).

3 화장실 변기, 욕조 옆 손잡이, 샤워실·현관에 간이 의자, 무장애 설계, 응급 구조 요청 시스템 설치, 생활 체육 센터(에어로빅, 요가, 필라테스 등), 영양 센터(균형 잡힌 영양식, 식생활 상담 등), 의료 센터(신체, 정신 건강을 상시 관리)가 설치되고, 지역 주민에게 열린 공간으로 운영될 계획이다.

4. 노인 주거 지원 정책 대상 확대와 정책 공백

1) 소득 및 독립생활 수준에 따른 정책 커버리지

노인의 주거와 관련해 정책을 다루는 부처는 국토교통부와 보건복지부가 있다. 두 부처가 지향하는 정책의 방향과 이에 따른 대상자 설정 기준에 다르다. 경제적 수준 향상과 노인 인구 증가, 잔여적 복지에서 확대된 국가의 역할 변화 등이 발생하는 가운데, 두 부처의 정책 대상 설정 기준 차이에 따라 정책적 공백이 확인된다.

즉, 국토교통부는 저소득층을 위한 주택의 공급이나 주거비 지원에 중점을 두다 보니 소득과 자산이 취약한 노인이 주요 정책 대상이다. 따라서 소득과 자산 기준을 넘는 노인은 정책 대상에 포함되기 어려운 한계가 있다. 또한 일상생활 유지에 문제가 없는 경우를 주요 대상으로 하고 있다. 반면, 보건복지부는 건강 수준이나 일상생활 유지와 관련된 기준이 중요하다. 따라서 건강 수준에서 노인성 질환이 있거나 장기 요양 등급 판정을 받는 경우에는 정부 정책 지원 대상이 된다. 이때는 소득과 자산이 정책 수혜 대상 판정에 가장 중요한 요인이 되는 것은 아니다. 노인의 입장에서 볼 때, 소득 자산 기준 이외에 시간의 경과에 따라 건강 상태가 변화하는데, 두 부처의 지원 자격과 기준이 상이하다 보니, 중간 소득 계층이고, 일상생활 유지에 불편함이 생기는, 그러나 장기 요양 등급을 받기 어려운 노인은 정책의 사각지대에 놓이게 되는 것이다.

2) 정책 공백과 대상자 확대

노인 가구 증가에 따른 정책 대상자 확대를 확인하기 위해서는 노인의 양적 증가뿐 아니라, 노인의 건강 상태도 중요하게 고려되어야 한다. 그에 앞서 노

표 9-11 노인 주거 지원 정책별 대상자 및 정책 공백 (단위: 만 가구)

기준	수선 유지	임대료 보조	주택 개조	주거 환경 급여	공공 임대	지원 주택	노인 주거단지
정책 내용	노후 주택 개보수	주거 비용 지원	고령자 신체 기능 고려 주택 개조	고령자 신체 기능 고려 주택 개조(장기 요양 급여)	저소득 공공 임대	주거 지원 서비스 제공 공공 임대	은퇴자 주거 단지
정책 대상	1분위 + 자가 + 노후 주택	1분위 + 임차	1~2분위 + 도움 필요	3~5분위 + 도움 필요	1~2분위 + 임차	1~2분위 + 도움 필요	3~5분위 + 임차 + 도움 필요
규모	73.5	64.0	41.4	13.3	65.3	13.8	1.6
수혜 가구	5.3	42.4	-	선도 사업	40.0	고령자 복지 주택	검토 중
정책 공백	68.2	21.6	-	-	25.3	-	-
커버리지	7.2%	66.3%	-	-	61.3%	-	-

주: 소득 수준은 5분위 기준.

자료: 박미선 외(2022: 126) 표를 바탕으로 재구성.

인 주거 지원이 필요한 기준에 비해 얼마나 많은 이들이 정책 수혜를 받고 있는지 현재 발생하고 있는 정책 공백을 확인하는 것도 중요하다.

노인의 건강 상태와 소득 수준, 점유 형태를 모두 고려한 정책 대상 집단을 정리하면 완전 자립인 경우와 도움이 필요한 그룹으로 구분되고 그 내부에서 소득 수준과 자가 소유 여부에 따라 규모를 확인할 수 있다. 또한 현재 주택의 세부적인 특성과 주거비 부담, 최저 주거 기준 미달 등 정책 지원이 필요한 가구의 특성을 고려하면 지원 대상 가구를 추산할 수 있다.

따라서 현재 지원되는 주거비 지원, 주택 개조, 공공 임대 주택 공급 등의 영역에서 노인은 임대료 보조인 주거 급여에 해당되는 경우가 가장 많다. 정책 대상으로 정의한 1분위 임차 가구의 66.3%가 지원을 받는 것으로 보인다. 또한 공공 임대 주택 역시 1~2분위 임차 가구의 61.3%가 정책 수혜를 받는 것으로 분석된다. 그러나 수선 유지나 개조와 같은 서비스에는 접근이 매우 제한적

표 9-12 노인 가구 특성에 따른 정책 규모와 전략 (단위: 만 가구)

건강 상태	소득 수준	점유 형태	세부 기준		가구 수 (만 가구)	인 플레이스 전략				뉴 플레이스 전략		
										공공 임대 주택		
						수선 유지 급여	임차 급여	주택 개조	주거 환경 개선 급여	공공 임대 주택	지원 주택	CCRC
완전 자립	1분위	자가	노후 주택	해당	64.7	○						
				비해당	91.9							
		임차	주거비 과부담 또는 최저 주거 기준 미달 가구	해당	28.1		○			◎		
				비해당	23.1		○			○		
	2분위	자가	-	-	67.0							
		임차	주거비 과부담 또는 최저 주거 기준 미달 가구	해당	4.4					◎		
				비해당	9.8					○		
	3분위 이상	자가	-	-	87.3							
		임차	-	-	10.6							
도움 필요	1분위	자가	노후 주택	해당	8.8	○		○				
				비해당	12.5			○				
		임차	주거비 과부담 또는 최저 주거 기준 미달 가구	해당	7.1		○	○			◎	
				비해당	5.8		○	○			○	
	2분위	자가	-	-	6.0			○				
		임차	주거비 과부담 또는 최저 주거 기준 미달 가구	해당	0.3			○			◎	
				비해당	0.6			○			○	
	3분위 이상	자가	-	-	11.7				○			
		임차	-	-	11.6				○			○

주: ① 소득 수준은 5분위를 기준으로 작성. ② 무상 거주 22.7만 가구는 제외. ③ ◎은 정책 우선순위가 높은 대상을 의미함.

자료: 박미선 외(2022: 126).

임을 알 수 있다.

더 큰 문제는 향후 노인 인구 급증에 따라 정책 대상자 폭증이 예상된다는 것이다. 주택 개조와 서비스 연계는 가장 비용이 적게 들면서 사전 예방적 조치로 중요하다. 그러나 정책적 대응은 가장 취약한데, 이는 어떤 사고가 발생하고 난 후에 이를 해결하는 방식인 사후적 해결에 정책적 주안점이 놓여 있었던 과거의 관성에 기인하는 면도 크다. 사전적 예방 조치는 효과가 장기적으로 잘 드러나지 않으므로, 긴급한 현안이 있는 경우 우선순위가 높아지기 어려운 것이 현실적인 정책 환경이다. 그럼에도 불구하고, 장래 노인 주거 정책 대상 확대 정도를 파악하는 것은 중요하다. 주거실태조사(2020), 노인 실태 조사(2020), 장래 가구 추계(2017)를 활용해 건강 특성과 점유 형태와 소득 수준에 따른 노인 가구 규모를 추계하면 〈표 9-13〉과 같다.[4]

결국 고령 인구가 증가함에 따라 고령자 주거 정책 대상 가구가 급격하게 증가하는 것이 확인된다. 예를 들면, 수선 유지 급여 대상자는 2020년 73.5만 가구에서 2030년 118.5만 가구, 2040년 170.9만 가구로 증가하고, 주거비 지원인 임차 급여 대상자는 2020년 64.0만 가구에서 2030년 103.1만 가구, 2040년 141.4만 가구로 증가한다. 마찬가지로 주택 개조 대상자는 2020년 41.1만 가구에서 2030년 66.1만 가구, 2040년 91.9만 가구로 증가가 예상된다. 주거 환경 개선 급여 대상자는 2020년 13.3만 가구에서 2030년 21.1만 가구, 2040년 25.6만 가구로 확대될 것으로 분석된다.

---

4 주거실태조사의 소득 분위 및 점유 형태 비중을 5세 연령 구간별로 도출하고 이를 장래 가구 추계의 가구주 연령별 노인 가구 수에 적용해 시계열 연장했다. 노인 실태 조사의 도움 필요 비율을 5세 연령 구간별로 도출하고 이를 장래 가구 추계의 가구주 연령별 노인 가구 수에 적용해 시계열 연장했다. 다만 분석의 편의를 위해 장래 가구 추계상 노인 가구 수인 2020년 464.2만 가구, 2030년 743.8만 가구, 2040년 1001.2만 가구에서 점유 형태가 무상인 가구를 제외했다. 따라서 2020년 441.4만 가구, 2030년 706.9만 가구, 2040년 947.2만 가구를 대상으로 분류한 것이다.

표 9-13 시점별 노인 가구 분류 (단위: 만 가구)

구분			1분위	2분위	3분위	4분위	5분위	계
2020년	완전 자립	자가	156.6	67.0	44.0	23.3	20.1	311.0
		임차	51.2	14.2	5.6	3.4	1.6	76.0
	도움 필요	자가	21.2	6.0	5.7	3.9	2.1	39.0
		임차	12.9	0.9	1.0	0.3	0.3	15.3
	합계		241.9	88.2	56.3	30.9	24.0	441.4
2030년	완전 자립	자가	252.7	106.8	70.0	37.0	31.6	498.1
		임차	82.4	22.6	8.9	5.4	2.4	121.7
	도움 필요	자가	34.3	9.6	9.1	6.2	3.3	62.5
		임차	20.7	1.5	1.6	0.4	0.4	24.6
	합계		390.1	140.5	89.5	49.0	37.8	706.9
2040년	완전 자립	자가	364.4	136.8	86.4	45.1	37.3	670.0
		임차	113.0	27.1	10.3	6.4	2.9	159.7
	도움 필요	자가	49.4	12.3	11.2	7.6	3.9	84.5
		임차	28.4	1.8	1.9	0.5	0.5	33.0
	합계		555.3	178.0	109.7	59.6	44.7	947.2

주: 소득 수준은 5분위를 기준으로 작성.
자료: 주거실태조사(2020), 노인 실태 조사(2020), 장래 가구 추계(2017)를 활용해 연구진 작성. 박미선 외(2022)에서 재인용.

공공 임대 주택의 경우는 2020년 65.3만 가구에서 2030년 105.0만 가구, 2040년 140.1만 가구로 증가하며, 이 중 우선적 필요가 있는 주거비 과부담 또는 최저 주거 기준 미달 가구의 규모도 2020년 32.5만 가구에서 2030년 52.2만 가구, 2040년 70.4만 가구로 증가한다. 오직 노인만을 대상으로 한 경우임에도 필요한 공공 임대의 재고 증가가 상당하다. 이에 더해 서비스가 결합된 주택인 지원 주택 대상자는 2020년 13.8만 가구에서 2030년 22.2만 가구, 2040년 30.2만 가구로 증가하며, 이 중 우선적 필요가 있는 주거비 과부담 또는 최저 주거 기준 미달 가구의 규모도 2020년 7.3만 가구에서 2030년 11.8만 가구, 2040년 16.1만 가구로 증가할 것으로 예상된다. 획기적인 정책 대응이 요구됨을 확인할 수 있다.[5]

5. 향후 과제

노인은 경제적으로도 신체적으로도 기능이나 능력이 향상될 가능성이 낮은 특징이 있다. 전통적인 정책 대상으로 여겨져온 것도 그런 이유에 기인한다. 고령화 속도 증가에 따라 전 세계적으로도 시설 위주 정책을 펼치다가 점차 시설 거주의 문제를 인식하고 점차 지역 사회 지속 거주를 위한 정책으로 변화하는 것이 확인된다. 지역 사회 및 내가 살던 정든 곳에서 지속적으로 거주하기 위해서는 신체 기능 저하에 부합하는 적절한 거처가 요구된다. 소득이 낮은 무주택 노인은 정부에서 제공하는 공공 임대 주택에 거주하는 방식으로 주거의 안정을 도모하거나 주거비 지원을 받을 수 있지만, 소득이 비슷하게 낮은 자가 주택 노인은 일부 대상자만이 수선 유지 급여를 통한 주택 수선이 가능할 뿐이다. 주택을 직접 건설 공급하거나 주거비를 지원하는 부서와 서비스를 제공하는 부서 간의 칸막이에 따른 문제는 비단 한국만의 사례가 아니다. 영국, 일본 등 이미 앞선 사례에서 그 문제가 지적되었고, 노인 정책 대상의 사각지대 문제에 따른 반성이 있었다. 이로 인해 부처 간 협업을 위한 법체계를 구축하거나 공동 지원을 하는 새로운 거버넌스가 탄생한 것이다. 향후 국내에서도 초고령 사회 도래에 따라 부처 간 협업을 강화하고 노인의 관점에서 편안한 노후를 맞이할 수 있는 로드맵을 작성하고 노인 주거 지원 대응 체계를 강화할 필요가 크다.

---

5 다만, 위 분석은 현재 노인의 소득과 건강 상태를 바탕으로 추정한 것이라, 새로이 진입하는 노인의 소득 수준이 현재의 노인보다 높음을 충분히 고려하지 못한 한계가 있으므로 해석에 있어 정책의 최대치라고 이해하는 것이 적절하다.

참고문헌

관계 부처 합동. 2017. 사회통합형 주거사다리 구축을 위한 주거복지로드맵.

국토교통부. 2003. 1차 장기주택종합계획.

______. 2013. 2차 장기주거종합계획.

______. 2020. 주거복지 지난 2년의 성과와 더 나은 미래를 위한 발전 방안: 주거복지로드맵 2.0.

______. 2022.『주택업무편람』.

김경철. 2024. "고령자 주거복지 향상을 위한 공공의 역할". 한국형 고령자 주거생태계 조성을 모색하기 위한 주거서비스 컨퍼런스 발표 자료(2024.2.23).

남원석 외. 2018.「노후 공공주택단지 재정비 사례 및 추진방안 연구」. 서울특별시.

박미선·윤성진·조윤지·전혜란. 2022.「초고령사회 대응 주거정책 분석 및 전망」. 저출산고령사회위원회.

서울특별시. 2024. "초고령사회 성큼…서울시, 고령자 주거 특화된 '어르신 안심주택' 공급". 보도자료.

유애정·이정석·권진희·진희주·장소현. 2020.「미래지향적 장기요양 주거정책 연구」. 국민건강보험공단 건강보험연구원.

조승연·최은희·정소이·이슬해·서창원·조영빈·이길송. 2022.「공공임대주택 고령자 주거환경 진단 및 주거지원 강화방안 연구」. 한국토지주택공사 토지주택연구원.

제10장
실버타운

1. 들어가며

한국은 초고령화 사회로의 진입으로 노인의 욕구 수준은 증대되고 다양해질 것으로 예상된다. 특히 노인들의 경제적 독립, 자녀와의 독립된 생활, 고령화로 인한 질병 증가 및 이에 따른 보호의 필요성이 더욱 중요한 요소가 될 것이다. 이에 따라 물리적·사회적·심리적인 측면에서 노인층의 수요에 부응하는 주거 형태에 대한 욕구는 다양해지고 이러한 요인을 감안한 공급의 중요성은 크게 부각될 것이다.

많은 사람들은 노후에 어디서 어떤 집에서 살아가야 하나를 고민하게 된다. 노인이 되어 어디서 시간을 보내느냐는 삶의 질을 좌우하는 매우 큰 요소이다. 나이 들어서도 존엄을 지키며 즐겁고 건강하게 살아갈 공간은 어디일까.

실버타운은 노후 생활에 필요한 의료 시설과 오락 시설, 체력 단련 시설 등을 갖추고 식사 관리, 생활 편의, 건강 의료 서비스를 제공하는 유료 노인복지 주택이다. 최근 한국도 실버타운의 수요가 증가하는 추세이며 실버타운의 형태와 시설 수준이 점차 다양해지고 있다. 이 장에서는 한국과 외국 주요국의 실버타운의 실태, 유형 및 과제 등을 논의하도록 한다.

2. 국내 실버타운

실버타운은 고령자들의 주거 공간을 포함하는 통합적인 서비스를 공급받을 수 있는 시설이라 정의할 수 있다.[1] 실버타운 혹은 은퇴자 커뮤니티(senior community 또는 retirement community)는 신체적·정신적인 문제가 나타나는 노인에게 필요한 보호와 의료·보건 서비스를 제공하고 고객의 요구에 의해 새로운 환경에 적응할 수 있도록 커뮤니티 시설을 포함하고 있다(Pearce, 2007; Magnum, 1973).

실버타운은 고령 인구의 증가로 노인을 위한 주거 수요의 증가와 함께 생겨난 노인 주거 단지이다. 실버타운에는 각종 휴양·여가 시설, 병원, 커뮤니티 센터 등 노인들을 대상으로 하는 다양한 서비스 기능의 시설이 갖추어져 있다.

은퇴자 커뮤니티라는 용어는 한국에서 사용하는 실버타운과 거의 동일한 개념의 용어로서 영어권 국가에서 널리 사용되고 있다. 이 은퇴자 커뮤니티는 일반적으로 스스로를 돌볼 수 있는 노인을 위해 설계된 주거 커뮤니티 또는 주택 단지이다. 일부 은퇴자 커뮤니티에서는 홈 케어 기관의 지원과 활동이 연계되어 있

---

1 실버타운이라는 단어는 흰 머리카락을 비유해 노인들과 관련된 산업을 표현하기 위해 일본에서 만든 실버산업의 실버와 영어 단어 타운을 합성한 것이다. 비슷한 개념의 유료 노인 주거 시설로는 일본의 유료 노인 홈, 서구의 노인 촌락, 노인 커뮤니티(retirement community), 실버 홈(silver homes) 등이 있다.

기도 하다. 노인들이 선택할 수 있는 다양한 유형의 은퇴자 커뮤니티가 있으며, 인구가 노령화됨에 따라 새로운 유형의 은퇴자 커뮤니티가 개발되고 있다.

실버타운은 고령자들의 안정된 주거 생활을 위해 노인 복지 서비스와 실버산업의 결합한 형태로 볼 수 있다. 일반적으로 실버타운은 주거 시설, 병원과 연계된 의료 시설, 생활을 위한 문화 시설을 갖추고 일상생활 서비스에서는 급식, 생활 보조, 편의 서비스가 제공된다. 그리고 건강 관리 서비스는 응급 치료 체계, 건강 검진 서비스를 제공하기도 한다. 문화 활동 서비스는 실버타운마다 매우 다양하며 취미 및 오락 활동, 스포츠 활동 등을 통해 노인층에서 발생하는 생활의 불안감과 소외감을 극복할 수 있도록 하는 노후 생활 복합 시설로 평가된다.

한국의 실버타운은 입지 유형에 따라 도시형, 도시 근교형, 전원(휴양)형 등으로 구분되기도 한다. 주거 유형 기준으로 단독 주거형, 공동 주거형으로도 구분된다(서강훈, 2009). 세 가지 유형의 특징은 〈표 10-1〉을 통해 알 수 있다. 도시형, 도시 근교형 그리고 전원 휴양형으로 각각의 특성 및 장단점을 지니고 있다.

입주 방식에 의한 유형으로는 종신형, 임대형, 예탁금형, 임대형, 분양형, 회원권형 등으로 구분할 수 있다. 다양한 유형 중에 한국에서 현재 운영되고 있는 실버타운은 대부분의 경우 임대형 위주로 운영되고 있다. 임대형은 입주 시 보증금을 지불하고 월마다 일정한 요금을 지불하는 방식으로 계약과 해지가 자유로운 장점이 있다. 그러나 운영자 입장에서는 장기적인 운영을 통해 수익을 창출해야 하는 단점이 있다.

종신형은 입주금을 일시 지급하며 입주 시 종신 이용권을 획득해 입주하지만 소유권 이전 등 등기상의 절차는 없다. 따라서 거주권에 대한 법적 보장이 미흡하다는 단점이 있다. 예탁금형은 종신 연금 형태가 많으며 입주 시 추가 부담이 없는 것이 특징이다. 분양형은 전용 주거 시설에 대한 소유권 이전이

표 10-1 입지 특성별 실버타운 유형

구분	도시형	도시 근교형	전원 휴양형
입지 특성	- 도시에 입지해 대중교통 수단으로 기존 공공, 상업, 의료, 편의 시설 등의 이용이 편리함 - 기존 생활권의 연장으로 가족과의 교류, 생활 편의 시설 활용이 용이 - 도시가 제공하는 다양한 기능의 활용	- 도심까지의 접근성 비교적 용이, 지역 주민과 교류 양호 조망, 일조권 확보 - 토지 가격이 도심에 비해 상대적으로 저렴 - 쾌적하고 넓은 면적 확보가 가능하며 양호한 주거 환경	- 온천 등 휴양 자원이 풍부한 지역 입지 - 상대적으로 저렴한 토지 가격으로 휴양과 텃밭 가꾸기, 건강을 위한 공간 확보 용이 - 종합적 노인 커뮤니티 개발 용이
문제점	- 높은 토지 가격으로 신규 부지 확보의 어려움 - 건물의 고층화 등 건설 및 개발 비용의 상승 - 일조권 등 자연환경 조건의 상대적 불량 - 고액의 입주보증금 및 월 생활비	- 도시 근교 그린벨트 등으로 개발(건축) 제한이 많음 - 도시 기능의 확산으로 지가 상승 및 도시형 입지와 차별성이 적음	- 도시의 시설 및 서비스(병원 등) 접근이 용이하지 못함 - 쾌적성은 지니고 있지만 고립감을 느낄 수 있음 - 토지 가격은 낮지만 개발 비용이 높음(생활 필수 시설 단지 내 설치 등의 요인)

자료 : 권지혜·박승훈(2018); 임종환(2019) 참조.

가능해 재산으로서 역할을 하지만 관리에 대한 금액, 법적 등기 절차의 복잡성의 단점이 존재한다. 회원권형은 초기 투자비 총액을 회원권으로 발행시켜 재산 증식 수단이 가능하지만 운영 회사의 신용도가 높아야만 회원권 분양이 잘 이루어질 수 있다(현외성 외, 2007; 한문연, 2010; 임종환, 2019).

노인복지법에 근거한 시설의 종류(노인복지법 제31조)는 크게 세 가지로 양로시설, 노인공동생활가정, 그리고 노인복지주택이다(〈표 10-2〉). 2021년 현재 노인주거복지시설 수 중 양로시설이 가장 많으며 노인복지주택이 상대적으로 적은 편이다. 실버타운에 해당하는 노인복지주택은 전국적으로 40개소이고 노인에게 주거 시설을 분양 또는 임대해 주거의 편의·생활 지도·상담 및 안전관리 등 일상생활에 필요한 편의를 제공한다(〈표 10-3〉).

보건복지부 자료에 따르면 2023년 현재 노인복지주택은 40개소 9006세대

표 10-2 노인주거복지시설(노인복지법 제31조)(2023)

시설	시설 수(개)	입소 정원(명)
양로시설	175	9,653
노인공동생활가정	82	710
노인복지주택	40	9,006
소계	297	19,369

자료: 국가통계포털(https://kosis.kr/index/index.do).

가 입주해 있다. 고령 인구 증가 추세에 비해 매우 부족한 상황이다. 노인복지주택 수요 측면에서 고령 인구는 65세 이상 인구수 815만 2000명(2020년)에서 1724만 5000명(2040년)으로 그리고 65세 이상 가구주의 가구 수는 464만(2020년)에서 1137만 5000가구(2040년)로 지속 증가할 것으로 예상된다. 특히 65세 이상 1인 가구 수는 161만 8000가구(2020년)에서 402만 3000가구(2040년)로 증가될 것으로 예상된다. 고령층 주거 수요의 비해 필요로 하는 노인복지주택이 부족한 실정이다. 아울러 현행법상 노인복지주택은 임대만 가능하도록 규정하고 있다. 따라서 민간 주체의 공급에 한계가 있다.

노인복지주택 공급 초기에는 분양형이 존재했으나 수분양자가 무자격자에게 매매하는 등의 문제가 발생하자 분양형 노인복지주택 제도를 폐지한 것이다. 노인복지주택을 분양 가능하도록 관련 법 개정을 고려할 필요가 있다. 분양형 노인복지주택은 자가 수요와 맞춤형 주거 복지 수요를 충족할 수 있다는 장점이 있다.

정부는 2024년 3월 21일 '건강하고 행복한 노후'를 주제로 22번째 민생 토론회를 열고 노인 인구 1000만 명 시대를 앞두고 노인용 주택 공급 확대 등 관련 정책을 밝혔다. 정부가 늘어나는 고령층 주거 수요에 대응하기 위해 2015년 폐지한 분양형 노인복지주택(실버타운)을 2025년에 다시 도입한다. 또 고령층의 생활 패턴에 특화된 내부 설계와 주거 서비스를 제공하는 기업형 민간 임대 주택 '실버 스테이'를 신설한다(보건복지부, 2024.3.21).

표 10-3 노인주거복지시설(시설의 종류, 노인복지법 제31조)

<table>
<tr><th>노인 주거</th><th>시설</th><th>설치 목적</th><th>입소(이용) 대상자</th><th>설치</th></tr>
<tr><td rowspan="3">노인 주거 복지 시설</td><td>양로 시설</td><td>노인을 입소시켜 급식과 그 밖에 일상생활에 필요한 편의를 제공</td><td rowspan="2">다음 각 호의 어느 하나에 해당하는 자로서 일상생활에 지장이 없는 자
가. 국민기초생활보장법 제2조에 따른 수급권자(이하 "기초수급권자"라 한다)로서 65세 이상의 자
나. 부양의무자로부터 적절한 부양을 받지 못하는 65세 이상의 자
다. 본인 및 본인과 생계를 같이 하고 있는 부양의무자의 월소득을 합산한 금액을 가구원 수로 나누어 얻은 1인당 월평균 소득액이 통계청장이 통계법 제17조 제3항에 따라 고시하는 전년도의 도시 근로자가구 월평균 소득을 전년도의 평균 가구원수로 나누어 얻은 1인당 월평균 소득액 이하인 자(이하 "실비보호대상자"라 한다)로서 65세 이상의 자
라. 입소자로부터 입소비용의 전부를 수납하여 운영하는 양로시설 또는 노인공동생활가정의 경우는 60세 이상의 자</td><td rowspan="2">시장·군수·구청장에 신고</td></tr>
<tr><td>노인 공동 생활 가정</td><td>노인들에게 가정과 같은 주거 여건과 급식, 그 밖에 일상생활에 필요한 편의를 제공</td></tr>
<tr><td>노인 복지 주택</td><td>노인에게 주거 시설을 분양 또는 임대해 주거의 편의·생활 지도·상담 및 안전 관리 등 일상생활에 필요한 편의를 제공</td><td>단독취사 등 독립된 주거생활을 하는 데 지장이 없는 60세 이상의 자</td><td>시장·군수·구청장에 신고</td></tr>
</table>

통계청에 따르면 65세 이상 노인 인구는 2015년 654만 명에서 2023년 944만 명으로 44.3%p 급격히 증가했다. 그러나 국내 실버타운은 2022년 기준 전국에 39곳으로 8840가구 규모에 불과하다. 분양형 실버타운이 폐지된 후 입소를 원하는 노인이 늘고 있으나 이러한 수요를 충당하지 못하고 있다. 정부는 전국 인구 감소 지역 89곳(부산 동구·서구, 경기 가평·연천 등)에 한해 분양형을 허용하기로 했다. 기존 분양형에서 문제 된 불법 행위, 부실 운영 등을 예방하기 위한 보완 방안을 마련하고, 노인복지법 개정 등 추진해 2025년부터 본격적으로 공급에 나설 계획이다.

60세 이상 누구나 입소할 수 있도록 기존의 '독립된 생활이 가능한 자' 요건을 폐지한다. 리츠(REITS)사, 장기 요양 기관, 호텔·요식업체, 보험사 등 다양한 기관이 신규 진입할 수 있도록 위탁 운영 요건도 개선하고 실버타운 입주 시 실거주 예외 사유로 인정해 주택 연금을 지속해 지급한다. 무주택 노인 가구를 위한 고령자 복지 주택 공급도 연 3000가구로 세 배 확대하고 유형 다변화를 통한 도심 공급을 유도한다. 이와 함께 기존 소득 수준에 따른 순차제 입주 방식에 추첨제를 도입하는 등 공급 기준을 개편해 중산층 입주 기회를 확대한다.

특히 올해부터 고령자 특화 시설·서비스를 제공하는 중산층 고령 가구를 대상으로 한 기업형 장기 임대 주택인 실버 스테이 시범 사업을 실시한다. 실버 스테이는 동작 감지기, 단차 제거 등 노인 특화 시설과 의료, 요양을 포함한 노인 돌봄 서비스를 제공하는 갖춰진 주택 개념이다.

화성 동탄2지구 내 부지를 국내 최초의 '헬스케어 리츠(Healthcare REITs)' 방식으로 공급·개발하고 노인복지주택 등을 공급한다. 헬스케어 리츠는 한국토지주택공사(LH)가 보유한 의료 복지 시설 용지를 민간 사업자에게 매각하고, 사업자는 리츠를 설립해서 개발하는 방식이다.

신도시 택지 개발 때 지자체 수요 등 지역 여건을 고려해 고령자를 위한 복지 주택과 의료 서비스 시설 배치도 지원한다. 기획재정부·국토교통부·금융위원회 등이 참여하는 관계 부처 TF를 통해 수요·공급 활성화 방안을 추가로 마련하고, 독거노인 거주 비율이 높은 영구 임대 주택 단지 내 주거 복지사 배치 확대를 통해 밀착형 주거 복지 서비스도 제공한다.

국내 실버타운(노인복지주택)은 수요 대비 턱없이 부족하다. 노인복지주택은 2018년 35개에서 2023년 38개로, 5년간 고작 세 개 늘었다. 노인복지주택 입소 인원은 9006명 정도다(〈표 10-2〉). 일부 실버타운은 유료 양로시설로 운영 중인데, 공공이 운영하는 무료 시설과 함께 집계되어 정확한 파악이 어렵다. 이웃 일본의 노인복지주택의 유료 노인 홈 공급 현황을 참고할 만하다.[2]

재도입된 분양형 실버타운은 문제가 없는가? 정부가 제시한 내용으로 분양형 실버타운은 행정안전부가 지정한 인구 감소 지역에서만 공급 가능하다. 그러나 현실적으로 수요가 많은 도심형 실버타운을 늘리는 방안도 고려해야 한다. 나이가 들수록 기존 생활권을 고수하며 오래 살았던 집과 지역 사회에 계속 거주를 원하는 노인 주거 수요(aging in place) 개념을 정책에 적용할 필요가 있다. 일본과 서구 국가 등 해외 선진국도 도심과 같이 교통이 편리하고 접근성이 좋은 곳에 실버타운을 짓는 추세를 참고해야 한다.

국내 실버타운은 다양한 형태와 규모를 지니고 있다. 실버타운 중 도심형과 전원형 실버타운의 대표적 사례 및 전국 실버타운 관련 자료를 살펴보도록 한다.

1) 도심형 실버타운: 더클래식 500

도심형 럭셔리 실버타운으로 2009년 설립된 '더클래식 500(The Classic 500)'을 들 수 있다. 이 실버타운은 서울특별시 광진구 자양동에 있는 초고층 빌딩으로 A동(50층, 170실) B동(40층, 210실)의 2개동으로 구성돼 있으며 각각 지상 50층, 지상 40층의 초고층 건물로서 380실 모두가 56평형 규모이다. 총 네 가지 구조(A, A1, B, B1)로 구성되어 있다. A동 저층(5층~20층)은 호텔이며, 21~50층까지는 시니어 공간이다. B동은 전체(5층~40층)가 시니어 공간이다. 대기 수요가 많아 최소 2년 이상은 기다려야 한다. 최근에 입소 연한이 기존 60~80세에서 60~75세로 축소 변경되었다.

호텔식 세탁 및 청소, 퍼스널 컨시어지(쇼핑, 여행 예약 대행), 도어, 발레 서비스, 24시간 콜센터, 우편, 택배 서비스, 헬스 케어 메디컬 서비스 등 원스톱 특

2 초고령 사회에 진입한 일본은 유료 노인 홈(한국의 실버타운과 유사)은 1만 6724곳으로, 총 63만 4395명의 노인을 수용할 수 있다.

그림 10-1 더클래식 500 층별 안내도

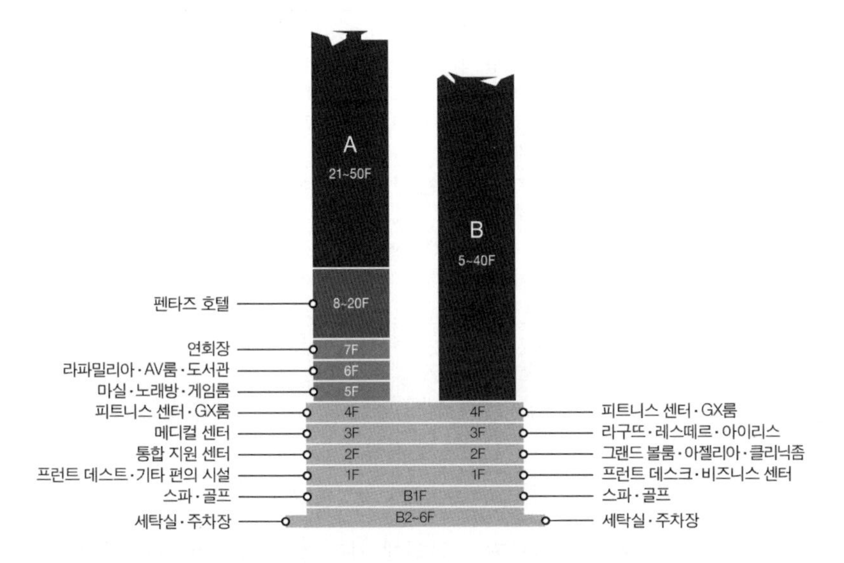

표 10-4 입주 비용

인원	보증금	계약 기간	월 이용료
1~2인	900,000,000원	3년	1,670,000원

표 10-5 월 관리비

내역	비용	비고
공동 관리비	2,450,000원	기본 서비스 제공
세대 관리비(예상)	300,000원(전 세대 평균)	수도 광열비, 인터넷, 케이블 방송
식대	15,000원/1식	의무식 1인 20식, 40식

자료: 더클래식 500(https://www.theclassic500.com).

화 서비스를 실현한다고 알려져 있다. 아울러 골프 연습장, 스파, 수영장, 피트니스 등 다양한 시설이 구비되어 있다. 입주 비용으로 보증금 9억에 월 최대 500만 원 정도 생활비 비용으로 책정되어 있다(〈표 10-4〉, 〈표 10-5〉, 〈표 10-6〉 참조).

표 10-6 제공 서비스

구분	기본 서비스	옵션
의료 지원 서비스	건강 상담, 영양 상담, 건강 검진(1회/만 1년), 24시간 간호사 상주, 기본 응급 처치, 건국대학교병원 진료 연계 지원, 개인 의료 정보 관리	전문 분과별 진료 상담, 맞춤식 운동 관리, 맞춤식 영양 관리, 건국대학교병원 연계 시 진료, U-Health 서비스
여가 지원 서비스	생활 상담, 동호회 활동 지원, 정서·교양·문화 등의 프로그램 운영	부대 시설 이용(유·무료)
생활 지원 서비스	도어 서비스, 리셉션 서비스, 프런트 서비스, 야간 당직 서비스, 하우스키핑 서비스, 주차면 1면 제공	퍼스널 컨시어즈, 발레 파킹 서비스, 펜타즈 호텔(객실) 특가 이용

자료: 더클래식 500(https://www.theclassic500.com).

2) 전원 휴양형 실버타운: 가평 청심빌리지

위치는 경기도 가평군 설악면 송산리에 자리 잡고 있으며 서울 강남에서 40~50분 소요된다. 총 155실의 객실은 청평 호반과 푸른 숲을 조망할 수 있는 호텔식 구조이며, 다양한 건강, 여가 프로그램, 부대시설을 갖추고 있는 규모가 큰 실버타운이다. 양·한방 협진의 HJ매그놀리아국제병원 종합 서비스가 가능하고 400여 평 규모의 재활 의학과 전문의와 치료사가 함께하는 재활 센터 서비스, HJ매그놀리아국제병원 응급 대응 시스템 및 빌리지 내 간호사 건강 관리 서비스 그리고 의료진 방문 1:1 맞춤식 건강 상담을 실시하고 있다.

노인들을 위한 근력 운동과 재활 운동을 위한 시설을 갖추고 있다. 주거 공간은 22평(전용 10평), 34평(전용 15평) 두 가지 평형대로 구분된다, 부대시설로는 건물 내 카페, 헬스장, 영화관, 당구장, 건강 센터, 사우나, 탁구장, 식당, 대강당 등이 있다. 건물 외 텃밭, 파크 골프장, 다양한 산책로, 둘레길, 장미 공원, 야외 운동 센터 등을 이용할 수 있다.

이곳은 일정 기간 체험할 수 있는 프로그램을 운영하고 있다. 실버타운에 관한 경험을 통해 최종 의사 결정을 할 수 있다는 장점이 있다. 남편이 세상을 떠

표 10-7 보증금 및 월 생활비(2023년) (단위: 1000원)

구분		보증금	관리비	식비	공과금	월 생활비	
						1인 합계	2인 합계
22평 (실평수 10평) (90식)	1개월	×	1,200	747	70	2,017	2,964
	1~2년	100,000	1,150	747	70	1,967	2,914
34평 (실평수 15평) (90식)	1개월	×	1,550	747	100	2,397	3,344
	1~2년	200,000	1,500	747	100	2,347	3,294

자료: 청심 빌리지(http://www.csvillage.com/).

난 후 이곳 청심 빌리지에서 한 달간 체험한 여든이 넘은 여성은 명상 시간과 매일 바뀌어 나오는 영양식, 그리고 다양한 프로그램이 생활의 활력소로 작용했다고 한다. 한 달간의 체험이 너무 좋아 연장까지 하면서 실버타운의 장점을 실감하게 되었다.[3]

3) 실버타운 입소자를 위한 정보

전북 익산에서 한의사로 일하는 부부는 실버타운을 직접 방문하고 입소자를 인터뷰한 자료 및 영상이 '공빠 TV'[4] 유튜브(YouTube)를 통해 널리 알려졌다. 실버타운 전도사로 불릴 정도로 장점과 다양한 분석 자료를 소개한 바 있다. 월 생활비 기준으로 가성비, 실속형, 그리고 럭셔리 유형이 자세히 소개되어 있다.[5]

---

3 입주자 체험 사례(등록일: 2024.2.26). http://www.csvillage.com/service_center/view?menu=case&no=24&page=&case_id=28.

4 공부해 빠르게 나누는 채널. https://www.youtube.com/@gongbba/videos.

5 실버타운 탐방 유튜브 채널인 공빠TV와 이 유튜브 채널 운영자가 직접 실버타운을 방문하며 확인한 정보를 편집해 저술한 책 문성택·유영란, 2022, 『한경무크: 실버타운 올가이드』(한국경제신문)를 참조했다.

표 10-8 월 생활비 100만 원대 '가성비' 실버타운(1인 기준)

실버타운	장소	보증금	월 생활비
일봉실버랜드	경남 의령군	평생 보장제(10평형), 1억 5000만 원 또는 월 생활비 선납제	의무식 90식 기준 100만 원
월명 성모의 집	경북 김천시	6000만 원 (14.5평형)	의무식 90식 기준 90만원
공주 원로원	충남 공주시	8000만 원 (15평형)	의무식 90식 기준 104만 원
서울시니어스 고창타워	전북 고창군	1억 7000만 원 (20평형)	의무식 30식 기준 60만 원

표 10-9 월 생활비 150만 원대 '실속형' 실버타운(1인 기준)

실버타운	장소	보증금	월 생활비
미리내 실버타운	경기도 안성시	1억 원 (21평형)	의무식 90식 기준 127만원
동해약천온천 실버타운	강원도 동해시	1억 3000만 원 (21평형 기준)	의무식 90식 기준 130만 원
서울시니어스 서울타워	서울시 중구	1억 9200만 원 (15평형)	의무식 90식 기준 146만원
동백스프링카운티자이 (분양형 실버타운)	경기도 용인시	4억 5000만 원 (25평형)	의무식 30식 기준 48만원
서울시니어스 가양타워	서울시 강서구	3억 8600만 원 (21평형 기준)	의무식 60식 기준 129만 원

표 10-10 럭셔리 실버타운 탑5(1인 기준)

순위	실버타운	장소	보증금	월 생활비
1위	더클래식 500	서울 광진구	9억 원 (56평형)	의무식 20식 기준 452만 원
2위	삼성 노블카운티	경기도 용인시	3억 1000만 원 (30평형)	90식 식비 포함 169만원
3위	서울시니어스 분당타워	경기도 성남시	3억 2500만 원 (25평형)	의무식 60식 기준 199만원
4위	더시그넘하우스	서울 강남구	4억 원 (22평형)	의무식 60식 기준 월 180만원
5위	유당마을	경기도 수원시	1억 7800만 원 (20평형)	의무식 90식 기준 209만원

자료: 공빠 TV; 문성택·유영란(2022).

공빠TV는 실버타운에 가야 할 사람으로 ① 혼자인 남성·여성 시니어, ② 부부 중 한 사람이 아픈 시니어, ③ 해외에서 돌아온 역(逆)이민 시니어, ④ 아내에게 사랑받고 싶은 시니어를 든다. 반대로 실버타운에 들어가면 안 되는 사람으로는 ① 나의 집에 대한 애착이 강한 시니어, ② 경제적으로 빠듯한 시니어, ③ 공동생활이 싫은 시니어, ④ 자기 고집이 지나치게 강한 시니어를 들었다(서영아, 2022.11.11).

노인으로 살아가기에 문제가 없는 적절한 주거 환경이라면 굳이 옮길 필요는 없다. 그런데 한국 고령자 77%가 내 집을 갖고 있고 재산의 80%가 그 집에 묶여 있다. 많은 노인들은 집은 있지만 경제적으로 여유를 갖지 못한 전형적인 하우스 푸어(house poor)인 상태를 종종 목격하게 된다. 고령자들은 집에 많은 돈을 투자했으나 실제 생활은 여유롭지 못하는 경우가 많다. 경제적인 여유가 부족한 노인은 집에 투자한 돈을 회수하고 삶의 질을 추구하는 방안을 찾아야 한다. 예를 들어 건강(병원, 공원, 운동 시설)과 여가 활동(도서관, 노인복지관, 시민 회관 등)에 도움 될 시설을 갖춘 실버타운이 대안이 될 수 있다. 현재 살고 있는 집이 아무리 큰 재산 가치를 지니고 있다 해도 노인들의 주거 환경이 열악하거나 의료 등 복지적인 서비스를 향유하지 못한다면 노후 생활은 힘들어진다. 계속 현재 주택에 거주해야 하는지 아니면 식사, 의료 서비스 등 각종 서비스를 공급받을 수 있는 실버타운으로 이사해야 하는지는 개인의 선택인 것이다. 만일 보다 나은 의료 서비스와 생활 서비스를 추구한다면 실버타운에 관한 정보를 충분히 확인·점검해야 할 것이다.

4) 실버타운 실패 사례

'더케이(The-K) 서드에이지'는 경남 창녕군 고암면 중대리 235-1에 위치한 실버타운이다. 한국교직원공제회가 100% 출자해 설립하고 681억 원을 투자해 2007년 전원형 실버타운 서드에이지를 개원·운영해 왔다. 주거 시설 222세대, 요양원 160실, 요양병원 및 각종 부대시설(사우나, 수영장, 노래방, 운동 시설 등)을 구비하고 있는 창녕 서드에이지는 의료에서부터 문화 시설에 이르기까지 토털 복지 시스템을 갖추고 있었다. 부산, 울산, 대구, 창원 등 인근 대도시와의 교통 접근성과 부곡 온천, 우포늪 등 유명 관광지가 인접해 있는 등 도시 근교형과 전원형의 장점을 고루 갖춘 실버타운이라 알려져 왔었다. 입주민들은 은퇴 교원으로 구성된 이 실버타운은 초기에는 상당한 인기를 얻기도 했다.

그러나 2016년 무렵 이어진 경영난으로 2021년 3월 사업 중단을 입주민에 통보, 2022년 2월 법원으로부터 파산 선고를 받았다. 서드에이지는 2016년부터 2020년까지 4년간 누적 60억 원대 당기 순손실을 기록한 바 있다. 교직원공제회가 200억 원을 추가 투입하고도 1년 만에 파산 수순을 밟은 만큼 방만하게 운영했다는 비판이 많았다. 법인 측은 추가 출자 외에도 일반 입주민 수용을 늘리고 장단기 유료 숙박 체험도 추진하면서 경영난을 타개하고자 했으나 실패한 것으로 전해졌다. 한국교직원공제회에 따르면 파산 직전 사업 법인 매각에 나섰으나 인수자가 나타나지 않아 법인을 청산하기로 했다.

한국교직원공제회가 많은 돈을 투자한 더케이 서드에이지는 왜 문을 닫게 되었는지는 매우 중요한 정보이다. 실패 원인을 분석해 보면, 첫째, 방만한 운영이다. 실버타운이 비교적 잘 운영되고 있는 곳은 대부분 종교 단체가 지원하는 곳이나 모기업의 재정적 지원을 받는 곳으로 알려져 있다. 공제회로부터 지원을 받았음에도 불구하고 결과적으로 실패한 경우이다. 실버타운은 책임 경영이 매우 중요하다. 실버타운 시설 운영, 적정 직원 유지, 건강한 식재료의 확보 및 사용 등 실버타운 운영의 전문성과 책임 경영이 요구된다. 더케이 서드에이지는 이러한 책임 경영·전문 경영이 미흡한 것으로 평가된다.

둘째, 입지적 특성이다. 경남 창녕은 대도시 근교가 아닌 곳으로 전원형 실버타운 지역에 속한다. 일반적으로 실버타운이 성공적으로 운영을 보이는 곳은 대부분 대도시 혹은 대도시권에 입지해 교통 편의성과 병원 등 접근성이 좋은 곳이다. 이러한 관점에서 더케이 서드에이지는 상대적으로 접근성이 좋은 곳이라 할 수 없었다.

셋째, 실버타운에 대한 부정적 인식이다. 실버타운에 관한 일반인의 인식을 보면 실버타운을 요양원과 요양병원으로 오해하는 경우가 상당히 많다. 양로원과 실버타운은 요양병원과 달리 비교적 건강한 노인이 입주한다. 실버타운을 요양원 및 요양병원으로 오해해 부정적인 인식이 팽배해 있다. 예를 들어 요양원과 요양병원은 '현대판 고려장'이라는 매우 부정적이고 편견과 오해에서 비롯한 인식을 가지고 있다. 서울대학교 의과대학 김윤 교수는 아래와 같이 기술한 바 있다.

> 현대판 고려장은 애초에 정부가 노인 돌봄 체계를 잘못 설계한 탓이다. 지금 노인 돌봄에 쓰는 돈만이라도 제대로 쓰기만 한다면 현대판 고려장과 같은 문제를 해소할 수 있다. 먼저 노인 돌봄 재정을 장기 요양 보험 중심으로 일원화해야 한다(김윤, 2022.11.25).

앞으로 실버타운이 성공적으로 운영되고 많은 노인들의 삶의 질을 높이기 위해서는 새로운 접근이 필요하다. 운영 주체의 책임 경영은 물론 실버타운을 요양병원과 동일한 개념으로 알려진 부정적 인식을 개선하는 등의 노력도 필요하다. 아울러 요양원이 현대판 고려장이 되지 않도록 노인 돌봄 재정 및 장기 요양 보험의 새로운 접근이 요망된다.

그림 10-2 시니어 레지던스 분류

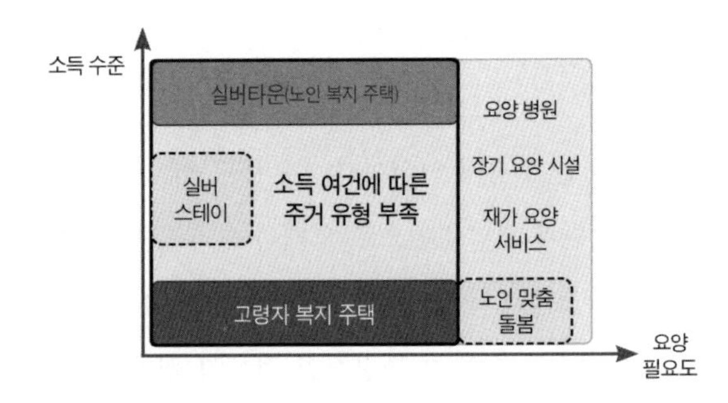

자료: 관계 부처 합동, 2024, 시니어 레지던스 활성화 방안.

3. 시니어 레지던스[6]

1) 개념

시니어 레지던스(senior residence)는 고령층 친화적인 주거 공간과 가사·건강·여가 서비스를 대폭 확대하기 위한 방안이다. 다양한 유형의 시니어 레지던스를 공급하기 위해 설립·운영 규제부터 부지·자금 등 공급 단계의 전반에 걸친 규제를 완화하고, 고령 수요자 맞춤형 지원을 확대하는 데 중점을 두었다. 시니어 레지던스는 법상 개념은 아니며, 고령자 복지 주택(공공 임대), 실버 스테이(민간 임대), 실버타운(노인복지주택) 등 서비스가 제공되는 고령 친화적 주거 공간을 말한다.

---

6 정부는 2024년 7월 23일 경제 관계 장관 회의를 개최해 '시니어 레지던스 활성화 방안'을 발표했다.

2) 주요 내용

(1) 시니어 레지던스 공급 확대

토지·건물 사용권을 통한 실버타운 설립 및 서비스 전문 사업자를 육성한다. 토지·건물 사용권만으로 실버타운 설립 및 운영이 가능하도록 관련 규정을 개정하고,[7] 장기 임대 기간 및 계약 자동 갱신 등을 포함하는 임대 계약 지침을 마련한다. 그리고 서비스 전문 사업자 육성을 위한 지원 근거 및 사업자 요건(자본금 요건 등) 마련한다.

(2) 신(新)분양형 실버타운 도입

노인복지주택의 경우 현재는 임대형만 허용되고 있으나, 2024년 하반기 노인복지법 개정을 통해 임대형을 일정 비율 포함한 신분양형 실버타운을 인구 감소 지역(89곳)에 도입한다. 정부는 민간 사업자의 시장 진입을 촉진하기 위해 실버타운 설립 시 토지·건물 소유를 의무화하는 규제를 개선한다.

현행 노인복지법 시행규칙 제16조에 따르면 노령자 시설을 설치할 땐 토지 및 건물의 소유권을 확보해야만 사업을 할 수 있다. 정부는 이를 '소유권 또는 사용권 확보'로 개정해 서비스 전문 사업자가 토지·건물 사용권을 기반으로 실버타운을 공급할 수 있는 여건을 조성한다는 방침이다. 그리고 신분양형 실버타운을 인구 감소 지역에 도입할 예정이다. 분양 이후 안정적인 운영을 위해 일정 비율 이상 임대형을 포함할 것을 의무화하고 부실한 서비스 운영 방지를 위한 서비스 품질 관리 체계를 구축한다.

---

7 기존 노인복지법 시행규칙에 의하면, 토지·건물의 소유권을 확보한 경우에 한해 노인복지주택의 설치가 가능했으나, 임차권 등 토지·건물의 사용권만을 확보한 경우에도 가능하도록 개정하려는 것이다.

입주 자격 등에 관한 불성실 공지를 예방하기 위해 분양 과정 전반의 체계적인 관리·감독을 실시하고 입주 자격이 한정된 실버타운 매매·양도를 지원하기 위한 정보 공유 홈페이지도 설치·운영한다. 수요가 높은 도심지의 부지 공급이 어려운 점을 감안해 대학, 숙박시설 등 도심 내 유휴 시설 및 군부대 이전 부지 등 유휴 국유지를 시니어 레지던스로 조성할 수 있도록 했다.

(3) 용적률 완화 및 유휴 시설·국유지 활용을 통한 부지 확보 지원

지자체가 시니어 레지던스 조성 등을 위해 유휴 기반 시설 부지를 활용할 수 있도록 용도·밀도 규제 완화 근거를 마련한다. 도심 내 유휴 시설 및 유휴 국공유지 활용을 위한 부지 지원 강화(용도 변경·용적률 완화 유도, 민간 사업자에 대한 유휴 국공유지 제공 추진 등) 한다.

(4) 규제 완화 및 투자 위험 분담을 통한 민간 사업자 자금 조달 지원

리츠의 시니어 레지던스 개발 사업 진입을 위한 택지 지원 및 규제 개선을 추진한다. 1인당 주식 소유 한도(50%)를 완화하고 주식 공모 의무 기한을 준공 후 5년으로 확대하는 프로젝트 리츠 도입을 위해 2024년 하반기 부동산투자회사법을 개정할 예정이다. 노인복지주택 운영을 위한 인적 요건 관련해, 상근 직원이 없는 리츠의 경우에는 위탁 운영사 직원으로 갈음할 수 있도록 개선한다. 현재는 노인복지주택 사업을 실시한 경험이 있어야만 위탁 운영이 가능하나 이를 완화하고, 리츠가 노인복지주택을 설치하고 신탁해 운영하는 경우 지방세 감면을 적용 예정이다. 시니어 레지던스 조성을 위한 건설 자금에 대해 주택도시기금 공공 지원 민간 임대 융자 지원 검토 및 지역 활성화 투자 펀드로 지원 확대한다.

(5) 합리적 이용료로 이용할 수 있는 실버 스테이 도입

주택도시기금이 출자 또는 융자 지원, 건설 기준 등 규제 개선을 추진한다. 그리고 유주택 고령자도 입주 가능하도록 입주 대상 범위를 확대하며 일반형 주택을 혼합해 건설하는 방안도 검토한다.

법령 개정 사항에 대해서는 정부는 추후 시니어 레지던스 활성화를 위한 특별법 제정을 추진할 것으로 예상되고, 상기 변경 및 개선 사항 들은 2024년 하반기부터 2025년까지 순차적으로 관련 법령 등의 개정을 통해 추진할 예정으로 발표되었다.

3) 문제점

정부의 시니어 레지던스 발표 내용을 보면 과거의 노인 주거 정책에서 진일보한 것으로 평가된다. 그러나 좀 더 신중히 고려해야 하고 문제점으로 지적될 수 있는 부분이 적지 않다.

첫째, 시니어 레지던스의 입지(위치)이다. 시니어 레지던스가 수요가 많은 도시 지역이 아닌 땅값이 저렴하고 인구 소멸이 심한 지역에 입지한다. 이러한 정책의 의도와 취지는 동감하지만 과연 수요가 충분할 것인가는 의문이다. 특히 민간 부문 주도적 시니어 레지던스는 시장 기능에 따른 수요가 많은 곳에 입지해야 사업성을 보장할 수 있기 때문이다. 분양형 실버타운이 인구 감소 지역에만 입지한다는 것은 정책의 한계성을 지니고 있다고 판단된다.

둘째, 시니어 레지던스는 법적인 용어가 아니다. 이는 아직 시니어 레지던스 연관 법률이 정비되지 않은 상태이기에 관련 법의 개정 혹은 제정 이전에는 상당한 혼란과 오해의 소지가 있을 것으로 판단된다. 정부에서는 특별법 제정을 추진할 것으로 예상되나 조기에 혼란과 오해가 없도록 지침을 마련할 필요가 있다.

표 10-11 시니어 레지던스 공급 확대 방안

구분	내용
민간 부문	토지 건물 사용권을 통한 실버타운 설립 규정 개정 - 토지 및 건물의 소유권 또는 사용권 확보 시 실버타운 설립·운영이 가능하도록 규정 개정 - 토지·건물 사용권을 기반으로 서비스만을 제공하는 전문 사업자 육성 지원 근거 마련
	신분양형 실버타운 도입 - 임대형을 일정 비율 포함한 분양형 실버타운을 인구 감소 지역에 89개소 도입
	실버 스테이(민간 임대 주택) 사업 시행 및 확산 추진 - 리츠 또는 융자를 지원하고, 건설 기준 등 규제 개선을 추진함 - 60세 이상 유주택 고령자 입주 허용 및 다양한 세대 거주 허용 방안 검토
	부지 확보를 위한 유휴 시설 및 국유지 활용 및 용도·밀도 규제 완화 근거 마련 - 도시·군 계획 시설 입체 복합 구역 도입으로 용적률·건폐율 2배 완화 및 건축물 용도 제한을 완화함 - 유휴 시설(대학교, 폐교, 숙박시설, 오피스텔 등)을 시니어 레지던스로 전환 및 활용할 수 있도록 용도 변경·용적률 완화 유도
	리츠의 투자 부담 완화를 위해 건설 자금 및 투자 펀드 지원 확대 - 2025년까지 화성 동탄2지구 및 신도시 택지 3곳 지원 - 전문 주주 1인 주식 소유 한도 50% 초과 주식 소유를 허용한 프로젝트 리츠 도입 - 리츠가 실버타운 설립 및 신탁·운영 시, 지방세 감면(유료 노인 복지 시설 취득세 및 재산세 25%감면)
공공 부문	저소득층 대상의 고령자 복지 주택 공급을 확대함(연간 1000→3000호) - 초고령 사회 수요 증가에 대비해 노후 임대 주택 리모델링을 활용한 지속적인 추가 공급 - 노후 임대주택 리모델링 및 매입 임대를 통해 고령자 복지 주택 연간 3000호 공급 건설 임대(연 1000호), 노후 임대 리모델링(연 1000호), 매입 임대(연 1000호) - 중산층 노인 가구(기준 중위 소득 150% 이하) 입주 기회를 추첨제 도입 등을 통해 확대

자료: 기획재정부 관계 부처 합동 발표 자료(2024.7.23).

셋째, 노인 주거 정책은 주로 보건복지부와 국토교통부가 전담하고 있다. 이번 발표는 관련 부처 합동으로 발표되었다. 지금까지 노인 주거 정책 내용 중 복지부는 주로 노인 케어(건강, 돌봄)에 초점을 두어왔다. 그리고 국토부는 노인 주거 정책의 물리적 시설물(주택 등)에 치중했다. 이들 두 부처의 각기 상이한 정책 내용과 접근을 통합할 수 있도록 하는 것이 매우 중요한 정책 과제이다. 이번 시니어 레지던스 정책 내용이 이러한 현재 직면하고 있는 문제점을 얼마나 해소할 것인가는 아직 평가가 이른 상태이다.

4. 외국의 실버타운

외국의 실버타운은 그 명칭이 다양하다. 실버타운이라는 명칭은 한국에서만 널리 사용되고 있다. 외국은 나라마다 명칭이 매우 다양한 것으로 알려져 있는데 영어권 국가에서는 일반적으로 '은퇴자 커뮤니티(retirement community)'라 부른다. 그 외에 시니어 레지던스(senior residence), 은퇴자 주택(retirement living), 은퇴자 마을(retirement village)이라는 용어도 흔히 사용된다. 주요 국가의 노인 주거 보장 정책 혹은 고령자 주거 서비스 프로그램을 중심으로 살펴보도록 한다.

1) 미국

미국의 경우 은퇴자 커뮤니티는 아래와 같이 구분된다(Saisan and Russell, 2012).

(1) 보조 생활 커뮤니티

생활 및 기억 관리 보조 생활 커뮤니티(assisted living and memory care assisted living communities)로도 알려져 있는 보조 생활 커뮤니티는 노인들이 아파트나 콘도미니엄 스타일 환경에서 필요로 하는 모든 일일 서비스(예: 활동, 식사, 가사, 간호 등)가 제공된다.

(2) 집합 주택

우리말로 집합 주택(congregate housing)이라고 번역되지만 일반적인 의미와 특정한 의미를 동시에 갖는다. 일반적으로, 일상 활동에 도움이 필요하거나 도움을 원하는 노인(장애가 있는 젊은 층 포함)을 위한 다중 유닛(multiplex-unit),

일반적으로 계획된 지원 주택(supportive housing)을 의미한다. 요양 시설보다 더 독립적인 옵션으로 간주되는 이 집합 주택은 전형적으로 가사, 식사 준비 및 개인 간병과 같은 서비스를 제공한다.

이곳은 하루에 적어도 한 번 다른 주민들과 공유하는 식사를 포함하는 공동 주택이다. 이는 일반적으로 55세 또는 62세 이상으로 연령 제한이 있는 아파트 단지 형태이다. 임대료에는 레크리에이션 프로그램, 교통 서비스, 공동 식당에서 제공되는 식사와 같은 지역 사회 서비스가 포함될 수 있다.

(3) CCRC

지속적인 간호 은퇴자 커뮤니티(CCRC)로서 은퇴자와 배우자가 현재 상대적으로 건강하지만 앞으로 심각한 건강 문제가 예상되는 경우 CCRC를 고려해 볼 수 있다. CCRC는 동일한 지역 사회 내에서 독립생활부터 요양원 간호까지 다양한 진료 서비스를 제공한다. 예를 들어, 거주자가 일상생활에 도움이 필요하기 시작하면 독립생활에서 같은 장소에 있는 생활 보조 시설이나 전문 요양 시설로 이동할 수 있다. CCRC의 주요 이점은 새로운 환경으로 한 번만 이사하면 되며 가능한 오랫동안 독립성을 유지할 수 있다는 것이다.

(4) 노인 코하우징

노인 코하우징(elder/senior co-housing)은 공동 구역과 공동 주택을 중심으로 한 다수의 개인 소유 주택이다. 노인 코하우징은 거주자가 소유한 주택에서 독립적으로 생활할 수 있도록 설계되었다. 그러나 노인 공동 주택 공동체는 노인들에게 단순한 쉼터 이상의 것을 제공하며 사회적 상호 작용을 촉진하도록 설계되었다.

코하우징의 목적은 외로움과 고립을 피하고 신체적·사회적·정서적 웰빙을 촉진하는 생활 방식의 설계를 통해 강력한 공동체 의식을 기본으로 한다. 노인

공동 주거는 주민들 간의 관계성, 상호 협력 및 친화력을 촉진한다(Cannuscio, Block, and Kawachi, 2003).

노인 공동 주거는 특히 55세 이상의 성인에게 초점을 맞추고 다양한 수준의 신체적 능력과 재정 상태를 감안한다(Durrett, 2009; Oakcreek Cohousing Community, 2009). 노인 코하우징은 거주자가 소유한 주택에서 독립적으로 생활할 수 있고 동시에 사회적 상호 작용을 중요시한다. 예를 들어, 입주민들은 식사를 나누고, 공예품을 만들고, 게임을 하거나, 대화를 나눌 수 있도록 한다. 코하우징은 주민들의 특별한 요구와 관심에 맞춰 설계되었다.

코하우징과 연관해 여섯 가지 필수 매개 변수를 소개한다(Durrett, 2009).

① 참여 과정: 입주민들은 지역 사회를 계획하고 설계하는 과정부터 처음부터 참여한다.
② 상호 작용을 고려한 커뮤니티 디자인: 물리적 배치의 디자인은 커뮤니티 상호 작용을 장려한다.
③ 공용 시설: 개인 생활 공간을 보완하고 지역 사회 및 사회적 상호 작용을 촉진하는 공용 시설을 설치한다.
④ 완전한 주민 관리: 입주민은 공통 관심사에 대한 의사 결정을 내릴 책임이 있다.
⑤ 비계층적 구조: 의사 결정 책임은 지역 사회의 모든 입주민이 공유한다.
⑥ 별도 소득원: 입주민은 독립적인 소득을 유지한다.

(5) 독립적 노인 생활 공동체

독립생활 공동체(independent senior living communities)라고도 알려져 있으며 독립적인 노인 생활 공동체이다. 개인 관리 서비스를 제공하지 않으며, 독립생활(independent senior living)은 단순히 노인, 일반적으로 55세 이상의 노인만을 위해 설계된 모든 주택 형태이다. 주거 형태는 아파트형부터 단독 주택까지 다양하다. 주민들은 독립적으로 생활하지만 대부분의 지역 사회에서는 편의 시설, 활동 및 서비스를 제공받는다. 종종 레크리에이션 센터나 클럽 하우스를 통해 이웃들과 함께하고 예술 및 공예, 휴일 모임, 평생 교육 수업 또는 영화 관람과 같은 지역 사회 활동에 참여할 수 있다.

독립생활 시설에는 수영장, 피트니스 센터, 테니스 코트, 골프 코스나 기타 시설도 제공된다. 독립생활 시설은 일상생활에 도움이 거의 또는 전혀 필요하지 않은 노인들을 대상으로 하기 때문에 대부분 의료나 간호 인력을 제공하지 않는다.

위에서 언급한 것 이외에도 고령자를 위한 다양한 편의 시설을 포함하는 레저 또는 라이프 스타일 중심 커뮤니티(leisure or lifestyle oriented communities: LORCO), 활동적인 성인을 위한 이동식 주택 또는 RV(mobile homes or RV's for active adults), 그리고 저소득층 또는 보조금을 받는 노인 주택(subsidized housing for lower income older adults) 등이 있다. 미국의 실버타운 규모는 보통 약 500~1000세대로 이루어지며 많은 경우 1만 명 이상을 수용할 수 있는 대규모, 복합적인 형태도 존재한다. 미국의 실버타운은 1970년대까지만 해도 희소성을 가졌으나 1980년대부터 중산층 고령자 및 퇴직자 들의 실버타운에 대한 관심이 증대되고 있어 실버타원 공동체의 구성원이 중산층이 주류를 이루고 있다.

2) 일본

일본은 1960년대에 노인복지법이 제정되면서 실버산업과 유료 노인 주택인 '노인 홈'이 활성화되기 시작했다. 순수 민간 주택 형태인 노인 홈은 민간 부문에서의 대표적인 실버산업으로 관리비, 개호비, 생활비 등으로 구성되어 있다. 1970년대 중반 급속한 고령화와 경제 성장의 영향으로 실질적인 유료 노인 홈

표 10-12 일본 고령자주택의 종류

구분	주택 형태	사업 주체	권리 형태	소득층
유료 고령자 홈	일반 유료 고령자 홈(종신) 간호 전용 유료 고령자 홈(종신)	제한 없음 (개인 불허)	거실 임대	중·고소득층
임대형 고령자 주택	의료 시설이 있는 주택(임대형)	제한 없음 (개인 불허)	거실 임대	중산층
그룹 홈 케어 시설	그룹 홈(단독형)	복지, 의료 법인, 지자체, 법인	포괄 계약	중·고소득층
	그룹 홈(병설형)	복지, 의료 법인, 지자체, 법인	포괄 계약	중·고소득층
	그룹 리딩(단독형)	민간 등	포괄 계약	중·고소득층
	그룹 리딩(병설형)	복지, 의료 법인, 지자체, 법인	포괄 계약	중·고소득층
	탁노소(託老所)	민간 등	포괄 계약	중·고소득층
공적 주택	실버타운	지자체	-	저·고소득층
기타 주택	우량 임대 주택	지자체, 민간	거실 임대	-

자료: 코트라(2017: 48~50); 임종환(2019).

은 활발하게 이루어졌다. 노인 홈에 대한 급격한 증가는 건설 경기도 한 부분을 차지했으며 도시정비공단과 파트너십을 통한 민간과 공공이 결합한 제3섹터 방식이 도입되었다(이진혁, 2006).

그룹 홈은 입주 인원이 5~9명 사이로 소규모로 구성되어 있으며 주로 치매 증상을 지닌 노인의 간병을 목적으로 운영되고 있다. 이러한 그룹 홈은 후생노동성이 주축이 되어 운영하고 있으며 특징으로는 가정적인 분위기를 조성해 정서적인 안정을 누릴 수 있도록 한다. 일본에서도 공공 부문 실버산업의 주축은 한국의 복지 기관과 유사하게 운영되고 있으며, 중증 노인을 대상으로 국가가 운영한다. 그리고 거동이 가능한 노인의 경우는 민간 부문이 실버타운을 건설하고 운영을 맡고 있다.

3) 독일

독일은 1974년 노인 주거에 관한 법을 공포함으로써 노인 주거 보장 정책을 구체화하기 시작했다. 노인 주거 서비스는 다양한 종류의 노인 주택 및 시설에 있다. 운영 방식에 따라 24시간 종일제로 운영되는 노인 복지 주택(Altenwohnheim), 양로원(Altenheim), 케어형 요양원(Altenpflegeheim), 노인 아파트(Altenwohnungen), 보호 주택(Betreutes Wohnen), 케어형 주택(Pflegewohnung) 등을 들 수 있다.

그리고 평일 주간에 한해 운영하는 주간 케어 시설(Tagespflegeheim), 주간 노인정(Altentagesstätte) 등이 있다. 다양한 종류의 노인들의 주거 욕구를 충족시키기 위한 정책이 마련되어 있다.

대상 및 자격 요건을 보면 대표적인 사회 보험 국가인 독일은 2008년을 기준으로 노인의 연금 수급 자격을 65세 이후로 지정했다. 따라서 독일의 노인 주택 또는 노인 시설의 대상은 65세 이상 연금 수급자가 대부분이지만, 경우에 따라서는 지역마다 차이가 있는 경우도 있다. 별도의 자격 요건은 유료화 시설의 경우, 지급받는 연금의 범위 내에서 시설의 이용료를 지불하는 것으로 원칙으로 한다. 급여(서비스) 형태는 독일의 노인 주거 보장 정책의 핵심인 주거 시설은 크게 종일제 운영 시설과 평일 주간 운영 시설로 구분할 수 있다. 노인 주거 시설의 서비스 내용은 〈표 10-13〉과 같다.

위에서 살펴본 각 국가들의 노인 주거 서비스 프로그램은 주거의 안정성과 질적 측면을 핵심으로 노인의 거주 지속성 제고, 편리한 보건 의료 서비스 제공 등을 최종 목표로 설정하고 있는 공통점을 발견할 수 있다. 노인의 주거 안정을 위한 각국의 정책 패러다임의 변화와 서비스 프로그램의 다양화는 한국의 노인 주거 문제에 대한 접근 방식의 변화를 이끌 수 있는 시사점을 제공하고 있다.

표 10-13 독일의 노인 주거 서비스

종일제 시설 기준

구분	내용
노인 복지 주택(Altenwohnheim)	독립적 아파트형 시설 형태, 세탁, 간단한 치료, 식사, 상담, 사회프로그램 제공
양로원(Altenheim)	독일 내 노인 주거 시설 중 최저 비용, 기본 숙식 및 의료 서비스, 한국의 실비 양로원과 유사
케어형 요양원(Altenpflegeheim)	장기간 또는 지속적 케어가 필요로 하는 노인 숙식, 사회생활 정보, 각종 케어 서비스 제공
노인 아파트(Altenwohnungen)	노인의 자립 욕구를 최대한 보장한 형태, 간단한 케어 및 긴급 의료 서비스 제공
보호 주택(Betreutes Wohnen)	자신의 집에서 케어 및 각종 의료 서비스 제공, 서비스의 종류가 매우 다양함
케어형 주택(Pflegewohnung)	6~8개의 주거 시설이 모여 한 단위를 구성하는 형태, 개인의 일상 보장과 공동체의 삶을 동시에 추구

주간 시설 기준

구분	내용
주간 노인정(Altentagesstätte)	평일 낮 시간 기준, 교양 및 오락 프로그램 제공, 대부분 비영리 재단의 65세 이상 자원 봉사자에 의해 운영되며, 케어 서비스는 제공되지 않음.
주간 케어 시설 (Tagespflegeheim)	평일 낮 시간 기준, 케어 서비스 제공, 주말이나 야간에는 가정으로 귀가하는 것이 원칙

자료: Retirement housing and Care homes in Germany(https://housingcare.org/retirement-properties-abroad/c-germany/#google_vignette); 박정훈·박근영·심경수(2017); 김근홍(2009).

5. 실버타운 과제와 전망

고령 가구의 급격한 증가 추세인 한국 사회는 노인 주거를 위한 새로운 서비스의 제공이 필요하나 현재 이러한 욕구를 충족시키기 위한 공적 주거 복지 서비스는 매우 제한적이라 평가된다. 한국의 공공 주거 복지 서비스의 경우 유료 시설(유료 양로시설 및 유료 노인복지주택)을 제외한 양로시설, 실비 양로시설 및 실비 노인복지주택이 국가나 지방 자치 단체에 의해 제공되는 시설로 각 시설 입주 자격은 제한적이다.

이러한 시설의 경우 입소가 가능한 사람의 경우 대부분 생활 보호 대상자로 제한되고 있다. 그리고 실비 시설의 경우에도 월평균 소득이 일정 수준 이하인 노인들만을 대상으로 입소가 가능하다.

무료 또는 실비 시설(양로시설, 실비 양로시설 및 실비 노인복지주택, 공동 주택 생활 가정)의 설치 및 운영은 국가나 지방 자치 단체의 보조금에 의해 이루어지고 있다. 그리고 중산층 이상의 고령자 계층은 시장 원리에 따라 민간이 공급하는 주거 복지 시설과 서비스를 이용하게 된다. 문제는 중간 소득 계층에 속하는 노인들에게 저렴하고 양질의 서비스를 제공받기에는 매우 제한적이라 할 수 있다.

한편 민간 시설의 경우 완전한 자유 시장 원리에 따른 것이라기보다 국가의 법적인 제제가 따르고 있다. 이에 따라 민간 기관이 관련 시장 및 서비스 진출에 제한적 요소가 있어 이에 대한 제도의 개선이 요구되고 있다.

민간 주거 복지 시설과 서비스 역시 다양한 문제점이 노정되고 있다. 고령인구의 지속적인 증가 추세로 실버타운에 대한 관심과 수요가 증대하고 있다. 민간 주도의 유료 노인복지주택 시장에서 나타나는 문제점으로는 ① 분양 및 관리 부실로 인한 소비자 피해,[8] ② 서비스 품질의 문제, ③ 실버타운의 다양한 문제점, ④ 노인복지법 등의 법적 규제 등을 지적할 수 있다.

실버타운의 문제점을 보다 더 구체적으로 점검해 보면 ① 거액의 입주 보증금과 매월 일정 금액을 지불해야 한다. ② 입주 조건이 엄격한 편이다. 한 번 입주하면 번복하기 어렵기 때문에 사전에 정확하게 알아보고 신중하게 선택해야 한다. 특히 실버타운 입주를 원한 사람들은 몇 가지 핵심 사항을 미리 철저

---

8 일부 실버타운의 경우 입주자들이 계약 해지가 용이하지 않아 불만이 많다. 운영 회사가 보증금을 지급하지 못하는 경우가 종종 발생한다. 허위·과장 광고로 분양 업체가 약속한 서비스나 편의 시설이 제대로 제공되는 않는 경우다. ≪브라보 마이 라이프≫(2014.3.14).

히 점검하고 결정해야 한다.

첫째, 입주자가 지불할 수 있는 입주 보증금과 월 생활비를 고려해야 한다. 입주 보증금은 대개 2~9억 원, 월 생활비는 100~300만 원 선이다. 둘째, 실버타운의 입지 및 위치이다. 실버타운은 입지에 따라 도시형, 도시 근교형, 전원 휴양형으로 나눌 수 있다. 개인 선호도에 따라 결정해야 하지만 비용, 의료 시설 접근성 등을 면밀히 검토해야 한다. 셋째, 의료 시설(병원)의 이용 및 접근성이다. 만성 질환을 앓고 있는 노인들은 대형 병원이 가까운 실버타운이 좋다. 또 '너싱 홈'(실버타운과 요양원의 성격이 결합된 형태)이나 '데이케어 센터'(주간 보호 시설) 시스템을 함께 운영하는 곳도 있다. 각 실버타운에서 제공하는 의료 서비스를 철저히 점검해야 한다. 넷째, 서비스 프로그램의 내용 등을 점검해야 한다. 각 실버타운은 나름대로 정기적 행사, 교육 프로그램, 취미 활동, 커뮤니티 및 동호회 활동 등을 시행하고 있다. 해당 서비스가 실제로 이행되고 있는지 확인하는 것이 중요하다. 일부 실버타운은 분양 당시 제시한 서비스가 제대로 제공되지 않아 입소자들의 불만이 표출되고 갈등과 분쟁을 경험한 곳도 있다. 서비스 프로그램을 잘 운영하며 활성화 정도를 고려해 실버타운을 선택함이 좋다.

현행법상 실버타운이라 할 수 있는 노인복지주택은 원칙적으로 노인복지법을 적용하고 예외적으로 주택법을 준용하도록 되어 있다. 30세대 이상인 노인복지주택은 사업 계획 승인을 받아야 한다. 노인복지법상 설치에 관한 사항을 규정하고 있어도 부지 매입부터 건축물의 건축에 이르기까지 많은 개별 법률의 적용을 받고 있다. 시설 설치에 관한 사항은 노인복지법, 입지에 관한 사항은 국토의 이용 및 관리에 관한 법률, 건축에 관련된 사항은 건축법과 주택건설기준, 노인복지법 시행규칙, 그리고 복지 시설에 관한 내용은 사회복지법이 적용된다. 이처럼 실버타운 개발 시 노인복지법뿐 아니라 각종 개별 법의 적용을 받고 있어 복잡한 절차상의 문제점을 지니고 있다.

실버타운 관련 산업의 활성화를 위한 방법으로 실버타운 서비스 가이드라인을 제공해 소비자에게는 실버타운 서비스에 대한 권리를 보장하고, 산업계는 실버타운에서 제공하는 서비스에 대한 방향성을 제시해 사업 진출 및 서비스 품질 향상 등을 도모해 관련 산업이 활성화되도록 해야 한다.

노인복지법 제32조에 따르면 노인주거복지시설은 '일상생활에 지장이 없는 어르신들이 공동으로 생활하는 곳'을 말하며, 성격에 따라 양로시설과 노인공동생활가정, 노인복지주택으로 구분한다. 양로시설은 크게 무료 및 실비, 유료로 나눌 수 있는데, 무료 및 실비 양로시설은 65세 이상 기초 생활 보장 수급권자 등 취약 계층을 위해 마련된 곳이다. 정부나 지자체의 지원금을 바탕으로 운영하기 때문에 기초적인 서비스 외에 더 많은 서비스와 부대시설을 유치하는 데는 한계가 있다.

그러나 유료 양로시설은 60세 이상이라면 누구나 입주 가능하다. 일반적으로 어느 정도 경제력 있는 고령자를 대상으로 한다. 공공 부문에서 운영하는 노인복지주택도 더 확대되어야 하며 아울러 민간 부문의 노인을 위한 적정한 주거 시설과 서비스가 보다 더 확충될 수 있도록 관련 법을 개정하는 등 정책적 노력이 필요하다.

노인 주거 목적의 신규 주택의 공급은 한계가 있기 마련이기 때문에 기존 주택에 대한 개량 및 보수 지원 제도의 확대에 대해 적극적으로 검토해야 한다. 초고령화 사회에서는 많은 아파트 단지들이 노인들의 비중이 점차 증대되고 있는 점을 감안해 기존 아파트 단지의 실버타운형 서비스 제공이라는 새로운 접근법을 적극적으로 고려할 필요가 있다. 그리고 초고령 사회에 진입하는 한국 사회에 적합한 노인 주거 서비스 확대를 위한 관련 법 제도의 정비와 재원 마련을 위한 사회적 합의 등 체계적이고 종합적인 접근이 필요한 때이다.

참고문헌

김근홍. 2009. 「독일의 노인복지정책」. 임춘식 외. 『세계의 노인복지정책』. 정민사. 249~267쪽.

김윤. 2022.11.25. "현대판 고려장, 분절된 재정을 통합하고 시군구가 노인돌봄을 책임지도록 하면 해결 가능". 서울특별시 공공 보건의료재단. http://www.seoulhealth.kr/board//business/publication/column/read?menuId=243&searchBbsCd=130&searchSeq=5951(검색일: 2024.3.30).

권지혜·박승훈. 2018. 「도시형 실버타운 입지특성 분석 연구」. ≪한국콘텐츠학회지≫, 18(10), 279~288쪽.

문성택·유영란. 2022. 『한경무크: 실버타운 올가이드』. 한국경제신문.

박정훈·박근영·심경수. 2017. 「노인주거보장정책에 관한 비교연구: 독일, 영국, 스웨덴 사례를 중심으로」. ≪인문사회 21≫, 8(4), 1175~1192쪽.

보건복지부. 2024.3.21. "윤 대통령 "어르신 주거·식사·여가·건강·의료·돌봄 지원 확대" #22차 민생토론(3.21)". 정책브리핑. https://www.korea.kr/news/policyNewsView.do?newsId=148927270.

≪브라보마이라이프≫. 2014.3.14. "〔실버타운 현주소②〕 피해사례 끊이지 않는 실버타운". https://bravo.etoday.co.kr/view/atc_view/180.

서강훈. 2009. 『실버타운이 해답이다』. 한국학술정보(E-book).

서영아. 2022.11.11. ""빨리 60세가 되고 싶어요" 실버타운에 꽂힌 50대 한의사 부부 〔서영아의 100세카페〕". ≪동아일보≫. https://www.donga.com/news/Society/article/all/20221022/116073993/1.

이진혁. 2006. 「일본 도시형 유료노인홈의 건축계획 특성에 관한 연구」. ≪대한건축학회 논문집≫, 22(2), 23~32쪽.

임종환. 2019. 「고령화시대 실버타운의 선호도 및 입주의향 분석에 관한 연구」. 전주대학교 박사학위논문.

코트라. 2017. "일본 시니어 시장 현황 및 우리기업 진출방안", Global Market Report, 48~50쪽.

한문연. 2010. 「고령화에 따른 실버타운의 발전과 개발 방안」. 고려대학교 박사학위논문.

현외성·김상희·박은주·신원식·이정희. 2007. 『실버타운의 설립과 운영』. 창지사.

Durrett, C. 2009. *The Senior Cohousing Handbook: A Community Approach to Independent Living*. New Society Press.

Magnum, W. P. 1973. "Retirement Villages." In R. R Boyd and C. G. Oakes(eds). *Foundations of Practical Gerontology*, 2nd ed. Columbia, SC: University of South Carolina Press.

Saisan, J. and D. Russell. 2012.2. "Independent living for seniors: Understanding your choices in retirement facilities and homes." HelpGuide.org, archived from the original on 28 April 2012, retrieved 6 May 2012) https://www.helpguide.org/articles/senior-housing/independent-living-for-seniors.htm.

Pearce, B. W. 2007. *Senior Living Communities: Operations Management and Marketing for Assisted Living, Congregate, and Continuing Care Retirement Communities*, 2nd ed. Johns Hopkins University Press.

부록 노인복지주택 현황

서울특별시

(단위 : 개소, 명)

일련번호	시·군·구	시설명	시설장	분양 현황					운영 현황					종사자 수			소재지	전화번호 (팩스번호)	설치일	운영주체
				계(세대수)	분양	임대	혼합		계(세대수)	분양	임대	혼합		계	남	여				
							분양	임대				분양	임대							
합계		12개소		1,944	526	592	393	433	4,655	465	388	380	422	354	145	209				
1	종로구	KB골든라이프케어평창카운티	한만기	164	0	164	0	0	1	0	1	0	0	15	7	8	종로구 평창문화로 87 (평창동)	02-6273-2600 02-2135-2670	2023. 11.30	주식회사
2	중구	서울시니어스타워(주) 서울본부	엄성희	144	0	144	0	0	144	0	144	0	0	49	13	36	중구 다산로72	02-2232-9003 02-2231-6121	2015. 7.17	주식회사
3	중구	정동 상림원	최영환	98	98	0	0	0	98	98	0	0	0	13	10	3	중구 정동길 21-31	02-773-3477 02-773-3478	2005. 12.15	주식회사
4	용산구	하이원 빌리지	강진영	114	0	114	0	0	77	0	77	0	0	14	7	7	용산구 한강대로 40가길 24	02-790-3844 02-790-3847	2009. 2.16	종교법인
5	성북구	노블레스 타워	손완상	239	0	0	42	197	239	0	0	42	197	30	20	10	성북구 종암로90	02-917-6090 02-917-6026	2008. 4.15	주식회사
6	은평구	시니어캐슬 클라시온	조희승	137	137	0	0	0	76	76	0	0	0	11	9	2	은평구 은평로21길 34-5	02-352-1556 02-355-0278	2007. 9.28	주식회사
7	마포구	상암카이저 펠리스	정광호	240	240	0	0	0	240	240	0	0	0	24	17	7	마포구 월드컵북로47길 34	02-372-8880 02-372-8878	2011. 1.19	주식회사

일련번호	시·군·구	시설명	시설장	분양 현황					운영 현황					종사자 수			소재지	전화번호 (팩스번호)	설치일	운영주체
				계(세대수)	분양	임대	혼합		계(세대수)	분양	임대	혼합		계	남	여				
							분양	임대				분양	임대							
																	(상암동)			
8	강서구	서울시니어 스타워 가양본부	조하나	350	0	0	189	161	340	0	0	189	151	73	22	51	강서구 화곡로 68길 102	02-3660-7700 02-3660-7642	2007. 12. 27	주식회사
9	강서구	서울시니어 스타워(주) 강서본부	백나영	142	0	0	98	44	128	0	0	85	43	51	14	37	강서구 공항대로 315 (등촌동)	02-2660-3800 02-2668-8217	2003. 2. 3	주식회사
10	강남구	서울시니어 스타워(주) 강남본부	이진관	95	0	0	64	31	95	0	0	64	31	26	11	15	강남구 자곡로 100-2 (자곡동)	02-2223-3300 02-2223-3399	2015. 4. 28	주식회사
11	강남구	더시그넘 하우스	강미향	170	0	170	0	0	166	0	166	0	0	46	15	31	강남구 자곡로 204-25	02-576-4400 02-576-4408	2017. 8. 4	주식회사
12	강동구	후성누리움	구윤본	51	51	0	0	0	51	51	0	0	0	2	0	2	강동구 명일로 135 (둔촌동)	02-489-1260 02-471-1261	2007. 4. 8	기타

부산광역시

(단위 : 개소, 명)

일련번호	시·군·구	시설명	시설장	분양 현황					운영 현황					종사자 수			소재지	전화번호 (팩스번호)	설치일	운영주체
				계(세대수)	분양	임대	혼합		계(세대수)	분양	임대	혼합		계	남	여				
							분양	임대				분양	임대							
합계		1개소		291	0	0	0	291	279	0	279	0	0	20	7	13				
1	수영구	흰돌 실버타운	권동성	291	0	0	0	291	279	0	279	0	0	20	7	13	수영구 연수로 260번길 53 (망미동)	051-758-6231 051-758-6247	2000. 10. 19	사회복지법인

인천광역시

(단위 : 개소, 명)

일련번호	시·군·구	시설명	시설장	분양 현황					운영 현황					종사자 수			소재지	전화번호 (팩스번호)	설치일	운영주체
				계(세대수)	분양	임대	혼합		계(세대수)	분양	임대	혼합		계	남	여				
							분양	임대				분양	임대							
합계		1개소		264	264	0	0	0	240	0	240	0	0	22	13	9				
1	서구	마리스텔라	박원재	264	264	0	0	0	240	0	240	0	0	22	13	9	서구 심곡로 100번길 31	032-280-1500 032-280-1520	2015. 1. 21	학교법인

대전광역시

(단위 : 개소, 명)

일련번호	시·군·구	시설명	시설장	분양 현황					운영 현황					종사자 수			소재지	전화번호(팩스번호)	설치일	운영주체
				계(세대수)	분양	임대	혼합		계(세대수)	분양	임대	혼합		계	남	여				
							분양	임대				분양	임대							
합계		1개소		240	0	240	0	0	193	0	193	0	0	12	5	7				
1	유성구	사이언스 빌리지	정금만	240	0	240	0	0	193	0	193	0	0	12	5	7	유성구 대덕대로 522	042-348-3100 042-348-3109	2019. 10.21	사단법인

세종특별자치시

(단위 : 개소, 명)

일련번호	시·군·구	시설명	시설장	분양 현황					운영 현황					종사자 수			소재지	전화번호(팩스번호)	설치일	운영주체
				계(세대수)	분양	임대	혼합		계(세대수)	분양	임대	혼합		계	남	여				
							분양	임대				분양	임대							
합계		1개소		100	0	100	0	0	91	0	91	0	0	8	5	3				
1	세종시	밀마루 복지마을	목영미	100	0	100	0	0	91	0	91	0	0	8	5	3	세종시 보듬1로16	044-864-9880 044-864-9860	2014. 11.17	사회복지법인

경기도

(단위 : 개소, 명)

일련번호	시·군·구	시설명	시설장	분양 현황					운영 현황					종사자 수			소재지	전화번호 (팩스번호)	설치일	운영주체
				계(세대수)	분양	임대	혼합		계(세대수)	분양	임대	혼합		계	남	여				
							분양	임대				분양	임대							
합계		15개소		4,485	2,763	1,300	326	96	4,328	2,763	1,173	299	93	363	135	228				
1	수원시	(복)빛과소금 유당마을	양주현	261	0	261	0	0	251	0	251	0	0	39	6	33	수원시 장안구 수일로 191번길 26	031-242-0079 031-225-2453	2015. 7.1	사회복지법인
2	수원시	광교 아르데코	손병수	261	261	0	0	0	261	261	0	0	0	10	6	4	수원시 영통구 광교로 42번길 80 (이의동)	031-215-3435 031-215-3751	2017. 8.29	주식회사
3	수원시	광교 두산위브	곽경현	547	547	0	0	0	547	547	0	0	0	18	11	7	수원시 영통구 광교중앙로55	031-308-9400 031-308-9404	2018. 5.28	주식회사
4	성남시	서울시니어스타워(주) 분당본부	박경숙	252	0	0	176	76	236	0	0	162	74	82	17	65	성남시 분당구 구미로 173번길 47 (구미동)	031-738-9641 031-712-5847	2003. 8.23	주식회사
5	성남시	정원속궁전	구명진	170	0	0	150	20	156	0	0	137	19	33	12	21	성남시 분당구 불정로 112 (정자동)	031-782-2886 031-782-2601	2005. 7.12	주식회사
6	성남시	성남시 아리움	홍라자	38	0	38	0	0	18	0	18	0	0	4	2	2	성남시 중원구 광명로 46 (성남동)	031-721-0723 031-753-0723	2009. 1.7	재단법인

일련번호	시·군·구	시설명	시설장	분양 현황					운영 현황					종사자 수			소재지	전화번호 (팩스번호)	설치일	운영주체
				계(세대수)	분양	임대	혼합		계(세대수)	분양	임대	혼합		계	남	여				
							분양	임대				분양	임대							
7	성남시	더 헤리티지	박성민	390	390	0	0	0	390	390	0	0	0	10	8	2	성남시 분당구 대왕판교로 155	031-718-0488 031-719-0488	2009. 9.22	주식회사
8	남양주시	수동시니어타운	염정태	136	0	136	0	0	95	0	95	0	0	2	1	1	남양주시 수동면 비룡로 801-88	031-594-6767 031-593-2443	2003. 9.20	주식회사
9	남양주시	에버그린센터	이경훈	46	0	46	0	0	43	0	43	0	0	5	3	2	남양주시 수동면 비룡로 1782번길 160 (2~5층)	031-590-7560 031-590-7696	2019. 4.1	종교법인
10	하남시	벽산블루밍 더클래식	송한철	220	220	0	0	0	220	220	0	0	0	0	0	0	하남시 하남대로 770	031-796-8752 031-796-8753	2010. 7.30	기타
11	용인시	삼성노블카운티	박찬병	555	0	555	0	0	553	0	553	0	0	54	15	39	용인시 기흥구 덕영대로 1751 (하갈동)	031-208-8229 031-208-8239	2001. 4.30	사회복지법인
12	용인시	스프링카운티자이	김영수	1,345	1,345	0	0	0	1,345	1,345	0	0	0	67	37	30	용인시 기흥구 동백죽전대로 333 (중동)	031-8067-6017 031-8067-6016	2019. 10.10	주식회사
13	안성시	안성크리스찬휴빌리지	옥재욱	76	0	76	0	0	28	0	28	0	0	4	3	1	안성시 양성면 미리내성지로 274-31	031-671-2295 070-4032-7810	2017. 3.6	재단법인
14	가평군	청심빌리지	차상협	155	0	155	0	0	155	0	155	0	0	28	9	19	가평군 설악면 미사리로	031-589-5341 031-585-4100	2005. 6.8	사회복지

일련번호	시·군·구	시설명	시설장	분양 현황					운영 현황					종사자 수			소재지	전화번호 (팩스번호)	설치일	운영주체
				계(세대수)	분양	임대	혼합		계(세대수)	분양	임대	혼합		계	남	여				
							분양	임대				분양	임대							
																	191-16			법인
15	가평군	생명의빛 홈타운	김달근	33	0	33	0	0	30	0	30	0	0	7	5	2	가평군 설악면 봉미산안길 335	031-5175-7117 031-584-9815	2022. 1. 17	사회복지법인

강원특별자치도

(단위 : 개소, 명)

일련번호	시·군·구	시설명	시설장	분양 현황					운영 현황					종사자 수			소재지	전화번호 (팩스번호)	설치일	운영주체
				계(세대수)	분양	임대	혼합		계(세대수)	분양	임대	혼합		계	남	여				
							분양	임대				분양	임대							
합계		1개소		155	0	155	0	0	75	0	75	0	0	30	15	15				
1	동해시	동해약천온천실버타운	성재기	155	0	155	0	0	75	0	75	0	0	30	15	15	동해시 석두골길 145 (망상동)	033-534-6502 033-534-6509	2004. 12. 4	사회복지법인

충청북도

(단위 : 개소, 명)

일련번호	시·군·구	시설명	시설장	분양 현황					운영 현황					종사자 수			소재지	전화번호(팩스번호)	설치일	운영주체
				계(세대수)	분양	임대	혼합		계(세대수)	분양	임대	혼합		계	남	여				
							분양	임대				분양	임대							
합계		1개소		15	0	15	0	0	15	0	15	0	0	2	1	1				
1	청주시	청주아침햇살실버타운	박연미	15	0	15	0	0	15	0	15	0	0	2	1	1	청주시 청원구 사뜸로61번기 62, 3,4,5층 (율량동)	043-213-5028 043-215-5028	2023. 9. 1	개인

충청남도

(단위 : 개소, 명)

일련번호	시·군·구	시설명	시설장	분양 현황					운영 현황					종사자 수			소재지	전화번호(팩스번호)	설치일	운영주체
				계(세대수)	분양	임대	혼합		계(세대수)	분양	임대	혼합		계	남	여				
							분양	임대				분양	임대							
합계		1개소		100	0	100	0	0	100	0	100	0	0	20	5	15				
1	공주시	공주원로원	오정호	100	0	100	0	0	100	0	100	0	0	20	5	15	공주시 연수원길 47-30	041-853-2347 041-853-2349	2016. 9. 1	사회복지법인

전북특별자치도

(단위 : 개소, 명)

일련번호	시·군·구	시설명	시설장	분양 현황					운영 현황					종사자 수			소재지	전화번호 (팩스번호)	설치일	운영주체
				계(세대수)	분양	임대	혼합		계(세대수)	분양	임대	혼합		계	남	여				
							분양	임대				분양	임대							
합계		1개소		1,282	446	150	366	320	1,273	446	150	366	311	51	27	24				
1	전주시	옥성노인 복지주택	박정서	446	446	0	0	0	446	446	0	0	0	3	2	1	완산구 중인1길 136-20	063-221-2645 063-286-4042	2003. 5.30	기타
2	정읍시	내장산실버 아파트	김영구 ·김영아	147	0	0	9	138	138	0	0	9	129	5	4	1	정읍금붕1길 190	063-534-6591 063-534-6593	2011. 11.16	기타
3	김제시	김제노인 전용주택	송홍운	150	0	150	0	0	150	0	150	0	0	3	2	1	김제시 하동1길 79-1 (하동)	063-545-0343 063-542-1226	2000. 10.24	주식회사
4	고창군	서울시니어 스타원(주) 고창타워	정왕훈	539	0	0	357	182	539	0	0	357	182	40	19	21	고창읍 석정2로140	063-774-7400 063-774-7100	2017. 10.19	주식회사

경상북도

(단위 : 개소, 명)

일련번호	시·군·구	시설명	시설장	분양 현황					운영 현황					종사자 수			소재지	전화번호(팩스번호)	설치일	운영주체
				계(세대수)	분양	임대	혼합		계(세대수)	분양	임대	혼합		계	남	여				
							분양	임대				분양	임대							
합계		1개소		100	0	100	0	0	97	0	97	0	0	12	4	8				
1	김천시	월명성모의 집노인복지 주택	김종기	100	0	100	0	0	97	0	97	0	0	12	4	8	김천시 남면 주천로 1448-16	054-434-2898 054-435-6898	1999. 8.30	사회복지법인

경상남도

(단위 : 개소, 명)

일련번호	시·군·구	시설명	시설장	분양 현황					운영 현황					종사자 수			소재지	전화번호(팩스번호)	설치일	운영주체
				계(세대수)	분양	임대	혼합		계(세대수)	분양	임대	혼합		계	남	여				
							분양	임대				분양	임대							
합계		1개소		30	0	30	0	0	0	0	0	0	0	5	3	2				
1	양산시	에코뷰 카운티 (실버타운)	민도윤	30	0	30	0	0	0	0	0	0	0	5	3	2	양산시 배내로 589	055-367-5588 055-366-8828	2021. 10.18	개인

자료: 보건복지부, 보도참고자료, 2024,6.26. "2024 노인복지시설현황". https://www.mohw.go.kr/board.es?mid=a10503010100&bid=0027&act=view&list_no=1482103&tag=&nPage=1.

제11장

해외 노인 주거 지원 정책 (1):

일본과 싱가포르

1. 들어가며

한국, 일본, 싱가포르는 모두 고령화가 빠르게 진행되고 있는 공통점이 있다. 고령 인구가 많은 일본은 전통적으로 잘 알려진 고령 사회이고, 한국은 일본을 따라잡는 속도로 고령화가 진전되는 특징이 있다. 싱가포르도 저출생과 함께 고령화가 진행되고 있다. 특히 싱가포르는 대다수 국민이 아파트에 거주하고 있어, 한국의 주거 형태가 단독 주택에서 아파트 중심으로 변화한 상황에서 고령화에 대응한 노인 주거 지원에 의미 있는 시사점을 도출할 수 있는 국가이다. 아시아에서 경제력이 높은 주요 국가이면서, 일본은 한국과 제도적 유사성을 보이며 고령화가 먼저 진전되고 다양한 법 제도를 발전시키고 있는 면에서 고찰의 의미가 있고, 싱가포르는 아파트라는 주거 유형을 통해 국내 정책에 시사하는 바가 있으므로 두 국가의 노인 주거 지원 관련 정책을 살펴보고자 한다.

그림 11-1 한국, 일본, 싱가포르 고령화율 비교

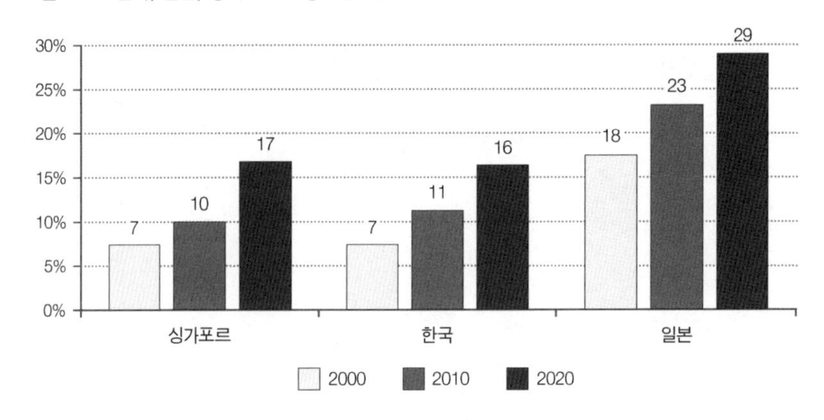

자료: National Population and Talent Division. 2022. Population in Brief.

2. 일본의 고령화와 노인 주거 정책 발전

1) 일본의 고령화 양상과 주거 선호

대표적인 고령화 사회인 일본은 이미 1970년대부터 고령화율이 높아지면서 노인 복지를 위한 법 제정과 고령자용 주택 공급에 대한 대응이 한국에 비해 빠르고 다양한 편이다. 고령화 양상 면에서 일본은 노인 인구가 7%인 고령화 사회가 이미 1970년에, 그리고 14%인 고령 사회는 1994년에 진입했고, 노인 인구가 20% 이상인 초고령 사회는 2007년에 도달한 것으로 나타난다. 이제는 65세 이상 노인의 고령화에 대한 고민이 진행되고 있을 정도이다. 이와 비교해 한국은 앞서 살펴본 바와 같이 고령화의 시작은 늦지만, 그 속도는 일본을 추월하고 있다. 각 분기점이 2000년, 2018년, 2025년으로 예상되므로 압축적인 경제 성장뿐 아니라 압축적 고령화라고 해도 과언이 아니다. 실제로 세계 주요 국가의 고령화 속도를 비교하면, 일본이 가장 빠르게 고령화 사회에서 고령 사

그림 11-2 일본과 한국 고령화 양상 비교

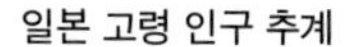

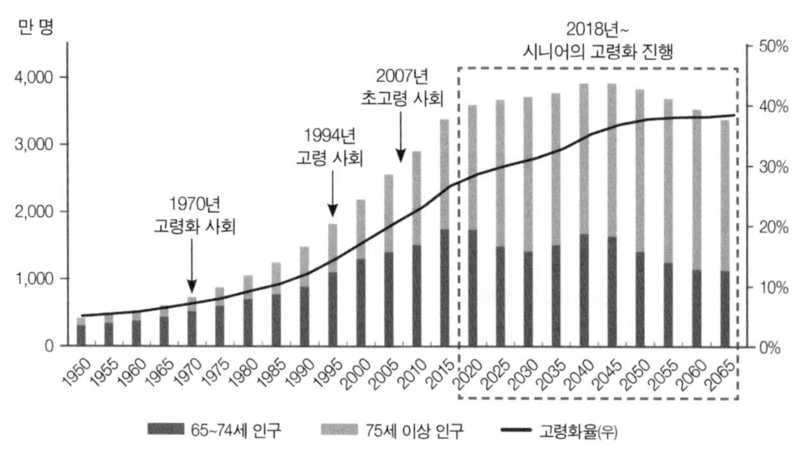

한국 고령 인구 추계

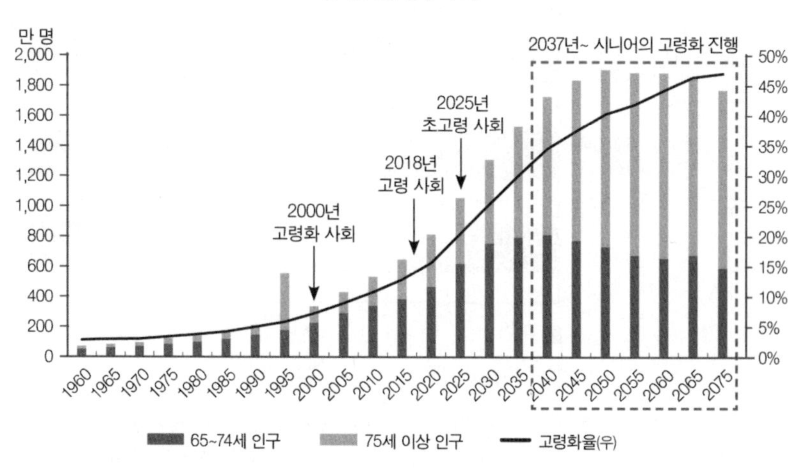

자료: 나미선(2023: 7) 그림 1; 나미선(2023: 15) 그림 15에서 재인용.

회로, 그리고 초고령 사회로 진입한 것을 알 수 있다.

일본의 고령자도 나이가 들면 자택에서 거주를 희망한다. 이는 전 세계 공통적인 현상으로 보인다. 나이가 들어 요양 서비스를 받아야 하는 경우 어느 곳

그림 11-3 일본 고령자 세대의 욕구

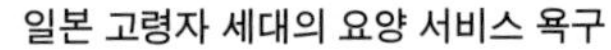

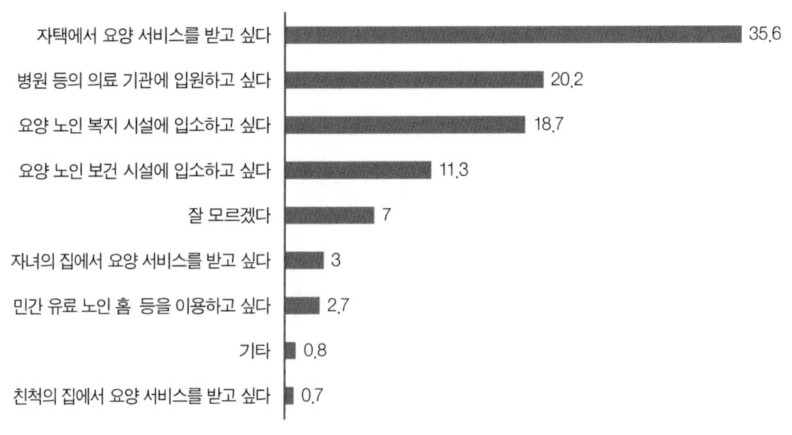

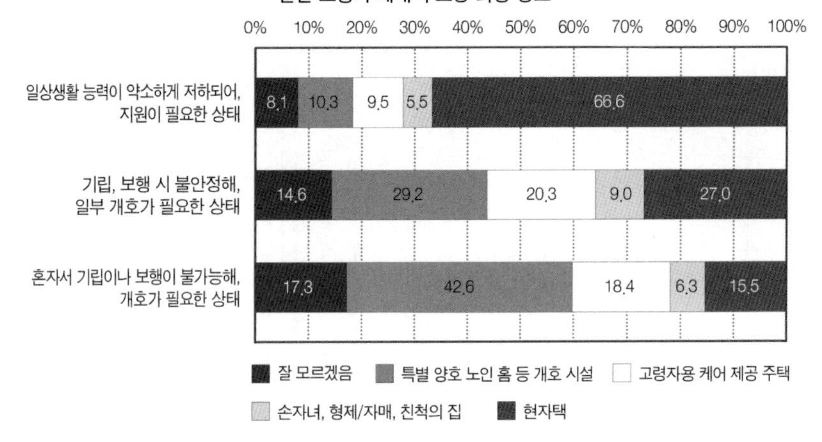

자료: 內閣府, 平成27年版高 齡社會白書(2015), https://www8.cao.go.jp/kourei/whitepaper/w-2015/zenbun/27pdf_index.html; 內閣府, 平成26年度 一人暮らし高齢者に關する意識調査結果(2014), https://www8.cao.go.jp/kourei/ishiki/h26/kenkyu/zentai/index.html. 강지원 외(2021: 248~249) 그림에서 재인용.

에서 거주하면서 요양 서비스를 받고 싶은지에 대한 욕구를 보면, 자택(35.6%)이 가장 높고, 병원 등 의료 기관(20.2%), 요양 노인 복지 시설(18.7%), 요양 노인 보건 시설(11.3%)순으로 나타난다. 또한 일상생활 능력이 약소하게 저하되어 지원이 필요할 때 요양을 희망하는 장소로는 현 자택이 66.6%로 월등히 높게 나타나고 있다. 그러나 기립, 보행 시 불안정하고 일부 케어가 필요한 경우에는 자택(27.0%) 이외에 특별 양호 노인 홈 등 개호 시설(29.2%)에 대한 선호가 상당히 높다. 다음으로는 고령자용 케어 제공 주택(20.3%)을 답하고 있어, 자신의 집 이외에 고령자에게 서비스가 제공되는 주택, 그리고 시설로 3등분되는 현상이 나타나고 있다. 그러나 혼자서 일상생활이 어려워 케어가 필요한 경우(혼자서 기립이나 보행이 불가능하며, 개호가 필요한 상태)에는 특별 양호 노인 홈 등 개호 시설에 대한 선호가 압도적(42.6%)이고 다음이 고령자용 케어 제공 주택(18.4%), 현재 자기 집(15.5%)순으로 선호가 변화하는 것을 알 수 있다.

2) 일본 노인 주거 정책의 발전과 양상

일본에서 노인 주거와 관련한 정책은 1963년 노인복지법을 제정하고 노인 세대를 위한 특정 목적 공영 주택(1964년)을 공급하면서 시작되었다. 이때는 노인 세대가 입주 가능한 공영 주택을 공급하는 것을 중심으로 65세 이상 노인을 대상으로 시작하고 1971년 법 개정을 통해 대상 연령을 60세로 완화해 대상을 확대했다. 1980년에는 1인 고령자도 입주 가능하도록 기준이 완화되었다(岡部眞智子, 2015).

일본에서도 인구 고령화가 확대되면서 고령 사회 대비를 위한 정책이 본격화된다. 1986년 장수사회대책대강(大綱)이 결정된 이후 고령자를 위한 시범적 모델 도입, 주택 공급 확대, 질적 수준 향상, 시장 기능 중시 등 다양한 정책이 전개되기 시작한다. 1990년대에는 대도시 지역에서 고령자의 주거 불안정이 사회 문제화되면서 이에 대한 대응으로 시니어 주택 제도를 추진한다. 이는 고령자의 신체 능력을 고려한 사양, 설비, 안심 서비스 제공, 월세 지불 방식 등의 조치를 취한 것이다. 이때 고령자 주택 제공의 주체를 기존의 공공 부문(도시기반정비공단, 현 도시재생기구) 이외에 민간 부문이 참여한 것이다. 이는 이후 고령자 주택 공급에서 민간 사업자의 참여가 확대되는 시발점이 된 것으로 평가된다(岡部眞智子, 2015).

국내의 주거종합계획과 유사한 일본의 주택건설5개년계획에서 고령 사회 대응은 제5기(1986~) 계획에서 처음으로 고령화 진전에 대응한 주택 정책 방향이 제시되었으나 대응은 미미했다. 제6기 주택건설5개년계획(1991~)에서는 주택 건설 목표 중에 고령화 사회 대응이 명시적으로 추가되고, 고령자 주택 공급과 무장애 주택(배리어 프리)을 추진하기 위한 시책이 시작되었다(佐藤油美, 2008).

일본 고령자 주거 정책의 주요 주체 측면에서 전개 양상을 살펴보면, 1980년대 후반까지는 주로 가족의 돌봄에 기반한 시기라고 할 수 있다. 당시 건설성의 건설백서에서는 3세대 동거를 복지의 숨겨진 자산으로 표현할 정도로 가족이 동거하면서 노인을 돌볼 수 있도록 주택을 정비하는 것이 필요하다고 인식했다. 그러나 1980년대 후반 이후 사회적 입원[1]이 문제가 되면서 동거 가족이 없는 노인에 대한 주거 환경 조성이 중요하게 되었다. 이에 따라 일상생활 지원 서비스를 제공하는 저소득 고령자를 위한 주택 공급과 공영 주택에 무장애 설비 설치 등이 대두되면서 공공 부문의 역할이 강화되었다. 이후 2000년대 들어 고령자 주거 안정 확보 법률이 제정되면서 민간 사업자를 활용한 고령자용 임대 주택 공급이 촉진되어 민간 부문의 주택을 활용하고 공공 부문이 지원 또는 자격 요건 설정 등 가이드를 제공하는 역할로 변화한다(조아라, 2013).

1990년대 말부터 2000년대 초에 일본 고령자 주거 정책이 시장 기능 중심으로 변화했다. 일본 정부에서는 21세기 공공 주택 정책은 시장 보완 기능에 한정해야 한다고 권고하고 제7기 주택건설5개년계획(1996~)에 이를 반영했다.

1 생활이나 요양을 위해 병원에 입원하는 경우를 말한다.

이에 따라 고령자 거주 안정 확보에 관한 법률이 제정되고, 기존에 공공 임대 주택 주요 공급자였던 도시기반정비공단이 도시재생기구로 재편되면서 업무 범위가 임대 주택 신규 건설·공급에서 도시 정비, 기존 공단 주택 관리, 재건축으로 변화했다. 이후 2011년 지역 포괄 케어 시스템이 도입되면서 주택 정책과 복지 정책의 연계가 시작되었다. 서비스 제공 고령자 주택 제도가 시행되면서 현재까지 고령자 주거에 서비스 접목이 지속되고 있다(岡部眞智子, 2015).

고령자 주거를 위한 가장 중요한 법률인 고령자 거주안정에 관한 법률(이하 고령자주거법)은 2001년에 제정되었다. 법이 제정된 사회적 배경은 우선 배리어 프리가 충분치 않아 고령자들이 자택에서 사고가 많이 발생하는 점, 고도성장기에 공급된 공공 임대 주택이 노후화되고 노인 입주민이 경제적 약자로 고령자 주거 안정 대책이 필요한 점, 그리고 민간 임대 주택 입주 거부 문제의 심각성 등이 크게 지적되었다(國土交通省, 2009). 즉, 노인 입주를 거부하는 것은 거동이 불편하거나 병에 걸렸을 경우 대응이 어렵고, 보증인이 없는 고령자 월세 체납 우려, 입주 장기화 등이 원인으로 지적되었다. 따라서 고령자 주거 안정을 위한 방안으로 민간의 노하우를 활용해 노인이 입주할 수 있는 주택을 마련하는 방안과 기존 공공 임대 주택 재고를 활용한 거주 환경 정비 두 가지 방식이 동시에 추진되었다.

3) 노인 주거 시설의 종류 및 특성

고령 임차인을 위한 민간 임대 주택으로 고령자 원활 입주 임대 주택(고원임), 고령자 전용 임대 주택(고전임), 고령자 우량 임대 주택(고우임) 등이 있다. 민간 시장에서 고령자의 입주를 거부하는 문제에 대응해, 고령자의 입주를 거부하지 않는 임대 주택을 등록하고 이 정보를 제공해 고령자의 원활한 입주를 지원하는 것이 고령자 원활 입주 임대 주택이다. 고원임보다 세부적인 정보를 등록하고 공개하면서 고원임 중 1인 노인, 부부 노인을 임차인으로 하는 임대 주택이 고령자 전용 임대 주택이다. 또한 양호한 거주 환경을 갖춘 경우에 고령자 우량 임대 주택으로 지정하고 정부 지원을 추가해 임대 주택 공급을 장려하기 위한 것이 고우임이다. 지원에는 임대료 보조, 세제 혜택, 배리어 프리 융자 등이 있다. 세 가지 유형의 고령자 주택은 바닥 면적, 설비 기준, 가사, 건강 관리, 대상자 등에 따라 구분되었으나 제도가 복잡하고 수요자가 그 정보의 차이를 알기 어렵다는 한계가 지적되었다. 이에 따라 2011년 고령자주거법이 개정되는 데 제도의 복잡성 이외에 몇 가지 다른 사회적 배경이 작용했다. 즉, 중간 소득층 고령자 주택이 부족한 점, 기존 고령자 주택 제도가 복잡한 점, 고령자 단신 및 부부 세대 급증으로 케어 서비스 제공이 급증한 점 등이 그것이다(飛田英子, 2015). 따라서 기존의 세 가지 고령자 주택을 서비스 제공 고령자 주택으로 조정하고, 종전의 고우임은 지역 우량 임대 주택 제도로 지방 자치 단체에서 운영하게 된다.

일본 고령자를 위한 주택은 국토교통성에서 주관하는 경우, 저소득층을 위한 공공 임대 주택으로부터, 중저소득층을 위한 실버 하우스, 중간 소득층을 위한 서비스 제공 고령자 주택, 고소득 노인을 위한 시니어 주택 등이 존재한다. 후생노동성에서 주관하는 돌봄 시설에는 경비 노인 홈, 특별 양호 노인 홈, 양호 노인 홈, 생활 지원 하우스, 인지증 그룹 홈 등이 있으며 대상자와 공급 주체, 입주 대상자의 소득과 건강 특성이 각기 상이하다(〈표 11-1〉 참조).

서비스 제공 고령자 주택(서고주)은 중산층 노인을 위한 것으로 공급 주체의 제한이 없으며, 등록제로 운영된다. 제공되는 서비스는 상황 파악, 생활 상담 서비스가 필수로 제공되고 주거 면적은 25m² 이상이어야 한다. 그러나 공유 설비가 있는 경우는 18m²가 최소 면적이다. 공급 촉진을 위해 고정 자산세, 부동산 취득세가 경감되고, 건설비 보조를 받으며 지자체가 방문 검사하고 업무 시정, 등록 취소 등의 조치를 취할 수 있다. 입주 계약 시 제공되는 서비스 정보

표 11-1 일본 고령자 주택 공급 종류별 특성

시설		입주 자격	부처	공급 주체	입주자 특성	
					경제력	건강
주택계 거주형						
유료 노인 홈		고령자	후생노동성	제한 없음	고	중상
시니어 주택		60세 이상 고령 1인, 고령자 부부, 보증금 일시불 지급	국토교통성	도시정비공단, 지자체 주택공사	고	중상
서비스 제공 고령자 주택	고우임*	60세 이상 고령 1인, 고령자 부부	국토교통성	제한 없음	중	중상
	고전임*	고령 1인, 부부 세대, 시장 임대료 설정	-	민간	중	중상
	고원임*	요건 없음	-	민간	중	중상
실버 하우스		60세 이상 고령 1인, 고령자 부부	국토교통성(건설), 후생노동성(서비스)	지자체, 주택도시정비공단, 지자체 주택공사	중저	중저
복지형 차상 공공 임대 주택		중·저소득층 고령자	국토교통성	지방 공공 단체, 지자체 주택공사	중저	중저
시설계 돌봄형						
경비 노인 홈		60세 이상 고령자, 가정, 주택 사정으로 자택 생활 곤란한 고령자, 고령자 부부 시설 운영비 전액 부담	후생노동성	지자체, 사회 복지 법인, 의료 법인, 재단 법인 등	저	중하
특별 양호 노인 홈		65세 이상, 요개호 인정자, 시설 운영은 입소자 또는 부양 의무자 능력에 따른 비용과 조세로 충당	후생노동성	지방 공공 단체, 사회 복지 법인	저	하
양호 노인 홈		시정촌에서 신체·정신·환경·경제적 이유로 자택 생활 곤란 인정한 고령자	후생노동성	지자체, 의료 법인, 사회 복지 법인	저	하
생활 지원 하우스		독신, 고령자 부부	후생노동성	지자체, 사회 복지 법인	저	하
인지증 그룹 홈			후생노동성	민간 사업자, 사회 복지 법인, 의료 법인, 지자체	저	하

주: ① 모든 주택에 케어 서비스 제공(연령은 모두 만 나이 기준). ② 고우임은 고령자용 우량 임대 주택, 고전임은 고령자 전용 임대 주택, 고원임은 고령자 원활 입주 임대 주택을 의미.

자료: 강지원 외(2021: 250~251) 표 6-14를 바탕으로 재구성.

그림 11-4 일본 노인 주거 정책 체계

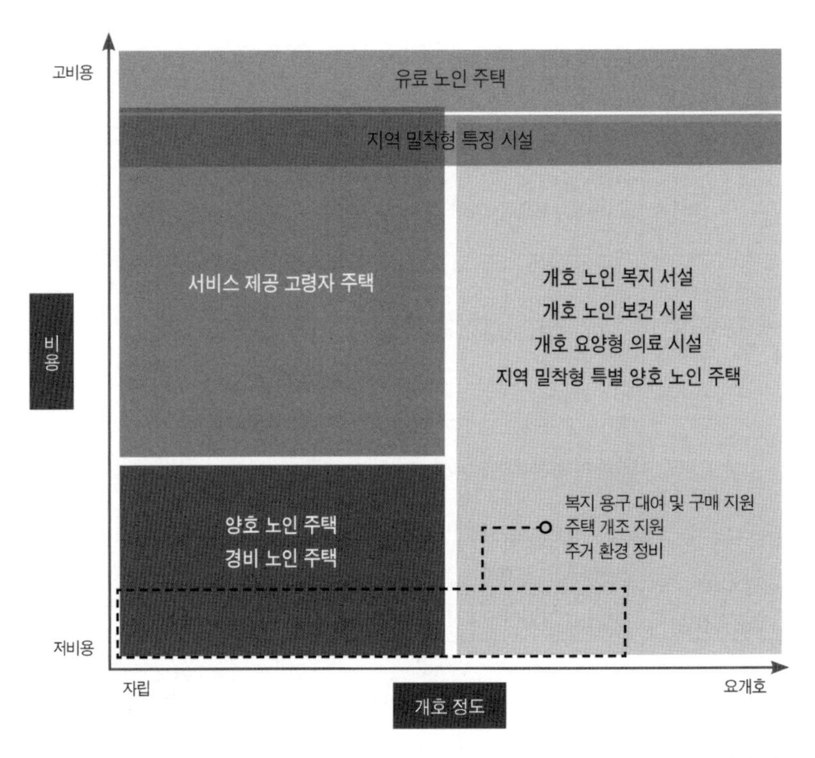

주: ① 인지증 대응형 공동생활 개호는 독립적인 생활이 불가능하기에 시설 구분에서 제외했음. ② 시설 구분은 시설 간 상대적인 비용과 개호 정도에 의해 구분했음.
자료: 유선종(2020); 유애정 외(2019) 참고해 작성. 박미선 외(2022: 100)에서 재인용.

를 설명해야 한다. 주택의 배리어 프리(복도 폭, 단차 해소, 손잡이 설치)가 요구된다(강은나 외, 2019). 필수 서비스는 자격을 갖춘 자(개호복지사, 사회복지사, 간호사 등)가 365일 주간에 상주해야 하고, 그 외 생활 지원 서비스는 외부 사업자로부터 제공받을 수 있다. 고령자주택협회에 따르면 서고주 중 식사를 제공하는 곳이 96.3%에 이른다(노현주·강지원, 2022).

특히 최근에는 '주생활기본계획'에서 고령자 주거 문제의 심각성을 인지하고, 고령자 주택 공급 목표를 설정하고 있는 것을 확인할 수 있다. 2023년을 목

표 11-2 싱가포르 중위 연령 변화

	1970	1980	1990	2000	2010	2020	2021	2023
총인구(만 명)	207.5	241.4	304.7	402.8	507.7	568.6	545.4	591.8
중위 연령(세)	19.5	24.4	29.8	34.0	37.4	41.5	41.8	43.0
한국 중위 연령(세)	18.5	21.8	27.0	31.8	37.9	43.7	44.3	45.5

자료: Department of Statistics Singapore, Population in Brief(2023); KOSIS 인구로 보는 대한민국(https://kosis.kr/visual/populationKorea/PopulationDashBoardDetail.do;jsessionid=lxbpurOKGpGjEyfzgajb3Z0ZkMS0fAx0Lw14TCvixyLwThbonqhUdnGUHWpIGPS0.STAT_WAS2_servlet_engine4).

표 11-3 싱가포르 인구 주요 지표 변화

	1990	2017	2030	2050
총인구	3,047,100	5,612,300	6,418,000	6,681,000
중위 인구(세)	29.8	40.5	47.0	53.4*
출생률	1.80	1.20	1.31	1.40
출생 시 기대 수명	75.3	82.9	85.4	88.3
65세의 기대 수명	15.7	20.8	-	-
출생 시 건강 기대 수명(남성)	65.3	75.0	-	-
출생 시 건강 기대 수명(여성)	68.5	78.0	-	-
노인 부양비	10.5	5.1	2.6	-

자료: Malhotra et al.(2019: 2) 표 1 일부 발췌.
주: 노인 부양비는 65세 인구 대비 20~64세 인구 비율; * 싱가포르 통계청.

표로 고령자가 거주하는 주택 중 일정한 배리어 프리 성능 및 단열 성능을 갖춘 주택의 비율을 25%까지 확대하고, 고령자 인구 대비 고령자 주택 비율을 2.5%(2018년)에서 4%(2030년)까지 확대할 것을 성과 지표로 명시하고 있다.[2]

2 일본 국토교통성, 주생활기본계획.

3. 싱가포르의 고령화와 노인 주거 지원 사례

싱가포르도 1960년대 말레이 연합에서 독립한 신생 도시 국가로 상당히 젊은 국가에서 최근에는 고령화 문제를 겪는 곳이다. 자가 소유를 국가 건립의 기초의 주요 이념으로 삼은 초대 총리 리콴유(李光耀)의 뜻에 따라 전 국민 자가 소유를 추진해 온 것으로 유명하다. 좁은 도시 면적에 빠른 주택 공급을 위해 채택한 방식이 아파트 중심의 공동 주택 공급이었고, 이는 현재 한국의 주된 주택 유형이 아파트로 바뀐 것과 상당한 유사성을 갖는다. 따라서 싱가포르는 젊은 국가에서 고령화 사회로의 변화, 공동 주택 중심의 주택 형태, 가족주의적 사고관, 국가의 강력한 역할을 바탕으로 한 주택 공급 및 정책 전개 등에서 상당한 공통점을 갖는다. 이런 배경하에 싱가포르에서 고령화에 대응한 노인 주거 지원 전략을 살펴보는 것은 국내 노인 주거 정책에 시사하는 바가 클 것으로 보인다.

1) 싱가포르 고령화 속도

싱가포르에서는 2023년 기준 65세 이상 인구가 19.1%에 이르는 것으로 조사되고 있어 초고령 사회 진입을 목전에 두고 있다. 고령 인구 비율이 7%를 초과한 것은 2000년이고, 14%에 이른 것이 2019년이므로 약 20년에 걸쳐 고령화가 진전되었다. 그리고 2030년에는 22.5%, 2050년에는 33.3%가 고령 인구일 것으로 예측되고 있다.[3] 고령화 사회에서 초고령 사회로 진입하는 데 10년이 채 소요되지 않을 것이 예상되므로 싱가포르에서도 고령화에 따른 이슈 논의가 활발하다.

---

3 싱가포르 통계청(https://www.statista.com/statistics/).

그림 11-5 싱가포르 기대 수명

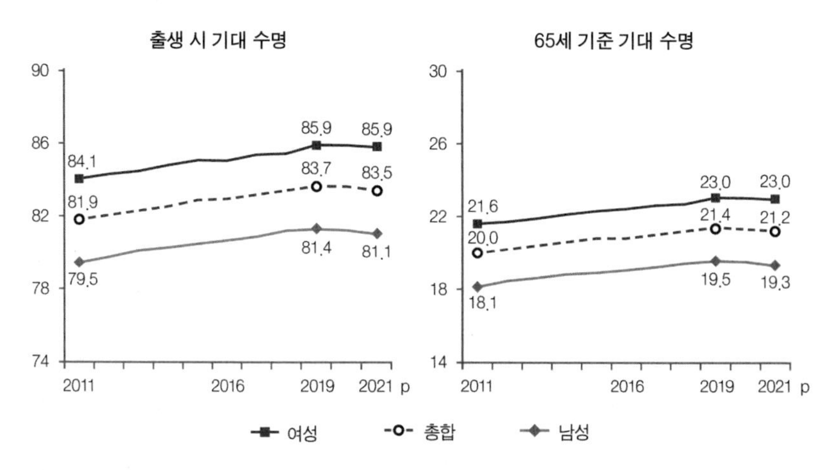

자료: Singapore Department of Statistics(2023: 46) 그림 6-4.

인구 구조의 변화는 중위 연령을 통해서도 확인할 수 있다. 싱가포르는 신생 독립한 젊은 국가여서 1970년 중위 연령이 19.5세, 1980년 24.4세로 상당히 젊은 층 인구가 두텁게 자리 잡고 있었음을 알 수 있다. 그러나 2000년 이후 중위 연령이 지속적으로 상승하면서 2021년 기준 중위 연령은 41.8세로 높아졌다. 물론 한국 사회에 비하면 상대적으로 중위 연령의 상승이 느린 편이다.

물론 이는 한국의 고령화 속도에 비하면 여전히 낮은 수준이나 싱가포르에서는 2035년경에는 싱가포르 인구의 1/3이 노인 인구일 것으로 예상되므로 낮은 출생률과 함께 매우 빠른 고령화에 직면하고 있다고 인식하고 있다.[4]

싱가포르에서 2021년 기준 출생 시 기대 수명은 83.5세인데 이는 코로나19 이전인 2019년의 83.7세에 비해 0.2세 감소한 것이다. 코로나 시기의 예외적 상황을 제외한다면, 지난 10년간 기대 수명은 지속 상승 중이어서 2011년 81.9세였음을 감안하면 연평균 1.6세 증가 중인 셈이다. 여성의 기대 수명이 길며,

---

4 싱가포르 통계청.

현재 기대 수명 격차는 4.8년에 이른다. 65세 기준의 기대 여명은 평균 21.2년인데, 남성 19.3년이 여성은 23.0년이 더 남아 있을 것으로 예상된다.

2) 싱가포르 노인 정책의 기조

싱가포르에서는 부모 부양법(Maintenance of Parents Act)에서 성인 자녀가 노인(60세 이상)이 된 부모에 대한 경제적 지원 책임이 있음을 명확하게 하고 있고, 경제적 능력이 있는 성인 자녀가 부모 부양을 하지 않을 때에 복지부에서 이에 대한 법적 자문과 지원을 한다. 그러나 노인 부모들은 실제로 이를 법적인 문제로 해결하기는 꺼려한다(Malhotra et al., 2019). 최근에 개정된 부모 부양법에 따르면, 과거에 부모로부터 학대나 방임을 당한 경험이 있는 자녀는 부모 부양의 책임이 절대적이 아님을 보여준다. 즉, 부모 부양법은 상호주의(reciprocity) 원칙이 적용될 수 있는 것이어서, 과거에 자녀를 방임한 부모가 노후에 자녀로부터 무조건적으로 부양을 받을 수는 없다는 것이다. 1995년 법 제정 이후 2010년 개정된 부모 부양법에 따른 케이스는 약 2500건이 다루어졌다. 최근에는 약 1/3 정도가 과거에 부모가 자녀를 제대로 돌보지 않았거나 방임했다는 내용과 관련된다고 한다(Tan, 2024.11.18).

부모 부양법은 싱가포르에서 노인의 부양 책임이 가족에 있음을 보여주는 대표적인 사례이다. 싱가포르에서는 노인에 대한 부양의 1차 책임은 가족에게 있고, 특히 노부모는 성인 자녀가 일정한 책임이 있다는 것이어서 정부에게 도움의 손길을 청하기 전에 가족 스스로 책임을 져야 한다. 그리고 두 번째는 커뮤니티라고 할 수 있는데 다양한 도움의 손길(helping hands)을 제공하는 서비스 제공자를 활용해 노인이 서비스를 제공받을 수 있다(홍송이, 2017). 그리고 최종적으로 정부에게 도움을 요청할 수 있다. 예를 들면 근로를 하던 기간 동안 저소득이었던 노인은 가족의 도움이 제한적이므로 이들에게는 정부에서 현

그림 11-6 돌봄 필요 시 주거 선호

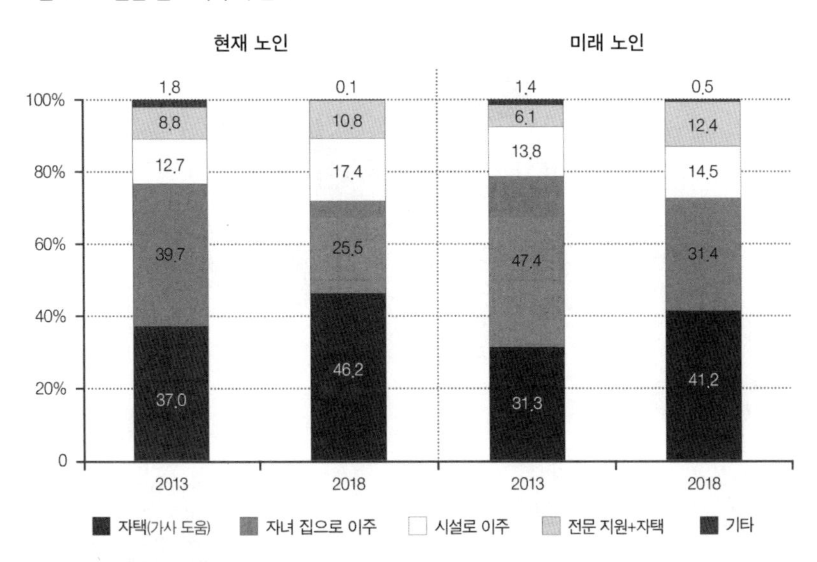

주: 현재 노인은 조사 당시(2018년) 65세 이상, 미래 노인은 55~64세 인구.
자료: HDB(2021: 133).

금 지원을 한다. 노인 부양 제도(Silver Support Scheme)로 불리는데 하위 20% 소득인 가난한 노인은 분기별로 자동적으로 현금을 제공하는 것이다(Malhotra et al., 2019).

싱가포르 노인이 돌봄이 필요해질 때 선호하는 주거는 자신의 집에서 거주하는 것이 가장 높은 비율로 나타난다. 현재 노인과 미래 노인까지 조사한 결과(HDB, 2021)에 따르면, 자신의 집에서 가사 도움을 받으며 거주하겠다는 비율이 가장 높고, 다음으로는 자녀와 함께 거주하겠다는 경우가 두 번째로 많다. 현재 노인은 자기 집(46.2%), 자녀와 함께(25.5%)순으로 둘을 합하면 71.7%로 상당히 높다. 미래 노인도 72.6%로 유사한 선호를 보인다. 싱가포르의 가정마다 저렴한 가사 도우미가 노인 돌봄에 상당한 역할을 하고 있음을 확인할 수 있다.

그림 11-7 싱가포르 하위 지역별 노인 인구 비율(2022년 기준)

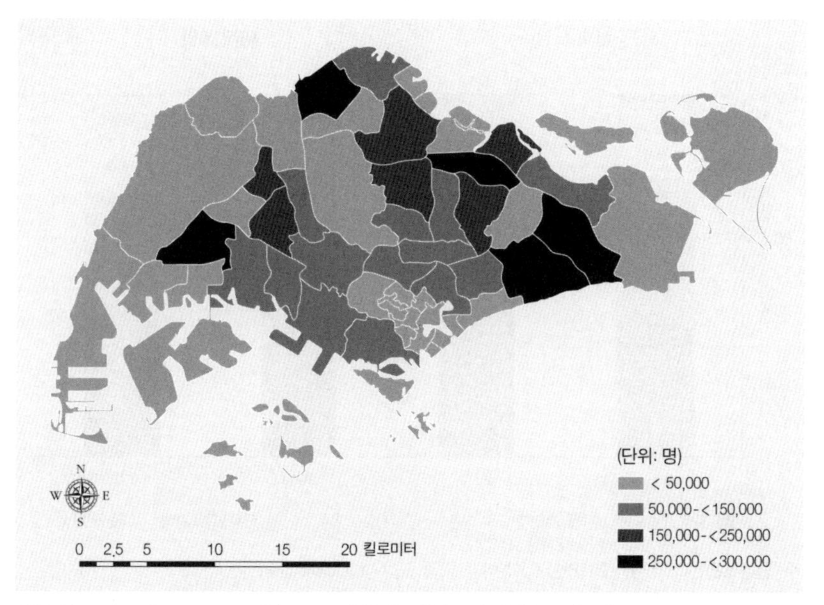

자료: Singapore Department of Statistics(2024) 그림 2-1을 바탕으로 재구성.

3) 고령자 주거 여건 및 노인 주거 지원 전략

싱가포르 전역에 걸쳐 노인 인구가 고르게 분포하고 있는 것은 아니다. 신도시보다는 기존 건설 지역에 노인 인구 비율이 높다. 앙모키오(Ang Mo Kio)와 같은 일부 지역에서는 노인 인구 비율이 20%를 넘어 고령화가 상당히 진행된 것을 확인할 수 있다.

고령자는 상대적으로 주거 소비 면적이 작은 편으로, 80m^2 이하 주택에 거주자가 싱가포르 전체 평균은 19.4%인데 고령자는 27.4%로 높다. 그다음으로 큰 면적인, 80~100m^2, 100~120m^2 주택 거주 비율도 전체 평균에 비해 4%p 정도 낮게 나타나고 있어 노인이 대체로 작은 주택에 거주하는 경향을 보인다.

싱가포르 거주 가구의 주택 자산 가치는 HDB에 비해 민간 주택 가격이 월

그림 11-8 싱가포르 고령자 주거 면적 분포(2022년 기준)

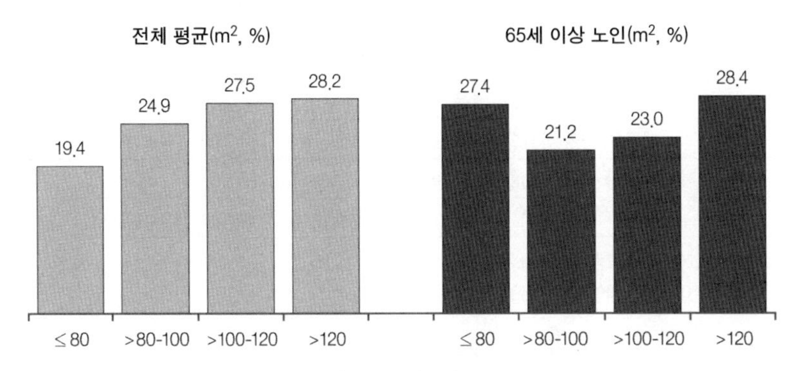

자료: Singapore Department of Statistics(2023: 22) 그림 2-1.

표 11-4 싱가포르 가구 주택 자산 가치(2018년 4분기 기준)

주택 유형	거주 가구(비율)	총주택 자산 가치 〔만 달러(비율)〕	가구 평균 주택 자산 가치 (달러)
HDB	1,043,300(79%)	4,200.6(48%)	40.2만
민간 주택	282,000(21%)	5,261.1(52%)	186.5만
합계	1,325,300(100%)	9461.8(100%)	71.4만

자료: Chen et al.(2020: 4) 표 1 일부 발췌.

등히 높아 자산 가치도 차이가 큰 것으로 나타난다. 총주택 자산이 가구당 HDB 주택은 40만 2628싱가포르 달러인 데 비해 민간 주택은 186만 5652달러로 4.6배 차이가 난다. 가구의 상당한 부가 주택으로 구성되어 있음을 감안하면 주택 자산을 활용한 현금 확보 전략이 필요함을 알 수 있다.

최근에 노인의 경제적 여건에 대한 조사를 보면, 기초 생활필수품 구입이나 공과금 납부가 어렵다는 노인이 증가하고 있는데, HDB 아파트 종류에 따라서는 주택이 작을수록 그 비율이 높게 나타난다. 즉, 소득 수준이 낮은 노인일수록 생필품 지출에 부담을 느끼며, 생활 수준을 낮출 수밖에 없었다고 응답하고 있다(ROSA, 2023).

싱가포르의 고령자 주거 지원 수단은 다양하게 구성되어 있다. 현 주택에 계

표 11-5 싱가포르 주택 규모별 노인 가구 경제적 어려움 호소 비율 (단위: %)

경제적 어려움 구분	1~3실 주택	4~5실 주택	민간 주택
생필품 구입이나 공과금 납부가 힘들다	37.99	33.33	19.53
생활 수준을 하락할 수밖에 없다	47.66	46.89	36.11
저축이나 투자금을 활용해 살 수밖에 없다	43.64	43.39	36.28
생활비 충당을 위해 신용 카드 한도까지 사용해야 한다	17.92	19.12	13.45

자료: ROSA(2023: 9) 그림 2를 토대로 작성(2022년 조사 기준)
주: 각 경제적 어려움이 처할 확률이 50%를 넘음을 비율을 의미

그림 11-9 싱가포르 고령자 주거 지원 수단 구분

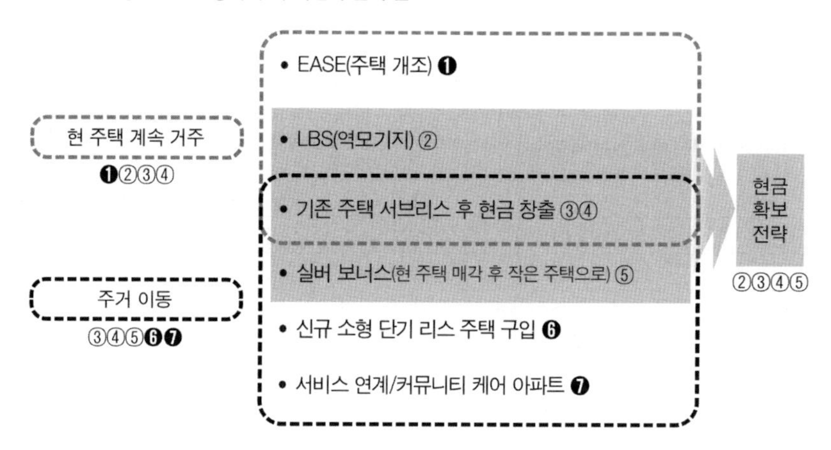

자료: 박미선(2023)을 바탕으로 작성.

속 거주하며 나이 들기를 지원하는 전략과 새로운 주택으로 이동하는 방식으로 크게 구분할 수 있다. 현 주택 계속 거주를 지원하는 방식에는 주택 개조 방식(EASE), 역모기지 방식(LBS), 주택 세주기(전대) 방식(sublease) 등이 있다. 새로운 주택으로 이주하는 방식으로는 실버 보너스, 신규 소형 주택 구입, 서비스 연계형 노인 전용 주택 등이 있다. 그중 역모기지 방식이나 세주기 방식, 실버 보너스는 현금을 확보하는 전략이다. 이하에서 이를 간략히 살펴본다.

표 11-6 싱가포르 LBS 자격 기준 내용 변화

연도	주요 내용 변화
2009	· 주택소유자 연령 63세 이상/HDB 3실 이하 주택/월 소득 3000달러 이하 · LBS 보너스 1만 달러/임대 기간 30년 이상 남아 있는 주택만 가능
2013	· LBS 보너스 2만 달러로 상향 조정
2015	· 적격 연령 64세로 상향/HDB 4실 이하 주택까지 확대/월 소득 1.2만 달러까지 확대 (2015.8~) · LBS 보너스 2만 달러(3실 이하), 1만 달러(4실 주택)로 차등화
2019	· 적격 여령 65세로 상향/모든 HDB 주택으로 확대/월 소득 1.4만 달러까지 확대 · LBS 보너스 5실 주택 5000불 지급
2020	· LBS 보너스 차등: 3만 달러(3실 이하), 1.5만 달러(5실), 7500달러(5실 주택)

자료: Chen et al(2020: 5) 표 2 일부 발췌.

4) 주택 자산 활용 전략의 성과와 한계

가장 대표적인 주택 자산 활용 방식은 거주하던 주택의 남은 기간을 판매하고 현재 주택에 거주하는 것으로 역모기지와 유사한 것이 LBS(Lease Buyback Scheme)이다. 역모기지처럼 현재 주택에 계속 거주하는 것이 유사하지만, 싱가포르의 점유 형태 특성상 99년 토지 임대에 기반한 자가 소유이므로, 현재까지 거주한 기간을 제외한 남은 토지 임대 기간에 해당하는 만큼의 기간을 판매하는 것이고 판매한 자금의 일정 비율은 CPF의 은퇴 계정에 불입해 연금 상품을 구입하도록 의무화되어 있다. 즉, 현 주택의 남은 기간을 매각하고, 그 금액의 일정액을 연금 형태로 구입해 평생 생활비가 지급되도록 하는 구조이다. 2009년 최초 도입 이후 자격 조건 등이 완화되어 왔다(Chen et al., 2020).

제도 도입 초기에는 63세 이상의 3실 이하 소형 주택에 월 소득 3000달러 이하로 저소득층 소규모 주택을 중심으로 LBS를 도입했다. 그러나 점차 적격 연령을 65세까지 상승하면서 대상 주택 규모를 확대하고 이에 맞추어 보너스 규모도 확대 차등화하는 방식으로 변화했다. 2020년 기준 HDB 모든 주택이 LBS 가입 가능하며, 대신 소형 주택인 경우 더 많은 보너스를 지급하고 대형 주택

은 적은 보너스를 지급해 자산 규모를 고려한 소득 지원을 하고 있다.

제도 도입 초기에 많은 가구에 호응을 얻지 못했는데 적격 가구의 기준이 엄격하고 초기 인출 가능 조건이 까다로웠기 때문이다. 2009년에서 2014년 사이 적격 가구는 약 4.2만 가구인데 이 중 2% 미만이 LBS에 가입했다고 보고되고 있다. 이후 지속적인 규제 완화에 따라 더 많은 가구가 적격 대상이 되면서 2018년 기준 13만 가구 중 3100가구가 가입해 2.4% 이상의 점유율을 나타내고 있다(Chen et al., 2020). LBS 이용이 낮은 것에 대해 국토개발부(Ministry of National Development)에서는 이미 노후를 위한 현금이 충분하거나, 자녀를 위해 주택을 남겨두고 싶은 경우, LBS 이외에 다른 방식으로 소득 창출이 가능하기 때문이라고 설명하고 있다. 빈방을 임대하거나 작은 집으로 이사하는 등을 의미한다(MND, 2023.3.21). 주택 연금 방식이 인기가 적은 것은 노후에 자가가 줄 수 있는 자아 정체성 상실 우려(Oswald et al., 2006)와 유산 상속을 중시 여기는 싱가포르 노인의 선호에 배치(Chia and Tsui, 2009)된다는 해석도 있다.

두 번째는 기존 주택의 남는 방이나 주택 전체를 세를 주고 현금 흐름을 창출하는 방식이다. 이는 주택에서 남는 방을 세를 주고 현 주택에 거주하는 방식과 주택 전체를 세를 주고 다른 곳으로 이주하는 방식 두 가지가 있을 수 있다. 주택의 일부를 세를 주고 월수입을 얻는 방법은 현 주택에 계속 거주할 수 있는 장점이 있지만, 주택의 규모에 제약이 있다. 세주는 방을 제외하고 독립적인 거주 공간이 필요하므로 1룸 또는 2룸 주택 소유자는 신청할 수 없다. 그리고 HDB의 사전 승인을 득해야 한다. 3룸 주택은 방 한 개를 세줄 수 있고 아파트 최대 거주 인원은 6인으로 한정한다.[5] 내 집 전체를 세주는 경우에는 본인이 다른 곳을 이주할 수 있다. 이때 주택을 세주는 가격의 적정성을 확인하

5 HDB, https://www.hdb.gov.sg/residential/renting-out-a-flat-bedroom/renting-out-your-flat/rental-statistics.

그림 11-10 싱가포르 주택 임대 시장 가격 정보 제공 사례

자료: HDB(https://services2.hdb.gov.sg/web/fi10/emap.html).

는 것이 중요한데, 지역별 주택 규모별 시장 임대료 정보를 HDB에서 제공하고 있다. 시점별 주택 크기별 월 임대료 수준을 쉽게 확인할 수 있다.

세 번째는 거주하던 기존 주택을 매각하고 더 저렴하고 작은 규모의 소형 주택을 구입하는 것이다. 이때 최대 3만 달러의 보너스(Silver Housing Bonus)를 받는다. 매각한 자금은 CPF 은퇴 계정에 불입해 CPF 라이프 종신 보험을 구입해 연금 형식으로 받아야 한다. 가구 월 소득이 1.4만 달러 이하인 조건이고 55세 이상이면 이용할 수 있다. 현재 주택을 한 채만 소유하고 있을 때 이용할 수 있다. 기존 주택을 매각 후 6만 달러를 은퇴 계정에 불입하면 최대 3만 달러의 실버 보너스를 받는 구조이다. HDB 홈페이지를 통해 지급받을 수 있는 보너스 규모를 계산할 수 있도록 정보를 제공하고 있다.[6] 2022년 기준 CPF를 통해 LBS과 실버 보너스를 받은 경우는 2860가구인 것으로 확인되며 2020년 2540가구, 2021년 2790가구 등 점차 증가 추세이다.[7]

---

6 HDB, https://www.hdb.gov.sg/residential/living-in-an-hdb-flat/for-our-seniors/monetising-your-flat-for-retirement/silver-housing-bonus.

5) 주택 개조

본인의 주택에 거주하면서 노인 친화적 장비를 설치하는 주택 개조(Enhancement for Active Seniors Program, EASE)가 있다. 기준은 65세 이상이거나 60~64세인 경우는 ADL 한 개 이상의 이슈가 있는 경우이다. 주된 개조 부위는 미끄럼 방지 타일, 안전 바, 램프 설치 등이다. 주택의 크기와 설치 장비에 따라 자기 부담금에 차이가 있는데 최소 5%에서 최대 12.5%로 주택이 작으면 자기 부담이 적고, 주택이 크면 자기 부담이 큰 구조이다. 싱가포르에서는 소득 수준에 연동해 주택 구입 능력을 상승시키는데 소득이 적으면 정부의 보조금이 크고, 또한 주택 개조 시에서도 주택이 작은 경우, 즉 소득이 상대적으로 적은 경우에는 정부가 더 큰 보조를 하고 자기 부담을 축소시키는 구조를 띠고 있는 것이 일관되게 확인된다. 예를 들어 미끄럼 방지 처리나 안전 바를 설치하는 경우, 3룸 이하 주택은 자기 부담이 5%로 최소 11.85달러 수준이나 5실 주택은 23.75달러로 차이가 난다.[8]

6) 새로운 노인 전용 주거지 조성

새로운 노인 전용 주거 단지를 조성하는 사업도 진행 중이다. 가장 대표적인 단지는 캄퐁 애드미럴티이다. 다부처 사업으로 진행된 프리미엄 고령자 전용 아파트 단지인데, 주거에 필요한 모든 시설을 수직적으로 설치하고 아파트와 시설을 수평적으로 연결한 구조를 띠고 있다. 지하에는 슈퍼마켓과 주차장을,

---

7 CPF, https://www.cpf.gov.sg/employer/infohub/reports-and-statistics/cpf-trends/home-financing.

8 HDB, https://www.hdb.gov.sg/residential/living-in-an-hdb-flat/for-our-seniors/ease.

1층에는 대규모의 커뮤니티 플라자와 상점을 배치하고 2층에는 호커 센터, 3~4층에는 의료 시설을, 6~7층에는 돌봄 센터와 복지 기관, 8층에는 커뮤니티 가든을 배치하고 있다. 건물이 아파트로 연결되는데 노인 전용 아파트로 노인에 맞춘 편의 시설이 설치되어 있다. 안전 바나 의자, 쉼터 등이 곳곳에 배치되어 있다. 이 사업은 주택개발부 외에 복지부, 환경청, 공원부, 토지교통청, 유아개발기구 등 다부처 다기관이 참여한 협업 사업으로 의미가 있다.

최근에는 일부 공용 공간과 서비스가 제공되는 지원 주택 형식의 서비스 연계형 공공 주택(assisted living)이 공급되고 있다. AIP 관점에 부합하는 고령 친화 주거 모델이다. 1997년 스튜디오 아파트를 공급하기 시작하는데, 중산층 노인이 소규모 아파트에 저렴하게 거주할 수 있도록 하는 것이다. 자녀와 인접해 생활하기를 희망하는 노인을 위해서는 이주 시 자녀 주택과의 거리를 고려해 일정 물량을 할당하는 방식도 활용 중이다.

최근에는 가사 서비스가 포함된 커뮤니티 케어(community care apartment)가 등장했다. 이는 월 일정액(164달러)을 지불하고 기본 서비스를 제공받을 수 있도록 옵션을 제공하는데, 기본 서비스에는 공유 공간 활동, 기초 건강 체크, 24시간 응급 대응, 기본적인 주거 지원 서비스, 단순한 주택 수리, 노인 센터(active ageing center) 이용, 필요시 인근 요양원 우선 입주와 같은 것이다. 그 외에 추가 비용으로 가능한 서비스에는 이동 지원, 세신, 목욕, 식사 제공, 간단한 심부름, 사회 서비스 데이케어, 세탁 등이 있다. 월 소득은 최대 1.4만 달러이고, 최소 5년의 거주 의무 기간이 적용되며, 입주 기간은 15년에서 35년으로 최대 95세까지 거주할 수 있다.[9]

---

9 https://www.hdb.gov.sg/residential/buying-a-flat/finding-a-flat/types-of-flats/community-care-apartments.

4. 시사점

일본은 고령화 진전에 따라 고령자에 대한 주거 정책에서 AIP가 중요하게 되었다. 초기에는 3세대 동거와 같이 가족의 돌봄 기능을 중시한 경향에서 점차 공공 부문이 직접 고령자를 위한 공영주택을 직접 공급하다가, 점차 민간의 역할을 강화하는 방향으로 선회한다. 이는 민간 임대차 시장에서 고령자에 대한 차별과 주거 불안 문제에 대한 대응에서 시작되었다. 대신 정부가 고령자용 주거를 인증하거나 지원하는 방식으로 민간의 주택 재고를 활용했다. 다른 한편으로는 AIP 즉, 지역 사회 지속 거주를 지원해 기존 주택의 개조, 배리어프리, 그리고 서비스 결합 방식을 활용하는 것이다. 이때 국토교통성 이외에 후생노동성이 함께 협업하는 법률 체계를 구축한 것이 특징적이다.

그러나 국가의 주도적 역할에서 지방 자치 단체의 역할을 강조하면서 지자체의 재정난이 새로운 이슈로 제기되고 있다. 이는 노인의 AIP를 강조하면서 지역적 특성과 지역의 책임이 중요하게 된 것과도 연결된다. 그러나 AIP를 중요하게 여기게 된 요인 중에는 사회 보장비 지출 증가 등 경제적 요인이 크다는 지적도 있다(조아라, 2013).

노인에 대한 차별과 노인용 주택 부족 때문에 시작된 노인 전용 임대 주택은 민간의 재고를 활용하고 정보 제공, 주택 등록, 지자체 관리 등이 함께 이루어지고 있다. 이때 최소한의 서비스가 결합되는 방식으로 노인의 주거 소요에 대응하는 것으로 보인다. 또한 일본의 경우 점차 국토교통성과 후생노동성의 협업이 불가피한 상황이 되었고 이를 제도화하기 위한 법체계를 갖추게 된다. 이런 일련의 정책 변화와 다양한 주거 옵션은 국내에 시사하는 바가 크다. 한국은 세계 최고로 빠른 고령화 속도에 비해 공공 임대를 건설하는 부처와 서비스를 제공하는 부처 간의 협업이 제도화되지 못하고 있으며 중간 소득 임차 가구 노인을 위한 주거 옵션은 매우 제한적이다. 일본의 정책 전개 과정에서 드러난

사회적 문제와 대응을 국내에서 세밀하게 고찰하는 것이 필요하다. 또한 최근에 주생활기본계획을 수립하면서 노인 주택 공급 목표를 설정하는 등 구체적인 정책 목표가 제시되고 있는 점도 참고할 만한 지점이다.

싱가포르는 한국과 유사한 연령 구조를 보이며 신생 독립 국가로 성장해 왔다. 또한 최근의 저출생과 고령화 양상 역시 상당한 유사성을 띠고 있다. 그러나 싱가포르는 여전히 노인 돌봄의 주체로 가족을 중시하고 있고 이를 정책에 투영하고 있는 것이 특징이다(박미선 외, 2022). 신규 주택의 배분이나 가족 인근 거주를 위한 보너스 지급이 대표적인 사례이다. 또한 주변 국가에서 공급되는 저임금의 가사 도움 외국인 노동자가 자택에 거주하면서 노인 지원 서비스의 일정 부분을 담당하는 점도 맥락적 차이를 제공한다. 그럼에도 불구하고, 정부에서 고령화에 대응해 소득 수준이 낮은 노인 가구를 위해, 기존 자산인 주택을 활용한 다양한 현금 창출 방식을 활용하고 있는 점은 눈여겨볼 지점이다. 현재의 주택에서 거주를 하면서 노후를 보낼 수 있는 방법과 함께 주거지를 이동하는 방식, 기존 주택을 활용해 현금을 창출하는 전략, 이를 노후 생활비와 연동시키는 방안 등은 참고할 만하다. 최근에는 서비스가 제공되는 신규 주택 건설이 시작되고 있어 국내와 유사한 점이 발견된다. 아파트 유형의 장점인 서비스 제공의 공간적 집단화 측면에서 싱가포르의 사례는 시사하는 바가 크다. 다만, 정권의 부침이 없고 정부 방침에 따라 부처 간 협업 사업이 진행되는 정치 상황은 국내와 상당한 괴리가 있으므로 해석과 적용에 상당한 주의가 요구된다.

참고문헌

강은나 외. 2019. “초고령사회 대응을 위한 노인주거정책 개편방안”. 한국보건사회연구원.

나미선. 2023. “일본 들여다보기 초고령사회 일본(산업별 시니어 시프트 - 금융)”. 대신증권.

노현주·강지원. 2022.「고령자 대상 주거지원 정책: 영국과 일본을 중심으로」. ≪국제사회보장리뷰≫, 21, 100~111쪽.

박미선. 2023.11.16. “싱가포르의 노인 주거지원 정책”. 고령친화 커뮤니티 정책 포럼 발표자료. 저출산고령사회위원회·건축공간연구원.

박미선·하수정·조윤지. 2022.「싱가포르 주거정책 심층 사례 연구」. 국토연구원.

≪브라보 마이 라이프≫. 2014.3.14. “[실버타운 현주소 ②] 피해사례 끊이지 않는 실버타운”. https://bravo.etoday.co.kr/view/atc_view/180.

유애정·이정석·권진희·진희주·장소현. 2020.「미래지향적 장기요양 주거정책 연구」. 국민건강보험공단 건강보험연구원.

유선종. 2020.10.28. “노인주거시장의 이해”. 매경비즈·한국보건산업진흥원 주최. 4차 올드 이노베이션 포럼.

조아라. 2013.「일본의 고령자 거주문제와 주거정책: Aging in Place를 중심으로」. ≪대한지리학회≫, 48(5), 709~727쪽.

홍송이. 2017.「Aging-in-Place를 위한 노인복지정책의 비판적 이해: 싱가포르 사례연구」. ≪사회과학연구≫, 43(1), 227~254쪽.

일본 국토교통성. 주생활기본계획 주요 성과지표.

岡部眞智子. 2015.「高齢者が地域で安心安定した生活を營むための居住支援の方策」. 日本福祉大學大學院 博士論文.

佐藤油美. 2008.「住宅福祉政策の連携の變遷と實態に關する硏究」. ≪住宅總合硏究財團硏究論文集≫, 35.

國土交通省. 2009. 高齢者が安心して暮らし續けることができる住宅政策のあり方について(社會資本整備審議會答申案の骨子).

飛田英子. 2015.「高齢者向け住宅政策の現狀と課題: 地域主導でサ高住の機能擴充を」. ≪JRIレビュー≫, 3(22).

Center for Research on Successful Ageing (ROSA). Singapore Management University. 2023. Concerns over the cost of living among older adults in Singapore. ROSA Research Brief Series.

Chen Lipeng, Jiang Liang, Phang Sock Yong, and Yu Jun. 2020. “Housing equity and household consumption in retirement: Evidence from the Singapore Life Panel ©." *New Zealand Economic Papers*, 55(1), pp. 124~140. Research Collection School of Economics. Singapore Management University.

Chia, N.-C. and A. Tsui. 2009. Monetizing Housing Equity to Generate Retirement Incomes.

Department of Statistics Singapore. 2024. Population Trends.

Housing and Development Board. 2021. Public Housing in Singapore: Residents' Profile, Housing Satisfaction and Preferences.

Malhotra, Rahul, Andrea Muller, Su Aw, and Yin-Leng Theng. 2019. "The aging of a young nation: Population aging in Singapore." *Gerontologist*, 59(3), pp. 401~410. Research Collection School of Economics. Singapore Management University.

MND. 2023.3.21. Delivered Oral answer by Ministry of National Development on the take-up rate for Lease Buyback Scheme and measures to increase take-up. https://www.mnd.gov.sg/newsroom/parliament-matters/q-as/view/delivered-oral-answer-by-ministry-of-national-development-on-the-take-up-rate-for-lease-buyback-scheme-and-measures-to-increase-take-up.

Oswald, F. and G. D. Rowles. 2006. "Beyond the Relocation Trauma in Old Age: New Trends in Today's Eelders' Residential Decisions." In H.-W. Wahl, C. Tesch-Römer, and A. Hoff(eds.), *New Dynamics in Old Age: Environmental and Societal Perspectives*. Amityville, New York: Baywood. pp. 127~152.

Tan, Therasa. 2024.11.18. "Parents seeking maintenance have to declare if they have abused their children in the past," *The Straits Times*. https://www.straitstimes.com/singapore/parents-seeking-maintenance-have-to-declare-if-they-abused-child-in-the-past(검색일: 2023.10.30).

제12장

해외 노인 주거 지원 정책 (2):

미국과 영국

1. 들어가며

서구의 대표적인 국가로 국내에서 관심이 많은 곳이 미국과 영국이다. 이 장에서는 미국과 영국을 중심으로 인구 고령화에 대응한 정책 대응을 살펴보고자 한다. 한국의 고령화 속도가 빠른 것에 비해 서구는 상대적으로 완만하게 점진적으로 고령화가 진행되어 왔다. 그러나 향후 몇십 년간은 고령화가 가중될 것으로 예상된다. 이미 주택 재고가 충분하지만, 노인의 건강 상태와 여건을 고려한 주택이 충분한지는 다른 문제이다. 저소득 임차 가구 노인의 주거비 부담 증가와 열악한 주거 여건에 대응한 정부의 정책 지원을 살펴보는 것은 국내에 시사하는 바가 크다. 또한 최근에 노인 주거 문제의 심각성에 대응해 정부 차원에서 노인 주거 대응 TF를 구성한 영국의 움직임도 눈여겨볼 만하다. 이미 주거와 복지, 서비스, 돌봄 영역의 통합적 접근 필요성을 인지하고 대응하고 있는 점도 의미 있다. 액션 플랜이 필요한 국내 정책 입안가들이 참고할 만한 지점이 숨겨져 있다.

2. 미국의 노인 주거 지원

1) 미국 노인 고령화와 노인 가구 주거 특성

미국의 가구도 고령화의 영향에서 자유롭지 못하다. 2012년에서 2022년 10년 사이에 65세 이상 노인 가구가 4300만 가구에서 5800만 가구로 34%p 증가를 보일 정도로 빠르게 고령화가 진행 중이고 이는 도시, 교외, 농촌 지역을 막론하고 전역적으로 발생하고 있다. 2020년대 내에 베이비 붐 세대가 80세에 도달할 것으로 예상되면서 노인 그룹 내에서도 고령화가 가속화될 것으로 보인다. 2040년까지 인구 추계를 보면, 노인 가구 중에서도 80세 이상 노인 가구가 1675만 가구에 이를 것으로 예상된다. 2022년 기준 65세 이상 노인 인구 비중은 17% 수준이다(JCHS, 2023). 2040년까지 65세 이상 인구의 연령대별 변화를 보면 80세 이상이 두 배 이상 증가할 것으로 예상되고 있다. 이는 1946년에서 1964년에 출생한 베이비 붐 세대가 2011년 65세에 들어서면서 시작된 것으로 앞으로도 급격한 고령화는 지속될 수밖에 없는 상황이다. 특히 미국도 2030년에 인구의 20%가 노인인 초고령 사회를 목전에 두고 있어 정부 부처 간 적극적 노력이 요구된다(GAO, 2018).

미국 노인 대부분은 자기 집에서 거주하고 있다. 자기 집(88.2%) 또는 다른 이(주로 자식)의 집(9.3%)에 거주하고 있어 97.5%가 집에서 생활하고 있다. 나머지 2.5% 정도만이 시설이나 양로원에서 거주한다. 자기 집에 거주하는 노인의 80%는 홀로 또는 배우자와 살고 있고, 연령이 증가하면 혼자 거주하는 비중

그림 12-1 미국 연령대별 고령 인구 증가 예상

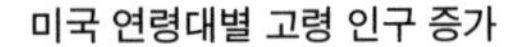

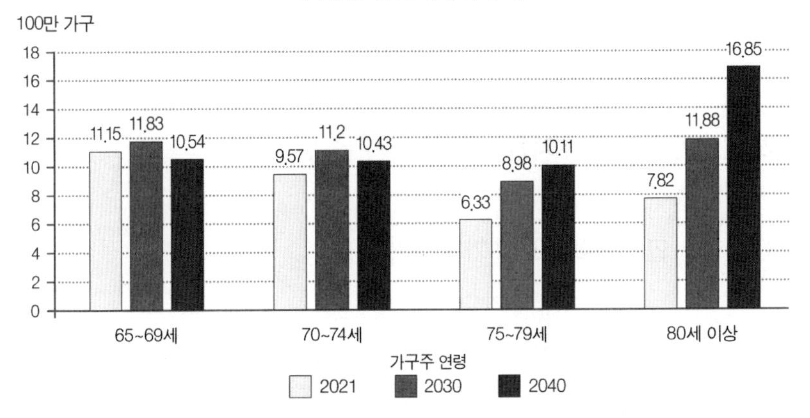

미국 인구 증가 및 고령화율(1900~2050)

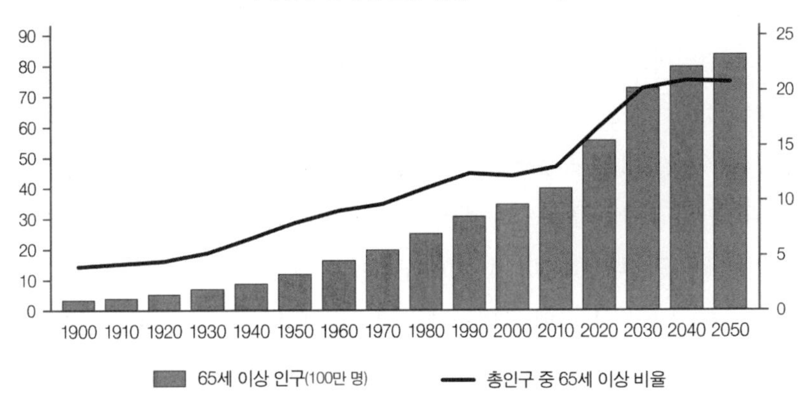

자료: JCHS(2023: 3) 그림 1을 바탕으로 작성; GAO(2018: 2).

이 증가하는 양상이다.

점유 형태로는 노인의 자가율이 높은 것이 일반적이다. 미국 빈집 조사(Housing Vacancy Survey)에 따르면 2022년 기준 노인 가구 자가율은 79.1%로, 50~64세 연령대의 74.2%보다 높다. 그러나 나이가 들어가면서 단독 주택보다 공동 주택에 거주하는 비율이 증가하고, 가구 소득이 하락하는 것이 확인된다.

그림 12-2 미국 연령대별 자가율 변화 양상

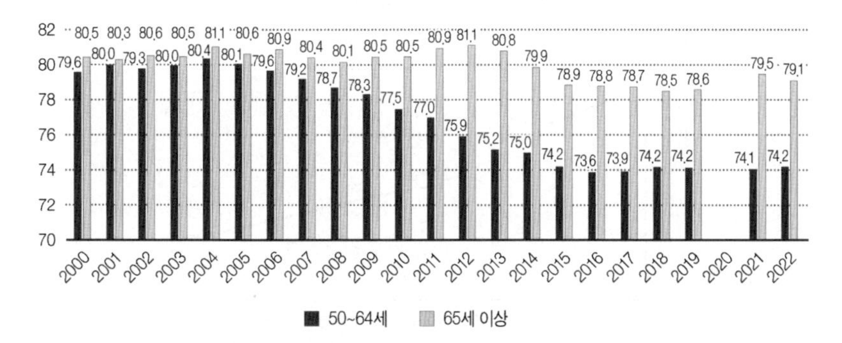

자료: JCHS(2023: 6) 그림 4를 바탕으로 작성.

물론 자가 가구가 소득이 대체로 높은 편이나 연령이 증가하면서 그 차이가 점차 감소하는 경향을 보인다(JCHS, 2023).

미국은 노인 가구에서도 점유 형태에 따른 주거 안정의 차이 및 자산 수준 차이와 함께, 인종에 따른 차이도 확연히 드러난다. 노인 가구 중에서도 자가 가구가 임차가구에 비해 주택 자산 및 비주택 자산 모두를 고려한 순자산 규모가 크고, 이에 더해 인종적 차이가 확인된다.

미국 노인도 주거비 과부담에 놓인 가구가 증가하고 있다. 월 소득의 30% 이상을 주거비[1]로 지불하는 가구를 주거비 과부담으로 정의할 때, 2021년 기준 1120만 노인 가구가 주거비 과부담 상태로 2000년 이후 최고치를 기록하고 있다. 특히 소득의 50% 이상을 주거비로 지출하는 심각한 주거비 부담 가구 역시 절반에 이를 정도로 상황이 녹록지 않다. 노인 가구의 주거비 과부담은 식료품 구입이나 의료비 지출 등과 같은 기본적 욕구를 충족시키지 못할 가능

1 이때 주거비는 월세 이외에, 수도·광열비와 같은 에너지 비용[혹은 관리비, 유틸리티 비용(utility cost)], 세금, 보험 등을 포함한다.

그림 12-3 미국 노인 점유 형태별 소득 및 자산

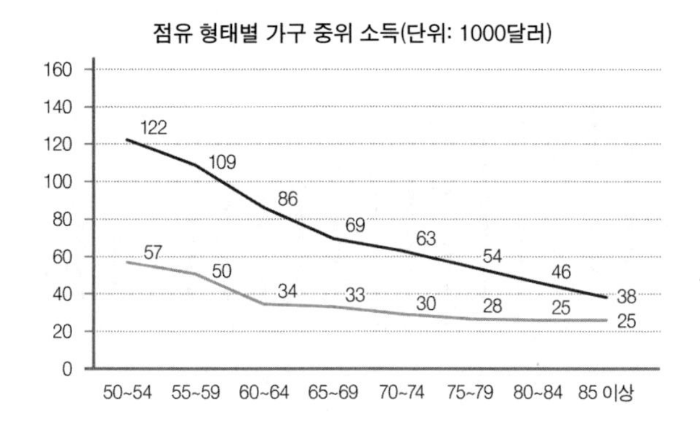

점유 형태별 자산 수준

	주택 자산	비주택 자산	순자산
자가 가구 계	250,000	221,600	499,000
백인	251,000	289,100	597,600
흑인	123,000	32,200	242,600
임차 가구 계	-	10,100	10,100
백인	-	14,000	14,000
흑인	-	3,900	3,900

주: 가구주 65세 이상, 순자산(2022년 달러 기준) 중윗값(표).
자료: JCHS(2023: 6) 그림 4; JCHS(2023: 11) 표를 바탕으로 작성.

성을 높이는 문제가 있다.[2]

지역 중위 소득의 50% 이하인 최저 소득 임차 가구 중에 월 소득의 50% 이상을 주거비로 지출하는 심각한 문제 가구와, 30~50%를 주거비로 지출하는 덜 심각한 가구, 그리고 비적정 거처에 거주하는 가구 중 정부의 지원을 받는

2 실제로 2020 주거용 에너지 소비 조사에 따르면 60세 이상 가구주 1000만 가구가 에너지 불안정에 시달리고 있는 것으로 조사되었고, 약 700만 가구가 유틸리비 비용 지불을 위해 식료품이나 의약품 지불에 어려움이 있는 것으로 나타났다(JCHS, 2023: 15).

그림 12-4 미국 노인 가구 주거비 과부담 향상

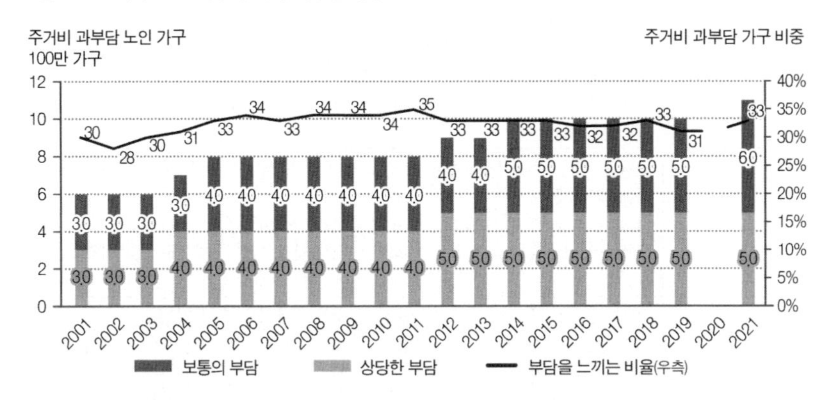

자료: JCHS(2023: 14) 그림 9를 바탕으로 작성.

그림 12-5 미국 저소득 노인 가구 주거 지원 현황

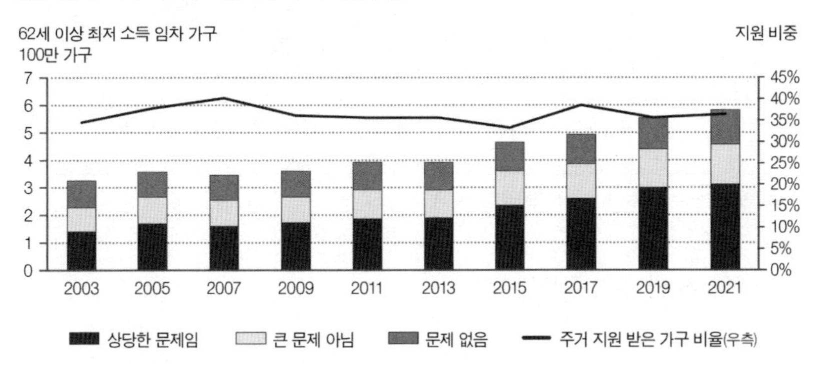

자료: JCHS(2023: 18) 그림 12를 바탕으로 작성.

주: 최저 소득 임차 가구는 가구 소득이 지역 중위 소득의 50% 이하인 경우. 심각한 문제는 가구소득의 50% 이상을 주거비로 지출하는 경우. 심각하지 않은 문제는 가구 소득의 30~50%를 주거비로 지출하거나 비적정 거처에 거주하는 경우로 정의.

경우는 1/3 수준(37%, 2021년 기준)으로 나타난다. 공적 지원은 연방 정부의 주거 지원을 의미하는데 미국도 지원이 필요한 노인 가구보다 정부 지원이 상당히 미흡한 것을 확인할 수 있다.

표 12-1 미국 노인 주택 정책 시대별 발전 내용

연대	노인 주택 정책 주요 내용 및 특징
1950년대	· 1950년 전국고령자회의 이후 본격적으로 노인을 위한 주택 필요성 제기 · 1959년 주택 관련법 개정으로 민간업자가 정부 장기 저리 융자를 통한 노인 주택 건설 투자 현상
1960년대	· 1960년대 초부터 사회 복지사, 간호사 상주의 노인용 집합 주택이 민간 주도로 활발하게 건설 · 1965년 의료 부조 제도 도입으로 민간 요양 시설 증가 · 1965년 노인복지법 제정으로 노인과 장애인을 위한 주택 개조 및 재건축 자금 지원
1970년대	· 1970년대 노인의 식사, 가사, 안전 등 소프트웨어 필요성 인식 시작 · 1974년 주택 및 커뮤니티 개발법 제정으로 노인과 장애인 포함 가족의 임대료 보조 시작 · 1978년 집합주택법 저소득층 및 장애인 주택 거주자에 식사와 일상생활 서비스를 위한 자금 보조
1980년대	· 레이건 정부의 주택 지원 예산 삭감으로 민간 위주 증가 · 노인 주택 정책 후퇴(1988년 도시주택개발부 예산 28% 감축)
1990년대 이후	· 정부도 노인 주택 관련 중요성 인지 및 AIP 강조 · 노인 자가 주택 신축 시 건축 자금 최대 100% 융자 · 비영리 단체의 노인 전용 임대 주택 공급 시 연방 정부가 최장 40년간 저리 융자 · 저소득 노인 임대용 노인 주택 입주 시 임대료의 일부를 정부(연방 또는 주)가 보조

자료: 송준호·심우갑(2010: 16) 표 3을 바탕으로 작성.

2) 미국 노인 주거 정책의 발전

미국 노인을 위한 주택의 필요성을 인지하고 노인 공공 주택 입주를 시작한 것은 1950년대로 거슬러 올라간다. 1959년 주택법(Housing Act) 개정으로 섹션 202(Section 202) 프로그램이 도입되고, 1965년 노인복지법(Older American Act)이 제정되면서 노인과 장애인을 위한 주택 개조 지원이 시작되었다. 1960년대 케네디(Kennedy) 행정부에서는 노인 주택에 대해 관심이 높아졌다. 1970년대에는 요양 시설 중심으로 노인 실버 비즈니스가 등장하고, 1974년 주택 및 커뮤니티 개발법(Housing and Community Development Act) 제정으로 노인과 장애인을 대상으로 한 임대료 보조가 이루어졌다. 1980년대 레이건(Reagan)

행정부는 주택 정책 전반이 후퇴하는 가운데, 노인 주택 정책도 후퇴해 민간 위주로 노인 주택이 공급되었다. 레이건 행정부는 연방 정부 주택 예산을 대폭 삼각하면서 지방 정부의 역할을 강화하게 된다. 1989년 정부가 보증하는 역모기지 제도가 도입되면서 노인층 주택 자산을 활용한 노후 대책을 강구하기 시작한다. 2000년대 들어 노인의 지역 사회 지속 거주(AIP)와 탈시설화 기조가 확대되면서 노인의 주거 지원에서 커뮤니티를 강조하는 흐름이 이어지고 있다(송준호·심우갑, 2010).

3) 정부의 노인 주거 지원 방식과 특징

미국에서 고령자 대상 및 고령자 전용으로 공급되는 연방 주거 지원 프로그램은 총 23개인 것으로 보고되는데(GAO, 2005), 주거비 지원, 기존 주택 개보수 지원, 공공 임대 주택 입주, 서비스가 연계된 노인을 위한 주택 프로그램 등이 대표적이다. 먼저 연방주택도시개발부(Department of Housing and Urban Development: HUD)에서 지원하는 고령자 지원 대표적인 프로그램은 섹션 202를 들 수 있다. 이는 고령자를 위해 설계된 가장 큰 규모의 가장 오래된 프로그램으로 비영리 단체가 62세 이상 저소득 고령자를 위한 임대 주택을 건설하고 운영하는데 연방 정부가 지원하는 것이다.

섹션 202 지원 방식은 크게 두 가지로 주택 건설을 위한 자금을 지원하는 것과 주거비 및 운영비를 지원하는 것이다. 먼저 비영리 단체가 노인 주택 건설을 위한 토지 취득, 개량, 건설을 희망할 때 비용을 보조하는데, 최저 소득[3] 노인을 위한 주택 건설인 경우 40년간 상환이 불필요한 자금이 지원된다. 또한 임차인의 소득이 낮기 때문에 발생하는 임대료 수익과 운영 비용 간의 차액에

3 일반적으로 지역 중위 소득의 50% 이하인 소득 수준을 의미한다.

대해서도 정부가 보조해 사업이 지속 가능하도록 구조화했다. 실적은 2000년부터 2010년까지 매해 약 5000호의 고령자 주택이 공급된 것으로 보고되고 있다. 연평균 건설량이 1970년대 중반에서 1990년대 중반까지 약 9000호, 1990년대 중반에 약 5500호 수준임을 감안하면 공급량이 감소하는 것을 알 수 있다. 고령자 주거 지원이 증가하는 것에 비해 공급이 미진하다. 뿐만 아니라 2011년부터 2017년까지 신규 섹션 202 건설이 중단되어 상황이 더욱 어렵다. 또한 기존 입주민이 고령화되면서 일상생활 지원 서비스가 더욱 필요하다(Schwartz, 2022). 1959년 도입 이후 섹션 202 주택 수혜 가구는 40만 가구로 나타난다. 2022 회계 연도 기준 섹션 202 지원액은 10억 33만 달러 규모이다. 이 중 서비스 코디네이터 비용으로 1억 2500만 달러가, 신규 주택 건설에 1억 9900만 달러가 책정되었다(NLIHC, 2023).

공공 임대 주택에 저소득 고령자가 더 많이 거주하고 있다. 노인 가구가 전체 공공 임대 주택 거주 가구의 약 35%에 이를 정도이다(Schwartz, 2022: 148). 공공 임대 주택 입주를 위한 소득 기준이 낮기 때문에 저소득 노인이 공공 임대를 통해 주거 안정을 꾀할 수 있다. 또한 임대료 산정을 위한 조정 소득 계산에서 노인 가구는 의료 비용이 공제되고 추가로 연 소득에서 400달러가 공제되어 임대료 지출이 절감된다. 미 연방회계국(GAO)에서는 HUD에서 노인 주택 거주자를 위해 서비스 연계를 확대하도록 노력해야 한다고 제언하고 있다. 섹션 202 거주 노인 중 절반만이 이동 서비스나 음식 제공 지원 서비스를 제공받고 있고, 섹션 202 주택 중 이런 서비스를 제공하기 위해 필요한 코디네이터가 설치된 곳이 38%에 불과하다고 문제의 심각성을 지적하고 있다(GAO, 2016). 저소득 임차인 고령자가 기존 주택에서 지속적으로 거주할 수 있도록 지원하는 연방 프로그램도 있다(Assisted Living Conversion Program).

주택 개보수 관련해서는 농촌 지역에 거주하는 62세 이상 자가 노인 가구를 위한 저리 대출 및 보조금 지원 프로그램이 있다. 장애가 있는 가구원을 위한

표 12-2 미국 주요 노인 주거 형태별 특징

구분	노인 주택	독립생활	서비스 연계형	너싱 홈	CCRCs
주(State) 허가	불필요	불필요	필요	필요	필요
비용 (월 기준)	400~1900달러 개인 지불 또는 정부 보조금 (섹션 8)	2000~5000달러 개인 지불	3500~6600달러 개인 지불, 부분적으로 메디케이드	6000~1만 3000달러 메디케이드와 메디케어에 의해 주로 지불	2,000~13,000달러 개인 지불, 요양원 부분은 메디케이드와 메디케어에서 지불
지불 형태	매달	1/4는 입주비, 3/4는 월세 형태로 지불	월세, 일부는 입주 비용으로 지불	하루 단위로 지불	독립생활은 입주비 지불 선제 조건
규모	60~250가구 평균 200가구	80~200가구 평균 135가구	40~100가구 평균 90가구	100~200병상 평균 120병상	일반적으로 200가구, 200병상
식사 제공	제한적	1~3끼 지급하며 월세에 포함	3끼 지급되며 월세에 포함	3끼 지급되며 월세에 포함	돌봄 형태에 따라 다양
주요 서비스	교통수단 및 사회 참여 활동 제공	이동 수단 제공, 기타 사회 활동 + 식사, 청소, 24시간 모니터링	독립생활 제공 서비스 + 세탁 및 생활 활동 보조	서비스 연계형에서 제공하는 서비스 + 24시간 간호	단지 내 거주 형태에 따라 상이

자료: A Place for Mom(2015); Guide to Senior Housing & Care. 황경란 외(2015: 35)에서 재인용.

편의 시설 설치와 안전 설비 확보를 위해 1% 이자 대출인 섹션 504와 보조금이 지급된다. 농촌 주택 서비스 기구에서 지원하는 섹션 502, 섹션 504, 섹션 521 등이 농촌 지역 자가 또는 임차 가구를 위한 리모델링이나 주거비 지원 등인데, 노인만을 타깃으로 하는 것은 아니나 노인 가구가 수혜자이다(GAO, 2018).

미국에서는 다양한 노인 주거 유형이 존재한다. 정부의 지원과 무관하게 독립적인 생활이 가능한 노인들이 자발적으로 함께 거주해 공동체를 형성하는 경우나 자연 발생 은퇴자 주거 단지, 대학 연계형 은퇴 주거 단지, 연속형 돌봄 주거 단지, 지역 사회 노인 돌봄 공동체, 코하우징 등 종류가 다양하다. 그중 자

그림 12-6 소득 및 독립생활 수준에 따른 미국 노인 주거 유형 분류

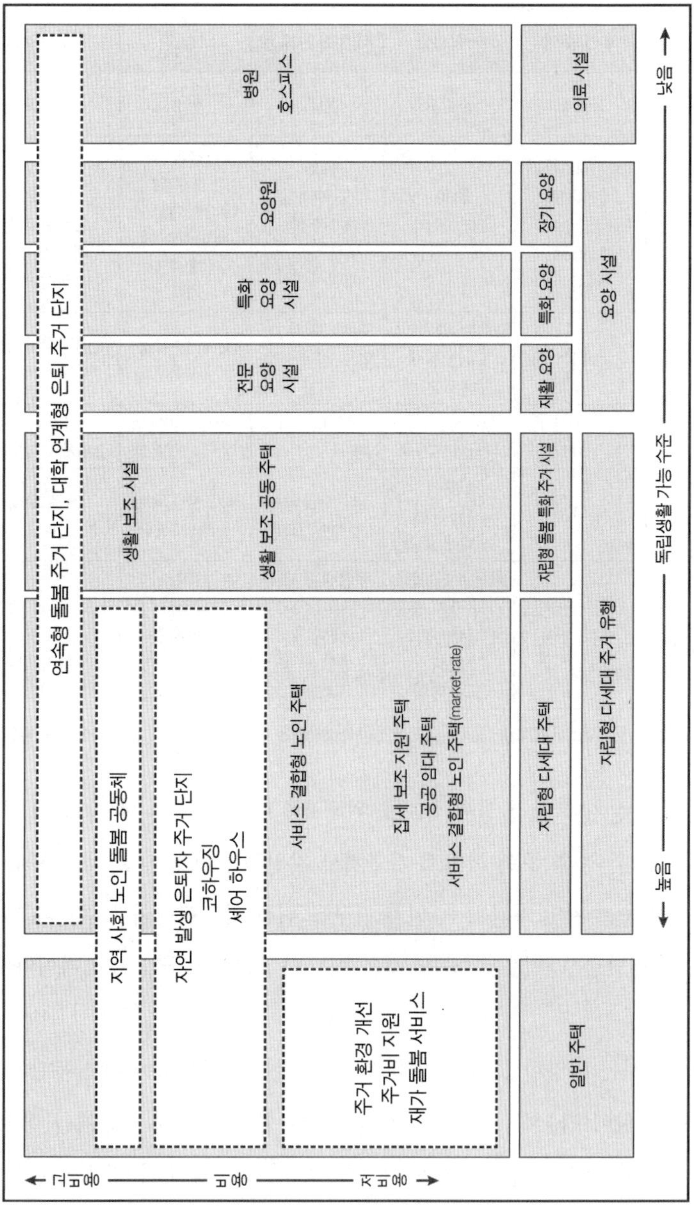

고비용 — 비용 — 저비용

연속형 돌봄 주거 단지, 대학 연계형 은퇴 주거 단지

지역 사회 노인 돌봄 공동체

자연 발생 은퇴자 주거 단지
코하우징
셰어 하우스

주거 환경 개선
주거비 지원
재가 돌봄 서비스

서비스 결합형 노인 주택

집세 보조 지원 주택
공공 임대 주택
서비스 결합형 노인 주택(market-rate)

생활 보조 시설

생활 보조 공동 주택

전문 요양 시설

특화 요양 시설

요양원

병원
호스피스

일반 주택

자립형 다세대 주택

자립형 돌봄 특화 주거 시설

재활 요양

특화 요양

장기 요양

의료 시설

자립형 다세대 주거 유형

요양 시설

← 높음 — 독립생활 가능 수준 — 낮음 →

자료: 박소정(2023) 슬라이드 30을 바탕으로 작성.

연 발생적 은퇴자 주거 단지(Naturally Occuring Retirement Communities: NORC)와 연속형 돌봄 주거 단지(Continuing Care Retirement Communities: CCRC) 등이 국내에 자주 소개되고 있다. NORC의 경우 노인을 위해 의도적으로 디자인되거나 계획된 주거지는 아니지만 시간의 흐름에 따라 노인이 자연스럽게 밀집된 곳으로, 공간 단위는 아파트 건물이 될 수도 있고 전체 동네가 될 수도 있다. 이렇게 노인이 밀집 거주하게 되면서 NORC 주변의 지역 사회 서비스 공급자들이 노인에게 적합한 서비스 제공을 고민하면서 지원 서비스 프로그램(Supportive Service Program)이 발전하게 되었다. NORC에서 제공되는 프로그램의 2/3는 정부 보조금과 계약으로 충당되며, 지역적 밀집에 따라 서비스 제공과 관리가 상대적으로 용이한 것으로 평가받는다. 그러나 서비스의 규모나 종류, 정책이 정해진 것이 아니라 개별적으로 이루어져 서비스 수준에 차이가 많고 NORC가 없는 지역도 있다는 한계가 지적되고 있다(박소정, 2023).

한편, CCRC는 노인이 더 건강하고 충실한 삶을 이어가는 것을 목표로, 인생의 마지막까지의 삶을 보장해 주는 커뮤니티이다. 미국 전역에 2000곳이 있는 것으로 알려져 있으며 그중 대학과 연계된 곳을 대학 연계형 은퇴 주거 단지(University-Based Retirement Communities: UBRC)로 칭한다. UBRC는 대학 캠퍼스에서 이용할 수 있는 다양한 편의 시설 및 대학생, 교직원, 다른 노인과의 세대 통합적 환경이 제공되는 커뮤니티로, 평생 학습의 기회를 제공하고 노인의 지적 활동을 유지하는 것을 목표로 하고 있다(박소정, 2023).

4) 서비스가 결합된 지원 주택 도입의 효과

노인뿐 아니라 홈리스 등 주거 지원이 필요한 취약 계층을 위해 지원 서비스가 부가된 지원 주택을 공급하는 경우 입주자들의 의료 상태, 건강, 삶의 질 향상이 확연한 것으로 나타난다. 응급실 방문 감소, 병원 입원 감소, 입원 기간 단

그림 12-7 지원 주택 건설의 경제적 사회적 효과

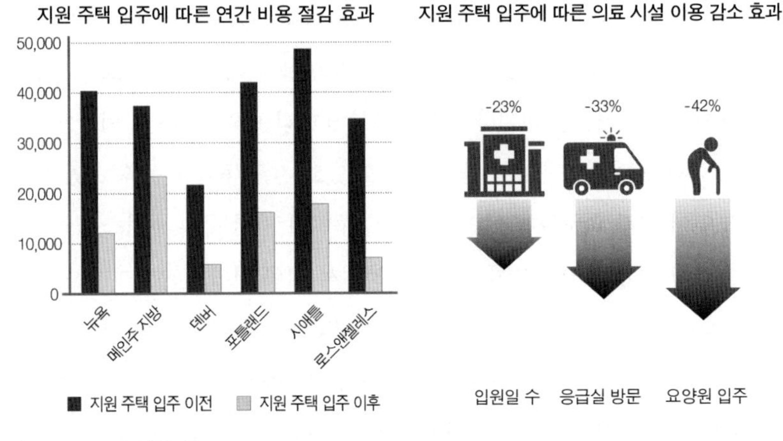

자료: Dohler et al.(2016) .

축, 의료 및 돌봄 비용 감소 등의 효과가 두드러진다(Martinez at al., 2006; Mondello et al., 2007; Flaming et al., 2013). 이외에도 관계성 강화(Rosenheck et al., 2003), 사회적 지지(Thomas et al., 2014), 신체적·정신적 건강(Perlman and Parvensky, 2006), 삶 만족도(Massachusetts Housing and Shelter Alliance, 2012) 등 삶의 질 향상도 보고되고 있다. 돌러 등(Dohler et al., 2016)은 지원 주택 입주자들이 임시 거처, 병원, 응급실 등에 머무는 시간이 급감했고, 뉴욕(연간 4만 달러→1만 달러), 메인(Maine)주(연간 3.8만 달러→2.2만 달러), 덴버〔Denver(2.1만 달러→0.5만 달러)〕 등의 지역에서 현저한 비용 절감 효과가 발생했음을 확인했다. 또한 주거와 서비스 결합(Housing Plus Services)[4] 모델 결과를 보아도, 병원 방문 감소, 의료비 지출 감소, 응급실 방문 감소, 요양원 이전 하락 등이 나타나고 있다(Sanders et al., n.d.).

---

4 이것은 미국 연방주택도시개발부에서 미 전역에 40개 지역을 지정해 무작위 통제 실험 중인 사업으로 주거와 서비스 결합을 통한 사회적 비용 감소 효과를 보는 3년차 테스트 결과물이다.

5) 시사점

미국 섹션 202와 같이 저소득 노인을 위한 주택 건설에 정부의 지원과 함께 서비스가 공급되는 모델은 국내에 시사하는 바가 크다. 40년 장기 저리에 서비스 코디네이터 비용을 지원하는 부처가 HUD로 국내의 국토교통부와 같은 역할을 하는 곳이다. 따라서 국내에서 국토교통부를 통한 공공 임대 주택 공급 시 물리적 주택 건설뿐 아니라 서비스 결합에 힌트가 될 것이다. 그러나 여전히 저소득 노인의 소득 수준과 유료 서비스 사이에는 간극이 있다. 서비스 코디네이터를 갖춘 경우가 절반 이하라는 보고 및 저소득 노인이 유료 서비스 비용을 감당하기 어렵다는 지적도 존재한다. 그럼에도 불구하고 합리적인 가격에 노인 친화적 주거 환경을 갖추면서 전문성 있는 서비스 코디네이터가 서비스를 직접 또는 연계한다는 면에서 강점을 갖추고 있다(박소정, 2023). 노인들이 재택 케어를 받으며 혼자 거주하기에는 비용 부담이 과도하다는 분석[5] 결과도 있어 저소득 노인에 대한 주거비 지원 강화가 절실하다(JCHS, 2023).

미국도 2030년 노인 인구 비율이 20%를 넘어서는 초고령 사회에 도달할 것이 예상되면서 주택도시부뿐 아니라 건강·서비스부(Health and Human Services)와 농무부(Department of Agriculture)가 긴밀히 협업해 노인 주거 지원 및 서비스 결합과 정책 모니터링이 필요하다는 지적이다(GAO, 2018).

---

5 75세 이상 단독 노인 가구 중 서비스 연계형이나 재택 케어를 받는 것이 부담 가능한 경우는 지역에 따라 다르지만 8~16%로 미 전국 평균 14%에 불과하다는 분석이다(JCHS, 2023).

3. 영국의 노인 주거 지원

1) 영국 노인 고령화와 노인 가구 주거 특성

영국도 인구 구조 변화에 따른 고령화로, 노인 거주에 적합한 주거가 부족하다는 인식이 확산되고 있다. 이에 정부에서는 2023년 4월 '노인 주거 TF(Older People's Housing TaskForce)'를 출범해 노인 주거 욕구와 공급에 대한 계획과 지침 등을 수립할 예정이다.

영국 통계청 발표에 따르면, 65세 이상 인구 비중은 2022년 기준 19%로 거의 초고령 사회에 임박했음을 알 수 있고, 2035년까지 1380만 명이 65세 이상 노인이 될 것으로 예상된다. 또한 2020년 기준 노인의 1/5은 빈곤하고, 건강 수명은 남성 60.9세, 여성 62.4세이다(ONS; LGA, 2022).

2003/2004년부터 2020/2021년 기간 동안 잉글랜드의 중장년 노인 그룹의 자가 점유율 변화를 보면, 45~54세 그룹은 자가 소유율이 지속 하락하고, 민간 임대와 사회 임대 비중이 증가했다. 그러나 65세 이상 노인의 경우 자가율이 소폭 상승했으나 사회 주택 거주 비중이 상당히 하락한 것을 알 수 있다. 즉, 자가로 거주하지 않는 저소득 노인 가구의 주거 안정이 위협을 받는 상황일 수 있음을 짐작하게 한다.

영국도 자가 소유율에 인종적 차이가 크게 나타나고 있다. 50~69세 인구 집단에서 백인의 경우가 완전 자가 소유율이 가장 높고, 다음이 아시아계이며 그 두 집단의 임차 가구 비율이 유사하다. 그러나 흑인인 경우는 자가 소유율이 현저히 낮고, 임차 가구 비율이 절반을 상회한다.

2003년 이후, 거의 지난 20년간 55세 이상 가구 중 민간 임차 가구로 거주하는 경우가 두 배 이상 급증한 것으로 나타났다. 또한 점유 형태별 연령대별 저축 수준을 보면, 민간 임대에 거주하는 65~74세 가구주 가구의 경우, 60% 이

그림 12-8 연령대별 점유 형태 변화

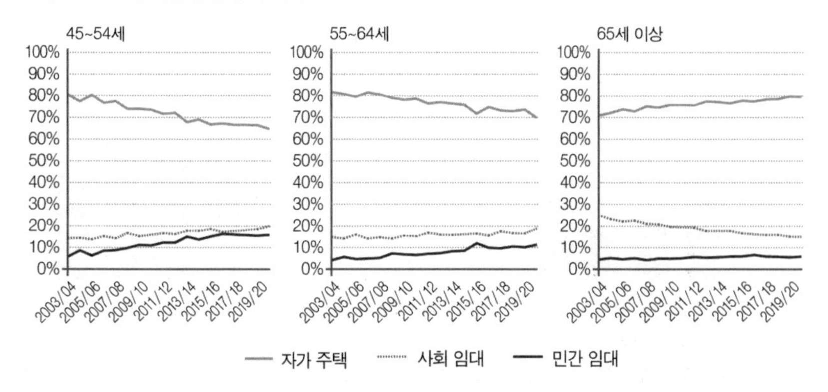

자료: Center for Ageing Better(2022).
주: 잉글랜드 가구주 기준, 2003/2004~2020/2021년 변화

그림 12-9 인종별 점유 형태 차이(50~69세)

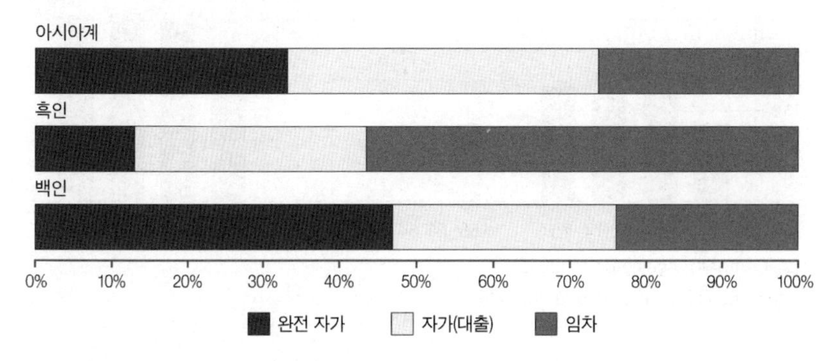

자료: Center for Ageing Better(2022).
주: 잉글랜드 가구주 기준, 2018년 기준.

상이 저축이 없는 것으로 나타난다. 이는 자가 가구에 거주하는 동일 연령대에 비해서 월등히 높은 비중이다.

유사하게, 비적정 주거에 거주할 가능성이 민간 임대에 거주하는 경우에 높으며, 특히 연령이 높은 노인들에게서 매우 높게 나타난다. 자가 가구는 65세 이상 노인 가구에서 비적정 주거에 거주하는 경우가 20% 미만이고, 사회 주택

그림 12-10 점유 형태별 가구주 연령별 저축이 없는 가구 비중

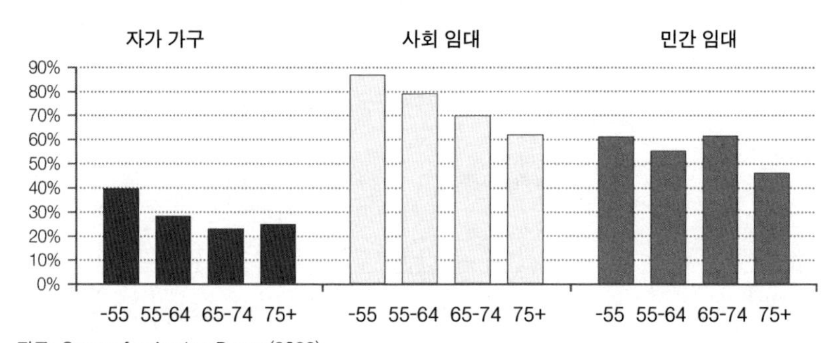

자료: Center for Ageing Better(2022).

주: 잉글랜드 가구주 기준, 2019/2020년 기준

그림 12-11 점유 형태별 가구주 연령별 비적정 주거 거주 비중

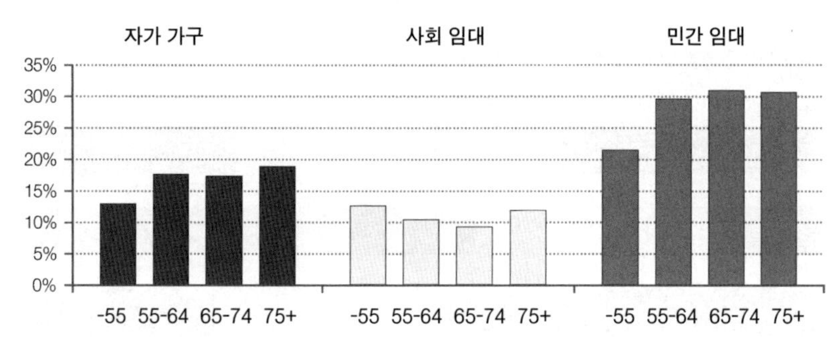

자료: Center for Ageing Better(2022).

주: 잉글랜드 가구주 기준, 2019/2020년 기준.

의 경우 10~15% 사이에 머무는데, 민간 임대에 거주하는 경우 30%를 상회하고 있다. 잉글랜드에서 2019/2020년 기준 비적정 주거에 거주하는 가구가 400만에 이른 것으로 나타나는 데 그중 절반(49%)이 55세 이상 가구주이다(Center for Ageing Better, 2022; 2023). 또한 잉글랜드 주거 실태 조사(England Housing Survey)에 따르면, 주택 개조가 필요하지만 실제 개조를 하지 못한 경우가 100만 가구가 넘고 상당수가 65세 이상 노인 가구에서 확인된다.

2) 영국 노인 주거 정책의 발전

영국의 노인 주거 지원은 제2차 세계대전 이후 제대 군인 및 고령자에게 지원 주택(sheltered housing)을 제공하도록 한 사회보장법과 국가부조법으로부터 시작된다. 1960년대 주택법이 제정되고 고령자용 주택 건설 보조금이 지급되면서 민간 영역에서도 고령자를 위한 주택 공급이 이루어진다. 1980년대 이후 주거 복지에서 개인의 책임과 지역 사회의 역할이 중요하게 대두되면서 정부의 보조금을 통한 사회 주택 공급이 지역 사회와 지방 정부 중심으로 선회하게 된다. 따라서 노인을 위한 주거 정책도 독립적 생활을 위해 추가적 도움이 필요한 취약 계층을 위한 지원의 하위 영역으로 다루어지게 된다. 주택법, 돌봄법 등에서 노인을 위한 지원 가이드라인을 확인할 수 있다(강지원 외, 2021).

영국 노인을 위한 주거 정책의 목표는 독립, 통합이 포함되어 있다. 제일 먼저 접근성과 독립성이 보장된 주거이다. 시간의 변화에 따라 신체 변화에 적응할 수 있는 주택의 개조가 지원되어야 하고 집에서의 지속적 거주를 보장할 수 있는 주택 접근이 가능해야 한다는 것이다. 두 번째는 조악한 주거 여건을 개선하고 적정한 품질이 보장된 주택이 공급되어야 한다. 이는 불량 주거 거주가 노인 건강에 심대한 영향을 미치고 이는 사회적으로 경제적으로도 부정적 영향이 이어지기 때문이다. 세 번째는 건강과 돌봄이 결합된 주거가 필요하다. 질병이 있는 노인이 사회 서비스 제공자와 접촉할 때 주거 여건과 주택의 상태를 자동으로 진단해 자택 서비스 제공 가능성을 평가받는 것이 필요하다. 또한 이를 위해 주거 분야뿐 아니라 사회 보장, 복지 쪽 부처와 기관의 협업이 필수적으로 요구된다. 네 번째는 미래를 위한 노인 주택 공급이 필요하다(Age UK, 2014).

영국에서 노인용 주택의 종류에 따른 정책의 발전 과정을 살펴보면, 1950년대에서 1980년대 말까지는 공공 부문의 지원 주택(sheltered housing 또는 hous-

표 12-3 주거 복지 관련 영국 법제 및 가이드라인

법제	가이드라인
주택법 (1996년 개정)	· 취약계층과 무주택자에 대한 지방 정부의 보호 의무 규정(7장 179조) - 무주택자를 위한 상담 서비스 무료 제공 의무 - 무주택자를 위한 보조금 및 대출 서비스 제공자에 대한 지원 의무 - 공공 토지에 대한 사용 허가, 현물 지원, 인적 서비스 지원 등의 모든 방식을 통해 주거 취약 계층에 대한 지원 의무
돌봄법 (2014년)	· 고령층 돌봄의 경우 관련 시설에 대한 정보와 서비스를 제공할 의무를 규정 - 구체적으로 돌봄 필요 여부를 평가하고 조언할 의무 - 관련 서비스 및 지원에 관한 정보 제공의 의무 - 가족 및 돌봄 제공자에 대한 평가를 제공할 의무
성인의 보호에 관한 정부 성명	· 지방 정부가 복지 서비스 제공 시 주지해야 할 원칙을 규정 - 해당 원칙은 역량 강화, 보호, 비례의 원칙, 책무성이 포함됨 - 아울러 주거 서비스 제공 역시 이러한 원칙을 적용받아야 함

자료: 강지원 외(2021: 224) 표 6-5를 바탕으로 구성.

ing with support) 시기이다. 이때는 대부분 노인을 위해 개발된 주택이 사회 임대 지원 주택(sheltered housing) 중심으로 개발되었다. 대체로 독립생활이 가능한 노인을 위한 것이 중심이 되었고 일부는 의존형 노인을 위한 정책도 있었다. 1970년대 민간 영역에서 지방 정부 계획과 유사한 주택 공급을 하지만, 1980년대에 이를 때까지 상당한 규모로 공급되지는 못했다. 1990년대 이후는 민간의 케어 홈(care home) 중심 시기이다. 1990년 커뮤니티 케어법과 1980년 보충 급여 영향으로 노인들이 병원에서 장기 요양을 받기 어려워진다. 이에 따라 국가 보건 서비스의 노인 돌봄이 감소하고 케어 홈으로 불리는 공동생활 시설이 증가하게 된다. 세 번째는 통합 은퇴 커뮤니티(integrated retirement community)라고 불리는 돌봄 주택(housing with care)이다. 이는 1970년대부터 이미 존재했으나 여러 가지 노인 주거 프로그램에 따라 운영되어 왔으나 최근의 노인주택 공급 시 가장 중요한 위치를 점유하고 있다.

3) 정부의 노인 주거 지원 방식과 특징

(1) 영국 노인 주거 정의 및 종류

지원 주택(housing with support)은 초기에 공공 부문이 건설한 사회 주택의 셸터 주택(sheltered housing)을 포함해 지원이 제공되는 주택을 일컫는 용어이다. 이는 독립적인 형태의 아파트나 방갈로 형태로 제한적인 공동 설비를 갖추고 있다. 돌봄 서비스를 제공하지는 않지만, 기본적인 경비와 거주민을 위한 주택 관리 서비스를 제공한다. 24시간 알람 같은 현장 지원 서비스가 제공되기도 한다. 주로 40~60세대 규모이다. 최근에는 이를 은퇴 주택(retirement housing)으로 칭한다.

두 번째는 돌봄 주택(housing with care)으로 독립적인 생활이나 의존적 생활에 필요한 돌봄 서비스와 추가적 케어가 제공되는 주택으로 지원 주택과 마찬가지로 아파트나 방갈로 형태로 공급된다. 정부의 케어에 대한 기준을 충족한 돌봄이 제공될 수 있다. 입주민은 24시간 서비스와 직원 접근이 가능하고 시간 경과에 따른 돌봄 필요도에 대응할 수 있는 것이 특징이다. 최근에는 통합적 은퇴 커뮤니티로 명칭이 변경되었다. 이런 돌봄 주택형 커뮤니티에서는 레스토랑, 카페, 레저 설비, 체육관, 라운지, 미용실, 정원, 손님방, 사회 이벤트 등이 제공된다. 주로 60~250세대 규모로 지원 주택보다 더 큰 규모의 커뮤니티를 형성하도록 한다. 비영리 또는 민간 사업자가 운영한다.

세 번째 케어 홈은 공동생활 시설로 주거 돌봄 시설과 양로 주택을 포함한다. 개인의 독립적인 방이 있고, 강도 높은 돌봄 서비스가 제공된다. 치매 돌봄 주택이 포함된다. 규모는 상당한 차이가 있어 주로 30호 정도이나 100호 수준까지 대규모도 있다(Cushman and Wakefield, 2023).[6]

---

6 위의 구분에 따르면 지원 주택으로 공급된 주택은 총 40.1만 호, 돌봄 주택 7.4만 호, 케어 홈

그림 12-12 노인 주택 건설 추이

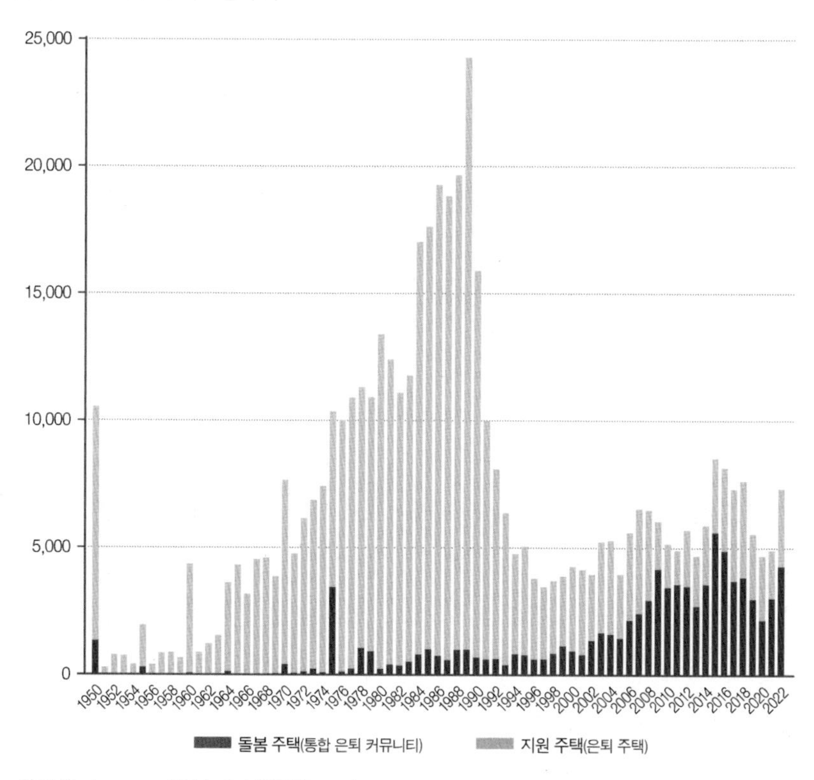

자료: Cushman and Wakefield(2023).

(2) 공급량

노인 인구 증가에 비하면 노인 주택 공급은 미미한 수준이다. 앞서 살펴본 바와 같이 1990년 전까지는 공공 부문이 주도한 사회 주택 중심의 지원 주택 공급이 우세했다. 1989년까지 46만 호 이상의 지원 주택이 공급되었다. 2010년대에 들어 돌봄 주택과 지원 주택 공급량을 보면, 돌봄 주택 공급이 확대되는 추세이다. 1970년대와 1980년대에 지방 정부를 중심으로 대규모로 공급되

41.6만 호가 현재 영국에 공급된 노인 주택 재고이다(Cushman and Wakefield, 2020).

표 12-4 영국 노인 주택 종류별 공급량

	2012	2013	2014	2015	2016	2017
은퇴 주택(지원 주택)	2,180	1,927	2,258	2,899	3,181	3,590
은퇴 커뮤니티(돌봄 주택)	3,517	2,762	3,615	5,629	4,988	3,727
합계	5,697	4,689	5,873	8,528	8,169	7,317
	2018	2019	2020	2021	2022	연평균
은퇴 주택(지원 주택)	3,798	2,462	2,451	1,396	2,611	2,614
은퇴 커뮤니티(돌봄 주택)	3,858	3,028	2,162	2,946	3,992	3,657
합계	7,656	5,490	4,613	4,342	6,603	6,271

주: 은퇴 커뮤니티는 통합적 은퇴 커뮤니티를 의미함.
자료: Cushman and Wakefield(2023: 24~25).

던 것과는 대조적이다. 코로나19로 인해 2020년과 2021년 주택 공급량이 하락한 것이 2022년 회복 중이다. 지난 10년간 영국에서 통합적 은퇴 커뮤니티(돌봄 주택)형 주택이 연평균 3657호 공급되었고, 하락 추세이긴 하나 지원 주택도 여전히 2614호 정도 공급되고 있다.

2022년 기준 노인 주택 재고(총 60만 2633호)의 87%는 2010년 이전에 건설된 것이고 2010년 이후 건설된 것은 총 재고의 13%에 불과하다. 돌봄 주택(은퇴 커뮤니티)은 8만 8530호로 총 노인 주택 재고의 15%를 차지하고, 대부분(51만 4133호)은 지원 주택이다. 점유 형태별로는 7%가 임차형이고, 26%가 자가, 2%가 소유권 공유형(shared ownership)이다. 각 유형별 점유 형태별 공급자가 구분되고 있다(Cushman and Wakefield, 2023).

영미권 주요 국가의 노인 가구와 노인 주택을 비교한 노인 주택 보급률은 영국이 가장 낮은 수준으로 보고되고 있다. 1220만 노인 가구에 비해 돌봄 주택은 7.4만 호에 불과해 보급률이 0.9%에 불과하다. 미국은 5420만 노인 가구에 195만 노인 돌봄 주택으로 6.5% 보급률을 보인다. 오스트레일리아 5.7%, 뉴질랜드 6.4% 수준이다. 따라서 영국에서 그 비율을 6%까지 끌어올리고자 한다면, 현 재고의 여섯 배인 50만 호가 추가로 공급되어야 한다는 계산이 도출

표 12-5 영국 노인 주택 형태별 공급 특징

	은퇴 주택(지원 주택)			통합 은퇴 커뮤니티(돌봄 주택)		
	민간	공공	자발적	민간	공공	자발적
자가	96,809	3,419	33,357	18,072	16	5,200
임차	931	123,491	249,736	387	6,623	53,979
소유권 공유	1,250	92	5,048	0	101	3,152

자료: Cushman and Wakefield(2023: 22).

표 12-6 노인 주택 보급률 비교

	영국	미국	오스트레일리아	뉴질랜드
기준 연도	2019	2019	2014	2016
65세 이상 가구 수	12,200,000	54,200,000	3,200,000	698,400
노인 가구 평균 가구원 수	1.5	1.8	1.3	1.6
돌봄 주택 수	74,000	1,952,000	141,000	28,100
노인 주택 보급률	0.9%	6.5%	5.7%	6.4%

자료: Cushman and Wakefield(2020: 18) 그림 5.

된다(Cushman and Wakefield, 2020).

4) 최근의 논의 및 시사점

영국에서는 노인 주거 문제의 심각성에 대한 긴급 요청에 정부가 대응하고 있다. 국가가 노인 주거에 대한 종합 계획을 수립해 건강과 노년기 적정한 거처 마련의 로드맵을 세울 것을 요구한 것이고 이에 대해 범정부 노인 주거 TF를 구성한 것이다. 또한 신규로 건설되는 모든 주택이 무장애로 건설되도록 해 노인들이 독립적이고 존엄한 삶을 영위할 수 있도록 지원할 것을 촉구하고 있다(Center for Ageing, 2023). 최근에는 에너지 비용 상승에 따라 에너지 빈곤인 노인이 증가해 곤궁한 상황에 처한 노인이 급증하고 있다. 2024년 1월 조사에 따르면 수백만의 노인이 의식주와 같은 필수재 소비에 어려움을 겪는 것으로 나타난다. 약 190만 노인 가구가 에너지 빈곤 상태임에도 적절한 지원을 받지 못하고 있다(Age UK, 2024). 에너지 비용은 적정 주거를 유지하기 위해 필요한 비용으로 일반적으로 주거 비용에 포함된다. 노인들의 주거비 지출이 녹록지 않음을 밝히고 정부에 적극적 조치를 촉구하고 있다.

주거와 돌봄, 건강의 결합 중요성에 대한 인지가 높아가면서, 지방 정부나 지역 내 다양한 기관 간의 파트너십 형성이 증가하고 있다(UK Gov, 2018).[7] 이는 주거 영역, 보건, 복지, 돌봄의 다양한 영역 간의 공동의 노력뿐 아니라 다부처 간에 협업을 위한 노력을 보여주는 사례이다. 이런 통합적 노력을 통해 국가적 차원의 정책 개발과 지방에서 실행에 요구되는 조언을 함께 하고자 하는 목표를 지향하고 있다. 이러한 다부처, 다영역 간의 협업 체계 구축은 국내의 분절화된 정책 여건에 시사하는 바가 크다. 왜냐하면 이는 불량한 주택과 비적정 거처에서의 삶이 신체적 건강뿐 아니라 정신 건강에도 영향을 미치므로 이에 대한 대응도 공동으로 이루어져야 한다는 것을 사회적으로 인지하고 있음을 보여주기 때문이다. 따라서 주택은 건강 불평등을 야기하는 원인으로 지목되는 것이 놀라운 일이 아니다.

영국도 고령화 진전에 따라 노인을 위한 주택 공급의 부족 문제가 심각하다. 그리고 돌봄과의 연계 필요성이 사회적으로 인지되고 있다. 따라서 일찍부터 커뮤니티 케어 법이 통과되었고, 지역 사회 거주를 지원하는 노인 주택 건설을 지지하고 있다. 연간 필요한 노인용 주택 공급량을 현재 수준의 최소 다섯 배에서 여섯 배라고 계측하기도 하면서 공공 부문뿐 아니라 민간 부문도 적극적인 노력이 필요하다고 주장한다. 이에 더해 단순한 주택의 공급뿐 아니라 노인

---

7 25개 정부 기관 및 조직이 건강한 주택, 커뮤니티, 근린 형성을 위해 통합적 서비스 지원을 위해 MOU를 체결했는데, 그 기관 중에는 알츠하이머협회, 성인사회서비스협회, 공중보건협회, 보건 및 사회 돌봄 부처, 홈즈잉글랜드, 주택조합트러스트, 지방정부연합, 공중보건잉글랜드, 왕립작업치료사대학, 왕립도시계획연구소 등이 포함되어 있다(UK Gov, 2018).

의 삶을 지지하기 위한 독립성을 보장하는 주거, 접근성이 보장된 주거, 서비스가 결합된 주거, 신체 여건 변화에 대응하는 주거를 위한 다양한 접근이 요구되고 있다.

한편 최근에는 노인 주거 대응이 지역 재생과 연결되기도 한다. 코로나로 영향받은 기존 도심 사무실과 백화점 공실 등을 고려해 기존 도심 재활성화가 요구된다. 이때 도심이 각종 편의 시설에 가까운 장점과 현재의 공실을 활용해 노인 주택을 건설하는 방안까지 노인 주거 정책 영역에 포함해 논의되고 있다 (LGA, 2022).

4. 향후 과제 및 시사점

영국의 노인 주거 정책은 주거와 돌봄의 통합에 대한 인식이 확실해진 것으로 보인다. 정부 차원뿐 아니라 지역 사회에서도 다양한 단체와 기관, 조직이 협업해 대응하는 노력이 확인된다. 이는 불량한 주거에 거주하는 노인이 겪게 되는 신체적·정신적 피해와도 연결되기 때문인데 이를 인지하고 정책이 대응하는 것이다. 또한 노인 주거 부족에 대응해 최근 결성한 노인 주거 대응 TF의 결과에 귀추가 주목된다. 향후 어떤 방향의 대응과 정책 수단이 도입될지 지켜보는 것은 국내에 시사하는 바가 클 것이다. 다부처 사업으로 협업이 필요한 부문이 노인 주거 영역인데, 물리적 주택 공급과 소프트한 서비스 연결이 쉽게 결합되지 못하는 한국의 현실을 타개하는 데 실마리를 제공할 것으로 기대한다.

코로나19 이후 침체된 도심의 활성화를 위해 노인 주거지를 조성하거나 재개발, 개조하려는 점도 새로운 접근이다. 코로나 시기에 저축을 했던 노인층이 침체된 지역 경제를 살릴 구원자로 거듭날 것인지 지켜볼 만하다.

좀 더 자연 발생적으로 노인의 주거지가 형성되면서 지역 사회 조직이 서비스를 결합하는 방식으로 발전해 온 미국의 사례는 흥미롭다. 그러나 저소득 노인의 여건은 대서양 건너편 양국이 유사하게 어렵다. 영국과 미국 모두 노인 주거 여건에서 인종적 차이가 크게 나타나고 있다. 미국의 노인 주거 관련한 논의에서는 AIP, AIC가 여전히 큰 중요성을 띠고 있다면, 영국은 이제 이를 실현하기 위한 주거와 돌봄의 결합을 더 중시하는 듯하다. 현재 한국이 당면한 노인 주거의 문제는 그 어느 국가보다 심각하다고 보인다. 양적으로 충분한가의 문제뿐 아니라, 주거와 돌봄의 결합에 대한 필요성과 실행 전략도 미미하고 이는 결국 장기적인 노인 주거 지원 전략이 국가적 차원에서 부재한 것에 기인한다. 향후 과제 중 하나이다.

참고문헌

강지원·최혜진·노현주·강상원·최민지·이은솔. 2021. 「고령자 대상 주거지원 정책 평가 연구」. 한국보건사회연구원.

박미선·윤성진·조윤지·전혜란. 2022. 「초고령사회 대응 주거정책 분석 및 전망」. 저출산고령사회위원회.

박미선 외 옮김. 2023. 『미국의 주거정책』. 국토연구원 주거정책연구센터 주거정책총서 1.

박소정. 2023.10.6. "Residential Community for Aging In Place - from the Person-Environment Perspective." 대한국토도시계획학회. 노인주거 세미나 발표자료.

송준호·심우갑. 2010. 「미국의 노인복지주택에 관한 고찰」. ≪대한건설학회논문집 계획계≫, 26(2), 15~24쪽.

황경란·김정근·이미영·김나연. 2015. 「지역사회중심의 노인주거보호체계 연구(미국사례 중심)」. 경기복지재단.

A Place for Mom. 2015. Guide to Senior Housing & Care.

Age UK. 2014. Housing in Later Life.

______. 2024. Cold at Home: How Winter Cost of Living Pressures Continue to Impact Older People. And What More Needs to Happen to Support Them.

Center for Ageing Better. 2022. The State of Ageing 2022.

_____. 2023. The State of Ageing 2023.

Cushman and Wakefield. 2020. Housing and Care for Older People. Defining the Sector. British Property Federation.

_____. 2023. Housing for an Ageing Population. Our Recommendations. British Property Federation.

Dohler, E., P. Bailey, D. Rice, and H. Katch. 2016. Supportive Housing Helps Vulnerable People Live and Thrive in the Community. Center on Budget and Policy Priorities, Policy Futures.

Flaming, Daniel, Susan Lee, Patrick Burns, and Gerald Sumner. 2013. Getting Home: Outcomes from Housing High Cost Homeless Hospital Patients, Los Angeles, CA: Economic Roundtable.

Joint Center for Housing Studies (JCHS). 2023. Housing America's Older Adults.

Local Housing Association (LGA). (2022). Housing Our Ageing Population.

Martinez, T. E. and M. R. Burt, (2006). "Impact of Permanent Supportive Housing on the Use of Acute Care Health Services by Homeless Adults." *Psychiatric Services*, 57(7), pp. 992~999.

Massachusetts Housing and Shelter Alliance. 2012. Home & Healthy for Good, March 2012 Progress Report.

Mondello, Melany, Anne B. Gass, Thomas McLaughlin, and Nancy Shore. 2007. *Cost of Homelessness: Cost Analysis of Permanent Supportive Housing*. New York, NY: Corporation for Supportive Housing.

National Low Income Housing Coalition (NLIHC). 2023. Advocates' Guide. A Primer on Federal Affordable Housing & Community Development Programs & Policies.

Office for National Statistics (ONS). National Population Projections: 2020-based interim. https://www.ons.gov.uk/peoplepopulationandcommunity/populationandmigration/populationprojections/bulletins/nationalpopulationprojections/2020basedinterim#changing-age-structure.

Perlman, Jennifer and John Parvensky. 2006. Denver Housing First Collaborative: Cost Benefit Analysis and Program Outcomes Report. Denver, CO: Colorado Coali-

tion for the Homeless.
Rosenheck R., W. Kasprow, L. Frisman, and W. Liu-Mares. 2003. "Cost-effectiveness of Supported Housing for Homeless Persons With Mental Illness." *Archives of General Psychiatry*, 60(9), pp. 940~951.
Sanders A., R. Stone, M. Cohen, N. Eldridge, and D. Grabowski. (n.d.). Housing Plus Services: Exploring Financing Options for Services in Affordable Senior Housing Communities. LeadingAge LTSS Center @UMass Boston.
Schwartz. A. (2021). *Housing Policy in the United States*. Routledge.
Thomas, Lori M., Jeffery K. Shears, Melannie Clapsadl Pate, and Mary Ann Priester, 2014. More Place Permanent Supportive Housing Evaluation Study Year 1 Report. Charlotte, NC: UNC Charlotte.
UK Gov. 2018. Improving Health and Care through the Home: A National Memorandum of Understanding. https://assets.publishing.service.gov.uk/media/5aabeaece5274a7fbe4fba1c/Health_Housing_MoU_18.pdf.
U.S. Government Accountability Office (GAO). 2005. Elderly Housing: Federal Programs That Offer Assistance for the Elderly. Washington, D.C.
______. 2016. Elderly Housing: HUD Should Do More to Oversee Efforts to Link Residents to Services.
______. 2018. Older Adult Housing: Future Collaborations on Housing and Health Services Should Include Relevant Agencies and Define Outcomes.

제13장

노인 주거 발전 방향

1. 현실 파악을 정확하게

한국의 주거 문제를 우리는 조금 더 깊이 있게 그리고 다양하게 살펴보고 먼 미래를 준비할 필요가 있다. 통계청의 '장래인구추계: 2022~2072년'에 따르면 올해(2024년) 65세 이상 노인 인구가 1000만 명을 돌파해 전체 인구의 20% 이상인 초고령 사회로 진입할 전망이다. 노인 인구가 급격히 증가함과 동시 한국의 노인들의 삶은 갈수록 불행해지는 것으로 나타났다. 통계개발원이 발표한 「국민 삶의 질 2023」 보고서에 따르면 개인들이 일상에서 행복을 얼마나 자주 느끼는지를 지표화한 '긍정 정서'는 60세 이상에서 6.6점으로, 모든 세대 중 가장 낮았다.[1]

---

1 「국민 삶의 질 지표: 국민 삶의 질 보고서 2023」(https://kostat.go.kr/unifSearch/search.es).

출생률이 지속적으로 감소하고 있어 생산 가능 인구(15~64세 인구)가 빠르게 줄어들고 있다. 이에 따라 노년 부양비(생산 가능 인구 100명이 부양해야 할 고령 인구) 또한 급상승할 것이다. 현재 생산 가능 인구 100명이 25명의 고령 인구를 부양해야 하지만, 10년 후엔 부양비가 두 배 가까이 늘어난다. 젊은 세대의 부담이 점차 증가해 50년 후엔 생산 가능 인구 한 명이 고령자 한 명을 책임져야 하는 상황을 예측할 수 있다. 인구 구조의 변화와 함께 동반하게 될 노인 문제에 대한 인식과 대책이 급선무이다.

고령층일수록 자살률도 높아지는 추세다. 2022년 기준 70세 이상 노인의 자살률은 인구 10만 명당 78.8명 수준으로 모든 세대 중 가장 높았다.[2] 소득에 만족하는 인구 비율을 나타낸 '소득 만족도'는 2023년 기준 60세 이상에서 25.6%로 모든 세대 중 가장 낮았다.[3] 그리고 한국이 경제협력개발기구 주요국 중 66세 이상 은퇴 연령층의 상대적 빈곤율이 가장 높았다. 통계청의 ≪통계플러스 여름호≫(2023)에 따르면 2019년 66세 이상 고령자의 상대적 빈곤율은 43.2%였다.[4] OECD 국가 중 상대적 빈곤율이 40%를 넘는 국가는 한국이 유일했다.

이러한 통계 자료를 근거로 보면 한국의 노인은 가장 불행한 집단이다. 더욱이 노인의 주거 빈곤은 심각한 수준이다. 주거 빈곤에 시달리는 이들 중 가장 취약한 계층은 '노인'이다. 국토교통부가 2020년 여인숙, 고시원 등 비주택 주민을 조사한 결과, 전체 가구 중 65세 이상 고령 가구가 42.8%(3796가구)에 달했다. 거주 유형별로 '다른 곳으로 이주하기를 원한다'고 답한 비율은 고시원과

---

2 2022년 한국의 자살률(인구 10만 명당) 25.2명으로 집계되었다. 노인 자살률은 전체 자살률보다 세 배 이상 높다.

3 전체 소득 만족도는 28.1%였다.

4 상대적 빈곤율은 중위 소득 50% 이하에 속하는 인구 비율이다. 호주(2018년 기준, 23.7%), 미국(23.0%), 일본(2018년 기준, 20.0%)은 20%대를 기록했다. 프랑스·덴마크·노르웨이는 4%대에 불과했다(≪중앙일보≫, 2023.6.26).

고시텔(81.8%)이 가장 높았고 그다음이 여인숙(80.3%)이었다. '2017년 노인실태조사'에 따르면 홀로 사는 노인은 노인 부부나 자녀와 함께 사는 가구보다 월세방(17.6%)에 살거나 '보증금 없는 월세인 사글세(2.5%)'로 사는 비율이 높았다. 노인 1인 가구의 가장 큰 걱정거리는 주거 문제이다. 시행 중인 주거 급여 대상과 혜택을 노인을 대상으로 늘리는 것이 시급하다.

국내 주거 빈곤 노인은 우울증의 고위험군인 것으로 확인되었으나 주거 빈곤 자체가 독립적인 위험 요인이라기보다 소득 수준 및 신체적 기능 제한 등의 복합적인 영향인 것으로 분석되었다(Jang et al., 2021). 한국의 주거 문제는 풀리지 않는 숙제로 지속되고 있지만 문제의 핵심 대상은 노인층으로 기존의 접근으로는 한계가 많다. 오늘날 한국 노인이 처해 있는 주거 현실과 그들의 어려움을 보다 더 깊이 있게 관찰하고 인간다운 주거 생활이 가능하게 하는 처방이 시급하다. 현실 파악을 보다 면밀하고 체계적으로 접근하는 것부터 시작해야 한다.

2. 예방적 조치에 대한 관심과 노력

영어 속담에 "예방은 치료보다 낫다(prevention is better than cure)"라는 말이 있다. 어떤 일이 발생할 상황을 미리 예측하고 적절한 사전 준비와 조치를 취하면 후한을 막을 수 있다는 뜻이다. 노인 문제는 이미 예측한 바와 같이 전개되고 있고 노인 주거 문제는 예방적 노력이 없다면 다음 세대에는 엄청난 재정적 부담과 사회적 비용을 치러야 함이 예견 가능한 상태이다.

주택 개조를 통한 낙상 사고 예방, 서비스가 결합된 주택 공급을 통한 지역사회 지속 거주 증가 및 사회적 입원 방지, 이를 통한 국가 재정 절감 효과가 있음에도 기존 주택을 개조하거나 주택 공급 시 서비스를 결합하는 일에는 여전히 소극적으로 대응하고 있다.

노인 주거 문제의 예방적 진단과 노력으로 첫째, 지역별, 점유 형태별, 소득 계층별, 연령대별(60대, 70대, 80대 등) 노인 주거 실태를 보다 더 구체적으로 조사 분석해야 한다. 정확하고 신뢰할 수 있는 통계 자료가 없이 어떤 처방도 문제 해결에 도움을 줄 수 없다. 둘째, 주거 빈곤 노인층을 보다 더 세분화해 접근할 필요가 있다. 세분화란 건강 상태, 주거 상황(점유 형태 등), 배우자 생존 여부 등을 고려한 맞춤형 접근이 구체화되어야 한다. 셋째, 자신이 익숙한 집이나 지역 사회에서 지속적으로 생활하면서 나이 들어가는 것을 선호하는 소위 AIP(Aging in Place)를 한국적 주거 상황과 경제적 여건을 기반으로 한 모형 개발이 선행될 필요가 있다. 서구에서 논의된 접근 방법이 한국에 바로 적용하기에는 한계가 있다. 그래서 '한국형 AIP 노인 주거 모형'을 예방적 차원에서 제시되고 이를 바탕으로 중장기 로드맵을 수립할 필요가 있다.

노인이 지역 사회 연속 거주를 지원하는 통합 돌봄에 있어 가장 중요한 요소는 주택이다. 주거 빈곤층 노인을 위한 주택 개량·개보수 지원은 시행되고 있으나 그 대상과 지원 범위가 여전히 제한적이다. 일반 주택의 노후 개보수에 맞춰져 있어 노인의 일상생활 지원에는 충분하지 못한 상태이다(황윤서 외, 2023). 따라서 노인의 안전한 일상생활 지원을 위해서는 무엇보다 노인의 특성을 감안한 맞춤형 주택 개보수 프로젝트를 확대해야 한다.

3. 새로운 노인 등장에 따른 대책

1955~1974년 기간에 출생한 1700만 명에 해당하는 베이비 부머 첫 세대인 1955년생이 2020년 고령층으로 진입했다. 전체 베이비 부머가 고령층으로 모두 진입할 향후 20년간 고령 인구는 급속도로 증가해 2040년 전체 인구의 34.4

%에 이를 전망이다(통계청, 2021). 1955년생을 시작으로 매년 70~90만 명 정도의 베이비 붐 세대가 고령층으로 편입된다.

노인 가구 형태 및 주거 환경을 보면 노인 단독 가구의 증가 추세는 지속되고 있다. 노인의 건강, 경제적 안정, 개인 생활 향유 등 자립적 요인에 따라 단독 가구를 형성했다는 응답이 증가하고 있다. 노인 단독 가구(독거 + 부부 가구)는 2008년은 66.8%였으나 2020년은 78.2%로 증가했다. 이와 대조적으로 자녀 동거 가구는 동 기간 동안 27.6%에서 20.1%로 감소를 보였다. 그리고 노인의 83.8%는 건강할 때 현재 집에서 거주하기를 원한다.[5]

새로운 노인 등장에 따른 다양한 방식의 노인 주거 지원이 필요하다. 1950년대생 노인은 그 이전 연대에 태어난 노인에 비해 소득과 자산 수준이 높고 공적 연금 가입이 많아 기존 자산을 활용한 노후 준비가 가능하도록 적극적인 제도 개선이 필요하다. 예를 들면 주택의 다운사이징을 통한 적정 규모 주택으로 이전하고 이를 노후 연금 방식으로 수령할 경우 일정한 세금 혜택을 주는 방식 등을 고려할 수 있다. 물론 이는 국세 수입 감소의 영향이 있으므로, 긍정적 효과와 세수 감소의 규모를 통합적으로 고려해야 할 것이다.

그리고 농촌 지역 노인은 농지 연금과 주택 연금을 결합해 생활비를 조달할 수 있도록 적극적 조치도 필요하다. 농촌 지역 주택은 시장 가치가 낮아 주택 연금 수령액이 높지 않으므로 우대형 주택 연금 대상에 지역별 특성도 감안하는 것이 필요하다.

고령자 주거 문제 접근으로 저소득층을 대상으로 우선적 주거 대책이 필요한 것은 맞다. 그러나 향후 가장 두터운 인구층을 형성하게 될 베이비 붐 중산층 노인들에 대한 대책도 절실하다. 무엇보다도 자립 생활이 가능한 건강 수준

---

5 보건복지부 블로그, 2021.6.8. "〔2020년 노인실태조사〕 새로운 노인층의 등장, 달라지는 노인 세대", https://blog.naver.com/mohw2016/222389675774.

과 사회 참여 욕구가 큰 중산층 베이비 붐 세대가 선택할 수 있는 고령자 주거 대안 개발이 필요하다.

베이비 붐 노인층 세대가 선택할 수 있는 삶의 방식에 따른 주거 대안은 매우 부족하다. 다행히 제4차 저출산고령사회기본계획(2021~2025)에서는 베이비 붐 세대의 고령화를 감안한 주거 대응 계획을 담고 있다. 과거 기존의 주거 정책이 취약 계층(저소득·허약 고령자) 중심이었다면, 제4차 기본계획에서는 베이비 부머의 고령자 진입으로 다양해진 특성을 반영한 주거 대안을 마련할 것으로 기대된다. 그러나 현실적으로 구체화된 새로운 노인층에 대한 주거 정책은 미흡한 실정이다. 베이비 부머 포함 고령자의 건강·소득 등 다양한 특성에 맞춰 돌봄·의료·복지·생활 지원 등의 맞춤형 주거 서비스 프로그램을 개발하고 시행해야 한다.

4. 부처 간 협력과 '연계 통계'의 중요성

오늘날 우리 사회는 고용 불안, 돌봄 공백, 사회적 고립 등 새로운 사회적 위험이 복합적으로 나타나고 있다. 이러한 상황에서, 단일 부처의 노력만으로 대응하기는 매우 어렵다. 보건·복지·고용·교육·건설 등 부처 간 칸막이 없는 협업과 중앙·지방 간 협력 관계 구축이 매우 중요한 정책 과제이다.

특히 주거 분야에 있어 보건복지부와 국토교통부가 핵심 부서이지만 부처 간 협력이 필요한 부분이 많다. 주거 프로그램의 특성상 관련 부처의 업무를 통합해야 사회적 비용을 줄이고 수요자들의 욕구를 충족시킬 수 있으며 투자 효과를 극대화할 수 있다. 그러나 여전히 부처 간 칸막이는 허물지 못하고 있는 게 현실이다. 부처 간 협력과 통합을 위한 개혁적 노력이 절실한 시점이다.

노인들이 살기 좋은 주택을 확대하기 위해 부처 간 칸막이를 허물고 세제,

토지, 금융, 서비스 등이 종합적으로 지원해야 한다. 정부가 바뀔 때마다 새로운 브랜드의 신규 주택 공급에만 관심 있는 정책의 정치화가 변하지 않고 있다. 이러한 추세가 지속될 경우 한국의 주거 복지 및 주택 정책의 목표 달성은 어려워질 것이다.

예를 들어 그동안은 부처마다 따로 데이터를 관리하고 있어 노인 빈곤율이 경제협력개발기구 중 1위라고 하면서도 정작 노인들이 연금을 얼마나 받는지도 몰랐다. 통계 자료가 부처마다 각자 관리해 부처 간 협력과 통합의 프로젝트를 수행하기 힘들었다. 2022년 정부는 연계된 통계를 2023년부터 내겠다고 했다. 정부가 각 부처의 데이터베이스(DB)에 흩어져 있는 관련 통계들을 하나로 모은 '연계 통계'를 내기로 한 것은 만시지탄이지만 반가운 일이다. 그러나 아직 만족할 만한 수준에 도달하지 못한 상태이다. 예를 들어 기존 통계 자료에 복지 관련 자료를 접목해 분석하면 개인별로 어떤 제도의 수혜를 받고 있는지를 정확하고 신속히 파악할 수 있다. 이러한 통계의 연계 및 통합 작업은 앞으로 지속적으로 수행해야 할 정부의 중요한 기초 임무라 할 수 있다.

행정 빅 데이터를 구축하기 위해선 우선적으로 부처 간 칸막이를 속히 걷어내야 한다. 각 부처가 소유 관리하는 데이터는 해당 부처가 집행한 정책의 결과물인 만큼 더 널리 공개적으로 알려야 한다. 각 부처가 소유한 자료를 공유·공개를 제한하는 것은 정책 수행 과정과 결과에 대한 평가를 회피하는 것이며 전형적 '관료 이기주의'라는 것을 정부가 유념해야 한다.

저출산고령사회위원회는 여전히 저출생 대응에 무게감이 높게 실려 있다. 고령 사회가 직면하고 있는 노인 문제 접근에는 미흡한 부분이 많다. 향후 부처별 칸막이를 넘어설 수 있을지 의문이며 보다 더 균형과 조화를 이룬 저출산·고령사회위원회의 활동을 기대한다.

5. 노인 주거 분야 새로운 접근과 트렌드

노인을 위한 복지 주택은 분양형과 임대형이 있다. 분양형 복지 주택의 경우 부동산 투기 대상 및 사기 분양 사건 등으로 사회적 지탄을 받기도 했다. 그리고 자격이 없는 자가 소유·관리를 하는 등 부작용이 있어 2015년에 폐지된 바 있다. 기존의 노인복지주택(실버타운) 상당수는 일정 소득 이상의 노인(대부분 고소득층 노인)을 위한 것들이 공급되었다. 그러나 최근 서민·중산층 고령자를 위한 실버타운의 수요가 급증하고 있다. 향후 베이비 부머 노인층의 수요가 증가할 것으로 예상되며 노후의 안정적인 주거 생활을 위해서는 소위 중산층 노인복지주택(실버타운 등)의 공급이 확대되어야 한다.

정부는 우선 89개 인구 감소 지역에 대해서 분양형 주택을 추진하려고 한다. 다만, 제기된 문제점을 보완하기 위해 분양을 허용하더라도 일정 비율 이상 임대를 두게 하거나 지자체의 관리와 불법 운영에 대한 벌칙도 강화할 계획이다. 아직 분양과 임대의 비율을 사전에 결정한 바는 없으며, 분양의 규모는 지역의 수요와 여건에 따라 결정될 것으로 보인다.[6] 이론적으로 보면 인구 감소 지역에 분양형 노인복지주택을 공급한다는 것은 이해할 수 있다. 그러나 현실적으로 중산층 복지 주택 수요는 인구가 밀집한 대도시 혹은 대도시 주변지역임을 감안해 지역별 공급 안배 등 고려해야 할 사항이 많다. 민간 기업이 노인복지주택(실버타운)을 공급하기 위해서는 일정 수준의 이윤이 보장되어야 하고 수요자(입주자)가 충분해야 함을 감안해야 할 것이다.

건강한 노인의 경우 주거와 일자리는 상호 연계되는 것이 최상이다. 국내 사례 중에는 초기 주택 계획 단계부터 일터 혹은 일자리 개념을 적용한 곳도 있다. 그 사례로는 ① 경기도 연천 카네이션하우스(그룹 홈과 일자리 연계): 경기도

6 기획재정부 보도자료, "시니어 레지던스 활성화 방안"(2024. 7. 23. 자).

는 노인 1인 가구들의 고독과 소외감, 경제적 어려움을 해결하기 위해 2013년 '독거노인 카네이션하우스' 시범 사업을 실시했다. 카네이션하우스 사업은 독거노인에게 친목 도모 공간 제공과 소일거리를 통한 소득 창출, 건강, 여가 서비스에 대한 프로그램 운영으로 노후 생활을 도모하기 위한 사업이다. 카네이션하우스는 생활 곤란 등 보호가 필요한 독거노인에 대한 주거 환경 개선 사업이다. 시설 운영은 이장이나 통장, 부녀회장 등 마을 대표자를 지정해 관리하게 되며 독거노인들은 생활 근거지는 기존 개인 거주 주택에 두고 취사와 숙박, 일자리 작업의 공간으로 카네이션하우스를 이용하게 된다.

② 기존 거주 지역 내 도시 재생 과정에서 일터의 개념을 추가한 '대구 동구 행복네트워크': 동구행복네트워크는 지역 사회복지법인 한사랑, 반야월 행복한어린이도서관 아띠, (사)동구자원봉사센터, 주거권실현을 위한 대구연합, (사)자원봉사능력개발원, 율하휴먼시아 5단지 주민자치위원회가 공동으로 설립했다. 동구행복네트워크는 2011년 지역형 예비 사회적 기업, 대구시 마을 기업 육성 사업, 대구 동구 청소년 문화존 사업 대상 기업으로 각각 선정되기도 했다. 이 네트워크는 안심·협동·상생을 통해 '살기 좋고 행복한 안심 만들기'를 하는 대구 동구 지역에 위치한 예비 사회적 기업이다

③ 기존 거주 지역 내 마을형 사회적 기업·협동조합을 설립해 공동 일터를 개설한 '서울 길음 실버메신저(택배 사업)': 서울 성북구와 CJ대한통운, 한국노인인력개발원은 성북구 지역 내 아파트 단지의 택배 배송과 집하를 담당하게 하는 내용의 '어르신 일자리 빅뱅 프로젝트' 업무 협약을 체결한 바 있다. 일하고자 하는 의지가 있는 어르신들에게 능력에 맞는 일자리를 제공하는 것은 삶을 윤택하게 하고 노동력 활용이란 관점에서 시사하는 바가 크다.

위에서 언급한 세 개 사례는 정책적으로 매우 중요한 의미를 지닌다. 첫째, 노인의 주거와 일자리 그리고 다양한 지역 사회 연계를 통한 공동체 운동이라는 점이다. 둘째, 중앙 정부 위주가 아닌 지방 정부가 다양한 지원을 통한 노인

을 위한 운동으로서 지역 사회 기반 노인을 위한 또 하나의 복지적 프로젝트라 할 수 있다. 셋째, 이러한 운동과 프로젝트를 통해 AIP 접근을 보다 구체화할 수 있기 때문이다. 비록 운영 규모와 참여 인원이 제한적이라 해도 한국 노인 문제의 새로운 접근과 트렌드로서 충분한 가치와 시사점이 있다. 이러한 접근은 노인 주거 안정 및 노후 생활을 윤택하게 하는 한국적 모형으로 확대될 필요가 있다.

6. 기후 위기에 따른 노인의 취약성 고려

기후 위기는 노인의 삶의 질에 심각한 영향을 미치며, 여름철에는 폭염으로 인한 사망 위기, 겨울철에는 난방비 지불에 대한 걱정 등 에너지 빈곤에 놓일 가능성이 높게 나타나고 있다. 냉난방은 적정한 주거를 유지하는 데 필수적인 요소이다. 국내에서는 수도 광열비 등이 주거비에 포함되는 것을 공식화하지 않고 있으나, 미국 등 선진국에서는 유틸리티 비용을 주거 비용에 포함하는 것이 일반적이다. 기후 위기가 노인에게는 주거비 위기로 나타날 수 있고, 이는 인권의 문제로 연결된다.

기후 위기에 대한 대응은 노인 인권 차원의 문제로서 유럽인권재판소(ECHR)는 스위스 정부가 기후 변화에 적절하게 대처하지 못한 게 '인권 침해'라고 본 바 있다(≪경향신문≫, 2024.4.13). ECHR이 '유럽 인권 협약'과 기후 변화를 엮어서 판결한 것은 이번이 처음이다.[7] 소송은 스위스 환경 단체인 '기후 보호를 위한 노인 여성' 회원들이 2020년 11월 스위스 정부를 상대로 냈다. 이들은 스

---

7 유럽인권재판소는 유럽 인권 협약에 기반해 만들어진 국제 재판소로, 유럽 50여 개국 중 46개국이 참여하고 있다.

위스 정부가 온실 가스 감축에 실패했고, 지구 온난화로 인한 영향을 줄이는 데도 실패해 노인 여성의 삶과 생활 조건, 건강에 부정적인 결과를 가져왔다고 주장했다.

이탈리아 유럽·지중해 기후 변화 연구센터(CMCC), CMCC 유럽 경제·환경 연구소, 카포스카리 대학(Università Ca' Foscari Venezia) 경제학과, 오스트리아 국제 응용 시스템 분석 연구소, 미국 보스턴 대학(Boston University) 지구·환경학과, 사회학과 공동 연구팀은 약 25년 후 2050년까지 전 세계적으로 최대 2억 4600만 명의 노년층이 생존을 위협하는 폭염에 노출될 것이라고 예측했다(≪서울신문≫, 2024.5.17). 연구 팀은 특히 아시아와 아프리카에 거주하는 노년층이 가장 심각한 영향을 받을 것이라고 전망했다.[8]

현재 전 세계적으로 전례 없는 속도로 고령화되고 있다. 2050년까지 60세 이상 인구는 약 21억 명으로, 지금의 두 배 이상 증가할 것으로 예상되었다. 그중 2/3 이상이 기후 변화로 인한 극한 현상이 발생할 가능성이 큰 저개발국이나 개발 도상국에 거주하는 것으로 알려져 있다. 온난화로 폭염의 강도, 지속 시간, 발생 빈도가 늘어날 것으로 전망되면서, 고열에 취약하고 열 노출로 인해 일반적 건강 상태가 악화되는 노약자들에게는 심각한 결과를 초래할 것으로 보인다. 이에 연구팀은 전 세계 다양한 연령층을 대상으로 평균 기온이 높은 날 만성적으로 노출되는 경우와 극한 폭염에 단시간 노출되는 급성 노출의 빈도와 강도를 정량화해 비교했다.[9]

---

8 이 연구는 기초과학 및 공학 분야 국제 학술지 ≪네이처 커뮤니케이션스(Nature Communication)≫에 실렸다.

9 2050년에는 69세 이상 전 세계 인구의 23% 이상이 열사병이나 일사병이 쉽게 발생할 수 있는 37.5도 이상의 기온이 일상화되는 기후에서 살게 될 것으로 나타났다. 이는 2020년 14%에 비해 대폭 증가한 수치다. 그리고 1억 7700만~2억 4600만 명의 노인이 극한 폭염에 노출될 수 있을 것으로 예측되었다.

인구 고령화와 열 노출이 증가하는 지역은 사회 복지 및 공중 보건 서비스에 대한 상당한 수요에 직면할 가능성이 큰 만큼 새로운 정책적 노력이 필요하다. 이러한 관점에서 온난화로 인한 노인 약자들을 위한 한국의 정책 프로그램은 무엇인가? 향후 지구 온난화가 몰고 올 사회적 재난과 노인 약자를 위한 연구와 대책이 시급하다.

7. 노인 주거권 보장과 노인을 위한 원칙

주거에 관한 국내 법규나 유엔의 경제적·사회적 및 문화적 권리에 관한 국제규약과 같은 국제 규범을 살펴보면, 주거권의 내용인 '주거의 적절성'에는 건강 보장 관련 요소가 내포되어 있다. 그러나 기존의 한국 노인 주거 정책은 주택 공급에만 집중되어 노인의 주거 복지 문제와 건강 보장, 그리고 주거권 보장을 진지하게 이해하고 정책적 배려는 부족했다.

주거기본법이 제정되어 주거권을 명시하고 최저 주거 기준 등 의무적으로 설정하도록 규정했음에도 불구하고 여전히 주거권의 실질적 보장은 이루어지지 않고 있다. 초고령 시대에 노인에게 있어 주거권의 문제는 노인의 특성과 생활 양식, 사회적 환경의 변화 등을 고려해야 한다. 노인에게 있어서 주거권의 보장은 건강 관리 및 인권적 측면에서 매우 중요하다.

주거권이란, "물리적·사회적 위험에서 벗어나 쾌적하고 안정적인 주거환경에서 인간다운 주거생활을 할 권리"(주거기본법 제2조)라 볼 수 있다. 유엔이 주거권에서 명시하고 있는 적정한 주거(adequate housing)의 구체적인 내용은 아래와 같다.[10]

---

10 The human right to adequate housing, Special Rapporteur on the right to adequate

① 점유의 법적 안정성

② 사회 용역·시설·기반 시설 등과 같은 편의 시설의 접근성 보장

③ 자신의 경제 수준에 적정한 주거비용

④ 추위·습기·더위·비·바람으로부터 안전을 보장받을 수 있는 적절한 환경과 규모를 갖춘 물리적 주거 환경

⑤ 주거 지원 필요 계층(노인·장애인·아동)에게 적합한 주거 공간의 마련

⑥ 직장·문화 시설·상권 등과 같은 생활 시설에 근접한 주거 입지의 적합성

⑦ 기본적인 시설에 대한 접근성

주거의 점유·주거 환경·필수 시설과의 접근성 등은 모든 사람들이 살아가는 데 있어 필수적인 요소이고, 이는 곧 인간의 권리와 연결된다. 특히 주거권보장은 신체적으로 취약한 노인들에게는 인간다운 주거 생활을 위해서는 기초적이고 필수적인 요소이다. 그래서 모든 노인 주거 정책은 주거권 보장 차원에서 출발해야 할 것이다.

아울러 노인의 인권 보장의 차원에서 유엔을 중심으로 모든 사회 구성원이 만족스러운 삶을 영위할 수 있는 환경을 만들기 위한 활동이 추진되고 있다. 유엔은 1982년 빈(Wien) 회의를 개최해 "고령화에 관한 빈 행동계획"을 채택했고, 이후 유엔 총회(1991년)에서 노인 복지 정책의 근간이 되는 "노인을 위한 원칙(Principles for Older Persons)"을 제시했다.[11]

---

housing. https://www.ohchr.org/en/special-procedures/sr-housing/human-right-adequate-housing.

11 유엔이 발표한 노인을 위한 원칙 원문(부록)을 참조. https://www.ohchr.org/en/instruments-mechanisms/instruments/united-nations-principles-older-persons.

참고문헌

≪경향신문≫. 2024.4.13. “스위스 여성 노인들이 유럽인권재판소에 낸 기후 소송 승소에… 전문가들 “온 세계에 영향 미칠 것” ”. https://m.khan.co.kr/national/national-general/article/202404132207001#c2b

권오정·이용민. 2018. 「노후 주거 관련 의식에 기초한 한국 베이비붐 세대의 노후 주거대안 제안」. ≪대한건축학회논문집≫, 34(5), 39~50쪽.

≪서울신문≫. 2024.5.17. “25년 뒤 노인 2억 명 폭염으로 사망한다 [사이언스 브런치]”. https://www.seoul.co.kr/news/plan/science-diverse-story/2024/05/17/20240517500010.

≪중앙일보≫. 2023.6.26. “가난한 한국 노인… 상대적 빈곤율 43.2% OECD서 꼴찌”. https://www.joongang.co.kr/article/25172542.

통계청. 2024. 「국민 삶의 질 2023 보고서」.

황윤서·이현정·전은정. 2023. 「지역사회 지속 거주를 위한 노인가구의 주택개조 실태와 개선 요구: 2020년 주거실태조사를 중심으로」. ≪한국주거학회논문집≫, 34(2), 55~66쪽. doi: 10.6107/JKHA.2023.34.2.055.

Jang, Minseol, Jung-Ha Park, Ju Young Kim, Kiheon Lee, Woo Kyung Bae, Kee Hyuck Lee, Jong Soo Han, Se Young Jung, and Hyejin Lee, 2021. “Association of Housing Poverty and Depression in Korean Elderly.” *Korean J Fam Pract*, 11(5), pp. 393~399. https://doi.org/10.21215/kjfp.2021.11.5.393.

UN. 1991.12.16. United Nations Principles for Older Persons. General Assembly resolution 46/91. https://www.ohchr.org/en/instruments-mechanisms/instruments/united-nations-principles-older-persons.

UN Habitat. The Right to Adequate Housing, Fact Sheet No. 21/Rev.1. https://www.ohchr.org/sites/default/files/Documents/Publications/FS21_rev_1_Housing_en.pdf.

부록 United Nations Principles for Older Persons

ADOPTED	BY
16 December 1991	General Assembly resolution 46/91

The General Assembly,

Appreciating the contribution that older persons make to their societies,

Recognizing that, in the Charter of the United Nations, the peoples of the United Nations declare, inter alia , their determination to reaffirm faith in fundamental human rights, in the dignity and worth of the human person, in the equal rights of men and women and of nations large and small and to promote social progress and better standards of life in larger freedom,

Noting the elaboration of those rights in the Universal Declaration of Human Rights, the International Covenant on Economic, Social and Cultural Rights and the International Covenant on Civil and Political Rights and other declarations to ensure the application of universal standards to particular groups,

In pursuance of the International Plan of Action on Ageing, adopted by the World Assembly on Ageing and endorsed by the General Assembly in its resolution 37/51 of 3 December 1982,

Appreciating the tremendous diversity in the situation of older persons, not only between countries but within countries and between individuals, which requires a variety of policy responses,

Aware that in all countries, individuals are reaching an advanced age in greater numbers and in better health than ever before,

Aware of the scientific research disproving many stereotypes about inevitable and irreversible declines with age,

Convinced that in a world characterized by an increasing number and proportion of older persons, opportunities must be provided for willing and capable older persons to participate in and contribute to the ongoing activities of society,

Mindful that the strains on family life in both developed and developing countries require support for those providing care to frail older persons,

Bearing in mind the standards already set by the International Plan of Action on Ageing and the conventions, recommendations and resolutions of the International Labour Organization, the World Health Organization and other United Nations entities,

Encourages Governments to incorporate the following principles into their national programmes whenever possible:

Independence

1. Older persons should have access to adequate food, water, shelter, clothing and health care through the provision of income, family and community support and self-help.
2. Older persons should have the opportunity to work or to have access to other income-generating opportunities.
3. Older persons should be able to participate in determining when and at what pace withdrawal from the labour force takes place.
4. Older persons should have access to appropriate educational and training programmes.
5. Older persons should be able to live in environments that are safe and adaptable to personal preferences and changing capacities.
6. Older persons should be able to reside at home for as long as possible.

Participation

7. Older persons should remain integrated in society, participate actively in the formulation and implementation of policies that directly affect their well-being and share their knowledge and skills with younger generations.
8. Older persons should be able to seek and develop opportunities for service to the community and to serve as volunteers in positions appropriate to their interests and capabilities.
9. Older persons should be able to form movements or associations of older persons.

Care

10. Older persons should benefit from family and community care and protection in accordance with each society's system of cultural values.

11. Older persons should have access to health care to help them to maintain or regain the optimum level of physical, mental and emotional well-being and to prevent or delay the onset of illness.

12. Older persons should have access to social and legal services to enhance their autonomy, protection and care.

13. Older persons should be able to utilize appropriate levels of institutional care providing protection, rehabilitation and social and mental stimulation in a humane and secure environment.

14. Older persons should be able to enjoy human rights and fundamental freedoms when residing in any shelter, care or treatment facility, including full respect for their dignity, beliefs, needs and privacy and for the right to make decisions about their care and the quality of their lives.

Self-fulfilment

15. Older persons should be able to pursue opportunities for the full development of their potential.

16. Older persons should have access to the educational, cultural, spiritual and recreational resources of society.

Dignity

17. Older persons should be able to live in dignity and security and be free of exploitation and physical or mental abuse.

18. Older persons should be treated fairly regardless of age, gender, racial or ethnic background, disability or other status, and be valued independently of their economic contribution.

지은이

하성규

서울대학교 환경대학원, 영국 런던정경대학(LSE)에서 도시 및 지역계획학 석사 학위, 런던대학교(UCL)에서 도시계획학 박사 학위를 취득했다. 이후 중앙대학교 도시계획·부동산학과 교수를 지냈고, 현재는 명예 교수이다. 중앙대학교 부총장, 한국주택학회 회장, 한국사회정책학회 회장, 한국지역개발학회 회장을 역임했다. 한국도시연구소 이사장, 한국주택관리연구원 원장을 맡은 바 있으며, 현재는 한국주거서비스소사이어티 이사장이다. 관심 연구 분야는 주택 정책, 도시 관리 및 재개발 분야이며 주요 저서로는 *Housing Policy, Wellbeing and Social Development in Asia*(2018), 『주택정책론』(2010) 등 다수가 있다.

박미선

서울대학교 환경대학원에서 도시 및 지역계획학 석사 학위, 미국 클리블랜드 주립대학교에서 미국 주택바우처 프로그램 성과평가를 주제로 도시정책학 박사 학위를 취득, 이후 국토연구원에서 근무 중이다. 청년 주거, 노인 주거 지원, 공공 임대, 국제 협력 등의 분야에 관심을 갖고 연구 중이며, 대통령직속위원회 및 다수의 정부 부처 위원회에 참여하며 정책 형성 과정에 기여하고 있다. 주요 저서로는 『미국의 주거정책』(공역, 2023), 『차별과 혐오를 넘어서』(공저, 2022), 『2030 담대한 주거복지』(공저, 2023) 등 다수가 있다.

한울아카데미 2571

초고령 사회, 노인 주거의 길을 묻다

지은이 하성규·박미선
펴낸이 김종수
펴낸곳 한울엠플러스(주)
편집 김우영

초판 1쇄 인쇄 2025년 2월 18일
초판 1쇄 발행 2025년 3월 19일

주소 10881 경기도 파주시 광인사길 153 한울시소빌딩 3층
전화 031-955-0655
팩스 031-955-0656
홈페이지 www.hanulmplus.kr
등록 제406-2015-000143호

Printed in Korea.
ISBN 978-89-460-7571-9 93330 (양장)
978-89-460-8373-8 93330 (무선)

* 책값은 겉표지에 표시되어 있습니다.
* 무선제본 책을 교재로 사용하시려면 본사로 연락해 주시기 바랍니다.
* 이 책에는 KoPubWorld체(한국출판인회의, 무료 글꼴)가 사용되었습니다.

도시 재생의 사회학
마을에서 지역으로

“좋은 사회란 나란히 한곳을 바라보는 사회가 아니라,
함께 어울려 사는 사회다.”
삶과 문화가 순환하는 재생을 위하여

한국 도시재생은 겉과 속이 많이 다르다. 물리적·사회적 리모델링과 삶의 지속을 위한 것처럼 보이지만 재개발 잔여지 문제를 해결하기 위한 방편이고, 사회적 실천을 통한 공간가치 생산을 의도하지만 분배를 고려하지 않고, 따뜻한 공동체를 지향하지만 자본에 의한 지배를 막을 장치를 마련하지 않았으며, 도시를 재생한다고 하지만 마을도 재생하기 어려운 구조다. 도시재생의 이러한 괴리와 불일치는 어디서 비롯된 것일까?

도시재생은 2010년대를 관통해 전국의 도시를 휩쓸고 있는 연쇄적 사건이기 때문에, 거기에는 한국 사회를 움직여 온 많은 이념과 이론, 사회 통념과 행동 양식과 욕망이 들러붙어 있다. 따라서 우리는 도시재생에 적용된 이념과 이론과 개념을 통해 우리가 무엇을 어떻게 생각하고 욕망하고 행동하는지를 성찰할 수 있다. 저자는 마을도 재생하지 못하는 도시재생의 한계를 비판하며, 지역재생을 제안한다.

지은이
주대관

2023년 1월 16일 발행
신국판
376면

★ 2023년 세종도서 학술부문 선정

정책과 사회

이론뿐 아니라 정책행위자들의 살아 있는 목소리를 활용해
정책적 실천을 상세히 담아낸 10년간의 결실

정책에 대한 사회학적 분석의 길잡이,
정책사회학의 이론과 실제

이 책은 정책이 만들어지는 길 주변의 산, 강, 들 그리고 다양한 샛길의 풍경을 더욱 섬세하게 드러내는 '짙은 정책학'을 추구한다. '짙은 정책학'은 정책에 대한 다양한 사회적·물질적 맥락을 파악함으로써 정책에 대한 해석의 다양성을 지향하고, 정책 현장의 생생한 자료를 수집하는 경험연구를 권장한다.

저자는 이를 위한 네 가지 사회학적 접근법을 제시한다. 이해관계 접근법, 제도적 접근법, 해석적 접근법, 물질적 접근법은 정책을 분석하는 서로 다른 길을 안내하며, 각각 정치경제학, 제도/조직 사회학, 사회구성주의/후기구조주의, 신유물론 등의 사회학 이론에 따라 정책에 대한 새로운 풍경들을 펼쳐 보인다.

정책을 분석하는 길은 서로 교차하기도, 혹은 다른 길을 나섰지만 같은 목적지에 도착할 수 있고, 완전히 새로운 세계를 보여주기도 한다. 이를 통해 정책과 사회의 관계에 대한 새로운 성찰이 가능하며 정책에 대한 보다 객관적인 이해에 도달하게 된다.

지은이
김은성

2022년 8월 31일 발행
신국판
384면

한국 사회적 경제의 역사(개정판)

이론의 모색과 경험의 성찰

한국 사회적경제의 발자취를 되짚어보다
2016년 초판 발행 이후 6년 만에 선보이는
『한국 사회적경제의 역사』 개정판

사회적경제는 더 이상 생소한 개념이 아니다. 그 역사는 깊어지고 규모는 확대되었다. '사회적기업육성법'과 '협동조합기본법'이 만들어졌고, '사회적경제기본법' 제정에 대한 논의도 꾸준히 이어지고 있다. 따라서 과거 사회적경제 연구가 유럽의 사례를 소개하고 사회적경제의 유용성을 알리는 데 집중했다면, 최근의 연구는 한국 사회적경제의 질적 성장을 고민한다.

사회적경제가 한국 사회에 어떻게 뿌리내렸는지 다양한 측면에서 알아보고 한국 사회적경제가 앞으로 튼실한 발전을 이루기 위해 해결해야 할 과제를 진단한다. 한국 사회적경제가 지닌 역동성을 적극적으로 발휘하고 정부의 지원을 유기적으로 활용해 더 크고 뿌리 깊은 사회적경제를 일궈나가는 데 이 책이 도움이 될 것이다.

지은이
신명호·김신양·김기섭·김정원·황덕순·박승옥·노대명

2022년 4월 8일 발행
신국판
328면

저출산 시대의 가족 정책

젠더, 가족, 그리고 국가

여성의 삶을 존중하는 가족정책을 향해
9개국의 가족정책을 젠더 관점에서 분석하다

초저출산 국가 한국, 가족정책을 바라보는
새로운 관점과 해법이 필요하다

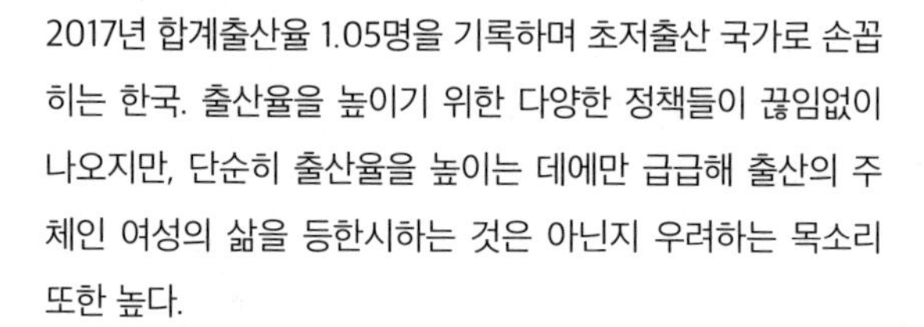
2017년 합계출산율 1.05명을 기록하며 초저출산 국가로 손꼽히는 한국. 출산율을 높이기 위한 다양한 정책들이 끊임없이 나오지만, 단순히 출산율을 높이는 데에만 급급해 출산의 주체인 여성의 삶을 등한시하는 것은 아닌지 우려하는 목소리 또한 높다.

이 책의 저자들은 오스트리아에서 한국까지 각국의 저출산 상황과 그에 따른 정책적 대응을 젠더적 관점에서 면밀히 분석해 오늘날 가족정책이 지향해야 할 가치와 의의를 다각도로 고민한다. 각국의 정치적·사회적 맥락에 대한 폭넓은 이해를 바탕으로 각지에서 펼쳐지는 가족정책의 다양한 내용과 효과를 검토함으로써, 우리 사회가 여성의 삶을 존중하는 가족정책을 실현할 수 있도록 폭넓은 논의의 토대를 마련하고자 한다.

지은이
김민정·김경미·김보람·박채복·이지영·장선화·장숙인·전복희·최정원

2019년 3월 29일 발행
신국판
336면